APORIAS DO

MOÇAMBIQUE

PÓS-COLONIAL

Estado, sociedade e capital

APORIAS DO
MOÇAMBIQUE
PÓS-COLONIAL
Estado, sociedade e capital

Boaventura Monjane e Régio Conrado (Organizadores)
2021

Publicado por Daraja Press
https://darajapress.com

Revisão Técnica: Michelle MV Hapetian
Design de Kate McDonnell

Library and Archives Canada Cataloguing in Publication

Title: Aporias de Moçambique pós-colonial : estado, sociedade e capital
    / editado por Boaventura Monjane & Régio Conrado.
Names: Monjane, Boaventura, 1983- editor. | Conrado, Régio, 1990-
    editor.
Description: Includes bibliographical references.
Identifiers: Canadiana (print) 20200290703 | Canadiana (ebook)
    20200290797 | ISBN 9781988832739 (softcover) | ISBN 9781988832746
    (ePUB)
Subjects: LCSH: Mozambique—Politics and government. | LCSH: Mozambique—
    Social conditions. | LCSH: Mozambique—Economic conditions.
Classification: LCC DT3299 .A66 2020 | DDC 967.9—dc23

Agradecimentos

Os organizadores deste livro agradecem a todos e à todas aquelas que contribuíram, de forma directa ou indirecta, para a realização deste. Especiais agradecimentos vão para Global Aktion pelo apoio sem o qual este livro dificilmente teria sido publicado. Ao Fórum Mulher pela parceria, agradecemos igualmente

Apoio

Índice

PRIMEIRA PARTE
Estado, Democracia e Participação

SEGUNDA PARTE
Política Económica, Protecção
e Desigualdade Social e Desenvolvimento

TERCEIRA PARTE
Política Agrária, Meios de Subsistência,
Movimentos sociais e Meio Ambiente

QUARTA PARTE
Que proposta para a Nação?

ENTREVISTAS

Prefácio

José Jaime Macuane

É lugar comum falar da artificialidade das fronteiras dos países africanos, entanto que territórios onde se reivindica a existência de Estados-Nação. Em países como Moçambique, como outros do continente Africano, com enorme diversidade etnolinguística dentro de fronteiras delimitadas a partir dos finais do século XIX[1] pelas conveniências do colonialismo Europeu, os desafios de construção do estado-nação[2] e de uma identidade nacional estão enquadrados no complexo processo político posterior à sua independência mesmo que os seus elementos se encontrem não só no período pré-colonial mas também no período colonial.

Saído de uma luta de libertação nacional liderada pela FRELIMO, Moçambique viveu o autodenominado experimento marxista-leninista nos primeiros anos da independência, que se revelou problemático sob o ponto de vista de estabilidade política – com uma guerra civil sangrenta (1976-1992) – e de promoção de um desenvolvimento socioeconómico à altura das aspirações da luta contra o regime colonial, pelo menos na forma como foram definidas no discurso político vigente. Em sua substituição vieram a economia de mercado e o neoliberalismo, assim como o projecto de democratização política, acompanhado do processo de paz, para solucionar o problema da instabilidade política.[3]

Essas mudanças, que olhadas à distância podem sugerir rupturas ideológicas e políticas profundas, não foram suficientes para solucionar os problemas que as originaram. Mais ainda, foram ineficazes no alcance dos seus principais objectivos: as rupturas sociais, históricas, político-ideológicas e até culturais necessárias para a geração das mudanças transformacionais funda-

---

1 Foi com a conferência de Berlim (15 de Novembro 1884 à 26 de Fevereiro de 1885) que os países Europeus dividiram e partilharam entre si o continente Africano. As actuais fronteiras dos países Africanos nascem desse período e a sua definição não respeitou nenhuma historia local nem dos reinos e menos ainda dos grupos etnolinguísticos existentes. Os interesses e as ambições das potencias europeias foram o único factor determinante para a « fabricação » artificial dos países que compõem hoje o continente africano (Nota dos organizadores).

2 É importante aqui precisar a distinção entre "formação" – enquanto processo histórico, conflituoso, involuntário e largamente inconsciente, conduzido na desordem dos confrontos, dos compromissos e do imaginário das massas anonimas – e "construção"– enquanto criação deliberada de um aparelho de poder- do Estado. Esta distinção introduzida por Bruce Berma et John Lonsdale introduziram na sua analise do Quénia colonial no seu livro *Unhappy Valley, Conflict in Kenya and Africa*, Londres, James Currey, 1992 e que a sociologia histórica comparada mobilizou para explicar os longos e densos processos de fabricação ou produção do que hoje conhecemos como Estado moderno. Esta distinção é importante porque ajuda a melhor diferenciar os processos imprevistos que determinaram a natureza do Estado Moçambicano e os processos deliberados introduzidos pelas elites que determinaram a logica de funcionamento do Estado Moçambicano hoje (Notas dos organizadores).

3 As reformas políticas e económicas em Moçambique iniciam nos meados dos anos 1980, tendo como um dos marcos as medidas tomadas no IV congresso da Frelimo, o Programa de Reabilitação Económica (1987), o Programa de Reabilitação Económica e Social (1989), o V congresso da Frelimo (1989) e, por fim, a constituição liberal de 1990 que veio consagrar legalmente todos os processos iniciados nos anos anteriores (Notas dos organizadores).

mentais para o alinhamento do país aos desafios de construção da nação que historicamente se impunham.

O Moçambique de hoje se apresenta como um projecto inacabado, às vezes até interrompido pela tentativa de monopolização da narrativa e da prática da construção da nação por uma elite política em busca da legitimação social cada vez mais precária. Neste contexto, é inevitável que quem observa e vive o Moçambique contemporâneo não se coíba de levantar questões e, na persistência dos problemas e, sobretudo, das dúvidas que geraram as questões, que inevitavelmente se resigne ou seja acometido pela inevitável perplexidade pelos incertos caminhos que o país trilha.

Moçambique apresenta-se como um país cujos problemas, supostamente conhecidos, como insistentemente o discurso oficial faz lembrar, como forma de rebater as críticas e sinalizar a suposta futilidade da reflexão crítica e da reivindicação dos direitos pela sociedade às elites políticas, revelam-se perversos pelo constante adiamento da sua resolução. Mais complicado ainda é a forma como esses problemas, os impasses e a perplexidade que os mesmos geram são encarados pela sociedade. Reflectir sobre Moçambique é complexo, como é natural num experimento político em constante construção, mas, sobretudo, porque o exercício de pensar o país encontra-se enredado na complexidade do contexto interno e externo da sua história moderna, mais especificamente colonial e pós-colonial.

Este livro dedica-se a reflectir neste mar de complexidade sobre o que é Moçambique hoje, olhando para os meandros de construção do país, tendo como referência a matriz colonial e colonialista que o gerou, nas suas dimensões e dinâmicas interna e externa. Deste processo, despontam as reflexões sobre a origem de Moçambique como uma invenção colonial, que se sobrepôs e sobrepujou às referências de nação construídas historicamente, cujos efeitos ainda temam em se manifestar, e constituem um desafio à ideia de construção de identidade nacional e de um Estado-Nação, mesmo após 45 anos de independência.

Num país em construção nos seus mais elementares fundamentos, começando pela liberdade de autorreflexão sobre a sua essência, pensar criticamente Moçambique requer um exercício duplo de rigor académico e de activismo cívico, nem sempre realizado simultaneamente pelas mesmas pessoas. Moçambique, pelo menos entanto que projecto de nação, muitas vezes apresentado no discurso político como uma ideia acabada, é, na verdade, um país em construção, incluindo no que concerne à sua natureza enquanto Estado, nação e identidade nacional. A ideia de um projecto em construção, nem sempre bem-recebida nos meandros oficiais e às vezes até combatida de forma repressiva, é profundamente debatida nas margens entre a academia e o activismo cívico. Quem busca encontrar, entender e até participar nesse debate não se pode furtar a um indispensável exercício de bricolagem. Esta é a aposta deste livro, cuja organização é de um grupo de jovens intelectuais e académicos que criaram o movimento Alternactiva, cuja aposta é debater Moçambique livre dos vícios do maniqueísmo que caracterizam o debate público nacional.

O livro estabelece o palco para o debate do Moçambique contemporâneo com uma densidade e maturidade analíticas que constituem uma agradável surpresa, atendendo à juventude dos seus organizadores. Parte dessa consistência analítica repete-se nos textos de cunho mais empírico e descritivo das diferentes partes do livro, assim como nos de cunho mais activista, mesmo que não explicitamente alinhadas ou preocupadas com o debate mais teórico do livro, mas sem que se tornem menos relevantes à reflexão proposta.

Um elemento importante do livro, e já sugerido no seu título, é a reflexão sobre os elementos históricos de continuidade tendo como referência o colonialismo. Assim, para entender Moçambique torna-se importante olhar para o seu percurso histórico pré-colonial, colonial e pós-colonial, nos seus contornos internos (até onde é possível descortinar a sua existência com o que veio a ser territorialmente o actual país) e na sua inserção no contexto internacional. A consciência dessa necessidade de olhar historicamente para o país não é necessariamente uma solução que esclarece as indagações que se fazem sobre este objecto de estudo e projecto político que é Moçambique. Há questões que ficam por responder, algumas geram interrogações constantes e permanentes. Isso não deve ser necessariamente visto como sendo negativo. Faz parte do processo normal de indagação, daí a ideia de aporias.

Ao tentarmos descortinar, da polissemia do termo aporias, os elementos que mais reflectem o conteúdo do presente livro, a continuidade e a descontinuidade despontam como os pontos de partida que incitam a questionamentos e geram impasses e questões em aberto na compreensão do Moçambique contemporâneo.

O elemento que perpassa as diferentes partes do livro e também a história do país, é a relutante continuidade dos elementos do período colonial no período pós-colonial, apesar do incisivo discurso de ruptura, elaborado, difundido e defendido, inclusive de forma autoritária, pelas elites políticas como um discurso de auto legitimação. Apesar dos fundamentos ideológicos que alicerçam o período pós-colonial – com destaque para as movediças unidade e identidade nacionais, a pacificação e a democratização – o carácter excludente e autoritário, incluindo em aspectos culturais como a subalternização da mulher na sociedade, se manteve ao longo dos diferentes momentos da história política do país, desde os tempos pré-coloniais até a contemporaneidade. A continuidade é também estrutural, indo até a matriz do pensamento colonial, através da imitação dos processos ocorridos na Europa de formação da nação ou da burguesia nacional, que de forma simplista a elite político-burocrática da FRELIMO tentou reproduzir em Moçambique, mas sem a eficácia esperada, conforme apontado na entrevista com o Professor Michel Cahen.

O livro mostra ao mesmo tempo a perplexidade e também as questões insolúveis e que ficam abertas quando se discute o Moçambique contemporâneo. E há uma virtude em que a discussão seja interrompida neste "estado de aporia", porque, de facto, o debate é inconcluso. Assim como também é inicial e promissor o empreendimento intelectual que os e as jovens do Alternactiva se propuseram a abraçar, deixando no ar a ideia de que o assunto será revisitado. Neste sentido, a aporia é uma promessa de um continuado debate sobre a construção deste projecto chamado Moçambique, como nação que almeja partilhar uma identidade amplamente reconhecida pelos moçambicanos e que cimenta a relação entre eles, assim como com o Estado. Este, já construído na esperança de que tenha superado a concepção autoritária e excludente que o originou, não no período pós-independência, como alguns apressadamente ficarão tentados a deduzir, mas sim na sua génese artificial e restritiva que é o colonialismo.

Maputo, Janeiro de 2021
José Jaime Macuane

INTRODUÇÃO

Régio Conrado e Boaventura Monjane[1]

A compreensão e a interpretação [...] relevam evidentemente da experiência geral que o homem tem do mundo. Originalmente o problema hermenêutico não é absolutamente um problema de método. Não se trata em nenhuma circunstância aqui, prioritariamente, de edificar um conhecimento seguro que satisfaça o ideal metódico da ciência. Porém, aqui outrossim, trata-se do conhecimento e da verdade (...)As pesquisas que seguem esforçam-se de satisfazer à esta exigência, ligando de maneira mais estreita possivel a posição dos problemas da história e a exposição dos seus temas[2]

Hans-Georg Gadamer (Gadamer 1996, p. 11)

Uma das mais importantes responsabilidades dos académicos e intelectuais é a de pensar/reflectir e participar, sempre que possível, no debate público sobre o curso histórico dos seus países e continentes. O sentido mais complexo e complicado da responsabilidade dos intelectuais e académicos em Moçambique é não só poder pensar sem constrição, mas também poder imaginar o país sem assumir as consequências nem sempre positivas desses actos. Essa responsabilidade é constitutiva, de forma categórica, daqueles que fazem do pensar um *modus vivendi* e *operandi*. Pensar não é apenas um acto ético, é igualmente uma responsabilidade política, no seu sentido nobre, dos académicos e dos intelectuais. É partindo dessa longa tradição da história social e política dos académicos e intelectuais que este livro emerge, para interpelar a complexidade da nossa história, seja ela presente ou transacta.

Não temos capacidades para falar do futuro com rigor, porém isso não nos impossibilita de tirar algumas conclusões da nossa história para que o futuro não seja totalmente irracional, alógico ou inapreensível. A dissecação da nossa trajectória histórica constitui o elemento central sobre o qual assenta o fito

---

1 Esta introdução pretende ser um « *mise en perspective* » não só dos problemas que são tratados neste livro, mas pretende igualmente ser o ponto de partida para a compreensão dos elementos epistémicos e metodológicos que orientaram a produção deste livro. Pretende, portanto, ser o elemento que estimula a ideia de complexidade. A ideia é simplesmente dizer que o nosso interesse não é tanto de encontrar um princípio unitário de todo o conhecimento, mas de criar canais de intercomunicação entre as diferentes perspectivas, sugerindo assim que entre as diferentes percepções do mundo há sempre espaço para o diálogo. O que está por detrás desta posição é a ideia da imbricação e da transdisciplinaridade. É o sentido etimológico do termo complexo, que é aqui mobilizado. Pensamos que todo e qualquer reflexão ou posição intelectual tem o seu valor. O mais importante não é separar, mas procurar formas de unir, de articular ou de fazer dialogar. E por que todo e qualquer pensamento complexo implica crítica, criatividade e responsabilidade, este livro e os seus autores assumem de forma inequívoca que é preciso dotar-se de uma epistemologia complexa para melhor apreender a historicidade de Moçambique.

2 A tradução do trecho foi feita do livro originalmente escrito em francês, como indica a referência. É uma tradução livre de um dos autores que tem a língua francesa como uma das línguas principais de trabalho. Todas as obras referenciadas nesta introdução estão em língua francesa e, por isso, todas as referências são feitas tomando em conta as versões nessa língua.

último dos autores deste livro, pois é nela que encontramos os elementos que nos permitem melhor nos posicionarmos em relação ao «problema-Moçambique» que é um problema do nosso presente e, sobretudo, um trauma a ser resolvido no futuro. Muitos dos autores deste livro são jovens académicos, pesquisadores, intelectuais e activistas, que fazem da reflexão o centro nevrálgico das suas actuações nas diferentes facetas da vida do país e não só. Como diz o historiador e erudito Patrick Boucheron, um dos mais renomados medievalistas franceses, não há nenhuma sociedade que se preze que não faça da reflexão um programa político e civilizacional *de longue durée*. Ademais, a existência dos intelectuais e académicos, pensadores, portanto, é dependente da relação nem sempre fácil com a *Ágora*, com o espaço público (Habermas 1992; 1987; 2005), no sentido que lhe dá Jürgen Habermas, em países onde a cultura autoritária é estruturalmente dominante (Kieh Jr. e Agbese 2014). Como imaginar intelectuais e académicos sem imaginar a sua participação no debate público? Tal posição implica que esses grupos sociais têm a responsabilidade, sempre que puderem, de ajudar a comunidade a melhor apreender o seu tempo (Sartre 2020; Noiriel 2020), na sua diversidade ou, melhor, a compreender as múltiplas temporalidades, nas suas variegadas concatenações.

Mesmo que não seja o objectivo primordial desta introdução, julgamos pertinente contar, de forma sucinta, como este livro emergiu. Este é, ao mesmo tempo, local e internacional, porque, se, por um lado, alguns dos autores e autoras dos capítulos aqui contidos vivem e desenvolvem as suas actividades em Moçambique, por outro, muitos são os que desenvolvem as suas actividades fora do país, seja como doutorandos, professores universitários, pesquisadores, jornalistas ou, ainda, activistas. Foi entre múltiplos encontros físicos e «virtuais» que a possibilidade de escrever o livro emergiu. As discussões sobre a redação deste livro não se dissociam das discussões que tinham como objectivo criar um grupo de jovens, mas não só, intelectuais, académicos, pesquisadores, artistas e activistas, que pudessem criar um espaço alternactivo de reflexão sobre o país e o mundo. Essa discussão culminou na criação do **Alternactiva**[3], uma plataforma cujo objectivo é a discussão livre dos diferentes assuntos do país e do mundo, da forma mais rigorosa possível, e cuja visão maior é o logro da emancipação social. A ideia da emancipação social não é aqui assumida como um dado adquirido e menos ainda como um conceito consensual. Longe das discussões puramente ideológicas sobre este conceito, assume-se neste livro este conceito como um conceito operatório para pensar formas e modos de governação que possam melhorar o estado

---

3 http://alternactiva.co.mz/

social, económico e politico, complicado, em que o país se encontra. Muitas foram as hesitações, os recuos e as dificuldades para estruturarmos os elementos centrais que dariam corpo a este livro; contudo, porque havia entre os membros deste grupo de discussão a vontade de apreender Moçambique de forma crítica e de fazer uma hermenêutica da «evolução» histórica para melhor compreender o país que temos hoje, esse projecto intelectual teve todas as suas bases para avançar.

A redação deste livro foi decidida há praticamente dois anos e alguns meses. Ou seja, a preparação do livro tem mais de dois anos, mesmo que a redação dos artigos e as suas releituras críticas tenham levado praticamente um ano e meio. Os editores deste livro tiveram múltiplos encontros para melhor planificar, coordenar e estruturar esta colectânea. Um dos aspectos centrais que surgiu dessas discussões tinha que ver com o fio condutor do livro e a razão pela qual deveríamos efectivamente escrever um livro desta natureza. Estas duas questões eram centrais, porque elas definiriam a aceitação ou não dos artigos que nos seriam propostos, para além das questões de qualidade científica dos mesmos. Ademais, responder à estas questões permitir-nos-ia saber qual seria o lugar do nosso livro na sociedade moçambicana. Afinal, é a nossa posição como autores e é a forma como vemos e pensamos o país que este livro pretende veicular. Sem hesitações, os editores chegaram à conclusão de que este livro seria uma reflexão sobre os 45 anos da independência de Moçambique, sem pretensão de tudo abordar ou de responder à todas as interrogações que esse período encerra.. Ou seja, o livro seria uma reflexão crítica do que foram estes 45 anos nas múltiplas facetas do país com o objectivo de darmos aos Moçambicanos, e não só, a nossa percepção e a nossa perspectiva sobre o que chamamos aqui «projecto Moçambique» ou «Projecto Moçambicano». É esse «projecto Moçambique», nas suas múltiplas facetas, que constitui o eixo central deste livro é a razão pela qual começamos com a citação de Gadamer, filósofo alemão, porque o nosso interesse não é tanto dar respostas definitivas sobre Moçambique, mas tentar interpretar, interpelar e compreender o país que é ao mesmo uma invenção colonial e pós-colonial, com a mais profunda humildade, sem, no entanto, concedermos às facilidades do espírito ou à uma pretensa arrogância intelectualista.

Pelo seu teor, a história dos últimos 45 anos deve ser abordada com muita prudência e acompanhada da "dúvida metódica" cartesiana. Tratou-se de um período em que se assistiu à concatenação de múltiplos eventos e temporalidades, da conquista da independência à persistência da guerra e da vontade aguerrida de desenvolvimento à estruturação de desigualdades e marginalidades múltiplas, entre avanços e recuos, angústias e esperanças. Nos últimos 45 anos, Moçambique foi palco, ao mesmo tempo, de contradições de vária ordem e da tentativa de resolução das mesmas, sem, no entanto, ter-se conseguido a fórmula mais adaptada para resolver, de forma mais ou menos permanente, as contradições que lhe são constitutivas enquanto país. Não deixa a história de Moçambique de ser a história de incompreensões e de tentativas de reconciliação, de projectos do pretenso «desenvolvimento inclusivo» e da elitização excessiva do acesso aos recursos. Se é parte integrante – e quase permanente – da nossa história, hoje, depois de 45 anos de independência, a guerra parece pretender ser o elemento constitutivo do nosso futuro enquanto país. Se pensarmos nesses termos, não poderemos deixar de referir que pensar Moçambique constitui uma tarefa não só complicada, mas também arriscada, porque os tempos, os eventos e os fenómenos cruzam-se e criam dificuldades para melhor descortinar e produzir uma compreensão menos «emocional». Não há qualquer possibilidade intelectual séria que pudesse fazer de Moçambique um país de tragédia sem falar das realizações obtidas nos últimos anos. É preciso muita lucidez para não descambar num militantismo e criticismo cego que reduza os 45 anos de independência ao subdesenvolvimento[4].

Recusando-se a construir visões unilineares, os autores e autoras deste livro, que são de diferentes áreas do conhecimento e têm trajectórias intelectuais, profissionais e ideológicas (sem *ideologismos* cegos, de acordo com Bell 1997) diversas, fizeram da reflexão critica e o rigor cientifico os únicos critérios para enfrentar os problemas a que se propuseram elucidar ou dar as pistas para a sua elucidação.. Esta multiplicidade representa a posição clara que os autores deste livro assumem como elemento central para melhor compreensão do país. Moçambique é um país complexo, que ninguém está em condições de o compreender, na sua totalidade, sem um verdadeiro diálogo multidisciplinar. Tentar compreender o Moçambique pós-colonial[5] é, sobretudo, tentar dar a compreender uma história densa que se realizou, sem se cristalizar, nos muito poucos 45 anos de independência.

Este livro não cede ao discurso fácil de que, desde a independência, tudo se manteve «a mesma coisa» e, muito menos, de que tudo «vai bem». A nossa

---

4 Uma das grande realizações dos últimos 45 anos, como afirma o prof. Michel Cahen na sua entrevista e com quem concordamos totalmente. Nesses 45 anos, a Frelimo, apesar de todos os erros que cometeu, nunca abandonou o seu projecto de ter a educação como elemento central do projecto nacional. Esse é um ganho que podemos recusar-nos a reconhecer.
5 Quando falamos do Moçambique pós-colonial referimo-nos ao Moçambique criado/inventado a partir da proclamação da independência, em 1975. Esta expressão é, para nós, preferível à expressão «pós-independência». Esta última expressão não faz sentido, histórica, sociológica ou filosoficamente, porque, até então, Moçambique não deixou de ser independente. Historicamente, portanto, Moçambique não pode ser considerado «pós-independência», uma expressão muito comum no nosso vocabulário intelectual, político e popular. É um país pós-colonial.

posição é eminentemente sociológica – sociologia como forma de pensar, como método (Paugam 2010, pp. 21-22; Boltanski 2009; Golsorkhi e Huault 2006, pp. 15-34; Dubar 2006; Paugam 2008; Durkheim 2010) – no sentido em que descortinamos as realidades de Moçambique de forma crítica (Bourdieu 2015, 731 pp.; Bourdieu 1984; Bourdieu e Wacquant 2014; Bourdieu 1982, 36 pp.; Bourdieu 2000, 432 pp.) sem juízos cegos. Contra o fatalismo e o triunfalismo cegos, este livro pretende contribuir para o panorama intelectual e académico nacional e internacional sobre Moçambique. Pensamos, assim, que, muito embora o processo de construção do Moçambique pós-colonial possa ter muitos aspectos perversos – como, aliás, o atesta o nosso próprio percurso histórico enquanto país (Cahen 1985; Cahen 2000; Abrahamsson e Nilsen 1995; Sabaratnam 2018; Newitt 2017) –, a independência do país constitui ainda um momento *suis generis* na nossa história, um momento que exige dos moçambicanos o orgulho, porém sem se esquecer de submetê-lo ao crivo da crítica enquanto parte do processo de compreensão da história e narrativas nacionais. Essa história, contudo, não pertence a nenhum grupo em particular, seja ele social ou político; é uma história de todos os Moçambicanos, na sua multiplicidade. Por essa razão, pensar Moçambique é negar-se a todo o discurso que imagina a «nação» moçambicana como produto de um único grupo social ou político particular. Ela é um projecto de todo e qualquer moçambicano. Sendo o momento da proclamação da independência um momento-chave da nossa história, o ano de 1990 e de 1992 são igualmente momentos cruciais, porque, com a Constituição de 1990 e o AGP em 1992, pretendia-se reformar ou tentar erradicar parte dos problemas que nos tinham levado a uma guerra civil, ao subdesenvolvimento e ao esvaziamento do nosso destino enquanto nação. Reconhecendo estes aspectos, não podemos deixar de dizer que os últimos 30 anos não foram substancialmente positivos em termos do aprofundamento da democracia liberal, do processo de paz e menos ainda do projecto de desenvolvimento nacional. As reflexões de José Jaime Macuane (2020) e de Eduardo Sitoe (2020) sobre esse processo são muito interessantes pois elas revelam as fragilidades e as oportunidades que Moçambique tem no processo de democratização e fortificação das instituições democráticas. Nos últimos 30 anos, reconhecemos que houve avanços – e vários –, mas também igual número de problemas, que persistem – alguns, até, pioraram (Conrado 2018, 180 pp.), como atestam os dados do censo geral de 2017 e múltiplos relatórios das Nações Unidas. Muitos dos artigos poderão permitir compreender que Moçambique tem produzido as condições que minam a sua própria existência enquanto país e «Nação». Esta situação leva-nos, certamente, a dizer que não se pode, em nenhuma circunstância, construir um país quando parte importante das populações vive fora dos processos, ou sem acesso aos benefícios, do «desenvolvimento nacional». Não se pode ainda deixar de dizer que o Moçambique pós-1990 – nos últimos 30 anos, desde a Constituição de 1990 –, ao invés de consolidar uma nova cultura política, novas instituições *(realmente novas)* e uma diferenciação entre Estado e partido, mantém boa parte dos problemas do passado, como demonstram muitos estudos. Ao dizermos isso, pretendemos dizer que muitos dos autores e autoras neste livro – de distintas escolas teóricas, abordagens e experiências – tentam, cada um à sua maneira e no seu estilo, mostrar as potencialidades, dificuldades e perigos que Moçambique tem e incorre, passa e corre, respectivamente. Pensamos que é aí que se encontra uma das contribuições deste livro, não ceder aos fatalismos, mas reflectir de forma rigorosa, consistente e densa o percurso histórico de Moçambique. É necessário dizer que muitos temas aqui abordados fazem parte dos temas de pesquisa dos respectivos autores e autoras e, por isso, fazem parte das conclusões, algumas delas, preliminares, dos seus projectos de pesquisa.

Este livro pretende ser um diálogo sincero sobre o nosso país, sem entrar no espírito acusativo, porque não é essa a responsabilidade dos académicos e pesquisadores. Dialogar seriamente sobre o nosso país é também reconhecer que os 45 anos de independência foram ao mesmo tempo momento de muitas realizações e da produção de problemas. Uma leitura linear ou unívoca da nossa história é fazer da academia e da pesquisa um mero espaço de oposição. Se concordamos com Bourdieu que a sociologia, portanto, as ciências sociais, é «desporto de combate», não podemos deixar de dizer que esse desporto de combate deve simplesmente obedecer aos cânones das exigências internas das ciências, que é tentar «explicar» e compreender, da melhor maneira possível, a sociedade em que estamos inseridos. Essa é a linha, digamos, editorial que seguimos neste livro, convencidos de que essa é a responsabilidade dos que acreditam que a ciência não é feita para dizer que tudo é perverso ou tudo é bom. Ela serve simplesmente para descrever, explicar, sempre que tal for possível, e compreender o mundo social sem nos restringirmos ao que nos rodeia.

É nestes termos que as várias contribuições deste livro coincidem no argumento de que Moçambique vive uma confluência de crises, sendo a primeira e, quiçá, a mais difícil de resolver, o que decidimos chamar de *crise do projecto nacional.* Muito eloquentemente, Edgar Barroso (Capítulo 2, primeira parte) levanta uma questão de difícil resposta, desafiando o jargão «que mais referência abusiva e manipulativa tem sofrido ao longo da nossa história recente como país», o conceito de «Unidade Nacional». «Unidade de quem e para que(m)?», questiona o autor, num artigo em que conclui que «o conceito de unidade nacional – elaborado de forma não muito clara em comités políticos e imposta hierárquica e arbitrariamente às massas ao longo da história de construção do Estado, sem qualquer experiência de diálogo e de consenso fora dos círculos elitistas que controlam o poder – não tem sido devidamente apropriado e homogeneamente internalizado em toda a extensão territorial moçambicana». Segundo o autor, «Moçambique é uma construção simultaneamente colonial e pós-colonial, manifestando, ainda hoje, fragilidades identitárias derivadas dessa condição». A questão da unidade nacional (ou falta dela) está intimamente ligada ao processo da construção e da consolidação da paz em Moçambique. Não é exagerado afirmar que, desde que se tornou independente, Moçambique viveu permanentemente em guerra, com alguns intervalos de suspensão das hostilidades entre as partes beligerantes (com ou sem acordos expressos e firmados). Isso deve-se, em parte, ao facto de, desde que se firmou o Acordo Geral de Paz em 1992, em Roma, «não [se ter sido] capaz de mudar a essência do conflito em Moçambique» – e daí o processo de construção de paz em Moçambique ter sido confuso, como demonstra Régio Conrado no seu artigo (Capítulo 1, primeira parte). O autor argumenta, com elementos teóricos que vêm da ciência e sociologia política, da teoria e filosofia política e de elementos empíricos recolhidos nos últimos nove anos, que, em Moçambique, persiste uma «paz minada», uma espécie de «paz sem reconciliação» ou «reconciliação fragilizada e frágil», e conclui que «um dos grandes problemas do processo de construção da paz em Moçambique deve ser menos explicado pela vontade da Renamo de querer aceder ao poder a todo custo, mas mais pela forma como o partido no poder e o seu governo têm gerido o país. Isto é, o que pode explicar a insustentabilidade da paz em Moçambique não é tanto a vontade ou não vontade da Renamo de fazer guerra, mas mais as políticas que emanam do governo de Moçambique, que têm sido insuficientes, não só para permitir o aprofundamento da cultura democrática, mas também por serem anti-sociais e anti-societais». Inspirado em Alexis de Tocqueville, Régio Conrado entende que a democracia acaba sendo um mero regime formal em Moçambique e não um estado de sociedade ou um estado de espírito colectivo. Para este autor, é impossível compreender os «falhanços» ou os conflitos em Moçambique sem compreender a fundo o processo de construção do Estado e da nação. A cultura política que está na base da construção do Estado e da Nação em Moçambique explica, em grande medida, as contradições que têm acompanhado as variegadas tentativas de pacificação no país. Entende ainda o autor que, quando não permite a abertura social do poder, a cultura política cria elementos de clivagens permanentes.

Estas duas primeiras contribuições tratam, portanto, daquilo que entendemos serem os dilemas que caracterizam a estrutura e o funcionamento do Estado, da democracia e dos processos de construção de paz. A secção seguinte, sobre a Política Económica, a Proteção Social e o Desenvolvimento em Moçambique dos dias de hoje, procura explicar a governação e a vulnerabilidade em Moçambique e as opções políticas, económicas e sociais escolhidas pelo Estado Moçambicano. As autoras não apenas tecem críticas contundentes sobre os temas acima citados, mas também apontam saídas, apresentando alternativas e sugestões práticas, que é uma forma de ser académica e intelectualmente útil ao país . Natacha Bruna (Capítulo 1, segunda parte) trata, primeiro, embora de forma breve, do legado histórico (imperialismo, colonialismo, extractivismo laboral e agrário) para explicar a vulnerabilidade actual nos processos de governação e de desenvolvimento em Moçambique. A autora problematiza as escolhas económicas e ideológicas, bem como o modelo de desenvolvimento em vigor em Moçambique nos seus diferentes períodos históricos, desde a independência, criticando a assunção de que o país registou um crescimento económico significativo, já que, como argumenta, nada indica que as largas massas de moçambicanos tenham beneficiado dele. Tal como ela afirma, «o crescimento económico é visto, pelo Governo assim como pelos que o financiam, como uma ferramenta para medir o sucesso e o desenvolvimento económico do país. Neste ponto de vista, Moçambique tem sido "exemplar" *(success story)*, dado que nas últimas décadas, com excepção de alguns anos, apresentou altas taxas de crescimento económico de até "dois dígitos". Esta concepção, segundo a autora, não só é errada e enganosa, como faz parte de um discurso populista do Governo para ganhar legitimidade política e suporte, conquistar credibilidade económica na esfera internacional e tornar o país mais "atraente" para o Investimento Directo Estrangeiro». Natacha Bruna relembra que Moçambique já passou por crises e calamidades públicas suficientes para aprender que o corrente modelo de desenvolvimento e a actual governação já demonstraram os seus limites. Para ela «a tendência de sublinhar a vulnerabilidade das pessoas em tempos de crise ou calamidades pressupõe eliminar o entendimento de que essa vulnerabilidade resulta da governação e não dos choques que a ressaltam (exemplo Idai, Corona vírus)».

Ruth Castel-Branco (Capítulo 2, segunda parte), demonstra como a Crise da Covid expôs, mais uma vez, a fragilidade do nosso modelo de desenvolvimento económico e a fraqueza dos mecanismos de redistribuição existentes. Para a autora, a questão da expansão da Segurança Social continua oportuna, não só como medida de resposta de emergência durante a Crise da Covid, mas também como instrumento redistributivo com a capacidade de promover o desenvolvimento inclusivo. Ruth Castel-Branco aponta sugestões do tipo de mobilização que será necessária para garantir a expansão adequada da Segurança Social em Moçambique, tanto durante a crise pandêmica como além dela.

Na secção «Sociedade, Desigualdades e Pobreza», o livro traz duas contribuições que dialogam muito intimamente uma com a outra. Por um lado, Teresa Cunha (Capítulo 3, segunda parte) faz uma leitura das desigualdades e da pobreza em Moçambique, a partir de uma perspectiva feminina e feminista, demonstrando como, em vários sectores da vida nacional e nos processos da exploração da natureza, dos recursos e da acumulação de capital, a mulher continua a ser a mais expropriada, a mais excluída e a mais explorada. Cunha demonstra como «a desarticulação fundamental entre as promessas anunciadas de desenvolvimento e justiça económica para todas/todos no país e a realidade em que as pessoas vivem, especialmente, as mulheres e as raparigas» explica «a deterioração das condições de vida no que se refere, por exemplo, à habitação, ao emprego e ao bem-estar, tem envolvido o afastamento dos seus meios de actividades e sustento, a deslocação forçada e o reassentamento com atribuição de novas terras não férteis e sem acesso à água, aos mercados, a poluição do solo, do ar e da água, o aumento da violência de género, o abandono escolar por parte das meninas, a prostituição, as doenças sexualmente transmissíveis, nomeadamente o HIV/a SIDA.»

Nélvia Sitoe (Capítulo 4, segunda parte) discute a política pública do planeamento familiar em Moçambique num contexto neoliberal. O trabalho da autora é baseado em entrevistas a responsáveis de ONGs, responsáveis da direcção nacional de saúde pública e funcionários de centros de saúde. A autora conclui que o "Apesar dos resultados positivos para alguns casos desde a sua formulação e implementação, esta política continua carecendo de uma aderência mais acentuada, de uma cobertura nacional, continua mostrando altos níveis de desigualdade no acesso aos serviços de saúde assim que um número de usuárias (na sua maioria, mulheres) que não aderem". Segundo a autora, "tanto os actores do 'terreno', tanto as usuárias, através das suas interações quotidianas reformulam e colocam em prática quadros cognitivos próprios e particulares ao que o meio permite para poder fazer avançar as medidas decorrentes da política nacional de planeamento nacional".

Por outro lado, Edgar Bernardo (Capítulo 5, segunda parte) discute as barreiras no envolvimento dos homens nos serviços de saúde materno-infantil do ponto de vista dos profissionais de saúde da província de Nampula. Baseando-se nas experiências de oficinas por ele conduzidas enquanto ativista e sociólogo da Rede HOPEM, Bernardo faz um interessante exercício ao demonstrar como a construção e ampliação de políticas e programas assim como de estratégias e práticas de envolvimento masculino nos serviços de saúde, em particular nos serviços de saúde materno-infantil, podem contribuir para o despertar de um interesse maior nas pesquisas sobre masculinidades e saúde no contexto moçambicano. O autor argumenta que este sector tem o potencial de contribuir também para a redução do fardo que recai largamente sobre as mulheres, devido à cultura machista e patriarcal que ainda predomina nas nossas sociedades. «O engajamento masculino nos serviços de saúde é fundamental sob duas perspectivas: a primeira é utilitária, e consiste em apoiar a mulher/parceira; a segunda tem-no como sujeito de saúde. Desconstruir o senso comum do homem forte, provedor, sem fragilidades é um dos passos para ter o homem nos serviços de saúde. Concomitantemente é essencial que os serviços de saúde sejam amigáveis e compreensivos para com o homem que a eles for a aproximar-se. Precisa-se também derrubar as barreiras estruturais e em termos de políticas públicas», conclui.

Quarenta e cinco anos depois da independência, as sociedades moçambicanas continuam a formar uma sociedade eminentemente agrária, e o campo moçambicano continua largamente marginalizado nas políticas agrárias mesmo que a situação tenda formalmente a mudar com o programa Sustenta formulado pelo Governo de Moçambique. Exceptuando algumas melhorias visíveis, como o alargamento da telefonia móvel, do sinal de televisão e de alguma eletrificação, muitas zonas rurais não dispõem de sistemas de água canalizada e, consequentemente, em muitos casos, de água potável.

A agricultura de pequena escala permanece, de longe, o sector dominante no sector agrário. Segundo as estimativas, a população rural em Moçambique representava aproximadamente 67 % da população total em 2017, contra os 70 % em 2007 (INE, 2019). Na secção «Política Agrária e Meios de Subsistência», Máriam Abbas (Capítulo 1, terceira parte) começa por reconhecer o papel do sector agrícola na promoção do desenvolvimento económico, na redução da pobreza e na melhoria da segurança alimentar. Para a autora, o Programa do Governo refere a necessidade de assegurar, progressivamente, a autossuficiência alimentar, considerando a agricultura como base do desenvolvimento económico e social do país. Enquanto desmente o discurso oficial sobre a suposta existência de autossuficiência alimentar em Moçambique, Abbas argumenta que o país ainda está muito longe de alcançar a soberania alimentar. Mesmo com a importação de alimentos, não tem capacidade para satisfazer as necessidades alimentares da sua população, devido, sobretudo, às políticas agrárias adoptadas e/ou implementadas. «[...] o primeiro passo para combater a insegurança alimentar seria garantir a existência de quantidades suficientes de alimentos nutritivos disponíveis no país. Sendo, portanto, necessário criar medidas de incentivo ao aumento da produção e da produtividade de bens alimentares, através do uso de insumos e melhores condições de acesso ao crédito, assistência técnica, entre outros.». A autora conclui, afirmando que «é preciso garantir as condições necessárias e suficientes para a segurança alimentar ao longo do tempo, sendo a soberania alimentar uma condição necessária»..

A pesca de pequena escala é igualmente discutida neste livro. Halaze Manhice (Capítulo 8), com larga experiência no estudo de sistemas pesqueiros e recursos marítimos em Moçambique, argumenta que, apesar de múltiplas políticas públicas, múltiplos instrumentos legais e muitas iniciativas cujo fito é proceder com a exploração sustentável dos recursos, o sector das pescas apresenta múltiplos problemas, desafios e incoerências. A autora apresenta muitos exemplos que demostram que o Estado moçambicano tem poucas capacidades para proteger a sua costa e os seus recursos marinhos. Toda esta fragilidade contribui, afirma a autora, para que Moçambique tenha enormes perdas neste sector.

Estes dois capítulos parecem coincidir na opinião de que há uma imposição do Governo, quer em políticas públicas quer em programas concretos, de modelos capitalistas, tanto na produção alimentar como na produção pesqueira, negligenciando um sector e categoria importante e numericamente significativo como é o campesinato (aqui incluem-se pescadores e mineiros artesanais) desperdiçando a sua experiência, o seu conhecimento e os seus anseios. Esta imposição é, contudo, resistida, mesmo que não seja sempre de forma visível e aberta.

Num trabalho com sustentação empírica e teórica, Boaventura Monjane e Natacha Bruna (Capitulo 9) explicam como a resistência a uma política agrária e a um programa agrícola de larga escala levou à sua hibernação durante anos e, por fim, à sua recente derrota por organizações e movimentos agrários e não só articulados com outros sectores da sociedade civil. Trata-se de um capítulo que explica, de forma intimista, o confronto, por parte da sociedade civil, daquilo que os autores chamam de «autoritarismo agrário» – isto é, a imposição antidemocrática de modelos de desenvolvimento agrário sobre o campesinato. O capítulo também demonstra que o autoritarismo agrário custou à Frelimo apoio eleitoral na região do corredor de Nacala no período em que o ProSAVANA estava a enfrentar a resistência popular.

A resistência ao ProSAVANA deu uma lição ao governo de Moçambique, levando-o, para se refazer dos «danos» causados, a lançar recentemente um programa, que, no nosso entender, tem sido apresentado com populismo e recebido de forma preocupantemente acrítica por vários sectores da sociedade. Contrariamente ao que sucedeu com o ProSAVANA, o Governo abriu, no contexto do Sustenta, uma porta para a participação de – uma parte – da sociedade civil, com destaque para as organizações agrárias e camponesas. Há, portanto, uma expectativa de que a abordagem seja, neste caso, inclusiva, mas os sectores mais radicais do que chamamos «sociedade civil agrária» continuam cépticos, argumentando que o modelo e a visão do Sustenta se mantêm exactamente iguais aos do ProSAVANA.

Um sector que, na última década e meia, tem estado nas prioridades do Governo e do Estado Moçambicano é o extractivismo. Os autores recusam-se a reconhecê-lo como «indústria extractiva», já que a experiência destes 15 anos deixou patente que desse sector não emergiu qualquer processo de industrialização no país, quer no sector do carvão mineral, nas areias pesadas, nos minérios e, mais recentemente, no sector dos hidrocarbonetos... Aliás, o capítulo onze deste livro demonstra que aquilo que alguns consideram ser o «*Eldorado*» do gás levará ao caos, principalmente porque os interesses do poder corporativo internacional – em particular o francês – empurram Moçambique para a armadilha. Baseado num estudo detalhado das organiza-ções Justiça Ambiental (JA!)/Amigos da Terra Moçambique, Amigos da Terra França e Amigos da Terra Internacional, este capítulo faz uma relação muito directa entre o extractivismo, a corrupção, a crise económica e a militariza-ção. Os autores afirmam que, «em vez de se juntar ao governo moçambicano para promover estratégias que permitam resolver os conflitos, a França con-tribui para atiçar as tensões na província de Cabo Delgado, apoiando as suas corporações transnacionais do gás e a militarização na zona». Recomendam que, «para pôr fim ao conflito que grassa no Norte de Moçambique, é preciso arrancar as suas motivações políticas e sociais pela raiz – não apoiar uma indústria que só contribuirá para exacerbar as tensões, promover uma estra-tégia de militarização contraproducente e, muito menos, permitir que grupos de mercenários empunhem armamento com licença Francesa».

Ligado ao extractivismo e como caminhos para a sua «superação», Lemos *et.al.* (Capítulo 5, terceira parte), sugerem que o extractivismo não só vai causar danos ambientais e ecológicos irreparáveis, como não vai tirar

Moçambique das desigualdades e da pobreza. «É necessário questionar e interromper a narrativa de que os ganhos financeiros da indústria extractiva, em particular o gás de Cabo Delgado, serão capazes de resolver todos os nossos problemas, da pobreza à insurgência. Pelo contrário, os projectos extractivistas funcionam como amplificadores das condições sociais já existentes, aumentando as vulnerabilidades das populações locais e acentuando as lutas por poder e riqueza, como vemos por todo o país.» O que é preciso, então, fazer? Os autores sugerem, entre outros, que «é necessário fomentar e amplificar abordagens sustentáveis e inclusivas de produção de alimentos e produtos agrícolas, promovendo a agroecologia, a agricultura agroflorestal e outras soluções que têm o enorme potencial de reduzir a fome e a desnutrição, empoderar os camponeses e agricultores de pequena escala e conservar o meio ambiente e os ecossistemas. É fundamental reconhecer a importância e a centralidade do campesinato na economia e sociedade Moçambicana».

A última parte deste livro é composta por duas grandes entrevistas conduzidas pelos editores a duas das mais incontornáveis figuras para compreender Moçambique histórica e contemporaneamente. No capítulo doze, Régio Conrado entrevista Michel Cahen, em Bordeaux, historiador de tradição marxista e um dos poucos e dos mais renomados investigadores franceses sobre a história da colonização portuguesa. Conhecedor de Moçambique e um dos mais citados nos trabalhos académicos sobre o nosso país, explica, de forma detalhada, os processos de formação do Estado Moçambicano, das origens, das dinâmicas e dos contornos da guerra civil em Moçambique, assim como do actual período neoliberal. Na essência, Cahen argumenta, entre outras coisas, que o futuro pacífico de Moçambique dependerá da redefinição do modelo de nação produzido ou fabricado pela Frelimo e, por conseguinte, pela profunda reforma do seu modelo administrativo. Para o autor, Moçambique deveria ser organizado administrativamente, respeitando as múltiplas pré-nações – as nações pré-coloniais. Para ele, o modelo actual não é adequado, tendo em conta a configuração dos múltiplos grupos étnicos existentes. Defende ainda o professor que Moçambique é um país governado por elites rendeiras que estão integradas perifericamente no sistema capitalista internacional. Falando das «aporias de Moçambique pós-colonial»[6], diz que um dos problemas que persiste em Moçambique é o facto de a Frelimo se imaginar como Nação, considerando impossível imaginar uma Nação que lhe seja exterior. Argumenta ainda o autor que os partidos da oposição não conseguem

6 As aporias de Moçambique pós-colonial referem-se aos problemas ainda não resolvidos da história de Moçambique, que vêm do tempo da colonização e que as populações duvidam vir a ver resolvidos. São as contrações ainda não resolvidas que minam o progresso de Moçambique em todos os sentid

produzir uma alternactiva a esse modelo, levando-os, assim, a integrarem-se nesse modelo sem questioná-lo com actos e uma reflexão acirrada. O capítulo 13 traz uma conversa que Boaventura Monjane estabeleceu com o respeitado e mundialmente conhecido arquiteto luso-moçambicano, José Forjaz. O arquiteto fala do estado da arquitectura em Moçambique, bem como do papel e das (in)competências do Estado em fazer desta disciplina (ensino e prática) um sector que responda às necessidades actuais do país. O arquitecto estende a análise para incluir o estado da política moçambicana e as dinâmicas de desenvolvimento. José Forjaz corrobora o argumento apresentado por Lemos et. al, de que, com a crise climática que o mundo atravessa, é um equívoco Moçambique apostar no extractivismo para o seu desenvolvimento. Vê a Educação como o sector prioritário e a agricultura como estruturante de uma real transformação social.

Quais são, então, as alternativas para Moçambique, no campo político? Que projectos podem emergir em resposta às várias crises que abalam este país?

No capítulo um da quarta parte, José Pinto de Sá faz uma radiografia multissectorial de Moçambique, destacando as grandes contradições que caracterizaram os últimos 45 anos, e conclui que se consolidou no país um regime político de coligação, que denomina de Frenamo. José Sá atribui a responsabilidade para o impasse político e as várias crises em que Moçambique está mergulhado à articulação destas duas forças políticas. O autor vê nas organizações da sociedade civil a força política capaz de fazer face ao que ele considera regime de articulação bipartidária.

Outros, tal como Ivan Andrade, pensam que Moçambique precisa de um novo «Projecto da Nação», que transcenda as formas convencionais de emancipação e progresso social. No capítulo dois, quarta parte, Andrade escreve sobre as propostas do Novo Humanismo, uma corrente global inspirada pelo pensador Argentino Mário Luis Rodrigues Cobos, «Silo». Segundo Andrade, «o Projeto da Nação terá de ser uma construção colectiva, inclusiva e convergente. Terá de fazer proveito dos espaços democráticos, fóruns, universidades, associações de base para a colossal tarefa de fazer convergir todas as intenções que compõem a Nação». Contudo, para o Novo Humanismo, e como assevera Andrade, «não haverá solução cabal para os problemas sociais se não se contemplar um salto na consciência do ser humano. Não haverá mudanças económicas, políticas ou tecnológicas isto é, externas, que mudem o estado essencial das coisas. A verdadeira revolução é a revolução interior». Embora na sua essência faça esta proposta sentido inquestionável, não deixa de nos parecer que a sua consecução seja de alcance às condições materiais concretas do momento histórico em que vivemos.

Há os que propõem uma suposta «terceira via», com fórmulas prontas e implementáveis, possível através da junção daquilo que supostamente 'deu certo' nos dois períodos politico-ideológicos e económicos da nossa história desde a independência, nomeadamente o período da experimentação do "socialismo" e aquele no qual vivemos, dominado pelo neoliberalismo, nós pensamos que as medidas reformistas não parecem ser factíveis para se sair da crise profunda em que o país se encontra. É necessária uma reflexão profunda sobre o tipo de destino que queremos dar à Moçambique para que encontremos os caminhos que nos levem à clareza sobre o melhor projecto nacional. Tal como podem demonstrar as várias contribuições deste livro, não parece haver outra forma de resolver o imbróglio que caracteriza Moçambique, se não a refundação total do Estado, e por conseguinte, o modelo político e de desenvolvimento, que estão aquém dos verdadeiros desafios do país. Mas, este não é um movimento de fácil implementação já que o actual governo que dirige Moçambique há quase meio século, embora com erosão de legitimidade, conta ainda com alicerces que o sustentam e parece que tal vai ser ainda o caso por muitos anos. Julgamos que as palavras do filósofo revolucionário italiano, António Gramsci, expressa muito adequadamente o interregno que caracteriza o estado actual de Moçambique, 45 anos depois da independência: "A crise consiste precisamente no facto de que o velho está a morrer e o novo ainda não pode nascer. Nesse interregno, uma grande variedade de sintomas mórbidos aparecem".

Como editores do livro, e como colectivo **Alternactiva**, acreditamos que a construção da emancipação social passa necessariamente pela promoção da reflexão critica, livre e rigorosamente informada. O destino de Moçambique encontra-se nos meandros das suas contradições. É nelas em que Moçambique deve procurar as respostas para as suas principais interrogações, para os seus principais problemas. Fora das contradições internas, toda e qualquer resposta será sempre superficial. Este livro é uma contribuição nesse sentido.

– Paris, Bordeaux, Coimbra, Maputo e Cape Town, Janeiro de 2021

Referências Bibliográficas

Abrahamsson, Hans et Anders Nilsen (1995) *Mozambique: troubled transition: From socialist construction to free market capitalism*, Londres, Zed Books.

Bell, Daniel (1997) *La Fin de l'idéologie*, Paris, PUF.

Boltanski, Luc (2009) *De la critique: précis de sociologie de l'émancipation*, Paris, Gallimard.

Bourdieu, Pierre (2015) *Sociologie générale, cours au collège de de France (1981-983): les concepts élémentaires de la sociologie (Habitus-Champ)*, vol. 1, Paris, Seuil.

––– (1984) *Hommo academicu*, Paris, Éditions de minuit.

Leçon inaugurale faite le vendredi 23 avril 1982, Paris, Éditions de minuit, 1982, 36 p.

–––(2000) *Esquisse d'une théorie de la pratique*, Paris,

Bourdieu, Pierre et Loic Wacquant (2014) *Invitation à la sociologie réflexive*, Paris, Seuil.
Éditions du Seuil.

Cahen, Michel (1985) *Mozambique, la révolution implosée*, Paris, L'harmattan.

–––(2000) «Mozambique : l'instabilité comme gouvernance ? », *Politique africaine*, vol. 80, n°4, p. 111?13

Conrado, Régio (2018), *Le pouvoir de l'hôpital, Légitimation, domination et formation de l'État au Mozambique post-colonial?: une analyse par les politiques de santé*, Alemanha, Éditions Universitaires Européenes.

Dubar, Claude (2006) *Faire la sociologie: un parcours d'ênquêtes*, Paris, Éditions Belin, 2006.

Gadamer, Hans-Georg (1996) *Vérité et méthode: les grandes lignes d'une herméneutique philosophique*, Paris, Éditions du Seuil.

Durkheim, Émile (2010) *Les règles de la méthode sociologique*, Paris, Flammarion.

Golsorkhi, Damon e Huault, Isabelle (2006) « Pierre Bourdieu : critique et réflexivité comme attitude analytique », *Revue française de gestion*, vol. 165, n°6, p. 15?34.

Habermas, Jürgen (1992) *L'Espace public*, Paris, Payot-Seuil.

––– (1987) *Théorie de l'agir communicationnel*, Paris, Fayard.

––– (2005) *De l'usage public des idées, écrits politiques 1990-2000*, Paris, Fayard.

Kieh, Jr, George Klay. e Agbese (2014) Pita Ogaba, *Reconstructing the Authoritarian State in Africa*, New York, Routledge.

Macuane, José Jaime: "Estrutura e agências das Instituiçoes de Soberania e democratização em Moçambique, 1990-2020", in Rosario, Domingos Manuel do, Guambe, Egidio, Salema, Ericinio (orgs.), *Democracia Multipartidaria em Moçambique*, Maputo, Eisa, 2020.

Noiriel, Gérard (2010) *Dire la vérité au pouvoir. Les intellectuels en question*, Paris, Agone.

Paugam, Serge (2008) *La pratique de la sociologie*, Paris, Puf, 2008.

Sartre, Jean-Paul (2020) *Plaidoyer pour les intellectuels*, Paris, Gallimard.

Sitoe, Eduardo, "Lições da experiência Moçambicana de Democratizaçao": in Rosario, Domingos Manuel do, Guambe, Egidio, Salema, Ericinio (orgs.), *Democracia Multipartidaria em Moçambique*, Maputo, Eisa, 2020.

PRIMEIRA PARTE
Estado, Democracia e Participação

CAPÍTULO UM

As Aporias de uma paz minada: Lições teóricas e empíricas dos processos políticos pós-1990 em Moçambique

Régio Conrado

Introdução

É pertinente lembrar que Moçambique acedeu à sua independência em 1975 sob a chancela de um movimento de libertação, a Frente de Libertação de Moçambique (FRELIMO) que veio, mais tarde, a transformar-se no Partido Frelimo, por ocasião do seu terceiro congresso (Brito 1991), em 1977. Este movimento optou oficialmente por uma visão de gestão e organização do poder que tem sido denominada correntemente de «marxismo-leninismo» (Brito 1993 e Cahen 1988). A Frelimo que conseguira expulsar os colonizadores apresentou-se como o único movimento de reivindicação pela independência do país. Tinha legitimidade, mas não era conhecida em todo o território que denominamos Moçambique (Newitt 1997 e 2002; Cahen 1985), no período pós-colonial. Nesse sentido, a independência de Moçambique – que a Frelimo monopolizara tanto pelas armas como pelo controlo do discurso sobre a história, em que se apresentava como a única força legítima para dirigir o país – foi percebida como um processo e, ao mesmo tempo, uma estrutura produtora de uma nova «colonialidade» e marginalidade. Esse processo de monopolização e centralização de todas as funções sociais, acompanhadas pelo seu projecto de modernização autoritária (Cahen 1987) levou a que largos sectores da sociedade Moçambicana fossem marginalizados daquilo que a Frelimo tinha herdado do colonizador português: «Moçambique».

De outra forma, a independência de Moçambique, em 1975, que se tinha configurado como estrutura de emancipação, transformou-se, para uma parte da população, numa verdadeira máquina de construção e fabrico de marginalidades, periféricos ou, pelo menos, de objectos do processo histórico. Vários trabalhos sobre Moçambique (Cahen 2000; Brito 2010; Forquilha 2010) ou ainda os de Jason Sumich, Allen Isaacman, René Pélissier, Domingos do Rosário, Alex Vines, Salvador Forquilha, Victor Igreja, Mark Chingono, e outros, demonstraram que Moçambique era (e ainda é) um país que surgiu como profunda continuidade do que o colonialismo tinha de mais perverso, que era a marginalização de largas massas da população de Moçambique, com

Mario Macilau

a violência, simbólica ou material, que ela implica (Bourdieu 1989 e 2012). Vivia-se numa independência problemática e, em certa medida, «anti-povos» de Moçambique, no sentido em que grande parte dos projectos sociais e políticos, apesar de bem-intencionados, contradiziam as dinâmicas reais desses diferentes povos de Moçambique (Brito 1991; 2020). É por isso que, a história da Guerra dos 16 anos[1] deve ser vista não só pelas dinâmicas externas, mas também pelas dinâmicas internas (Geoffray e Mögens 1988) – ou seja, é preciso compreender a história da guerra tendo em conta a longa história de Moçambique (ver Braudel, de forma geral; para o caso concreto de Moçambique, ver os trabalhos de Michel Cahen e René Pélissier que são de extrema importância). Sabemos igualmente que, explicada nesses termos, essa guerra tem raízes mais profundas na história da fabricação de Moçambique (Robinson 2006). O historiador Rene Pélissier mostra-nos a complexa construção daquilo a que hoje chamamos – sem pensar profundamente no sentido do conceito e nas complexidades históricas associadas – «Nação Moçambicana». O historiador René Pélissier traça-nos as raízes mais profundas da estruturação da produção de marginalidades e de grupos mais privilegiados que o colonialismo português de Salazar aprofunda e que a Independência com a

---

1 A guerra dos 16 anos denomina a guerra que começou entre 1976-77 como guerra de desestabilização de Moçambique pelos regimes minoritários brancos da Rodésia do Sul (actual Zimbabué) e da África do Sul do *apartheid* por meio da Renamo e que evoluiu para uma guerra civil na década de 1980. Esta guerra travada praticamente entre as forças da Frelimo (Governo de Moçambique) e as forças rebeldes da Renamo veio a terminar com um acordo geral de paz em 1992.

Frelimo agudiza, nem sempre com mas intenções ou de forma consciente, as estruturas da sua economia política de gestão do poder – e que hoje está substancialmente não modificada, apesar dos diferentes contextos e avanços feitos para remediar a situação. Moçambique continua com muitas marcas coloniais, mesmo que seja um país pós-colonial. Com isso, não pretendo dizer que ainda sejamos dominados por uma potência estrangeira, mas que as lógicas de estruturação do Moçambique pós-colonial ainda obedece ao húmus do sistema colonial, apesar de termos feito grandes avanços nalguns sectores. Assim, mesmo explicada pelos factores externos bem-apresentados por William Minter (1998), entre outros, a guerra dos 16 anos deveria ser insistentemente analisada tomando os factores internos como um dos eixos estruturalmente importantes para melhor compreendermos a natureza do que ocorreu nos 16 anos de guerra. Com este capítulo, pretendemos reflectir sobre as possíveis causas da guerra dos 16 anos, que foi uma guerra civil e de desestabilização, ainda hoje patente no conflito entre as forças governamentais e as forças da Renamo (a junta militar), mesmo depois da assinatura dos acordos de Outubro de 1992 e de Setembro de 2014 (acordos entre Afonso Dhlakama e Armando Guebuza) e de Agosto 2019 (entre Filipe Nyusi e Ossufo Momade).

Para isso, umas das nossas problemáticas é saber o que é que estruturou e produziu uma situação de guerra em Moçambique, de 1976-77 a 1992, e que elementos ainda persistem potencialmente no contexto do Moçambique do pós-guerra de «**alta-intensidade**» – ou seja, como explicar a continuidade da guerra depois dos acordos alcançados e mesmo depois de se ter decidido formalmente pela democracia liberal, concebida como a solução para a paz? Para o nosso trabalho, cremos que a Guerra dos 16 anos pode ser explicada tanto por causas internas como externas, sendo que as causas internas prepararam o terreno para o prolongamento da guerra durante 16 anos e até aos dias de hoje. Ou seja, a guerra que se vive hoje é estruturalmente condicionada pela marginalização sistemática de diferentes grupos sociais dentro de Moçambique. Outro aspecto que tentaremos desenvolver mais adiante tem que ver com o modelo de Estado que se produziu após o colonialismo, que consideramos ser uma variável dependente que configurou a estrutura da guerra e cujo modelo, 25 anos depois das primeiras eleições multipartidárias e 30 anos depois da primeira constituição liberal, não só mantém a guerra «acesa», como até tende a intensifica-la, possivelmente, criando fragilidades no processo de paz em Moçambique.

Ademais, este trabalho pretende duas coisas: um dos principais eixos deste trabalho é mostrar que, para compreendermos a situação de guerra em que temos vivido permanentemente, deveremos recuar à história relativamente mais antiga de Moçambique. Em segundo lugar, procuraremos demonstrar que o AGP em Moçambique não foi capaz de mudar a essência do conflito no país – que, muito pelo contrário, manteve intactos os principais problemas de Moçambique. Defendemos que não houve reconciliação nacional e o processo de liberalização política teve pouco impacto na cultura política e administrativa das elites dirigentes, ou seja, tiveram pouco efeito sobre a cultura política e administrativa dominantes. Em terceiro lugar, até podemos conhecer relativamente bem as causas da guerra de Moçambique, mas pouco ou nada sabemos em relação ao seu possível termo. Podemos especular, mas não temos condições epistémicas sistemáticas que nos permitam construir argumentos suficientes, nem com as pistas que possam estar a ser formuladas.

Portanto, o nosso trabalho estará dividido em três partes. Na primeira parte, tentaremos desenhar, de forma muito breve, algumas das principais discussões em torno dos processos de democratização em África em geral e, depois, mais especificamente, em Moçambique. Essa primeira parte será igualmente seguida de uma exposição rápida a propósito dos debates sobre as causas da guerra em Moçambique, a partir do exterior, frisando sempre as limitações dessa perspectiva. A segunda parte vai concentrar-se sobre as causas da Guerra de Moçambique, sob uma perspectiva interna. A terceira parte será uma proposta de reflexão que visa demonstrar a incapacidade de reconciliação do AGP e como o modelo de "Estado projectado" após esse período de «guerra acesa» continuou a gerar situações internas que mergulharam Moçambique na Guerra, em 1977, e que reforçam os conflitos que temos vindo a acompanhar nos anos correntes, sobretudo, a partir de 2012.

A questão da democracia no contexto africano e moçambicano

Começaremos por dizer que, considerando pouco útil entrar em discussões em torno da definição de democracia, limitar-nos-emos a precisar que a entendemos como regime político estreitamente relacionado com a possibilidade de exercer não só as nossas liberdades sem constrições, mas também o direito de participar nos processos de «desenvolvimento político» e económico de um país sem impedimentos de quem quer que seja. No fundo, consideramos que a democracia traduz-se nessa possibilidade constitucional do sujeito de ocupar o seu lugar na sociedade sem sofrer perseguições ou exclusões (Touraine 2013, 651). Assim, ao olharmos para a paisagem política dos anos 60 até os anos 90 do século XX, constatamos que o continente Africano encontrava-se dominado por regimes militares e policiais, seja da ala "socialista" seja da ala capitalista (De Walle 2009, 135-163). Uma das características fundamentais desses regimes, independentemente da sua profissão ideológica, era o seu carácter problemático no que diz respeito às liberdades, à inclusão e à abertura social do poder. Não é por acaso que, ao longo da história, esses regimes se tenham constituído como espaços de estruturação de violência sistemática contra os grupos que não só exigiam mais inclusão, mas também contestavam a concentração do poder nas mãos de um grupo minoritário, fosse ele um clã, um partido ou uma confederação de amigos (Quantin 2009, 65-125). Todavia, a par esse cenário sombrio em termos democráticos, encontramos algumas excepções em países desde o Botswana, Cabo-Verde, Ghana e as Maurícias que mantiveram sempre estruturas plurais de participação política e aceitação de processos «consensuais» de resolução de conflitos, mesmo que os graus e a qualidade dessa participação política fossem questionáveis (Gazibo 2010, 292).

Assim, nos primeiros trinta anos que se seguiram às colonizações do continente africano, os seus povos viveram momentos não democráticos – pelo menos, segundo o sentido que demos à democracia mais acima. Com efeito, muitos dos regimes que se implantavam no poder encontraram varias justificações para não permitir a estruturação de uma sociedade democrática ou, no mínimo, poliárquica, no sentido e de Robert Dahl. A literatura que trata das justificações dos autoritarismos no contexto africano apresenta variáveis de três tipos: a questão da tradição africana, que se afirmava admitir apenas a existência de um único chefe como garante fundamental da harmonia na sociedade; o imperativo da unidade nacional, que se alegava exigir um único partido capaz de unir todos os grupos étnicos, por oposição a um sistema pluripartidário que se entendia promover o tribalismo, o regionalismo e o facciosismo (caso de Moçambique); e o tema da ideologia, que se resumia essencialmente no argumento de que o mais importante era o desenvolvimento e de que as discussões plurais dispersavam as energias para coisas consideradas não essenciais (Jourde 2009; Gazibo, *op. cit.*; Gazibo e Thiriot 2009, 22-42 e 29-31). Estas três justificações permitiram constituir e sedimentar regimes internamente autoritários, incluindo alguns que se diziam populares (Patrick Quantin, *op. cit.*). Contudo, esses regimes conheceram várias crises que podem ser resumidas à crises económicas, de legitimidade e de reestruturação do cenário internacional, como a que gerou a queda do Muro de Berlim (Gazibo *op. cit.*), que levou ao processo conhecido como «onda de democratização». Assim, o politólogo americano Samuel Huntington propõe-nos o conceito de «terceira onda de democratização» para caracterizar e distinguir as tentativas de democratização, passadas ou presentes (no caso do presente, refere-se, sobretudo, aos finais dos anos 70 e 90 do século XX) (Huntington 1991). Esse termo suscita contestação de diversas formas bem resumidas por Mamadou Gazibo na obra Introduction à la politique africaine. Todavia, esse conceito permite-nos compreender as diferentes dinâmicas do processo de construção e formação dos regimes democráticos em diferentes partes do mundo. O sentido heurístico do termo é acentuado, sobretudo, se pensarmos em termos de compreensão do fenómeno democrático ou aquilo a que chamaria de «momento democrático»[2]. Não entrarei nos detalhes do teor heurístico e hermenêutico do termo, mas importa apenas frisar que este termo pretende sublinhar que onda de democratização não é mais do que a transição de um determinado número de países autoritários para um sistema democrático, onde o número que transita de um regime autoritário ao regime democrático é superior ao numero dos que se mantêm. Ademais, o número de países que evoluem de um regime autoritário para um regime democrático é superior ao dos países que permanecem autoritários. Assim, essa vaga de democratização leva ao liberalismo político, o que não quer, necessariamente, dizer democracia (Huntington *Op.cit.*, 15)..Podemos, porém, ter liberalização política sem democracia, ou seja, um regime autoritário pode desenvolver in-stituições ditas democráticas esvaziando-as do seu real papel e constituindo, assim, um regime autoritário de conveniência pluralista (caso do Camarões, de Paul Bya ou da Guiné Conacri). Não me parece que Moçambique esteja muito distante desta última situação.

A década de 1990. Este ano marca o continente africano no plano político, porque é momento em que grande parte dos países africanos entra para o concerto dos países «democráticos», ditos de democracia liberal. As razões para tais mudanças são inúmeras e nem sempre consensuais entre os pes-quisadores. Para este artigo, limitar-nos-emos a fazer referência a algumas delas consideradas estruturantes no continente africano. O ambiente inter-nacional marcado pelo fim da guerra fria criou condições estruturais para a realização de mudanças no continente africano (Bratton e Van de Walle, 1997, pp.30-33).. A crise económica e do modelo de regulação «neopatrimo-nial» reduziu a capacidade dos líderes autoritários de alimentarem as suas redes clientelistas, que eram, essencialmente, a sua base de apoio e fonte de mobilização (Médard, 1991, p. 405; 1982; 1990, p. 25). Esse factor, portanto, de

---

2 Formulo este termo a partir do termo «moment de historicité» recentemente formulado pelo politólogo francês Jean-François Bayart para quem «implica um tempo circunscrito, circunstancial, contingente, apreendido pelo seu conteúdo [...]» *in* Jean-François Bayart «Moment d'historicité et situation», nota de leitura do livro de Fred Eboko, *Repenser l'action publique en Afrique: Du sida à l'analyse de la globalization des politiques publiques,* não publicado, s.l. 2016.

alguma forma, rompeu não só o consentimento das populações, mas também o contrato entre os governantes e as populações, mesmo que frágil, como se mostrou nos casos de países como o Burquina Faso, o Mali, Togo e o Benim.

Todavia, é preciso não substancializar os processos de transição no continente africano, ou seja, cada país conheceu diferentes modalidades de transição. Não pretendemos discutir esse assunto a fundo, porque não é esse o interesse do presente trabalho. Richard Banégas, no seu famoso livro, La démocratie à pas de caméléon, propõe falarmos de transição por pacto, como no caso tão visível do Benim (Banégas, 2003) – mas podemos igualmente acrescentar países como a África do Sul e a Namíbia, onde foi possível fazer a transição por meio de um pacto. Esse modelo de transição baseia-se sobretudo na ideia de que há um acordo entre o poder (a posição) e a oposição. Temos ainda a transição «arrancada», que consiste, essencialmente, numa contestação popular de grande envergadura, que se pode, até, designar de revolução popular e que obriga os regimes autoritários a aceitarem o processo de democratização dos respectivos países (Gazibo *op. cit.*, p. 184). Podemos encontrar casos idênticos em países como o Níger. Para além destes dois modelos de transição, encontramos dois outros modelos: o da transição controlada e o da transição por reformas. A transição controlada é o oposto da transição «arrancada», porque resulta do enfraquecimento interno dos regimes autoritários devido a factores económicos, militares e de mudanças no contexto internacional que os obriga a encetarem alterações constitucionais com vista acomodar o pluralismo. Essas modificações, porém, são constituídas de forma a impedir que a oposição possa controlar o processo ou, sequer, o calendário da transição (Banégas, 2003, p. 185). Temos como exemplos desse modelo países como o Camarões, o Gabão ou o Togo. Por último, o modelo de transição por reformas tende a ocorrer em países saem de uma longa guerra civil e é sempre antecedida de um acordo de paz entre os beligerantes (*Ibidem*, p. 187). Alguns dos casos mais flagrantes são os de Moçambique (Cahen, 2000, pp. 111-135) e Angola (Messiant, 2008; Eduardo Sitoe,) – para não falar na Libéria.

A democratização africana: uma aventura ambígua[3]

Nos anos 90, o entusiasmo era enorme. Pesquisadores, militantes, doadores e populações inteiras alimentavam um sem fim de sonhos e esperanças em relação à chegada da democracia em África. Moçambique não foi excepção. Mas, o que não se via nesse entusiasmo era uma análise realista dos estor-

---

3 "Aventura ambíguo" é um termo que retiro do título do clássico romance da literatura Africana de Cheikh Hamidou Kane "L'aventure ambigue".

vos que a implantação da democracia iria conhecer no continente Africano. Evitarei todo o debate sobre «transitologia» e «consolidologia», porque, não só não consta de grande parte dos artigos que se publicam em Moçambique sobre o assunto (Brito, Chichava e Castel-Bruno, 2012, p. 436; Forquilha, 2014, pp. 61-82; Forquilha, Brito e Castel-Bruno, 2013, Macuane, *op. cit.*), como também pouco contribui para o nosso objectivo que é de, muito resumidamente, expor os elementos que desafiaram o entusiasmo em relação ao processo de democratização em África. Entre os vários factores que se citam e que colocaram dificuldades ao processo de democratização em África, temos os elementos económicos (Gazibo e Jenson, 2004, pp. 241-249). Aqui, a questão de fundo é o facto de os diferentes segmentos da população terem pensado que a democracia significaria igualmente melhoria de vida. No continente africano, a crise persistiu e as políticas de reajustamento estrutural não melhoraram as condições de vida das populações, porque, entre outras coisas, se traduziram na redução da despesa do Estado nos sectores sociais. É nesse contexto que a desilusão em relação à democracia cresce no continente africano, sobretudo nas classes populares. O caso de Moçambique não é excepção.

Produto de um processo de produção de referenciais e práticas a longo prazo, a democracia era vista como solução imediata aos problemas no continente africano, mas acabaria por ser, simplesmente, ineficaz em muitos aspectos. Não é por acaso que Guy Hermet adverte-nos que a democracia no ocidente resultou de um processo que se desenvolveu progressivamente ao longo da história, sem qualquer tipo de premeditação (Herment, 1996). Temos igualmente as questões identitárias e o peso do passado institucional. Quanto ao primeiro aspecto, referimo-nos ao peso das pluralidades culturais do continente africano e à sua instrumentalização política no quadro da mobilização política, que podem culminar na erosão da democracia como possibilidade de resolver os diferendos pela palavra, como se teria visto em países como o Quénia de Arap Moi. O segundo aspecto é profundamente importante, porque permite compreender as transformações e continuidades dos regimes autoritários sob o ponto de vista institucional ou do seu funcionamento. O processo de democratização implicava o abandono de modelos de gestão do poder autoritários e a adopção de um quadro de exercício, aquisição e manutenção do poder seguindo normas democráticas. Poucos foram os países africanos que alguma vez observaram um processo de abandono das estratégias autoritárias de exercício da poder (Schelling, 1986) . São longos os debates em torno do processo de escolha institucional e, por isso, remetemos à obra de Mamadou Gazibo (Gazibo, *op. cit.* pp. 241-249). Podemos, no entanto, dizer que o que se verificou no continente foi a restauração de modelos e práticas autoritárias no contexto do pluralismo político. Essa restauração implicou a perseguição de oponentes ao regime instalado, limitação das liberdades fundamentais, violação dos direitos humanos, marginalização de críticos do funcionamento do poder, assassinatos, entre outras práticas que prefiguravam no contexto do regime autoritário. Moçambique é um bom exemplo para ilustrar esses casos.

Democratização ou «frelimização» da democracia?
Tendo, de forma breve, exposto os principais elementos sobre o processo de democratização em África, urge neste momento, avançar algumas reflexões sobre a democracia em Moçambique. Não pretendemos dissertar historicamente sobre as diferentes «fases» da democracia moçambicana, mas sim analisar as diferentes contradições que a acompanham.

Em 1990, ainda no contexto da guerra civil, e um ano após o V Congresso da Frelimo e a queda do Murro de Berlim, o parlamento monopartidário – ou seja, a Frelimo – aprovou aquilo que ficou conhecido como «constituição democrática» e que trazia consigo transformações de vulto, se compararmos com a constituição de 1975. Um dos aspectos mais relevantes dessa constituição, na nossa opinião, é a separação entre o Estado e o partido Frelimo, separação de poderes – uma realidade impensável no contexto da primeira República. Representativa de uma ruptura substancial, pelo menos no plano formal, em relação ao passado, a nova constituição era a porta de entrada de Moçambique no concerto das nações democráticas e liberais. A sua força contratual, porém, obteve-a aquando da assinatura dos acordos de paz entre a Frelimo e a Renamo, em Outubro de 1992.

Como podemos constatar, o processo de democratização em Moçambique coincide com o fim da Guerra Civil e foi acompanhado por reformas políticas e constitucionais que se pretendiam transformadoras dos trâmites e mecanismos internos do exercício do poder. No fundo, o processo de democratização em Moçambique, longe dos teologismos das teorias de transição ou de consolidação democráticas e segundo entendo, consistiu, sobretudo, na concepção de instituições politicamente incapazes de mudar as estruturas do poder autoritário e as dinâmicas de dominação próprias do regime autoritário que se tinha instalado logo após a independência. Ou seja, se analisarmos, como o propõe Forquilha (Forquilha, *op. cit.*), a partir dos actores que participaram no processo de transição política em Moçambique, a Renamo e a Frelimo, podemos dizer que a democratização em Moçambique não foi suficientemente forte para fazer da transição política um novo momento em

Moçambique. Com isto pretendemos dizer que, mesmo que a Renamo tenha sido um dos elementos-chave no processo de transição política em Moçambique, a questão da democratização em Moçambique é marcada por uma «não transformação» das práticas e formas de pensar das elites do partido no poder, mesmo que avanços tenham sido observados em muitos aspectos, aspectos esses que precisam ser elogiados. Por outras palavras, a democratização não era, em si, o elemento-chave da transição, pois que o que estava em questão era a possibilidade de terminar um conflito armado que impedia não só o processo de hegemonização dos espaços de exercício do poder, mas também a espacialização da hegemonia do partido nos lugares que já dominava e naqueles que tinha perdido o controle durante a guerra. Assim:

> [n]as reformas do sistema político, embora sob pressão da guerra conduzida pela Renamo, foi a Frelimo que tomou a iniciativa de mudar a constituição do país e – não sem hesitações – introduzir o principio do Multipartidarismo [....] Um dos obstáculos que se coloca à transformação do sistema político moçambicano é a ausência de uma cultura política democrática: não só alguns milhões de moçambicanos se vêem subitamente passar de «cidadãos-administrados» a «cidadãos-eleitores» (Brito, 1993).

Como podemos constatar, a democratização e o multipartidarismo são elementos que foram introduzidos como parte integrante de um projecto a longo prazo de reestruturar o processo da «frelimização» da sociedade e do próprio Estado. De outra forma, logo após as eleições de 1994, a Frelimo demonstrou claramente uma súbita preocupação em reimplantar-se em todo o território e uma vontade inabalável de controlar os órgãos do Estado. Assim, o princípio da separação do Estado e do Partido, que tinha marcado um avanço pertinente na história política nacional, foi, na prática posto de lado com o claro movimento da reintrodução de uma lógica partidária nas dinâmicas de funcionamento do Estado. Não é por acaso que Luís de Brito fala do «difícil caminho para a democratização», querendo com isso demonstrar que muitos dos aspectos que tinham concorrido para a estruturação interna da guerra continuavam a fazer parte do Moçambique pós-1990 (Brito, 2010/11, pp. 5-22). Recentemente, Luís de Brito insistia no facto de que:

> Depois de um curto período de relativa incerteza, a Frelimo saiu vencedora em 1994 das primeiras eleições presidenciais e legislativas multipartidárias, tendo conseguido uma maioria absoluta no parlamento, o que lhe permitiu governar sozinha e assegurar a continuidade do poder sem reformas de fundo (Brito, 2014, pp. 23-39)

Podemos constatar que a política de marginalização de outros actores no processo de gestão do poder do Estado, típico do primeiro período do Moçambique independente, continua no período dito democrático (Rosário, 2009). Esse processo significou não só uma marginalização ao nível dos órgãos do Estado, mas também a manutenção das lógicas sociais de funcionamento da participação política (Conrado, 2014), que são estruturalmente organizadas segundo normas daquele período anterior ao acordo de paz, numa tentativa incessante de reduzir a oposição a um papel secundário.

Numa das obras mais consistentes sobre descentralização em Moçambique (IESE, 2014), todos os artigos mostram, de diferentes formas, as estratégias que o poder utiliza para controlar o processo de descentralização, dominando quase totalmente o Estado central ou periférico (Sindjoun , 2002, p. 338). Essa tentativa de controlo começa nos anos 90 quando arranca o debate da descentralização em Moçambique. A Frelimo, que tinha perdido controlo de grande parte das zonas rurais que estavam sob o comando da Renamo durante a guerra civil, pretendia reorganizar a administração pública, por um lado, para enfraquecer ou eliminar a oposição, e, por outro, para se reimplantar em todo o território[4] criando, assim, aquilo a que poderíamos chamar o espaço vital da sua reprodução. Essa tentação autoritária – para usar a expressão de Luís de Brito – manifesta-se pelas lógicas de dominação que funcionam na base da marginalização sempre presente daquele que é o maior partido da oposição de Moçambique: a Renamo. Por essa razão, a democratização em Moçambique pode ser vista como um instrumento de reconstrução da hegemonia da Frelimo num contexto pós-guerra, cujo processo dentro da sociedade moçambicana e, sobretudo, nos espaços de exercício do poder, tem contribuído para rupturas permanentes com o maior partido da oposição, que é a Renamo.

Poderíamos, assim, dizer que, longe de significar abertura social do poder, a democratização em Moçambique reforçou a ambição da Frelimo de construir um Estado cujo funcionamento assenta, até ao mais baixo nível da administração, em agentes do Estado que são igualmente agentes da Frelimo[5].

---

4 Essa conclusões são tiradas dos nossos primeiros resultados de pesquisa para a nossa dissertação de mestrado, na província de Cabo Delgado (Montepuez) e Niassa (Cuamba), de Julho a Setembro de 2015. Nessa pesquisa, constatámos que o processo de formação do Estado pós-1990 não respondeu ao princípio da democratização do acesso ao Estado, mas à reimplantação do partido Frelimo não só no Estado, como também na sociedade, por via dos serviços públicos. Então, os serviços públicos são, em Moçambique, a expressão das lutas e das estratégias que a Frelimo desenvolve para marginalizar, integrando as populações sob sua dominação.

5 Por exemplo, durante o nosso trabalho de campo em Montepuez, Nairoto, constatámos que os agentes polivalentes elementares de saúde eram igualmente responsáveis por mobilizar as populações para se juntarem às fileiras do partido. Ou seja, tinham recebido orientações de que era preciso explicar às populações que quem mandava nelas era a Frelimo. Essa situação ilustra a forma como as estruturas estatais ou para-estatais são mobilizadas para tornar a Frelimo omnipresente nos espaços periféricos de Moçambique.

Aliás, Luís de Brito afirma que «a exclusão da Renamo para as margens do sistema de governação constitui um obstáculo à sua transformação efectiva de movimento de guerrilha em partido» (Brito, *op. cit.*, p. 31). Para Michel Cahen o problema de Moçambique no que concerne aos avanços complicados da sua democracia não tem que ver apenas com a Frelimo, o que concordamos, tem igualmente que ver com a incapacidade da Renamo de ser verdadeiramente capaz de produzir um discurso alternactivo sobre a cultura politica naciona, sobre a nação, sobre o Estado e menos ainda o projecto de desenvolvimento nacional (2009, 2010). Para este historiador, a Renamo é um partido sem uma visão sobre o país que pretende governar (2020). Não é por acaso que Forquilha reconhece que as lógicas do partido-Estado continuam dando como exemplo o artigo 76.º dos seus estatutos, que reconhece a Frelimo como a entidade que deve continuar a supervisionar a acção do órgão do Estado (Forquilha, *op. cit.*). Pensamos que o processo de democratização pode ser resumido da seguinte forma: reactualização de mecanismos de dominação e das formas de controlo típicas do monopartidarismo num contexto de conveniência plural. Essa reactualização mantem estruturalmente a marginalização como parte integrante do seu processo. José Jaime Macuane refere:

> Moçambique era um dos raros exemplos de países que, após saídos de uma guerra civil e de um regime autoritário de inspiração marxista-leninista, tinha conseguido fazer uma transição democrática bem sucedida (Macuane, *op. cit.* p. 1),

É necessário dizer que a "transição democrática" não foi bem-sucedida nos termos que foi definida e projectada; ora a reinvenção das estruturas autoritárias mesclada com a aceitação formal das instituições da democracia liberal foi brilhantemente talhada no pós-guerra. Ademais, o mesmo autor diz que «Moçambique está longe de ser uma democracia consolidada» (*Ibidem*, p. 8), o que sugere que muitos dos problemas para a sua não consolidação estão incrustados no próprio processo de transição democrática em Moçambique. Concordamos com o autor, mas precisamos igualmente acrescentar que Moçambique está longe não só de ser uma democracia consolidada, mas também de ser pura e simplesmente uma democracia, mesmo que aceitássemos as definições minimalistas. Justifica-se a nossa posição pelo facto de nas democracias minimalistas prevalecer, no mínimo, o respeito pelos princípios da certeza processual e da incerteza eleitoral, elementos esses que muitas pesquisas e relatórios mostram não caracterizarem as eleições em Moçambique.

Paz sem reconciliação ou reconciliação sem paz?

Pode parecer um jogo de palavras, mas devemos dizer que não é esse o nosso interesse. O que queremos frisar aqui é que, em primeiro lugar, como tentamos afirmar no introito, o processo de construção de paz em Moçambique é problemático. Verdadeiramente, se podemos falar com alguma segurança intelectual sobre as causas da guerra, o mesmo não podemos fazer em relação aos factores que podem contribuir para o seu término.

Por exemplo, há um trabalho feito no departamento de história da UEM sobre a Guerra Civil em Moçambique que tem um título muito sugestivo: «A Seca e a Ajuda Humanitária como factores para o Fim da Guerra em Moçambique...» (Mubai, 2001). Esse título ilustra efectivamente que essa guerra pode ter terminado por factores que não são os publicamente defendidos nem pela Renamo nem pela Frelimo. O que podemos dizer é que ainda não se sabe claramente como é que esta guerra veio a terminar mesmo que alguns elementos/hipóteses tenham sido formulados. Temos algumas pistas, mas, por ora, limitar-nos-emos a dizer que o processo de construção da paz em Moçambique não foi acompanhado por aquilo que Fanon chama de «création d'un nouvel être». Ou seja, o processo de paz em Moçambique constitui-se como uma tecnologia ou um instrumento de gestão do poder (Foucault, 1975). Ou, como diria o mesmo autor, é apenas um instrumento «de la gouvernamentalité». Se a paz foi concebida como um mero instrumento, os resultados não podem ser diferentes dos que temos hoje. Isso remete-nos à tese de James Ferguson (1994) sobre «anti-politics machine». Parafraseando este autor, podemos dizer que a paz foi concebida como um instrumento destituído de conteúdo político que lhe tinha sido dado nas negociações.

O AGP não significou a redefinição do modelo de Estado, do funcionamento do poder, da organização do poder nem dos processos de acesso ao Estado. Tratou-se de uma «renovação na continuidade». O Estado ainda continua a produzir seres marginalizados em massas, os desequilíbrios regionais que vêm já do tempo colonial, aprofundados por aquilo a que Carlos Serra chama de «gestão frelimiana» (Serra, 1997, pp. 95-112) e que ainda hoje perdura. Os grupos que ontem se sentiam marginalizados (para ver a amplitude do que estamos a dizer, sugeríamos duas teses «Les mairies des "autres": une analyse politique, socio-historique et culturelle des trajectoires locales. Les cas d'Angoche, de l'Île de Moçambique et de Nacala Porto», de Domingos do Rosário, e «Le vieux Mozambique: étude sur l'identité politique de la Zambézie, de Sérgio Schichava).

Moçambique continuou a ser concebido como um monopólio, ou, melhor ainda não está sendo concebido estruturalmente como um país composto por diferentes grupos sociais com diferentes perspectivas, interesses e visões.

O Funcionamento da Frelimo um "corpo social "cujo objectivo fundamental é a sua reprodução social (Cahen, texto não publicado) levou, contra vontade de alguns dos seus membros, a funcionar como um corpo social. Funcionando nestes termos, o exercício do poder tornar-se um exercício cuja finalidade é apenas a manutenção do poder. É por isso que do paternalismo autoritário da primeira República, o partido no poder fez do neopatrimonialismo a sua característica fundamental. Este não é um problema de indivíduos singulares, é um problema do sistema todo onde a ideia da corrupção como fonte para alimentar as redes clientelistas tornou-se inevitável para ele (Cahen, 2010). Ainda se projecta Moçambique a partir de Maputo, marginalizando a larga maioria dos outros Moçambiques. Esse processo de Marginalização, como tentamos mostrar, não é de hoje, mas tem uma longa história.

Não se pode ter dúvidas de que o empreendimento da construção do que se chama Moçambique é, na sua substância, um projecto violento alimentado pelo paradigma de "modernização autoritária", termo emprestado de Michel Cahen, em que muitos moçambicanos sentem-se estrangeiros no seu próprio pais. Se tivermos de aceitar que a história de Moçambique tem sido esse processo de marginalização permanente de uns, não poderemos negar que o processo de construção da paz em Moçambique, depois de 1992, era, já em si mesmo, um projecto problemático, pois nascia sem uma mudança da estrutura e do conteúdo da construção do pretenso novo Moçambique . Pode-se dizer que foi, fundamentalmente, um acordo de pacificação e não de democratização nem de desenvolvimento equilibrado do país. Para a Frelimo, a paz foi o instrumento que lhe permitiu manter-se no poder num contexto em que as incertezas sobre a sua capacidade de manter a guerra eram muito grandes. A paz apareceu, mas foi estruturada com uma mentalidade autoritária e sempre acompanhada dessa tentação autoritária que Luís de Brito refere, que já vinha produzida pelo Estado na situação colonial portuguesa em Moçambique, apropriada pelas elites frelimianas da primeira República, e que continua uma característica essencial da forma como funciona o poder político no país.

Além disso, temos a percepção de que um dos grandes problemas do processo de construção da paz em Moçambique não é tanto a vontade da Renamo de querer aceder ao poder a todo custo, mas mais a forma como a Frelimo e o seu governo tem gerido o país – ou seja, a insustentabilidade da paz em Moçambique não deriva tanto da vontade que a Renamo possa ou não ter de fazer guerra, mas mais das políticas que emanam do governo de Moçambique em que, por um lado, se têm revelado insuficientes para permitir o aprofundamento da cultura democrática, e, por outro, têm demonstrado ser anti-sociais e anti-societárias. Assim, podemos constatar que há uma continuidade entre o Estado na situação colonial e o Moçambique pós-colonial.

Não seria exagerado concordar com Michel Cahen diz que um dos grandes problemas de Moçambique é ser governada não por capitalistas produtores de riqueza, mas por elites rendeiras e parasitas. Se este este problema pode ser rapidamente apenas associado ao partido governamental, pensamos nos que o mesmo alarga-se aos partidos da oposição que não fazem do que reproduzirem o mesmo modelo do partido no poder (Cahen (2020). O problema do parasitismo, no neopatrimonialismo que bloqueia o progresso tanto da democracia como do progresso económico para todos é sistémico e toda todas as elites politicas nacionais, variando apenas do grau segundo as capacidades de cada um deles.

Pode-se dizer ainda que o Acordo Geral de Paz em Moçambique não levou a uma reinvenção das modalidades de gestão do poder nem da própria estrutura da política e do político – muito pelo contrário, o AGP foi um mero instrumento projectado e praticado num contexto em que persisitiam as lógicas potencialmente conducentes a uma guerra. Depois desse acordo, a política como espaço de possibilidades ou de expressão de pluralidades ficou estruturalmente oca. Podemos dizer que traiu o espírito que se esperava dela enquanto instrumento produtor de reconciliação entre os diferentes grupos sociais.

Essa situação cria condições para que a paz seja não só seja negativa, mas, até, quase impossível. A contestação e a iminência da guerra no contexto actual traduzem-se, sobretudo, na negação da «colonialidade» do Moçambique pós-colonial e da marginalização, bem como na tentativa de reinventar a política (Diaw, 1994). Ademais, não podemos negar que a iminência de um conflito generalizado em Moçambique demonstra que a guerra dos 16 anos nunca terminou (falaríamos, até, de uma guerra mal terminada), uma vez que as resultantes condições, no contexto nacional, e encarando-a sob uma perspetiva interna, ainda não foram erradicadas[6]. Não se pode pretender projectar um Moçambique em paz se o contracto social estiver praticamente desfigurado. Aliás, esse contracto social (unidade nacional) além de ser apenas aparente, também é considerado um elemento legitimador dos interesses de um grupo muito restrito de pessoas, que não só negam a abertura social do poder, mas produzem igualmente instituições que excluem grande parte dos povos de Moçambique.

6 A monopolização do Estado pelo partido Frelimo, a exclusão económica, política e social, a concentração da riqueza num pequeno grupo de pessoas directamente ligadas ao poder e a tentativa de absolutização dos espaços de acumulação, seja política, económica ou simbólica etc.

Tentando reflectir sobre democratização e exclusão em África, Beth Elise Whitaker (Whitaker, 2005, pp. 109-126) chama-nos a atenção para o grande problema da insustentabilidade das democracias na África, que ela considera ser, entre outras possíveis explicações, a consistência e persistência da exclusão. A autora acrescenta ainda que os líderes africanos têm utilizado a retórica da democracia e da inclusão para fundamentar o seu poder, mas que, em termos práticos, as populações vivem no submundo da miséria. Essa reflexão, pensamos, reflecte a realidade de Moçambique, dado que a paz e a democracia tinham sido popularmente concebidas como uma nova fase em que todos passariam a beneficiar daquilo que o país tinha para oferecer; porém, 28 anos após o AGP, a realidade revela-se profundamente díspar. A questão é que, ao fim de 28 anos, vive-se num contexto de guerra efectiva ou potencial.

Pyt Douma (Douma, 2006, pp. 59-69), por sua vez, vai mais longe, argumentando que a privação relativa, a pobreza e a exclusão política são factores que produzem situações de conflitos violentos em África e não só. Em Moçambique, a democracia significou menos abertura social das instâncias do poder, menos melhoria de vida das pessoas e menos possibilidades de planeamento a longo prazo para grande parte das suas populações. A democracia moçambicana só veio consolidar as elites no poder a controlar as estruturas do Estado. Concordando com Douma, pensamos que a manutenção da economia política colonial de distribuição, além de profundamente «marginalizadora» e desigual, não permitiu mudanças estruturais nos procedimentos e no conteúdo da dinâmica da distribuição da riqueza social, política e económica do país. Essa situação só poderia dar azo a um conflito violento entre os diferentes grupos sociais de Moçambique – como aquele a que já vimos assistindo nos últimos anos.

Nesse Moçambique, as marginalizações persistem, e a paz só será possível se repensarmos o país como uma «comunidade de destino» de Anderson, uma «Communitas» de Max Weber ou um «devin social» de Durkheim. É provável que todos precisem compreender que fazem parte desse Moçambique que hoje continua colonial – ainda não existe um Moçambique pós-colonial substantivamente descolonizado em múltiplos aspectos.

Moçambique deve ser pensado como uma palhota para cuja construção todos os membros da comunidade ou aldeia contribuem[7].

_____

7 Sobre isso, escrevi dois contos que saíram em quatro edições no jornal *Notícias*, no mês de Dezembro de 2015, onde tento explicar, com argumentos históricos e filosóficos, de que forma é possível pensar Moçambique como projecto, salientando as contradições que houve ao longo da história e que continuam nos dias que correm (edições dos dias 2, 3, 10 e 20 de Dezembro, jornal *Notícias*)

Democracia sem democratas: democracia politicamente vazia?

Não há consenso em relação à definição da democracia entre os que se dedicam ao seu estudo. A própria natureza daquilo a que se pode chamar democracia dificulta o consenso, uma vez que depende do contexto em que se insere – ou seja, cada experiência democrática é de por si singular e pode levar à percepçoes diferentes do que é democracia. Para nós, a democracia não se reduz a uma definição apriorística, ela varia segundo a história de cada sociedade (Holeindre e Richard, 2010, pp. 5-14).

Pode-se tentar chegar a uma concepção básica do que ela seja. Para nós, a democracia é «immuable et changeante»[8] (Aron, 1959), como dizia Raymond Aron sobre a França – ou seja, a natureza da democracia pode ser aceite como única, mas as suas formas são múltiplas. Para tentarmos pensar a (in)utilidade da democracia em Moçambique, em termos de produção de paz e estabilidade, conceberemos a democracia nos moldes traçados pelos gregos, para quem ela era, antes de tudo, um regime político que consiste em organizar o governo do povo, pelo povo e para o povo.

Na perspectiva democrática, o povo é, com efeito, considerado o melhor juiz para exercer o poder. Essa definição não é cabal nem pretende ser imune às críticas, mas simplesmente nos ajudará a perceber que, após 28 anos de «paz armada», o governo não foi capaz de mudar as suas práticas autoritárias e excludentes das populações no exercício do poder e a Renamo, por sua vez, foi incapaz de propor alternativas reais às populações de Moçambique. Como bem demonstrou Michel Cahen (*op. cit.*), o discurso da Frelimo sobre a democracia foi ontologicamente contraditório, ou seja, as suas práticas ditas democráticas eram não só formais, mas igualmente instrumentais. No fundo, estamos a dizer que, se há característica que o governo no poder conserva, é o seu autoritarismo sedimentado por um profundo formalismo no que se refere a questões de democracia, inclusão ou participação universal no processo de produção de Moçambique.

Nestes termos, somos chamados a aceitar que vivemos num «momento de confusão democrática», em Moçambique, cujas práticas governativas continuam a ser alimentadas por uma cultura política excludente e autoritária, apesar do apelo constante à democracia e à paz.

A confusão reside, sobretudo, no facto de essas práticas serem radicalmente antidemocráticas (excluem grande parte dos povos de Moçambique da gestão do país, não permitem uma abertura social do poder, marginalizam quem se opõe às ideias dominantes do governo e, portanto, do partido no pod-

8 Tradução: «Imutável e mutável.»

er) num país que se apresenta internacionalmente como nação democrática. Para aprofundar a nossa ideia sobre o vazio político da democracia em Moçambique, não podemos deixar de concordar com Sartori, quando ele diz que a democracia é o *«rule by the people»* e *«it exists only insofar as its ideals and values, what exists effectively is a polyarchy as a system in which power is widely dispersed, shared negotiated and bargaining by different centres of power with a relatively degree of control of the ordinary citizen on leaders»* (Sartori, *op. cit*).

Olhando para essa proposta reflexiva não podemos deixar de dizer que Moçambique está longe de ser uma democracia – ou, pelo menos, uma democracia capaz de produzir um país estável em que todos se sentem parte integrante de um processo que é a construção de Moçambique. A democracia como possibilidade de um país plural ainda é uma miragem.

A democracia como comunidade de destino em Moçambique, não só é uma miragem, como também é uma «palhota sem cobertura», ou seja, é inútil enquanto espaço de consensualização social, reconciliação política e social entre os povos de Moçambique.

Acresce da forma como foi construída em Moçambique (mesmo que, na sua essência, não exista), partindo dos detalhes trazidos por Cabrita (2000), a democracia revela-se um processo tortuoso ou turvo, incapaz de superar as características daquilo que Ghassan Salamé denominou de «democracia sem democratas».

Ademais, 30 anos depois de o processo de "democratização" se ter iniciado, a par das reformas políticas com a finalidade de tornar as instituições políticas mais abertas e tolerantes, não só as instituições políticas não estão efectivamente abertas e tolerantes, mas os espaços e mecanismos de participação até agora continuam a funcionar com lógicas do regime monopartidário – situação essa que tem impedido a democracia moçambicana de abrir caminho para a paz.

Com efeito, e tal como demonstra a história, longe de produzir paz, a democracia moçambicana mostrou-se inapta para estruturar as condições necessárias à reconciliação como prática social entre os homens e as mulheres do país. Foi manipulada e, consequentemente, esvaziada da sua capacidade transformadora, para manter as mesmas forças no poder. O que procurava ser um momento fundador, reduziu-se a uma continuidade sem precedentes. Não é por acaso que, apesar da ênfase que dão à democracia em Moçambique nos seus discursos, as elites políticas governantes seguem lógicas e concepções que ainda se pautam por práticas autoritárias (Conrado, 2014). Huntignton e Prezworski (respetivamente, 1991 e 2010) concebem a democracia como fundamento estrutural da estabilidade, mas nós pensamos que isso não se aplica ao caso de Moçambique – o que é estranho ao conteúdo da própria democracia. Sobre a relação entre democracia e estabilidade em Moçambique, o trabalho do cientista político Jaime Macune é imprescindível, pois fornece detalhes teóricos e concretos do período que vai de 1990 a 2000 (*op. cit.*).

Entrementes, o que há hoje em Moçambique é uma hegemonia neoliberal de conveniência pluralista dominada praticamente pela Frelimo, cujo fim não é, de modo algum, exprimir a diversidade do país, mas somente manter o equilíbrio entre as diferentes facçoes internas do partido no poder. Em Moçambique, a democracia foi associada à paz e à estabilidade sem antes se pensar naquilo que era a estrutura da cultura política dominante, que se demonstrou incapaz de acompanhar o ritmo desse novo regime ou dessa forma de organização do país. Constatamos (Conrado, *op. cit.*) em Angónia, caso que pode ser generalizado, que as elites do partido no poder continuam, na sua maioria, a pensar que, fora do quadro que eles próprios traçaram, ninguém é moçambicano – prática essa que é contraditória à ideia de poliarquia de Dahl.

Em Moçambique, nos últimos 30 anos, aquilo que se tem chamado democracia não é mais do que um autoritarismo moldado pelo discurso do neoliberalismo, que instrumentaliza o discurso democrático para responder a interesses de legitimação politica nacional e internacional. Não se vislumbra uma coerência interna entre o discurso democrático promovido pela pelo partido no poder e as suas práticas que têm negado uma verdadeira reorganização do poder, do Estado e do país.

Sobre a reorganização do Estado, o discurso do partido no poder tem sido assaz claro sobre a impossibilidade de uma verdadeira descentralização do país, que iria implicar, uma modificação da economia política de Moçambique e perda de poder.

Podemos ainda dizer que, se for o poder do povo, a democracia é a base da resolução dos problemas, mas deve corresponder uma estrutura política que permita a expressão da diversidade, a responsabilidade e a solução pacífica de conflitos. Nenhuma dessas possibilidades tem sido parte integrante da forma como funciona o poder, a «democracia» e o Estado em Moçambique mesmo que o actual presidente da Republica faça do seu melhor para trazer a paz em Moçambique. A questão é que, como afirma Luís de Brito «a Frelimo acabou por abandonar a sua política de compromisso e optar por uma orientação semi-autoritária» (Brito, 2014, p.30).

Indo um pouco mais longe nessa questão, pensamos que um dos aspectos que pode estar a dificultar a estruturação da democracia em Moçambique é, sem grandes margens para dúvidas, o capitalismo selvagem implantado pelas elites no poder, que lhes permite não só proceder a uma acumulação primitiva do capital – e, por essa via, excluir as maiorias numéricas desse processo –, mas também implantar um «sistema cadeado»,[9] que produz situações impossíveis de se conciliar com aquilo que designamos de democracia liberal ou mesmo deliberativa. Que democracia é possível estabelecer num contexto em que o poder esteja concentrado num grupo profundamente fechado de pessoas? Que democracia será essa, que prima por um sistema de exclusão quase integral de grande parte das populações de um país, impedindo-as de participarem na construção de Moçambique? Não se pode vislumbrar a paz e a democracia em Moçambique se olharmos para as modalidades de funcionamento da economia política do poder – seja ele económico ou político.

Não há paz nem democracia que resistam ao capitalismo selvagem que, por definição, dá poderes enormes a uma pequena parte da população em detrimento da sociedade em geral. Em Moçambique, o capitalismo selvagem instalado e mantido à custa da marginalização de grupos populacionais fora e dentro da do poder governante não permite pensar numa paz substantiva e reconciliatória, em que a ideia du« pouvoir que se mange en entier», para usar a expressão de Foucher (Foucher, 2009, pp. 127-138) é o que melhor carateriza Moçambique.

Em vez de democracia no verdadeiro sentido liberal, Moçambique teve um discurso que associa a «democracia«» (já não «popular») à hegemonia, o que é, em si, uma contradição, tendo em conta o que explicámos mais acima sobre as contradições entre a vontade de hegemonia e o sentido inclusivo da democracia. A viragem neoliberal que se iniciou em 1987 (com o plano de ajustamento estrutural) não foi em nada uma democratização, mas sim uma técnica de pacificação e de criação de condições políticas para uma acumulação primitiva do capital por parte das elites do partido no poder.

Depois, veio o Acordo de Paz (e não de democratização), que deu poder aos dois grandes partidos políticos (mais a um do que ao outro) sem permitir que sociedade interviesse realmente nas escolhas. A ideia da nação homogénea, de tipo europeu, não mudou – o que já era bem patente quando ainda se projectava o AGP.

Sobre isso, Roberto Della Rocca afirma, por exemplo, que:

---

9 Entendo que este sistema consiste em concentrar as oportunidades num pequeno grupo de grande família entre as quais circula a riqueza de um país. Esse sistema implica casamentos, associações nos negócios e outras práticas que não permitem a circulação social da riqueza.

[...] o debate constitucional estava estritamente limitado a um meio da classe dirigente exclusiva e suscitava mais eco no estrangeiro do que no país. A população estava, na sua maioria, indiferente à modificação da denominação do Estado, que já não era «popular» (della Rocca, 1997, pp. 151-152).

Esta passagem pode ser ilustrativa da forma como o processo foi construído, ou seja, à semelhança do Moçambique imediatamente após colonização: com base na exclusão de grupos considerados "não puros" ideologicamente. As populações, que são o fundamento de qualquer regime que se pretenda democrático, foram pura e simplesmente excluídas e ainda o são actualmente.

Pensamos que o grande problema da "democracia moçambicana" é ter nascido sem qualquer modificação da cultura política autoritária desenvolvida pelo colonialismo português e apropriada pela Frelimo como partido gestor do país. Aquando da assinatura do AGP, não havia condições favoráveis para o pluralismo político substantivo e, portanto, para a democratização pois os elementos centrais estavam ausentes não tanto por incompetência das elites, mas, sobretudo, pelos cálculos políticos e económicos que elas faziam. Os espaços para o pluralismo, como refere Della Rocca, eram estreitos.

Podemos dizer que as reformas políticas encetadas nos anos 1990 eram essencialmente uma forma de captar a graça do Ocidente, preocupado em implantar a democracia liberal em todo o lado, isto é, uma maquilhagem cuja finalidade era acabar com a guerrilha, por ser insustentável resistir-lhe à longo termo. A tentação autoritária, como bem diz Luís de Brito, evidenciou-se logo nos anos que se seguiram ao AGP. Desta forma, podemos dizer que, se há uma verdade a dizer sobre o processo de democratização e paz em Moçambique, é que nenhum dos processos foi apropriado como processo substancial de mudanças do habitus dos que gerem o poder, mas ambos serviram apenas como espaços estratégicos para limitar a «guerra de alta intensidade».
Guebuza citado por Della Roca diz:

> O governo de Moçambique é o da Frelimo, partido que trouxe a independência. É legitimo discutir a política da Frelimo. Não podemos pôr em causa que foi a Frelimo que criou o Estado Moçambicano. O Estado organizou-se e nós somos o Estado reconhecido ao nível internacional [...] A negociação sublinha um momento anormal do país [...] As leis que submetemos à Renamo não podem ser discutidas, pois elas são legítimas [...] (*Ibidem*, p. 182).

Como se pode ver, a possibilidade de abertura e implantação da democracia estava minada logo à partida pelo partido no poder e pelas suas principais elites.

Conclusão

A guerra que estamos a viver hoje é um fenómeno que se pode compreender como uma estrutura estruturada e estruturante. Foi produto e produtora do Moçambique que ainda produzimos. Resta compreender que as fissuras históricas não se resolvem com meros discursos de unidade nacional que não seja uma Unidade Nacional partilhada por todos. Tal como foi constituído, o Moçambique que temos hoje continua estruturalmente colonial. Se Fanon dizia que descolonização é ruptura total, penso que ainda não descolonizamos dos problemas que minam a estabilidade nacional. Os problemas que nos levaram à Guerra continuam quase intactos e, como resultado, temos um país que caminha praticamente para uma guerra civil permanente.

Moçambique e a sua paz são dossiês abertos. É preciso fazer uma etiologia e, quiçá, arqueologia do nosso conflito para melhor compreendermos onde e como podemos tentar pacificar e democratizar o país. Moçambique sofre por ter elites arrogantes e autoritárias desprovidas de valores democráticos e uma oposição incapaz de propor uma verdadeira cultura política alternativa. Parafraseando o eminente historiador francês, Michel Cahen, estamos diante de uma «democracia implodida». Ao longo dos últimos 30 anos, constatámos que Moçambique foi incapaz de produzir condições para uma reaproximação e uma reconciliação entre os seus diferentes estratos sociais e políticos. Assistimos, pelo contrário, à estruturação de uma sociedade de exclusão, ao empobrecimento profundo dos estratos já frágeis a par do enriquecimento desproporcional de uma minoria privilegiada, à reintrodução aberta de práticas autoritárias e ao esvaziamento da democracia. Essa situação aprofundou as existentes condições estruturais de marginalização, que são um dos elementos centrais para entendermos esse retorno da guerra em Moçambique.

O Moçambique dos últimos 30 anos não foi capaz sde mudar a forma de gerir o país nem de transformar a democracia num instrumento de criação de harmonia social e política

É igualmente relevante dizer que, nesses 28 anos que passaram, a Renamo, o maior partido da oposição, não foi capaz ou não foi suficientemente capaz de propor uma visão do país que fosse realmente digna de confiança ou que constituísse uma alternativa ao partido no poder, o que a torna cúmplice não declarada da situação em que nos encontramos.

A dominância da Frelimo deve-se também à incapacidade da Renamo de propor um caminho que seja crível aos olhos de moçambicanos. Muitas vezes, constatamos que a forma como o país está sendo gerido permite pouca margem para a estruturação de um Moçambique alternativo.

Desta forma, nem a democracia nem a paz são dados adquiridos, seja em que parte do mundo for. São duas realidades que precisam de abertura e de inclusão – processos esses que não ocorrem em Moçambique, ou, se ocorrem, restringem-se a um grupo selecto. A oposição em Moçambique é discursiva e politicamente insustentável, fraca, desarticulada e com sérios problemas organizacionais. Esta situação faz dela uma responsável importante do estado de coisas por que passa o país não tanto porque os esforços de alguns não têm sido de realce, mas porque no interior dos diferentes partidos da oposição a pobreza de pensar um Moçambique diferente projectado pelo partido governamental é inexistente. Os partidos da oposição não têm, infelizmente, cultura politica digna desse nome. Contrariamente ao partido no poder, que não deixa de ser criticável a sua acção, ela apresenta uma coerência tanto da sua cultura politica, da sua visão de moçambique, mesmo que ela não seja totalmente estanque. Enquanto os partidos da oposição continuam na incapacidade de produzir novas ideias para Moçambique, o partido no governo consolida a sua pretensão de governar Moçambique por mais anos. A questão que me parece complicada responder é a seguinte : será o partido no poder o único responsável da situação em que Moçambique se encontra ou o problema-Moçambique é tao sistémico que a resposta deve ser procurada na articulação de razoes?

Referências Bibliográficas

Aron, Raimond (1959) *Immuable et Changeante, de la IVᵉ à la Vᵉ République*, Paris, Calmann-Lévy.

Banégas, Richard (2003) *La démocratie à «pas de caméléo»: Transition et imaginaires politique au Benin*, Paris, Karthala.

Bayart, Jean-François (2016) «Moment d'historicité et situation», não publicado, Paris.

Bratton, Michael e Van de Walle , Nicolas (1997) *Democratic Experiments in Africa: regime transition in comparative perspective*, Cambridge, Cambridge University Press.

Brito, Luís de (1991) *«Le Frelimo et la construction de l'État Nacional au Mozambique: Le sens de référence au marxisme (1962-1983)»*, Paris, Université de Paris.

———, (1993) «Une lecture nécessaire: La genèse du parti-État Frelimo», *Politique Africaine,* nº 57, pp. 15-27.

——— (1993) «Estado e Democracia Multipartidária em Moçambique», *Estudos Moçambicanos*, Centro de Estudos Africanos, Universidade Eduardo Mondlane, 1.

———,«Le difficile chemin de la démocratisation», *Politique africaine*, nº117, 2010/1, p. 5-22.

———, «Uma reflexão sobre o desafio da paz em Moçambique», in Brito, Luis de, Castel-Branco , Carlos Nuno, Forqulha, Salvador Cadete e Francisco, António Francisco, (eds.), *Desafios para Moçambique 2014*, Maputo, IESE.

Bourdieu, Pierre (1989) *Langage et pouvoir symbolique*, Paris, Points

––– (2012) *Sur l'État: cours au Collège de France (1989-1992)*, Paris, Seuil.

Cabrita, João M. (2000) *Mozambique: The Torturous Road to Democracy*, Basingstoke, Palgrave Macmillan.

Cahen, Michel(1988) «La crise du nationalisme», *Politique Africaine*, n° 29, pp. 2-14.

––– (1985) «État et pouvoir populaire au Mozambique», *Politique Africaine*, p. 36-76,

––– (1987) *Mozambique, la révolution implosée?: Études sur 12 ans d'indépendance*, Paris, L'Harmattan.

–––(2000) «Mozambique: instabilité comme gouvernance?», Politique Africaine, vol.4/80, pp. 111-135.

___ (2009), "De la guerre civile à la plèbe : la Renamo du Mozambique Trajectoire singulière ou signal d'évolution continentale ? » in Guillaud, Yann, Létang, Fréderic, *Du social hors la loi*, Marseille, IRD éditions, 2009.

___(2010), « Il n'y a pas d'État néopatrimonial » in Darbon, Dominique (ed.), *Le comparatisme à la croisée des chemins. Autour de l'œuvre de Jean-François Médard*, Paris,Karthala, 2010, 252 p. : 113-140

___(s :d) « Classes sociales, corps sociaux et classes parasitaires sous le capitalisme tardif (xx-xxie siècles), texto não publicado.

___(2020), « La Renamo à l'heure de sa sixième défaite aux éléctions générales (15 octobre 2019) », *Politique Africaine*, v.6, n°160.

Conrado, Régio (2014), *Dinâmicas de Participação Política, Cultura Política Autoritária em Contexto de Partido-dominante em Moçambique: O Caso de Angónia,* monografia de licenciatura, Maputo Universidade Eduardo Mondlane (Faculdade de Letras e Ciências Sociais).

Della Rocca, Roberto Morozzo (1997) *Mozambique: De la guerre à la paix, histoire d'une mediation insolite*, Paris, L'Harmattan.

De Walle, Nicolas van (2009) «Démocratisation en Afrique: Un bilan critique», in Gazibo, Mamadou, Thiriot, Céline *Le politique en Afrique: États de débats et de recherche*, Paris, Karthala, p. 135-163.

Diaw, Aminata (1994) *Démocratisations et logiques identitaires en acte: l'invention de la politique en Afrique*, C, Dakar, Codesria.

Douma, Pyt (2006) «Poverty, relative deprivation and political exclusion as drivers of violent conflict in Sub Saharan Africa», *Journal on Science and World Affairs*, vol. 2/, n°2, pp. 59-69.

Fabian, Johannes (1990) *Power and perfomances, Ethnographic explorations through Proverbial Wisdom and Theater in Shaba, Zaire.* Madison, University of Wisconsin Press.

Ferguson, James (1994), *The Antipolitics machine*, Minnesota, University of Minnesota Press.

Foucault, Michel (1975) *Surveiller et punir: naissance de la prison,* Paris, Gallimard, Paris.

––– (1978) «Gouvernamentalité», in *Dis et écris II,* Paris, Gallimard.

––– (2004) *La naissance de la bio-politique*, Paris, Gallimard.

Foucher, Vicent (2009)«Difficiles successions en Afrique Subsaharienne: persistance et reconstruction du pouvoir», *Pouvoirs*, Vol. 2, n° 129, p. 127-138.

Forquilha, Salvador Cadete (2014) «Do discurso da "história do sucesso" às dinâmicas políticas internas: o desafio da transição política em Moçambique», in Brito, Luis de, Chichava, Sérgio, Forquilha, Salvador, Franscisco, Antonio, *Desafios para Moçambique 2014*, Maputo, IESE, p. 61-82.

———, (2013) «Não basta introduzir reformas para se ter melhores serviços públicos: Subsídio para uma análise dos resultados das reformas no subsector de água rural em moçambique», in Brito, Luis de, Chichava, Castelo-Branco, Carlos Nuno, Sérgio, Forquilha, Salvador, Franscisco, Antonio, *Desafios para Moçambique 2013*, Maputo, IESE.

Gazibo, Mamadou e Thiriot, Céline (2009) «Le politique en Afrique dans la longue durée: historicité et héritage», in Gazibo, Mamadou e Thiriot, Céline *Le politique en Afrique: états de débats et de recherche*, Paris, Karthala.

Gazibo, Mamoudou (2010) *Introduction à la politique africaine*, Montréal, Presses de l'Université de Montréal, Montréal.

Gazibo, Mamadou e Jenson, Jane (2004), *La politique comparée: Fondement, enjeux et approches théoriques*, Montréal, Presses de l'Université de Montréal.

Geoffray, Christian e Mögens, Pedersen (1996) «Nampula en guerre», *Politique Africaine*, n°29, pp. 28-40

Herment, Guy (1996) *Le passage à la democratie*, Paris, FNSP.

Huntington, Samuel (1991) *The Third Wave of Democratization in the late Twentieth Century*, Norman, University of Oklahoma Press.

Isaacman, Allen e Isaacman, Barbara (1979) *A tradição de resistência em Moçambique: O vale do Zambeze, 1850-1921*, Afrontamento, Porto.

Jourde, Cedric (2009) «Les grillhes d'analyse de la politique africaine: la problématique de l'état», in Gazibo, Mamadou e Thiriot, Céline *Le politique en Afrique: États de débats et de recherche*, Kartala, Paris.

Macuane, José Jaime (2000) *Instituições e democratização no contexto africano: Multipartidarismo e Organização Legislativa em Moçambique (1994-1999)*. Instituto Universitário de Pesquisas do Rio de Janeiro.

Médard, Jean-François (1999), *États d'Áfrique noire?: formation, mécanismes et crise*, Paris, Karthala.

———, (1982) «L'État sous-developpé en Afrique noire: clientelisme politique ou neopatrimonialisme», nao publicado, Bordeaux, CEAN, .

——— (1990) «L'État partimonialisé», *Politique Africaine*, s:n, p. 25-36 .

Messiant, Christine (2008), *L'Angola postcolonial: guerre et paix sans démocratisation*, Paris, Karthala.

Minter, William (1998) *Os Contra do Apartheid: As raízes da Guerra em Angola e Moçambique*, Maputo, Arquivo Histórico de Moçambique.

Mubai, Marlino Eugénio (2001) *A seca e a Ajuda Humanitária como factores para o Fim da Guerra em Moçambique: Caso do distrito de Zavala*, 1892-1992, monografia, Maputo, Universidade Eduardo Mondlane.

Newitt, Malyn (1997) *História de Moçambique*, Lisboa, Publicações Europa-América.

———(2002) «Moçambique», in Patrick Chabal, *A History of postcolonial Lusophone Africa*, Londres, Hurst and Company.

Pitcher, M. Anne (2002) *Transforming Mozambique: The politics of privatization (1975-2000)* Cambridge, Cambridge University Press.

Prezworski, Adam (2001) *Democracy and the Limits of Self-Government,* Nova Iorque, Nova Iorque, Cambridge University Press.

Quantin, Patrick, (2009) «La démocratie en Afrique: à la recherche d'un modèle», *Pouvoirs,* vol. 2, n°129, p. 65-125.

Robinson, David Alexander (2006) *Curse on the land: the history of the civil war in Mozambique,* Tese de doutoramento, Australia, University of Western Australia.

Rosário, Domingos M. do (2009) *Les Mairies des «autres»: Une analyse politique, socio-historique et Culturelle dês trajectoires locales. Les cas d'Angoche, L'Île de Moçambique et de Nacala-porto,* Tese de doutoramento, Bordeaux, Université Montesquieu-Bordeaux IV.

Samuel Huntington (1991) *The third wave: democratization in the late twentieth century,* Oklahoma, University of Oklahoma Press.

Serra, Carlos (1997) *Novos combates pela mentalidade sociológica,* Maputo, Imprensa Universitária.

Sartori, Giovanni (1987) *The Theory of Democracy Revisited, part two,* Washington, CQ Press.

Sitoe, Eduardo (2011) *Post-colonial political transformations in Angola and Mozambique,* Lambert Academic Publishing.

Thiriot, Céline (2019)«Le politique en Afrique dans la longue durée: historicité et héritage», in Gazibo, Mamadou e Thiriot, Céline *Le politique en Afrique: États de débats et de recherche,* Paris, Karthala.

Touraine, Alain (2013) *La fin des sociétés,* Paris, Seuil.

Whitaker, Beth Elise (2005) «Citizens and foreigners: Democratization and the politics of exclusion in Africa», *African Studies Review,* vol. 48, n°1, p. 109-126

CAPÍTULO DOIS

Unidade Nacional 45 anos depois da Independência de Moçambique: Unidade de quem e para quê(em)?

Edgar Mundulai Armindo Barroso

Introdução

O conceito de unidade nacional deve ser, nos meandros políticos e académicos de Moçambique, um dos que mais referência abusiva e manipulativa tem sofrido ao longo da nossa história recente como país. Sobretudo, quando acoplado a projectos ideológicos nem sempre devidamente escrutinados pelo crivo empírico das realidades em que se dizem originar. Muito a propósito disso, William Bloom (1993), no prefácio à obra *Personal Identity, National Identity and International Relations*, alerta para a armadilha da divagação retórica nem sempre consentânea com a realidade dos factos nos seguintes termos:

> Pela própria natureza, no entanto, dos processos de categorização e abstracção, há uma tendência inevitável para se afastar, gradualmente, da realidade existencial dos seres humanos de carne e osso em acção em direcção a conceitos sobre a sua acção. Necessariamente, esses conceitos são teóricos e ideológicos. São modos intelectuais de compreensão. Frequentemente, são lentes através das quais se examina o comportamento, não sendo o próprio comportamento percebido sob novas perspectivas. À medida que os conceitos sobre comportamento se tornam mais abstractos ou tomam empréstimos por analogia de outros campos da pesquisa "científica", as acções em estudo tornam-se menos sobre seres humanos de carne e osso e cada vez mais sobre as ideias reificadas dos próprios pesquisadores. Esse procedimento intelectual é elegante, empolgante e, muitas vezes, perspicaz – mas, por sua própria natureza, corre o risco de se distanciar da realidade humana (Bloom ix).[1]

A primeira referência à unidade nacional, na história do Moçambique independente, pode ser encontrada na Constituição da República Popular de Moçambique, aprovada a 20 de Junho de 1975, que entrou em vigor a 25 de Junho do mesmo ano. Com efeito, no seu artigo 4.º, «a defesa e consolidação da independência e da unidade nacional» surge referida como um dos objectivos fundamentais da então nova República (Constituição da República Popular de Moçambique, 1975).

Quinze anos depois, foi adoptada uma nova Constituição, aprovada a 2 de Novembro de 1990, que entrou em vigor a 30 de Novembro do mesmo ano.

---

1 Originalmente em inglês, tradução minha.

No novo documento oficial, pela alínea b) do artigo 6.º «a consolidação da unidade nacional» é referida como um dos objectivos fundamentais da República de Moçambique (Constituição da República de Moçambique, 1990). No n.º 2 do artigo 7.º do mesmo documento, refere-se, dentre outros aspectos, que «[...] no reforço da unidade nacional [...] o Estado assume como património nacional o papel decisivo da Frente de Libertação de Moçambique (FRELIMO) na vitória sobre o colonialismo e na conquista da independência nacional» (*ibid*).

Volvidos mais 14 anos, foi adoptada outra nova Constituição, aprovada a 16 de Novembro de 2004, que entrou em vigor no dia imediatamente a seguir ao da validação e proclamação dos resultados eleitorais das Eleições Gerais de 2004. Para todos os efeitos, e tirando uma e outra alteração pontual posterior a um ou outro artigo, a Constituição de 2004 é a que se encontra actualmente em vigor em Moçambique. No preâmbulo do novo texto, realça-se que a «ampla participação dos cidadãos na feitura da Lei Fundamental traduz o consenso resultante da sabedoria de todos no reforço da democracia e da unidade nacional» (Constituição da República, 2004). A alínea b) do artigo 11.º volta a frisar «a consolidação da unidade nacional» como um dos objectivos fundamentais da República de Moçambique (*ibid*). Entretanto, no Título III, referente aos direitos, deveres e liberdades fundamentais, no artigo 39.º, a nova Constituição da República introduz a rubrica «actos contrários à unidade nacional», onde se pode ler o seguinte:

> Todos os actos visando atentar contra a unidade nacional, prejudicar a harmonia social, criar divisionismo, situações de privilégio ou discriminação com base na cor, raça, sexo, origem étnica, lugar de nascimento, religião, grau de instrução, posição social, condição física ou mental, estado civil dos pais, profissão ou opção social, são punidos nos termos da lei. (*Ibid*)

Fora das disposições textuais acima, nenhuma outra referência substancial é feita à unidade nacional nas normas constitucionais que se sobrepõem a todas as restantes normas do ordenamento jurídico moçambicano. Uma apreciação sumarizada induz à constatação de que:

1. Não existe, pelo menos, constitucionalmente, uma definição exacta, objectiva e directa do conceito de unidade nacional em Moçambique.

2. O que se pode encontrar, após pormenorizada análise textual da Constituição, na sua evolução histórica, até aos nossos dias, é apenas a consagração da pertinência de consolidação da unidade nacional como um dos objectivos fundamentais da República de Moçambique, por um lado, e a discriminação de uma série de actos que se afiguram como contrários à unidade nacional, por outro.

Tomando em referência o alerta feito por William Bloom, constitui objectivo central do presente capítulo problematizar, numa perspectiva crítica, tanto a essência do conceito de unidade nacional como o processo de construção da unidade nacional no contexto moçambicano. Assim sendo, o esforço intelectual patente no texto gravitará em torno do que Paredes (2014) afirma ser «repensar os esquemas generalizantes costumeiramente aceitos» sobre o processo de construção da nação moçambicana (Paredes 136).

Discursos Hegemónicos de Unidade Nacional

Se é impossível localizar e descortinar, em toda a sua compreensão e extensão argumentativa e substantiva, o conceito de unidade nacional no documento que supremamente estrutura e rege o Estado moçambicano, um exercício do género revela-se ainda mais inconsequente em toda a restante produção bibliográfica nacional revestida de cariz político-ideológico. Documentos como os sucessivos planos quinquenais do Governo e os manifestos eleitorais do partido no poder, por um lado, ou os discursos públicos dos dirigentes superiores do Estado ou do partido Frelimo (que governa o país desde a sua independência), por outro – todos eles sempre com alusões recorrentes à pertinência de unidade nacional – são disso paradigmático exemplo (Brito 2016). Sempre que se lêem esses documentos ou que se ouvem quaisquer pronunciamentos públicos sobre a unidade nacional, fica-se com a convicção de que a mesma é essencialmente uma grande realização do passado (com toda a devida consideração que se lhe deve, obviamente) cujo reconhecimento e cuja salvaguarda são estrategicamente arremessados para o presente (e o futuro) de modo a vincar uma agenda presumivelmente consensual, rectilínea e inequívoca de progresso. Há quem mesmo se alicerce na legitimidade da proeza histórica de luta e de vitória contra o colonialismo português – bem como na oportunidade singular de implantação do projecto político de formação do novo Estado derivado dessa vitória em que a FRELIMO foi campeã – para chamar a esse exercício de «paradigma de nacionalismo autoritário» (Correia 94).

Tomando-o em consideração, poder-se-ia assumir que esse paradigma vincou, em Moçambique, um conceito oficial (ou oficializado) que tem pregado «uma versão simples e unitária da moçambicanidade [assente na] construção de um projecto nacional que visou à homogeneização do cidadão moçambicano» (Paredes 132). Retomo este assunto mais adiante. Para já, pode destacar-se, dentro dessa conceptualização, autores como Cadeado (2016), por exemplo, que se refere à unidade nacional como «um instrumento político que foi profundamente valioso para a mobilização de um amplo apoio popular, visando criar e manter coesão sociopolítica, primeiro, no contexto de luta contra o regime colonial português, depois, no âmbito da afirmação de Moçambique como um novo Estado independente e soberano» (Cadeado 8).[2] Esse instrumento político foi, desde então, apropriado pela FRELIMO – primeiro, como movimento de libertação e, depois, como partido político (Frelimo) –, que se revia como a única organização política legítima no país com direito ao poder, circunscrevendo tal legitimidade na narrativa de ter alcançado a tão necessária unidade nacional que lhe permitiu derrotar o inimigo colonial, enquanto ainda movimento de libertação fundamental para a independência política do país. Darch (2018) resume esse desiderato nos seguintes termos:

> Em 1974, a exigência central da Frelimo nas negociações que conduziram aos Acordos de Lusaka – o acordo com os portugueses, garantindo uma independência incondicional – foi bastante explícita: reconhecimento como *único representante legítimo* do povo moçambicano, e, assim, como a única organização política possível. A Frelimo conseguiu assim, de uma posição hegemónica, ocupar todo o espaço político disponível, deslegitimar todas as outras posições políticas e formas de nacionalismo, e exercer uma liberdade completa na composição do governo e a definição, não só da agenda política, mas também daquilo que constituía a *moçambicanidade*. A definição era muito simples e totalmente lógica: se se apoiava a Frelimo era-se moçambicano, se não, era-se outra coisa qualquer (Darch 12)[3]

Eis aqui, de forma sintética, o que parece ser a definição hegemónica do «moçambicano», segundo a narrativa oficial traduzida na série de documentos e discursos políticos ao nível do Governo e do partido Frelimo, desde então.[4] Por conseguinte, desde então, tudo o que tem sido contrário à narrativa oficial de moçambicanidade, nos termos supracitados (exclusividade de uns, supressão sumária de todos os outros; artigo 39.º da Constituição da República de 2004), também é, duma ou doutra forma, automaticamente tido como atentatório à unidade nacional.

Que Unidade Nacional? Uma Breve Retrospectiva Histórica

Moçambique é feito de uma só nação? Ou de várias, natural ou deliberadamente retraídas pelo ideal politicamente instituído e homogeneizante de construção da condição de «moçambicanidade», ao longo do seu percurso histórico

---

2 Mais do que a construção da nação moçambicana, o objectivo central da FRELIMO como movimento de libertação parece circunscrever-se à sua própria sobrevivência e, mais tarde, como partido-Estado, à sobrevivência do seu regime.

3 As expressões em itálico são da autoria do próprio autor.

4 A nível estatal ou governamental, pode assumir-se como exemplos disso a recorrente referência à unidade nacional nos sucessivos planos quinquenais de governação ou nos informes dos diversos Presidentes da República sobre o Estado Geral da Nação. A nível partidário, as teses dos congressos ou os manifestos eleitorais são também disso exemplo. Para efeitos do presente ensaio, não se privilegiou uma análise aprofundada desses documentos e referências.

recente? Uma revisitação mais atenta da história moçambicana recente facilmente leva à constatação de que a união de três dos mais expressivos movimentos nacionalistas – a UNAMO (União Africana de Moçambique), a MANU *(Mozambique African Nation Union)* e a UDENAMO (União Democrática Nacional de Moçambique) – e a sua fusão em torno da Frente de Libertação de Moçambique (FRELIMO) tinham como um dos seus objectivos fundamentais a construção de um único sentido identitário (unidade nacional) para fazer face a um inimigo comum de então: o colonialismo português. Tratou-se, essencialmente, de um processo em que «*a ideia-força Portugal* foi substituída pela *ideia-força Moçambique*». (Graça 27)[5] Portanto, reconhece-se, a partir daqui a artificialidade da nação moçambicana – uma condição inexistente antes do desencadeamento da luta de libertação nacional. Entretanto, antes do paradigma nacionalista vincar, Cabaço (2007) fala da ocorrência de um conflito entre a «concepção de uma independência confinada à própria religião e comunidade etnolinguística» e um «projecto prescritivo de uma nova identidade construída em torno da pertença a um território geográfico que aceitava as fronteiras coloniais cuja identidade se deveria ir estruturando pela participação numa tarefa comum, a luta armada, e pela identificação num objectivo comum: a independência» (Cabaço 399). Esta afirmação confirma, evidentemente, o facto de a ideia de nação moçambicana ter estado sempre em disputa, desde o início do processo de libertação colonial (e de a opção nacionalista ter sido, necessariamente, forçada, com todos os seus méritos e deméritos derivados).

Após a consumação da independência nacional, foi imediatamente colocado em marcha um «projecto de reenquadramento identitário» liderado pela FRELIMO – como único representante das aspirações do «povo moçambicano do Rovuma ao Maputo» –, que assentava na «recusa a qualquer vínculo étnico ou tribal» prévio (Paredes 143–145). Portanto, inicia-se, a partir daqui a ruptura com toda e qualquer manifestação identitária contrária à nação artificial recentemente criada. Todo este exercício político-ideológico de construção da moçambicanidade pode ser resumido na célebre máxima «*Matar a tribo para fazer nascer a Nação*»[6], comungando e priorizando elementos de construção da unidade nacional alicerçados no combate ao tribalismo, na defesa da integridade territorial e na assumpção do Marxismo-Leninismo como ideologia de Estado.

Por essa via, embora tenha partido duma base de consenso mais alargada (alcance e manutenção da independência) e duma posterior reconsideração

---

5 As expressões em itálico são da autoria do próprio autor.
6 Afirmação atribuída a Samora Machel, na qualidade de primeiro presidente da República de Moçambique, num comício na cidade da Beira realizado em 1980 (Macagno 8)

estratégica para a mitigação de conflitos («unidade na diversidade»), desde o seu início, a construção da moçambicanidade foi também um processo altamente violento. Famosamente conhecido como processo de construção do «Homem Novo», esteve invariavelmente envolto em diversas arbitrariedades, excessos e abusos. Pode destacar-se, como exemplo paradigmático, a «Operação Produção» levada a cabo no início da década de 1980. Segundo Paredes (2014), consistia num «laboratório de reconversão política para onde eram enviados quaisquer indivíduos que simbolizassem valores ou práticas políticas ou moralmente condenáveis» (Paredes 149). Por outras palavras, também deste autor, o processo de construção da moçambicanidade à imagem da Frelimo – agora partido-Estado, no pós-independência – caracterizou-se grandemente pela «adopção de práticas repressivas por parte dos agentes estatais no sentido de coibir quaisquer manifestações dissonantes ao projecto político perseguido» (Paredes 154). Meneses (2015) também partilha da mesma constatação, ao afirmar que «o novo Estado moçambicano procurou impor-se transcendendo as múltiplas ligações políticas e as várias lealdades socioculturais presentes» (Meneses 10). Segundo esta autora, esse combate à diversidade política e cultural (bem como às demais manifestações nacionalistas diversas da que a FRELIMO representava) não esteve dissociado de tensões, contradições, controvérsias, conflitos, violências nem invenções como a da figura do Xiconhoca – o inimigo (imaginário ou real) interno da revolução moçambicana de então, englobando «aqueles que traíram a causa nacional, seja num primeiro momento por se terem aliado ao regime colonial seja por, posteriormente, terem criticado e desafiado o projecto político nacional avançado pela liderança da FRELIMO» (Meneses 12).

Como se pode depreender, a unidade nacional esteve sempre em cheque, de forma latente ou expressamente violenta, ao longo de toda a história recente de Moçambique. Exemplos tácitos são as diversas crises do próprio processo de consolidação da FRELIMO ainda durante o período de luta armada anticolonial (feito de cisões, expurgas e episódios de violência interna) ou a guerra civil dos 16 anos – esta última que foi, primeiro, de desestabilização contra as políticas «comunistas do governo da Frelimo» e, depois, de exploração da insatisfação local relativa a políticas do governo como o reassentamento forçado em «aldeias comunais» (Darch 6). Monjane (2016) também explora, numa perspectiva espácio-temporal, essas tentativas de controlo social e político da população moçambicana em aldeias comunais, visando garantir «a subordinação dos sujeitos colectivos, prevenindo desta forma o surto de acções colectivas (ou individuais) de insurgência e que coloquem em causa o exercício de poder estabelecido e a manutenção do *status quo* (social, político e económico)» (Monjane 85). A unidade nacional continua ainda em contestação, como evidenciam as frequentes micro-agressões étnicas (especialmente em grandes metrópoles como Maputo), as campanhas eleitorais e os receios de descentralização. O mesmo atestam as hostilidades armadas entre as Forças de Defesa e Segurança e os homens armados da Renamo, entre 2013-2016 – também referidas como «conflito de baixa intensidade» (Darch p. 5) –, e entre as Forças de Defesa e Segurança e a radicalização «islâmica» local, desde 2019 na zona centro do país e desde Outubro de 2017 na província de Cabo Delgado (Habibe, Forquilha e Pereira, 2019).

Unidade Nacional Sem Nação?

Graça (2005) destaca duas correntes científicas que se ocupam da definição do conceito de nação: os objectivistas – «que sublinham a geografia, a raça, a língua e a cultura» (Graça 21) – e os subjectivistas – «que valorizam a vontade colectiva face a um presente e a um destino comum» *(ibid)*. Facilmente se subentende, a partir desta distinção, o alto teor de ambiguidade que o conceito denota. No caso africano (e especialmente o moçambicano), em que é o Estado que origina (ou inventa) a nação, ocorre uma «dinâmica de estruturação de uma *cultura nacional* que traduz a influência recíproca entre as *elites* e as *massas*, num plano, e a variedade de grupos etnolinguísticos e culturais noutro plano» *(ibid* 22).[7] Este processo interactivo é altamente influenciado por grupos de interesse de vária ordem e natureza nem sempre conciliatórios ou uniformes. Para todos os efeitos, ainda segundo Graça (2005), o conceito de nação pode ser definido operacionalmente como:

> [...] *o tipo ideal de um sistema de relações sociais caracterizado pela convergência de factores objectivos e subjectivos que estruturam e dinamizam uma situação de homogeneidade, ainda que parcial, assente na identidade cultural e na consciência nacional, isto é, na síntese de elementos culturais que conferem identidade e unidade a um conjunto de indivíduos, grupos e instituições, diferenciando-o de outros que estão para além das fronteiras do Estado, e na noção que os indivíduos têm de pertencer a esse mesmo Estado compreendendo o estatuto e o papel deste no sistema das relações internacionais* (Graça 23).[8]

Esta definição colocaria Moçambique como um mosaico de expressões nacionais que se deixaram ser uma só (até hoje) por motivações político-legais derivantes do seu processo histórico-sociológico colonial e pós-colonial. Nessa perspectiva, é de se concordar com Graça (2005) quando ele designa a experiên-

---

7 A expressão em itálico é da autoria do próprio autor.
8 A expressão em itálico é da autoria do próprio autor.

cia moçambicana não como uma nação, mas sim como um «projecto nacional» (Graça 24), especialmente, por causa da sua manifestação relativamente recente (cerca de 45 anos de existência no momento da escrita deste texto). É também daqui que emerge a dúvida sobre a existência de uma nação moçambicana de facto. O que existe, ainda parafraseando Graça (2005), é «uma Cultura Moçambicana, uma identidade colectiva a que podemos chamar moçambicanidade, embora limitada ainda a uma parcela minoritária da sociedade, concentrada sobretudo nos meios urbanos, mas com extensões localizadas nos meios rurais com maiores facilidades de acesso e comunicação (Graça 27).

Basílio (2010), por exemplo, também não fala de nação, mas de identidade nacional, ao salientar o papel crucial da escola como instrumento estatal de construção da moçambicanidade no período pós-independência. Aliás, este autor fala da moçambicanidade como um «projecto político em andamento» (Basílio 175) que nasceu da resistência ao e da negação do colonialismo, tendo-se, depois, consolidado no processo de interacção contínua entre os diferentes grupos étnicos existentes no país.

Tomando tudo isto em consideração, é ainda muito ambíguo e problemático falar-se de unidade nacional como uma conquista política a ser preservada se esta ainda não acabou de ser construída; logo, não se pode unir o que ainda não existe. Mais interessante ainda é o facto de, mesmo imediatamente antes e durante o período de luta de libertação, não se ter conseguido unir a nação (algo que nunca existiu, no sentido unitário do termo), mas sim os diversos movimentos nacionalistas então existentes. Soma-se a isso outra confusão semelhante e recorrente entre a nação e o Estado. Não há dúvida de que existe no território convencionalmente atribuído a Moçambique um Estado unitário; o que (ainda) não existe é uma nação unitária.

Unidade Nacional de Quem? E para Quê(em)?
Tal como evidenciado por Paredes (2014), «a maioria dos autores geralmente trabalha o tema das identidades nacionais ou num viés claramente político ou sob uma visão francamente generalista» (Paredes 133). É dentro desse diapasão que se enquadrariam, no contexto moçambicano, propostas romantizadas como a da «partilha de uma história comum, num território comum» (Cadeado 10) ou a de uma «visão nacionalista comum» (*ibid* 11). Para além de ser totalmente óbvio que Moçambique nunca teve uma história comum (pré-colonial) nem uma visão nacionalista de consenso (imediatamente antes e depois da independência), um exercício simples de cruzamento das fontes usadas para a construção do argumento deste autor revela claramente uma

exagerada primazia do discurso político – uma narrativa de orientação única contada exclusivamente pelos vencedores (Eduardo Mondlane, Samora Machel, Congressos da FRELIMO) – que não preza o necessário exercício contraditório (a versão dos factos no discurso directo dos «reaccionários» na fase de libertação colonial e dos «bandidos armados» na fase da guerra civil), essencial para o seu enunciado ser cientificamente razoável, credível e convincente.

Autores como Correia (2015) caracterizam esse desequilíbrio historiográfico como uma «prevalência da política sobre a história [...] [onde flagrantemente se nota o] desajuste entre a história oficial e a história social, entre a narrativa hegemónica e a pluralidade das narrativas sociais» (Correia 100). É uma corrente profundamente enraizada nos corredores políticos que têm governado o país desde a independência e que encara estrategicamente a unidade nacional como algo intrínseco, adquirido, omnipresente e incontestável. Esta concepção de unidade nacional apresenta o povo moçambicano em toda a sua extensão territorial como uma entidade homogénea – uma visão reducionista que olha para quase 30 milhões de pessoas como seres esvaziados de condições culturais e sociais próprios, diversos e até distintos. Moçambique é, aos olhos dos círculos de poder dominantes (e de muita fauna académica elitista), uma nação totalitária sem espaço algum para expressões dissonantes – mesmo com a experiência recorrente de rebeliões geograficamente localizáveis a afirmar o contrário.

O conceito de unidade nacional começa a ser problemático quando associado forçosamente ao que Meneses (2015) considera como «um projecto nacional criado a partir de um conjunto de referências memoriais associadas a uma certa elite política, funcionando como uma estratégia poderosa de afirmação e legitimação da narrativa oficial» (Meneses 12) em que se denota um esquecimento formal do Estado em relação a todo o resto. Nesse sentido, a concepção hegemónica de unidade nacional ainda prevalecente no discurso oficial moçambicano descura – ou minimiza, ou ignora – a importância que as crenças e percepções individuais ou de grupo exercem sobre o seu meio social. Quando o Estado é institucionalmente visto ou percebido por esses indivíduos ou grupos de indivíduos como materialmente ausente ou substancialmente opressor, o sentido de pertença ou de identidade individual e/ou colectiva para com ele revela-se frágil ou inexistente. Por conseguinte, tais indivíduos acabam, potencialmente, por procurar afinidades ou identidades com projectos políticos, ideológicos e até religiosos (como no caso de Cabo Delgado) que lhes prometam alternativas ao *status quo*.

Poder-se-ia perceber a relativa disfuncionalidade do projecto nacionalista moçambicano recorrendo-se à teoria da identificação (Bloom, 1993). De acordo com essa teoria, intervêm factores psicológicos que contribuem decisivamente para a integração e mobilização sociopolítica dos indivíduos. Assim sendo, de forma a alcançar a segurança psicológica, «cada indivíduo possui uma inclinação inerente para internalizar – ou se identificar com – o comportamento, os costumes e as atitudes de figuras importantes do seu meio social» (Bloom 23; tradução minha). Quando finalmente encontra essa identidade, o indivíduo tenderá, de início, a reforçá-la e protegê-la; em seguida, dadas as mesmas circunstâncias ambientais, grupos de indivíduos que partilham da mesma identificação tenderão a internalizar a mesma identidade e a agir colectivamente para proteger e reforçar a identidade partilhada (ibid). Partindo da teoria de identificação, o que aqui se argumenta é que o mesmo raciocínio pode ser aplicado em sentido contrário quando o indivíduo (e o grupo de indivíduos), por insegurança psicológica, não internalizam – ou não se identificam com – o comportamento, os costumes e as atitudes de figuras ausentes do seu meio social. Por conseguinte, tendem não só a substituí-las por propostas identitárias – figuras, ideologias e sistemas interpretativos – mais consentâneas com a sua realidade e as suas aspirações sociais, como também a questionar e, em casos mais extremos, a combater identidades dissonantes (mesmo que hegemónicas).

O desenvolvimento de uma consciência colectiva – como o de unidade nacional – é grandemente condicionado e em larga medida definido pelos diversos processos de socialização (étnica, escolar, política, religiosa, etc.) por que passam os cidadãos de um dado país. No contexto moçambicano, a abordagem hegemónica (pelo menos do que se pode depreender do proposto pela narrativa oficial e reverberado por alguma academia moçambicana) é a de unidade nacional como construção político-ideológica justificada pela imperiosidade de criação e de sobrevivência do Estado moçambicano herdado do colonialismo. Esta visão, estranhamente, ofusca de modo sistemático o facto de a manifestação e a legitimidade territorial interna do próprio Estado vir sendo recorrentemente ameaçada por eventos como a guerra civil (1976-1992), as hostilidades militares (2012-2014; 2019-2020) e a dita insurgência islâmica em Cabo Delgado (2017-2020). Esta perspectiva político-ideológica, embora pertinente e legítima pela natureza histórica do nosso Estado, fundamenta-se, desde logo e essencialmente, num alicerce problemático em que o Estado reserva para si a exclusiva e diligente responsabilidade de inculcar uma consciência colectiva de unidade nos seus cidadãos – o Estado como único engenheiro social da unidade nacional – e, em segundo lugar, numa ignorância total das escolhas, motivações, inclinações e disposições («naturais» ou socialmente construídas) dos seus cidadãos – indivíduos e grupos sociopolíticos com influência decisiva e espaço de manobra próprio no cultivo do seu grau de pertença (ou não) a um projecto social, político e ideologicamente imposto pelo Estado. Assim sendo, neste último ponto, reside o argumento do presente artigo: o Estado moçambicano, infelizmente, ainda não possui o monopólio de socialização política que sustentaria o seu projecto contínuo de construção de um sentimento e/ou consciência colectiva de unidade nacional. Algumas das razões dessa fragilidade passam a ser discriminadas a seguir.

Factores de «desunidade» nacional

Diversas são as causas que poderiam explicar o estado de permanente contestação à unidade nacional moçambicana.[9] O estado de permanente paz negativa, consequência directa da ausência generalizada de tolerância política ou do «elevado nível de falta de confiança» (Darch 24) entre as duas maiores políticas do país pode ser um deles. Por exemplo, seria interessante saber-se a razão por detrás da manutenção de um exército paralelo pela RENAMO, 28 anos depois do fim da guerra civil. A isto acrescentar-se-ia a violência estrutural corporizada em altos índices de pobreza absoluta derivantes da exclusão económica do grosso da população «principalmente nas zonas rurais do norte» (*ibid* 25).

Outro factor de extrema importância a ter em conta é a literal ausência do Estado, em larga extensão territorial do país. Em certos casos, e só quando possível, a presença do Estado a nível local e remoto é apenas reflectida pela alocação de recursos de imposição do seu poder coercivo sobre as comunidades (via forças de defesa e segurança); quase nunca em provisão de serviços públicos essenciais. Infelizmente, o Estado moçambicano ainda é incapaz de honrar o contracto social estabelecido entre si e uma larga maioria dos seus cidadãos. Tal como ainda não consegue prover as necessidades básicas (segurança alimentar) nem protecção física (habitação condigna) e psicológica (emprego regular), especialmente, para a sua faixa etária mais populosa: a juventude. Esta dimensão de provisão social pública mostra-se fundamental para o desenvolvimento de sentimentos de realização ou de afirmação pessoal (perspectiva de vida estável presente e futura, controlo seguro do seu próprio destino) e, por tabela, decisivos para a identificação positiva do cidadão para com o seu Estado. Por conseguinte, nenhum projecto de identidade (e de unidade) nacional resistiria a um sistemático desapego sentimental ou emocional dos cidadãos para com a sua pátria resultante de um Estado disfuncional e ausente.

....

9 Preferiria falar de contestação à soberania do Estado (ou da legitimidade de quem o controla) do que de contestação à unidade nacional (algo que, como já se argumentou, objectivamente, ainda não existe em Moçambique).

O sentido de pertença à nação (por comunhão de história, cultura e destino) parece continuar indefinidamente um privilégio exclusivo das elites políticas, dos seus associados e de uma porção relativa da classe média urbana. A negação desse sentido de pertença por parte de certos indivíduos ou grupos de indivíduos nos espaços geográficos onde mais se contesta o Estado – por exemplo, o estado de recorrente actividade bélica no centro do país ou na província de Cabo Delgado – pode ser explicada pela sua ausência (ou incompetência) localmente como um benfeitor material directo. Com efeito, mesmo que o Estado esteja simbólica ou formalmente presente nessas zonas de permanente ou recorrente contestação, tal como assevera Bloom (1993) a identificação dos cidadãos para com ele e para com os seus projectos políticos (de unidade nacional, por exemplo) só acontece se «os [seus] símbolos tiverem de ser apropriados como um modo de comportamento e atitude para uma experiência particular e real» (Bloom 51; ênfase em itálico do autor). Por outras palavras, arcaboiços retóricos como o da unidade nacional só são percebidos e vividos por indivíduos e grupos de indivíduos se previamente internalizados e se fizerem parte do real modus vivendi local. Caso contrário, continuarão meras fantasias intelectuais dos seus proponentes ideológicos sem expressão real e relevância objectiva na vida dos cidadãos.

Conclusão

A nação moçambicana é, em essência, um arcaboiço retórico inventado e apropriado pelas elites políticas através de um «processo de formalização e ritualização, caracterizado pela referência [constante] ao passado e imposto unicamente pela repetição [das glórias desse mesmo passado]» (Hobsbawm, 1983, 4). Anderson (2006 [1983]) celebremente sentenciou a esse tipo de nação de «comunidade política imaginada» (Anderson 6). No contexto moçambicano, as suas elites políticas foram construindo, desde o processo libertário anticolonial, um sentido de pertença nacional onde identidades, interesses e comportamentos foram impostos às massas através de significados, interpretações e assumpções previamente inexistentes e ainda hoje não completamente solidificadas. Assim sendo, não admira que os episódios recorrentes de rebelião ou de contestação ao poder vigente sejam invariavelmente vistos como atentatórios à propalada unidade (e não como disputa de soberania, disfuncionalidade do Estado ou défice de legitimidade governativa, por exemplo). Os homens armados da RENAMO ou os insurgentes «islâmicos» de Cabo Delgado podem ser apenas agentes de um sentido paralelo ou alternativo de nação, actuando nas margens das regras institucionalizadas de um Estado de

Direito de facto e regidos pelos ditames da sua própria consciência e interesses por não reconhecerem a funcionalidade e a legitimidade do governo do dia. O recurso a meios violentos para a reivindicação de direitos pode ser justificada pela falta de confiança – ou pelo literal descrédito – na eficácia do Estado. Não é a proposta abstracta de unidade nacional elaborada muito longe das suas realidades cognitivas e sociais que governa as suas orientações sociopolíticas e, como anteriormente referenciado, existem razões de sobra para tal dissonância. Em Moçambique, o Estado possui apenas soberania jurídica; não exerce controlo efectivo de toda a extensão territorial (e possivelmente de toda a sua população). Por essa razão, continua ainda um quase-Estado (Jackson, 1990).

Os objectos da unidade nacional – o povo moçambicano em toda a sua pluralidade e diversidade – são seres humanos com vontades, motivações e intenções próprias. O conceito de unidade nacional – elaborado de forma não muito clara em comités políticos e imposta hierárquica e arbitrariamente às massas ao longo da história de construção do Estado, sem qualquer experiência de diálogo e de consenso fora dos círculos elitistas que controlam o poder – não tem sido devidamente apropriado e homogeneamente internalizado em toda a extensão territorial moçambicana. Como país e Estado, Moçambique é uma construção simultaneamente colonial e pós-colonial, manifestando, ainda hoje, fragilidades identitárias derivadas dessa condição.

Mais do que divagações panfletárias, disseminadas invariavelmente de forma romantizada e sempre em defesa de uma unidade nacional que, substancialmente, ainda não existe – fora das formalidades constitucionais, do jargão eleitoralista de manutenção de poder das elites políticas e do meio social da classe média urbana – o desafio que se coloca para a sua efectiva (ou potencial) socialização dever-se-á colocar ao nível do mindset dos seus principais contestatários, de modo particular e ao nível de toda a pluralidade e diversidade que caracterizam o povo moçambicano, de modo geral. A unidade nacional não reside em gabinetes, papéis e discursos; pelo contrário, encontra-se (ou deveria encontrar-se) na cabeça das pessoas.

Em consequência, e antes de exigir os efeitos incondicionais dessa unidade – a união incondicional de todo o povo moçambicano sob toda e qualquer circunstância, por exemplo – dever-se-á esgotar o debate em torno das pré-condições para que ela exista. Tal exercício, mais do que se focar em narrações históricas e normativas (puramente descritivas) do conceito de unidade nacional, deverá aprofundar a explanação sobre o seu significado e a sua expressão na vida real de todo e qualquer moçambicano. Algo que responda a questões, tais como, «o que faz com que uns se revejam no chamamento à unidade nacional, mas outros não?», ou, mais detalhadamente, «porque é que, em determinadas circunstâncias, alguns se comportam de forma desalinhada com os propósitos da unidade nacional?» Eventualmente, as respostas a essas questões não fugirão muito dos elementos estruturantes que aliam (ou não) as identidades e os interesses desses indivíduos, através dos seus processos de socialização específicos, ao ideal unitário de nação que se pretende (ou que se tem tentado) impor-lhes. O cenário torna-se ainda mais problemático quando quem tal pretende ou tenta impor não exerce exclusivamente (ainda) o controlo político e a gestão competente de recursos e serviços públicos em toda a extensão territorial do Estado, nem dentro dele possui (ainda) monopólio interno de uso legítimo de violência organizada.

Referências Bibliográficas

Anderson, B. (2006) *Imagined Communities: Reflections on the Origin and Spread of Nationalism* (rev. ed.), Londres, Verso.

Basílio, G. (2010) *O Estado e a Escola na Construção da Identidade Política Moçambicana*, Tese de Doutoramento, São Paulo, Pontifícia Universidade Católica de São Paulo.

Bloom, W. (1993) *Personal Identity, National Identity and International Relations*, Nova Iorque, Cambridge Press University.

Brito, L. (2016) «Instituições Políticas e Unidade Nacional», in Brito, Luís *et al.* (eds), *Desafios para Moçambique 2016*, Maputo, IESE, p. 25–31.

Cabaço, J. (2007) *Moçambique: Identidades, Colonialismo e Libertação*, Tese de Doutoramento, São Paulo, Universidade de São Paulo, 2007.

Cadeado, C. (2016) «Interpretação Histórica da Essência da Unidade Nacional», *Boletim do Centro de Estudos Estratégicos e Internacionais*, Vol. 24, n°5, pp. 1–55 .

Correia, M. (2015) «A Formação Social do Estado-Nação e a Crítica Pós-Colonial», *Outros Tempos*, vol. 12, n°19, 2015, p. 93–117.

Darch, C. (2018) *Uma História de Sucesso que Correu Mal? O Conflito Moçambicano e o Processo de Paz numa Perspetiva Histórica*, Moçambique, Friedrich-Ebert-Stiftung Moçambique.

Graça, P. (2005) *A Construção da Nação em África (Ambivalência Cultural de Moçambique)*, Coimbra, Edições Almedina S.A.

Habibe, S., S. Forquilha e J. Pereira (2019) *Radicalização Islâmica no Norte de Moçambique: O Caso de Mocímboa da Praia*, Maputo, IESE.

Hobsbawm, E. (1983) «Introduction: Inventing Traditions». in Hobsbawm, E. e T. Ranger, *The Invention of Tradition* (eds.), Nova Iorque, Cambridge University Press.

Jackson, R., (1990) *Quasi-States: Sovereignty, International Relations and the Third World*, Cambridge, Cambridge University Press.

Macagno, L. (2005) «Lendo Marx "pela segunda vez": experiência colonial e a construção da nação em Moçambique», IV Colóquio Marx e Engels, Instituto de Filosofia e Ciências Humanas de Campinas, não publicado, Campinas.

Meneses, M. (2015) «Xiconhoca, o inimigo: Narrativas de violência sobre a construção da nação em Moçambique», *Revista Crítica de Ciências Sociais*, n° 106, p. 9–52.

Monjane, B. (2016) «Reagrupar para controlar? Uma análise crítica das políticas estatais de organização coerciva das populações rurais em Moçambique», *Revista Educação e Políticas em Debate*, vol. 5, n°1, 2016, p. 84–94.

Paredes, Marçal de Menezes (2014). A construção da identidade nacional moçambicana no pós-independência: sua complexidade e alguns problemas de pesquisa. *Anos 90*, 21(40), 131–161.

SEGUNDA PARTE

Política Económica, Protecção
e Desigualidade Social e Desenvolvimento

CAPÍTULO UM

Governação e Vulnerabilidade: Duas faces da mesma «crise»

Opções políticas, políticas económicas e economia política de Moçambique

Natacha Bruna

O que tentam dizer-nos as crises?

As crises são características intrínsecas do sistema capitalista. Marx, Keynes e Schumpeter são alguns dos grandes teóricos de diferentes escolas e ideologias que evocaram e construíram seus contributos em torno deste fenómeno. Porém, tais ensinamentos surgem em análises de contextos eurocêntricos e/ou ocidentais, desvendando uma necessidade de reflexões profundas em relação a tais fenómenos nos diferentes contextos regionais, em particular, com especificidades históricas de países do «Sul Global». Portanto, este texto analisa a realidade moçambicana, em que o colonialismo, a trajectória póscolonial e a persistente e estratégica exploração económica desigual entre centro e periferia constitui um factor determinante para o actual contexto económico, social e ambiental. Como analisar as crises, independentemente da sua natureza, neste tipo de contexto? E o que aprender com elas?

É necessário compreender que este artigo não pretende discutir teoricamente ou problematizar o conceito de «crise» debatidos em diferentes e até divergentes campos de conhecimento. Apenas, clarificar que o termo «crise» é usado para descrever períodos em que determinados acontecimentos económicos, sociais e/ou políticos reproduziram alguma ruptura, instabilidade e mudança em sectores específicos da sociedade com impactos adversos que ameaçam não só a estabilidade social como também as trajetórias de progresso económico e social do país.

Moçambique, um dos países mais pobres do globo, regista frequentes crises e, de algum modo, convergentes, como resultado das dinâmicas globais económicas e ambientais. Não obstante, o país enfrenta também crises localizadas, resultantes de fenómenos localizados e processos internos, tais como a crise ambiental (Idai, Kenneth, cheias, secas, entre outros), crises de instabilidade social (revoltas consequentes de aumentos de preços dos bens essenciais: pão e meios de transporte; ou dos vendedores informais, mais recentemente; focos de instabilidade militar no Centro do país; insurgência na província de Cabo Delgado), e a mais recente crise sanitária (corona vírus – COVID-19). Ambas as crises reflectem-se no sistema económico como um todo e podem dar lugar a crises socioeconómicas, umas mais profundas do que outras.

Tais crises não devem, no entanto, ser analisadas, encaradas, confrontadas ou até «resolvidas» de maneira pontual e isolada. O histórico de governação em Moçambique demonstra que, independentemente da sua dimensão, magnitude ou duração, as crises socioeconómicas são, de forma geral, confrontadas e solucionadas para «tapar buracos» ao invés de procurar as causas mais profundas e eliminar o problema pela raiz. Ademais, académicos, activistas e outros órgãos da sociedade civil têm proporcionado análises aprofundadas e ferramentas ajustadas para diferentes reformas em cada sector da sociedade e da economia como forma de ultrapassar as diferentes crises.

O que não foi diferente no caso do surto/da eclosão do novo corona vírus, cuja doença é comumente denominada de Covid-19, e a resultante pandemia global. Análises e contributos têm sido feitos para compreender os efeitos da pandemia na economia e na sociedade. Estas sublinham os impactos negativos nos segmentos mais pobres da população e oferecem sugestões e lições de política para mitigar, resolver e confrontar a actual crise. Exaltam-se os diferentes esforços e comprometimentos destas análises que pretendem visionar e contribuir para soluções sustentáveis. No entanto, este artigo identifica a necessidade de ir além de soluções pontuais e perspectiva alargar o escopo de análise, de causalidade das crises e da magnitude dos seus efeitos.

O artigo não pretende providenciar medidas de resolução das diferentes crises que o país vive, mas sim reflectir de forma profunda sobre o problema, talvez possibilitando uma reflexão sobre como «cortar o mal pela raiz» – de todas as crises – e trazendo para o debate as esquecidas ou ignoradas causas da vulnerabilidade que preparam o palco para tais crises resultarem em desastres humanitários e outros. Neste artigo, oferece-se uma análise que visa compreender o que está por detrás da crise e a magnitude dos seus impactos negativos que se traduzem na vulnerabilidade histórica e adquirida, bem como o que podemos aprender com elas.

A relação entre a vulnerabilidade e a magnitude dos impactos negativos das crises já foi analisada por diferentes académicos e analistas. O economista e filósofo Amartya Sen (1982) centralizou o conceito de «vulnerabilidade» na inabilidade das classes sociais negligenciadas/marginalizadas para responder a choques externos face a outras classes sociais, culpabilizando não o choque

Mario Macilau

em si (falta de alimentos numa determinada região, por exemplo), mas sim as limitações estruturais do sistema económico (possibilidade de acesso a alimentos) que geram a tal vulnerabilidade. O nível de vulnerabilidade é, portanto, a variável decisiva para que um evento/choque possa ou não resultar numa crise e determina a intensidade com que os seus efeitos se fazem sentir na economia e sociedade.

Moçambique tem sido o epicentro de choques (internos e externos), crises económicas e não económicas, além de eventos climáticos extremos: secas, cheias, ciclones, entre outras calamidades. Estes choques, eventos e crises tiveram implicações devastadoras para a economia e, portanto, para a sociedade. Que leitura podemos fazer destes acontecimentos? Quais são as suas implicações em termos de governação e modelo de desenvolvimento? De que forma devemos analisar a vulnerabilidade social e económica de Moçambique?

Como ler a vulnerabilidade actual em Moçambique?

1. Vulnerabilidade histórica: imperialismo, colonialismo e extractivismo laboral e agrário

> Nós somos povos africanos, desta África prejudicada pelo imperialismo e colonialismo durante décadas e em alguns casos, séculos. Os nossos países são países economicamente atrasados. Os nossos povos estão numa fase da nossa história caracterizada pela condição atrasada da nossa economia.
>
> Amílcar Cabral[1]

Nos acesos debates sobre imperialismo sublinha-se sempre uma relação desequilibrada de poderes políticos e económicos em que é realizada a acumulação

---

1 Trecho retirado do documentário «Cabralista»: https://www.youtube.com/watch?v=KJab5uePfyk&feature=youtu.be

de capital ou geração de riqueza por um grupo específico de agentes económicos, que se baseia na exploração parasitária de outros grupos económicos. Isso resultando na formação de dois polos regionais de desenvolvimento, o Norte Global e o Sul Global (centro e periferia, respectivamente), como já foi profundamente analisado pelo economista Samir Amin (1975). Assim sendo, a criação de riqueza do Norte Global (mais particularmente Europa, EUA e Japão) baseou-se na histórica super-exploração de recursos do Sul Global, principalmente, através do colonialismo – o centro torna-se centro à custa do surgimento das periferias. Por «recursos», entenda-se a força de trabalho (a custo zero ou barata, dependendo da fase histórica) e energéticos e mineiros, que abasteceram a industrialização e os níveis de produção dos países colonizadores desde os primórdios da revolução industrial.

No período colonial, Moçambique abasteceu as potencias do Norte Global de commodities agrícolas e recursos como o ouro e o marfim, até a procura de escravos ultrapassar a procura desses dois bens. O período da escravatura beneficiou a produção e o enriquecimento destas potencias na medida em que proporcionou força de trabalho a custo zero. Ademais, durante o período colonial, a exploração de mão-de-obra em Moçambique manifestou-se de variadas formas: regime de trabalho forçado, exportação de mão-de-obra para os países vizinhos África do Sul e Rodésia do Sul, exploração de mão-de-obra barata para as grandes plantações no centro do país e a produção forçada de algodão (Serra, 2000; Wuyts, 1981; O'Laughlin, 1996; Mosca, 2005). A terra também constituiu uma grande fonte de rendimento para Portugal na qualidade de arrendatário para o capital não-português (Prazos, Companhias do Niassa e várias outras na Zambézia).

Durante o período colonial, os ganhos destas potências coloniais tanto na África como noutras regiões, constituíram a base a partir da qual os países colonizadores aceleraram o crescimento económico, abasteceram as suas indústrias e consolidaram os seus sistemas económicos e sociais. Consequentemente, a polarização económica entre regiões foi estabelecida de tal modo que o alcance da independência política das colónias não significaria automaticamente a sua independência económica. Estas constituem a perfeita combinação para produzir aquilo a que Gunder Frank (1972) chamou de «lumpen development», que constitui uma forma de desenvolvimento imposta pelos monopólios imperialistas nas sociedades da periferia sob o seu domínio.

Amin caracteriza este tipo de desenvolvimento como baseado no crescimento da esfera informal da economia (Informal Sphere) em que a grande maioria encontra o seu meio de sobrevivência. Este é o tipo de desenvolvimento que se verifica em Moçambique – desigual, não sustentável social e economicamente, além de refém do sistema financeiro global e das flutuações ou dinâmicas do grande capital. Países como Moçambique demonstram altos níveis de vulnerabilidade face a qualquer tipo de choque económico, social, ambiental, sanitário, entre outros. O trajecto histórico de exploração parasitária entre o centro e a periferia constitui, por conseguinte, o factor determinante para que hoje, alguns sistemas económicos e sociais sejam mais ou menos eficientes na resposta a crises e choques. O Norte Global detém uma grande capacidade de resposta para lidar e gerir crises económicas (aprofundadas ou não), eventos climáticos extremos, entre outros, devido ao robusto sistema económico e social consolidado pela histórica relação de troca mantida com o Sul Global, desproporcionalmente favorável aos primeiros.

2. Vulnerabilidade adquirida:
Rumo a meio século de governação da Frelimo

[...] um ambicioso é criminoso ao mesmo tempo, pode matar por causa da sua ambição, pode aliar-se facilmente com o imperialismo só por causa da sua ambição do seu interesse individual é capaz de tudo, vender a pátria, vender a revolução, destruir e impedir o progresso do país só por causa da sua ambição.

Samora Machel

Aquilo a que se chamou «regime socialista», imediatamente à proclamação da independência, incluiu um leque de opções políticas de natureza «socialista», como a onda de nacionalizações de todos os sectores económicos e sociais. Uma forte atenção foi direcionada para o sector da agricultura, constitucionalmente definido como a «base do desenvolvimento», o que implicou a nacionalização das plantações, a criação de cooperativas e a constituição de aldeias comunais de êxito muito questionável. Múltiplas são as opiniões em relação ao falhanço destas medidas, desde a ineficiência do sector estatal, a falta de compreensão das estratégias de sobrevivência do campesinato e da questão agraria, até à grande influência dos impactos da guerra civil. O que é facto é que estas políticas resultaram numa intensa crise económica e social.

A adopção do PRE, em 1987, e do PRES, em 1989, induzida pelas instituições de Bretton Woods, marcou a entrada do neoliberalismo económico em Moçambique, tendo como objectivo a resolução da crise económica e social que o país então vivia. As políticas de ajustamento estrutural marcaram a entrada de Moçambique no sistema económico e financeiro global capitalista e nos intermináveis ciclos de dependência económica e financeira. Isso significou outrossim a fortificação dos interesses do Banco Mundial e do Fundo

Monetário Internacional, assim como dos países ocidentais em Moçambique com os diferentes apoios sectoriais e do Orçamento do Estado. Políticas como o influxo de investimento directo estrangeiro, os esquemas para extrair e exportar recursos naturais, a resposta ao mercado internacional e a especialização em vantagens comparativas foram as directrizes impostas por tais instituições, que abriram espaço a novas formas de imperialismo e neocolonialismo não só por associações capitalistas do Norte Global, mas também por uma mescla de associações capitalistas em que se incluíram actores do Sul Global.

Mosca (Mosca, 2019) explica que as prioridades definidas pelo Banco Mundial na altura não eram a segurança e auto-suficiência alimentar, mas sim a vantagem comparativa (como se refere no relatório de 1986 do Banco Mundial). O economista refere ainda que esta influência exterior, por via ideológica ou económica, resultou na implementação de políticas neoliberais desajustadas, implementadas de forma avulsa, descontextualizadas e sem um modelo coerente capaz de responder aos verdadeiros desafios de desenvolvimento nacional.

Diferentes estudos, todavia, demonstram que foi durante o período das privatizações que se estabeleceram os alicerces da distribuição de meios de produção em Moçambique (incluindo terras, empresas públicas, etc). Esse processo priorizou principalmente as elites políticas ligadas ao partido que governa o país desde a independência e que, mais tarde, constituíram a classe de capital doméstico aliada ao capital internacional em Moçambique (Bruna, 2017; Chivangue & Cortez, 2015; Salimo, 2017). O acesso privilegiado à terra e à informação sobre o potencial mineiro é mantido por elites políticas até hoje, constituindo a base *rent-seeking* face à crescente procura de terras ricas em recursos minerais.

Neste contexto, o economista Castel-Branco aponta para uma importante característica dos padrões de geração de riqueza em Moçambique: a intensa apropriação de recursos que gera grandes custos sociais. Esta apropriação de recursos é feita através de ligações estratégicas entre capital estrangeiro e nacional. O esquema de extração e exportação é efectivado através da expropriação de recursos, em particular, a terra, sem que haja mecanismos económicos para absorver a mão-de-obra que é gerada: o camponês perde a terra, mas não consegue encontrar emprego para compensar a perda da sua subsistência – o que significa menor industrialização, menor criação de emprego e menor geração e detenção de riqueza a nível interno.

Embora a constituição da Frelimo se tenha baseado em ideologias Marxista-Leninista – e perdurado, oficialmente, mais de uma década (1975-

1989, ano da realização do V congresso que abandona oficialmente a ideologia Marxista-Leninista) –, desde a proclamação da independência (1975) que o neoliberalismo passou a dominar as opções políticas e económicas do partido que manteve o poder. Os principais esforços e enfoques políticos visam a efectiva exploração das vantagens comparativas do país, mesmo que isso signifique a marginalização da auto-suficiência alimentar e o aprofundamento da pobreza no país. Os esforços políticos e financeiros são continuamente desviados dos sectores prioritários como a agricultura para os sectores extractivistas – em investimentos no carvão, no gás natural, etc. Para suportar as inferências anteriores, passa-se a apresentar uma análise das opções políticas e das políticas económicas deste Governo.

Uma breve análise da governação da Frelimo e o actual modelo de desenvolvimento económico: que prioridades?

As opções e os esforços políticos em Moçambique nas últimas décadas têm sido direcionados principalmente para a indústria extractiva. A priorização do sector da indústria extractiva para a exportação tem-se desenvolvido e tem enriquecido com o apoio do estado – através de benefícios fiscais para a operacionalização, a importação e os rendimentos –, numa resposta directa à necessidade de melhorar o ambiente de negócios medido pelo índice Doing Business do Banco Mundial. Nota-se, por exemplo, que grande parte das reformas legais feitas em Moçambique desde 1990 visam garantir a segurança jurídica do capital internacional.

Diferentes estudos conduzidos por instituições de pesquisa baseadas em Moçambique, como o OMR, o IESE e o CIP demonstram que tais medidas, de base neo-institucionalista, falham no objectivo último de alcançar o desenvolvimento económico e social sustentável. Usando uma abordagem de economia política, de forma sucinta e resumida, esta secção procura identificar e analisar as principais opções políticas e políticas económicas do país, em particular, dando enfoque aos sectores e linhas de desenvolvimento de maior destaque nas opções e nos discursos políticos, os quais confronta com as suas implicações económicas e sociais.

Crescimento económico: que impacto nos indicadores sociais de desenvolvimento económico e de bem-estar?

Atingir altas taxas de crescimento económico tem sido o objectivo último do Governo, mas a pergunta relevante é: quem beneficia, de facto, desse crescimento? O crescimento económico é visto pelo Governo e os seus financiadores como uma ferramenta para medir o sucesso e o desenvolvimento económico do país. Desse ponto de vista, Moçambique tem sido «exemplar», visto que, nas últimas décadas, com excepção de alguns anos, apresentou altas taxas de crescimento económico de até «dois dígitos». Esta concepção não só é errada e enganosa, como também se integra num discurso populista do Governo para ganhar legitimidade política e suporte, conquistar credibilidade económica na esfera internacional e tornar o país mais «atraente» para o Investimento Directo Estrangeiro (IDE).

É necessário esclarecer que o crescimento económico de um país representa apenas a variação percentual dos bens e serviços produzidos no seu território, num determinado período, ou seja, a diferença do total produzido de um ano para o outro, em percentagem. Este indicador ignora factores sociais como o bem-estar da população, o desenvolvimento humano e as melhorias de condições de vida. Tais análises são superficiais e enganosas, pois ignoram os indicadores económicos e sociais.

Para uma abordagem distinta e mais realista do sucesso e do desenvolvimento do país, seria preciso incluir indicadores sociais básicos como a abrangência e a qualidade da educação, a abrangência e a qualidade dos serviços de saúde e de outros serviços públicos, o acesso à água e à energia, a criação de emprego, a qualidade de emprego e a sustentabilidade das fontes de rendimento. Esses sim, são os indicadores que reflectem a realidade de um país em relação ao seu sucesso e desenvolvimento económico, não só a nível do desenvolvimento humano, como também da capacidade que esse sistema económico tem de providenciar bem-estar à sua população e não apenas a segmentos selecionados.

No último relatório de desenvolvimento humano publicado pela UNDP, Moçambique é qualificado como um dos piores países do mundo em relação à qualidade de vida e bem-estar. Classificado na categoria «desenvolvimento humano baixo», Moçambique situa-se em 180.º lugar, na lista de 189 países avaliados no ano em referência. A quarta avaliação da pobreza em Moçambique (MEF, 2016) indica que o Índice de Pobreza se situa nos 46,1 %, 50,1 % dos quais nas zonas rurais, onde pouco menos de 70 % da população moçambicana reside.

No entanto, enquanto uns ficam mais pobres e outros têm muita dificuldade em sair da pobreza, outros ficam mais ricos. Moçambique é um dos países onde se verificam maiores níveis de desigualdade económica do mundo, com um coeficiente de Gini de 54[2]. O Relatório de Desenvolvimento

---

2 O coeficiente de Gini mede o desvio entre a distribuição efetiva dos rendimentos dos indivíduos ou agregados de um determinado país e a distribuição perfeitamente igual. Zero representa igualdade absoluta e 100 representa desigualdade absoluta. Fonte: https://data.worldbank.org/indicator/SI.POV.GINI?locations=MZ e http://hdr.undp.org/en/indicators/67106#a

Humano (UNDP, 2019 – http://hdr.undp.org/sites/default/files/hdr2019. pdf) revela que os 40 % mais pobres detêm 12 % do rendimento (riqueza) e que os 10 % mais ricos detêm 45 % dos rendimentos (riqueza). Enquanto que a capital de Moçambique conta com escolas capazes de ministrar aulas online durante a pandemia, as zonas rurais quase nem contam com salas de aulas e o ensino é muitas vezes feito debaixo de uma mangueira. Enquanto uns moçambicanos têm poder de compra para aceder a serviços médicos privados com diárias equivalentes a milhares de meticais, outros vivem em zonas sem acesso a quaisquer serviços de saúde.

Apenas um pequeno segmento da população moçambicana efectivamente beneficia desse crescimento económico, pois este é baseado na expropriação dos recursos da maioria e na exploração do trabalho de um grande segmento da população, cuja remuneração é insuficiente para a sua sobrevivência ou reprodução social. Isso justifica o baixo desenvolvimento humano existente no país, em particular nas zonas rurais.

Mas, o que significa ter um baixo desenvolvimento humano? Olhando para diferentes indicadores socio-económicos apresentados no relatório da UNDP, verifica-se que, em Moçambique, os serviços de saúde e de educação são precários e de baixa qualidade, mesmo relativamente a outros países da região. É um país onde, em média, existe um médico para cada 15 000 habitantes. Apenas 56 % da população tem acesso a fontes de água potável e apenas 29 % tem acesso a instalações de saneamento básicas. Ironicamente, para um país exportador de recursos energéticos e produtor de energia eléctrica, apenas 2 % da população rural tem acesso a energia elétrica. Mais de 80 % dos moçambicanos têm empregos vulneráveis, ou seja, são trabalhadores familiares não remunerados ou por conta própria.

O crescimento económico de que os nossos governantes se orgulham, é principalmente alavancado pela entrada de megaprojectos e outros investimentos externos, assim como pelas exportações das commodities que eles extraem. Estes investimentos procuram matéria-prima a baixo custo para a sua própria industrialização e não para a de Moçambique. Deste modo, verifica-se a consolidação de Moçambique como mero fornecedor de matéria-prima (energia, gás natural, carvão mineral, areias pesadas, madeira, entre outros), tal como na era colonial, que alimenta o processo de industrialização de economias emergentes, a custos bastante reduzidos, em detrimento da sua própria industrialização.

O extractivismo em detrimento da industrialização

A abordagem neoliberal e de capitalismo selvagem do Governo transformou Moçambique num dos mais procurados destinos de investimento estrangeiro nos diferentes sectores da economia, nas últimas décadas. Consequentemente, os influxos de IDE em sectores como infraestruturas, turismo, agricultura, mas principalmente no sector da indústria extractiva, atingiram níveis sem precedentes. Mais recentemente, registou-se um *boom*, em particular, no influxo de IDE direcionado para a extracção de recursos minerais e energia. Entre 2001 e 2017, foram aprovados investimentos que somam 47,6 mil milhões de dólares em Moçambique. Cerca de 50 % desse influxo proveio de empréstimos externos, 38 %, de capital estrangeiro e os 12 % restantes de capital doméstico (Base de Dados: Centro de Promoção ao Investimento – CPI).

Actualmente, o país tornou-se um dos principais destinos africanos de IDE – uma consequência directa das políticas económicas determinadas pelos considerados gurus da economia moçambicana, o Banco Mundial e o FMI. Esses investimentos, porém, centram-se num esquema extractivista de recursos naturais, ou seja, na extracção e exportação de recursos naturais sem ou com baixo nível de processamento interno e valor agregado, sem criação de emprego e sem efeitos multiplicadores significativos na economia. As cadeias de valor destas commodities retêm mais valor e benefícios económicos a jusante, isto é, no exterior – um nível superior de riqueza gerada e acumulada que resulta do processamento desses recursos.

O influxo de investimento no sector de recursos minerais e energéticos (28 %), que gera apenas 6 % dos empregos, superou o influxo do investimento no sector-chave e maior empregador (formal e informal) da economia: a agricultura. Por ser intensivo em capital, o processo de captação de recursos não fornece emprego rural suficiente e, consequentemente, a população que sofre expropriação de terra ou alguma ruptura na sua subsistência devido à implementação de tais projectos, não tem acesso a emprego.

Notam-se, portanto, implicações aquém das desejadas, em termos de melhoria de vida da população ou de desenvolvimento do tecido económico nacional. Muito pelo contrário, em vez de melhorias, verifica-se uma usurpação dos recursos da população local, como a terra, a água e os recursos florestais, uma deterioração da qualidade de vida dos camponeses deslocados para áreas de reassentamento, com limitada criação de emprego local e para nacionais, e um aumento da pobreza rural. Em paralelo, Moçambique torna-se cada vez mais dependente desses investimentos e de outros recursos externos para suavizar a taxa de câmbio e permitir que as suas necessidades internas lhe sejam acomodadas: importação de alimentos e outros bens de consumo, bens de capital, combustíveis, entre outros.

A implementação desses projectos em Moçambique acarreta mais custos do que benefícios sociais. Diferentes estudos (Feijó, 2016; Bruna, 2017; Mosca e Selemane, 2011) revelam a deterioração da qualidade de vida e a intensificação de pobreza da população em regiões de implementação de Mega-projectos em Moçambique, o que significa que o desenvolvimento rural é moldado pelos interesses e necessidades dos investidores. Esse «modelo de desenvolvimento» adoptado pelo Governo não passa de uma continuação das relações económicas de natureza imperialista ou sub-imperialista e da exploração desigual e injusta em termos económicos e sociais – o que implica um aprofundamento das relações económicas que posicionam Moçambique como fornecedor de matéria-prima (sem ou com o mínimo de valor agregado) para hubs de industrialização como a China, a Índia, a África do Sul e outros países e como consumidor de bens manufacturados (com alto valor agregado).

E, ao longo desse processo todo, o Governo alinha-se tendencialmente com os interesses do capital externo, assumindo-os como prioridade de uma nação. Ao analisar os beneficiários do processo de implantação desses investimentos, identificam-se elites políticas a todos os níveis, seja pela reserva e venda de terras com grande potencial mineral, seja pela facilitação no processo de negociação dos contratos com multinacionais ou no processo de ocupação de terras. Mais grave ainda, verificam-se ganhos e privilégios para os investidores externos que gozam de reduções e isenções fiscais como uma das manifestações das alianças entre o Estado e o capital externo.

A adopção de políticas económicas neoliberais baseadas em teorias económicas neoinstitucionalistas promovidas pelos principais «financiadores» não tem tido o resultado esperado, que é «atingir a eficiência económica alocando os recursos aos agentes económicos mais eficientes em detrimento dos menos eficientes». Na perspectiva dessas instituições, os menos eficientes ou até ineficientes são os pequenos agricultores e o uso da terra para a agricultura familiar. Usando os instrumentos de análise desta mesma teorias e ideologias, conclui-se que Moçambique é um país com altos níveis de ineficiência económica, um ambiente desfavorável para os negócios e um espaço multi-sectorialmente não competitivo. Tratam-se de políticas falhadas e sem sucesso dentro da própria ideologia que as orienta e, inclusive, justificadas pela corrupção, o alto nível de burocracia e a ineficiência do sector público.

Independentemente da ideologia a ser adoptada, a extracção e exportação de commodities não processadas não corresponde à prioridade de um país como Moçambique. Tendo em conta a fase de desenvolvimento económico do país, o contexto regional e social, e analisando possíveis choques externos, qualquer economista e cientista social que faça uma análise neutra, rigorosa, sem conflito de interesses e sem enviesamento de análise euro-centrista chegaria à conclusão de que a segurança alimentar é sem dúvidas a prioridade do país. Outrossim, a necessidade de industrialização com base da exploração de recursos naturais seria também uma opção para algumas correntes de pensamento.

No entanto, em tempos de crise, seja económica, de calamidades naturais ou sanitárias (como a pandemia), ou a convergência das mesmas, ressente-se o facto de se ter apostado em sectores e políticas de acumulação externa de capital, sem criação significativa e retenção de riqueza internamente e que não atendem a prioridades e necessidades nacionais básicas como a auto-suficiência alimentar; prioridades e necessidades estas que a exploração de carvão mineral, gás natural, rubis e outros minerais (individualmente ou em conjunto) não teve a competência e capacidade económica de satisfazer.

As opções políticas (facilidade de IDE, benefícios fiscais, etc.) que favorecem tais sectores extractivos são as mesmas que debilitam a soberania do Estado e a soberania económica do país. Paradoxalmente, são as mesmas que «guiam» e «ditam» as políticas económicas do país, em detrimento das necessidades domésticas e locais. Quais são as prioridades e urgências deste país? Neste contexto, alguns economistas sugerem a transferência de subsídios dos IDE para o sector da agricultura, incluindo incentivos à agro-indústria e à indústria manufactureira que respondam às necessidades locais de consumo e, ao mesmo tempo, de procura de emprego.

Face a diferentes crises ou choques (queda de preço de commodities ou, até, uma pandemia), o capital estrangeiro retira-se e desinveste, deixando para atrás uma recessão económica localizada (exemplo de Tete) ou nacional, ruptura no funcionamento do tecido económico em diferentes sectores-suporte dos grandes investimentos (excesso de oferta de serviços), instabilidade macroeconómica e um aumento da vulnerabilidade socioeconómica. Devido à crise global do novo coronavírus, as grandes multinacionais do gás não só retiraram os seus colaboradores estrangeiros, como também paralisaram as suas operações e até discutem a possibilidade de reavaliação de projectos – consequentemente, prevê-se uma implosão económica regional ou, até, nacional. Este cenário é típico de economias dependentes de exploração de recursos naturais para exportação, que as torna profundamente vulneráveis a pequenos ou grandes choques externos.

Meio rural e sector da agricultura negligenciados: desigualdade económica e precaridade como resultado de políticas ineficientes e incoerentes

Constitucionalmente posicionado, desde a independência até à constituição de 1975 (1978), como «base do desenvolvimento», este sector é constituído por dois principais subsectores: empresarial e familiar. Apesar disso, os sectores mais dinamizados da economia moçambicana (indústria extractiva e energia) são os que menos empregam: a extracção de minerais, a indústria manufactureira e o sector da energia empregam, em conjunto, 3 % da população total e 2 % da população rural com mais de 15 anos de idade. Mesmo sendo o sector que mais emprega a população, a agricultura apresenta deficiências e debilidades posteriormente discutidas. De acordo com o último censo populacional (INE, 2019) aproximadamente 66 % da população total (urbana e rural, com mais de 15 anos) está empregada no sector da agricultura. Dois terços da população moçambicana vivem em zonas rurais, dos quais aproximadamente 82 % (com mais de 15 anos) estão alocados ao sector da agricultura que constitui a sua fonte de rendimento.

No entanto, do total dos recursos financeiros do Orçamento Geral do Estado (OGE, vários anos), apenas 4,8 % (média de 2005 a 2019) têm sido alocados à agricultura e ao desenvolvimento rural nos últimos anos, apesar dos discursos inflamatórios sobre a importância deste sector pelo governo da Frelimo. Em contrapartida, para o ano de 2018, o somatório das despesas de funcionamento da Presidência da República e da Assembleia da República (aproximadamente dois mil milhões de meticais –50 % dos quais destinados à compra de bens e serviços para estes órgãos) é aproximadamente quatro vezes superior ao somatório dos ministérios que atendem directamente ao sector produtivo que mais contribui para a renda familiar de 66 % da população moçambicana.

A assistência técnica, para além de todas as dificuldades no terreno (meios de transporte, recursos financeiros para a compra de combustível e outras despesas de funcionamento) não dispõe de pessoal suficiente – aproximadamente menos de 1400 técnicos[3] para assistir cerca de quatro milhões de explorações no país (INE, 2010; Nova, Dadá e Mussá, 2019). Mosca (Mosca, 2019) refere que o sector familiar é secundarizado pela ineficácia e/ou incompetência da administração pública ou a incapacidade do próprio, resultando na existente fragilidade da rede de extensão rural e dos serviços de apoio ao produtor pelos volumes de crédito, a falta de garantia de comercialização e a ausência de uma política de preços e mercados.

---

3 https://omrmz.org/omrweb/wp-content/uploads/Observador-Rural-74.pdf

Algumas políticas procuram implementar mecanismos para ligar os camponeses ao mercado internacional sem reflectir sobre as implicações da dependência dos pequenos produtores à volatilidade de preços e às políticas do mercado internacional – que levam a experiências falhadas de comercialização com efeitos desfavoráveis e destrutivos para a economia e a segurança alimentar dos pequenos produtores, como se verificou no caso da promoção do feijão bóer para exportação como destino à Índia (Bruna, 2016).

No entanto, as políticas direccionadas para o sector da agricultura demonstram apoiar ou suportar (acesso à terra, criação de oportunidades e linhas de crédito, benefícios fiscais para importações de maquinaria, entre outros) as médias e grandes empresas (agronegócio) sobretudo centradas na exportação de commodities agrícolas com baixo grau de processamento e maiores ganhos nos níveis a jusante da cadeia de valor – ou seja, nos níveis em que são operacionalizados no exterior, desincentivando a emergência e consolidação da agro-indústria nacional.

Adicionalmente, verificam-se deficiências nas vias de acesso, o que, consequentemente, debilita a capacidade de comercialização e distribuição dos produtos agrícolas. É inconcebível que as principais vias de acesso a distritos, principal determinante do fluxo de mercadorias agrícolas, apenas sejam reabilitadas ou construídas se, no respectivo, distrito estiver a ser implementado um investimento estrangeiro de grande escala. Esses distritos não conseguem comunicar fluidamente com os distritos mais próximos para satisfazer as necessidades básicas do mercado interno – por um lado, temos camponeses com os seus excedentes a apodrecer por falta de transporte e oportunidade de comercialização e, por outro, temos pessoas que passam fome e têm de pagar muito caro para ter acesso a certos produtos alimentares.

Com as vias de acesso totalmente destruídas, esta população dificilmente tem acesso a assistência médica e medicamentosa, a apoios agrícolas e a outros serviços fundamentais, como os bancários. É neste contexto, no meio rural, que vive grande parte da população marginalizada pelos decisores políticos; e é neste meio rural que se verificam as maiores debilidades do sistema económico e dos serviços públicos do país.

Qual, portanto, é o resultado de um meio rural e de um sector da agricultura negligenciados? Apesar do alto potencial agrícola alimentar e não alimentar, não existe soberania alimentar em Moçambique. O país é altamente dependente de importações para fazer face à procura de produtos alimentares do mercado interno – processados e não processados, além de manufacturados. Adicionalmente, em caso de choque externo, a escassez de alimentos e a inflação de preços dos bens alimentares são consequências imediatas. Seguindo o exemplo da pandemia do novo coronavírus, se Moçambique tivesse soberania alimentar, grande parte dos problemas vividos no momento da crise teria sido ultrapassada sem necessidade imediata de ajuda externa. Para um país que importa os mais básicos alimentos – milho, arroz e trigo –, contudo, qualquer choque externo implica sempre um preço alto para a população, principalmente, os segmentos mais pobres.

Não obstante, as prioridades do governo ainda são as infraestruturas e vias de acesso para suporte de polos de desenvolvimento ligados à extracção de recursos para responder à procura urbana e a zonas turísticas como a Ponta d'Ouro – sectores menos criadores de emprego no país e mais vulneráveis a crises internacionais. É para os interesses destes segmentos que o Governo investe algum esforço político. O «patrão», escolhe-se! E quem paga mais, é o escolhido.

O aparelho repressivo: autoritarismo, corrupção e instrumentalização do Estado

O papel do Estado é o elemento crucial para que as opções políticas e directrizes de «desenvolvimento», com ou sem influência do exterior, se materializem, desde a sua formulação até à sua operacionalização. Em Moçambique, realizada por um regime autoritário que se curva ao capital enquanto de forma corrupta explora o dito «patrão», que é o povo, a materialização deste conjunto de políticas pressupõe coerção e imposição.

Em Moçambique, a gestão de choques sociais pela actual governação – como protestos, greves, revoltas, divergências ou qualquer atitude que ameace a manutenção de poder – segue duas principais abordagens. A primeira, de puro autoritarismo, repressão e intimidação a vários níveis, já se fez sentir em diferentes e cada vez mais frequentes ocasiões, como, por exemplo, nos casos de Amade Abubacar, Anastácio Matavele, mais recentemente, Omardine Omar, e muitas outras figuras com ideias ou opiniões divergentes ao regime.

A segunda abordagem aplica-se em casos de revolta popular, em que o poder procura subsidiar imediatamente uma estabilidade social e económica a curto prazo e, ao mesmo tempo, suprimir possíveis revoltas sociais estrondosas e grandes confrontos ao sistema. Um bom exemplo foi o caso da resposta aos protestos contra a subida do preço do pão e dos transportes públicos, que se traduziu em subsídios aos transportadores e aos produtores de trigo – mantendo uma fictícia estabilidade social e económica com o objectivo maior de manter e reproduzir o poder. Em outras ocasiões (como, por exemplo, o caso do ProSAVANA e de organização de manifestações relacionadas com o escândalo da dívida pública), o Governo reage sistematicamente com intolerância, desinformação e autoritarismo radical que assegura por meio de todo um conjunto estratégias do aparelho ideológico do Estado (canais de comunicação, sistema de educação, entre outros) e através da repressão militar.

Tais abordagens são claramente reflectidas no Orçamento Geral do Estado (OGE), em despesas que criam a base de sustentação do poder nas zonas urbanas (subsídios em diferentes sectores da economia: combustível, pão, entre outros) para amenizar a emergência de protestos, enquanto que, nas zonas rurais, ainda se depende de condições climáticas favoráveis para se produzir o que se come: se não chove, não se produz e não se come. Por outro lado, por ordem do montante recebido, o Estado alocou mais verbas ao Ministério do Interior, às Forcas Armadas de Defesa de Moçambique, ao Serviço de Informação e Segurança do Estado, ao Comando Geral da Polícia e à Casa Militar.

No entanto, a ameaça maior é gerida principalmente em tempos de eleições. Nestes momentos, a Frelimo se revela a mais estruturada e capacitada organização do país. As eleições de 2019 constituem o exemplo claro de estratégias bem desenhadas por uma máquina organizacional com grandes poderes organizacionais, eficiente e eficaz em diferentes níveis estruturais (central, provincial, distrital, local) e com a maior abrangência em termos regionais. Resultado: reeleição de um presidente envolvido no maior escândalo de dívida pública do país e domínio total da Assembleia da República! Dotada de habilidades organizacionais e especializada na área de manutenção e reprodução de poderes, à Frelimo apenas falta não competências, mas sim vontade política para aplicar essa mesma estrutura e capacidade organizacional para tirar Moçambique da pobreza.

As injustiças sociais que o regime político perpetua de forma indirecta traduzem-se numa apatia do Estado e/ou desresponsabilização das suas funções perante os confrontos entre o campesinato/os trabalhadores e os privados – como em casos de expropriação de terras pelo capital estrangeiro ou nacional, exploração de mão-de-obra, entre outros. Essa é apenas mais uma estratégia para se alinhar com os interesses dos mais poderosos e garantir alianças que subsidiem a manutenção do poder – que, diga-se de passagem, corresponde ao interesse de muitos investidores externos.

Modelo de desenvolvimento económico: que alternativas?

A combinação de (1) relações económicas injustas e parasitárias resultantes do imperialismo e do colonialismo e com (2) uma governação autoritária, corrupta, repressiva e dominada por elitismo de *rent-seeking* resultou no cenário que se vive hoje em Moçambique: uma economia fragilizada e dependente, que sofre múltiplas e convergentes crises sociais e de uma elevada e aumentada vulnerabilidade social. A combinação destes dois regimes debilitou e eliminou qualquer capacidade de resposta do sistema económico e social a choques externos, desde leves crises económicas a uma pandemia.

Se o imperialismo e o colonialismo instigaram grandes níveis de vulnerabilidade social e económica no país, a governação pós-colonial só exacerbou persistentemente tais vulnerabilidades, de várias maneiras, através da implementação de políticas desajustadas e incoerentes, alimentando um modelo de desenvolvimento centrado nos interesses de actores externos e elites domésticas e suportado por um regime repressivo. É importante reconhecer o quanto um tal governo é feito «refém» e as implicações que isso tem para a soberania do Estado, sem deixar de identificar e apontar os erros, desvios e incompetências intrínsecos ao mesmo e ao seu partido. A fragilidade do sistema socio-económico e a intensificação do nível de desigualdade económica e social resultam dessas debilidades ou dessa falta de vontade política. Mais além, tal governação apostou em políticas que são economicamente desajustadas, socialmente injustas e ambientalmente destrutivas.

Moçambique tem registado situações de crise ou choque a nível regional e não só, com dimensões e implicações variadas, em termos de alimentação, transportes, eventos climáticos extremos como cheias, secas e ciclones, saúde, militarização, entre outras. Estas crises ou choques têm sido «resolvidos» ou «geridas» de forma «pragmática», «imediata» e «incremental», mas a curto prazo e sem ser de forma estrutural. Entretanto, manteve-se o mesmo modelo de desenvolvimento económico e social baseado em grandes influxos de capital estrangeiro direcionado para a super-exploração e a extracção intensiva de recursos naturais (e/ou de mão-de-obra local barata) em resposta aos estímulos dos mercados internacionais. Note-se a relação entre a emergência da insurgência e a ocupação de instalações governamentais no norte do país em nome do Estado Islâmico, em distritos onde existe a implementação de IDE direcionados para a extracção de recursos naturais. Ademais, sublinhe-se a incapacidade e incompetência governamentais de fazer face a tais acontecimentos.

Vive-se um momento ímpar na história da humanidade, em que, por todo o globo, se fazem sentir os impactos da pandemia. Os riscos são para todos, mas nem todos são económica e socialmente afectados de igual forma. Quanto maior a vulnerabilidade socio-económica, histórica ou adquirida, maior os impactos e implicações negativas.

Não será, por isso, tempo de se mudar a abordagem actual de desenvolvimento? Não será tempo de se reflectir sobre novos modelos de desenvolvimento? De se deixar de lado a política assente na gestão de crises e de se adotar uma política que se centre na gestão das vulnerabilidades, olhando para a raiz do problema? Moçambique já passou por crises e calamidades públicas suficientes para saber que o corrente modelo de desenvolvimento não funciona e a actual governação (em particular o partido no poder) não tem competência para governar, tendo já revelado os seus limites.

A tendência para sublinhar a vulnerabilidade das pessoas em tempos de crise ou calamidades pressupõe a eliminação do entendimento de que essa vulnerabilidade resulta da governação e não dos choques que a realçam (exemplo de Idai e do Corona vírus). Estas pessoas sempre viveram «vulneráveis». Se não há chuva no meio rural, não há comida. Em zonas periurbanas, há décadas que as pessoas vivem em condições precárias de higiene e de saúde, sempre expostas a riscos e doenças que jamais foram identificadas. É necessário reconhecer que a vulnerabilidade resulta não só do percurso histórico, mas, sobretudo, de quase meio século de uma Governação deficiente, ideologicamente falhada, autoritária e corrupta.

«A luta continua» de Samora era não mais do que um reconhecimento de que a independência política foi apenas um passo em direcção a um objectivo que ainda se encontrava aquém – a independência económica, a emancipação total de um sistema capitalista e imperialista que acoberta o colonialismo e o perpetua com novas caras e novas estratégias. Neste contexto, Amílcar Cabral defendia sobretudo a libertação e a emancipação dos povos e países africanos para construir as suas economias sem as fazer reféns de um sistema económico e financeiro baseado na exploração de relações económicas e políticas assimétricas e parasitárias. Ainda por conquistar em Moçambique, essa liberdade foi corroída e subvertida pelos mesmos que um dia «lutaram» pela sua independência.

Referências Bibliográficas

Amin, S. (1975) *Capitalismo periférico e comércio internacional*, Lisboa, Iniciativas Editoriais.

Bruna, N. (2016) «Estrangeirização da cadeia de valor do feijão boer em Moçambique», *Destaque Rural*, n.º 16.

Bruna, N. (2017) «Plantações florestais e instrumentalização do Estado em Moçambique», *Observador Rural*, n.º 53.

Chivangue, A., e Cortez, E. (2015) *An analysis of Mozambican political and economic networks*, Lisbon School of Economics and Management, nao publicado, Lisboa.

Feijó, J., «Investimentos, assimetrias e movimentos de protesto na província de Tete», *Observador Rural*, n.º 44.

Frank, A. G. (1974) *Lumpenbourgeoisie, Lumpendevelopment, Dependence, Class and Politics*, Nova Iorque, *Monthly Review.*

INE (2010), Censo Agro-Pecuário CAP 2009-2010: Resultados Definitivos – Moçambique, Maputo, INE.

MEF, Publicações do programa IGM 2016-2019, Maputo, MEF.

Mosca, J. (2005) *Economia de Moçambique: século XX*, Lisboa, Instituto Piaget.

Mosca, J., e T. Selemane, (2011) *El dorado Tete: os mega projectos de mineração,* Maputo, Centro de Integridade Pública,

Mosca, João (2019) «Ideologia e agricultura em Moçambique», in Mosca, J. (eds) *Agronegócio em Moçambique,* Maputo, Escolar Editora.

Nova, Y., Dadá, Y e Mussá, C. (2019) "Agricultura em números análise do orçamento do estado, investimento, crédito e balança comercial", *Observador,* n.º 74.

O'Laughlin, B. (1996) "Through a divided glass: Dualism, class and the agrarian question in Mozambique", *The Journal of Peasant Studies,* v.23, nº4, pp. 1-39.

Salimo, P. (2017) *Perfil de Terras em Mocambique,* Maputo, ASCUT,

Sen, A., (1982) *Poverty and famines: an essay on entitlement and deprivation,* Oxford, Oxford University Press.

Serra, C. (2000) *História de Moçambique, Volume 1,* Maputo, Livraria Universitária.

Wuyts, M (1980) "Economia política do colonialismo português" em *Moçambique, Estudos Moçambicanos,* v.1, p.9-22.

A Segurança Social em Moçambique: «conversa para o boi dormir» ou instrumento de redistribuição viável?

Ruth Castel-Branco

Nas últimas décadas, houve uma ressurgência de interesse na Segurança Social como instrumento redistributivo capaz de reduzir a pobreza e a desigualdade, por um lado, e de promover o crescimento económico inclusivo, por outro. Esse crescente interesse ao nível global deve-se ao reconhecimento de que o desenvolvimento social não resulta inevitavelmente do crescimento económico – aliás, pode ser bem o contrário –, de que as formas de Segurança Social vinculadas ao emprego formal são inadequadas, dada a informalidade generalizada, e de que as transferências monetárias não contributivas são possíveis mesmo em países em vias desenvolvimento como Moçambique (Mkandawire 2011).

Nas duas décadas anteriores à crise da Ematum, Moçambique registou um índice de crescimento de, em média, 7,5 % do PIB; porém, impulsionado por uma indústria extrativa intensiva em capital, esse acréscimo não resultou em melhores condições de vida para a maioria dos moçambicanos. A Crise da Ematum piorou a situação. Segundo simulações da UNU-WIDER, a crise resultou no aumento do índice da pobreza, de 46,1 %, em 2014, para aproximadamente 60 %, em 2016 (Mambo *et al.* 2018). Alarmado pela situação, durante a reunião do Comité Central da Frelimo em maio de 2019, o antigo Ministro da Administração Estatal, Óscar Monteiro, sugeriu a rápida expansão do sistema de Segurança Social em Moçambique, mas o Governo optou por não fazer:

> A gravidade da situação requer medidas urgentes. E eu digo isto não porque sois apenas uma questão eleitoral, mas é uma questão de humanidade [...] Porque é que nós não começamos a distribuir dinheiro, usando a rede existente, ampliando, melhorando [...] Esse dinheiro não se vai perder [...] Esse dinheiro vai aumentar o consumo, vai encorajar a produção, vai financiar a recuperação. (Monteiro, 2019)

A Crise da Covid expôs, mais uma vez, a fragilidade do nosso modelo de desenvolvimento económico e dos mecanismos de redistribuição existentes. Projeções da UNU-WIDER concluíram que apenas 7 % dos moçambicanos tinham as condições necessárias para sobreviver a um lockdown total (Jones, Egger e Santos, 2020). O Governo optou por decretar um lockdown parcial, permitindo que várias instituições públicas e privadas continuassem abertas;

Mario Macilau

no entanto, a questão da expansão da Segurança Social continua oportuna, não só como uma medida de resposta de emergência durante a Crise da Covid, mas também como instrumento redistributivo capaz de promover o desenvolvimento inclusivo.

Este artigo começa por analisar o atual sistema de Segurança Social para, em seguida, debater as medidas de emergência que foram propostas, as sugestões rumo a um sistema de Segurança Social universal e os riscos – principalmente o risco da financeirização da Segurança Social com a terceirização dos sistemas de registo e pagamentos. O artigo conclui como uma discussão do tipo de mobilização que será necessário para garantir a expansão adequada da Segurança Social. Como disse o abolicionista Frederick Douglass, «Sem luta não há progresso [...] O poder não concede nada sem demanda. Nunca concedeu e nunca concederá.» (Douglass, 1848).

O sistema de Segurança Social em Moçambique

Os cidadãos têm direito à Proteção Social, independentemente da cor, raça, sexo, origem étnica, lugar de nascimento, religião, grau de instrução, posição social, estado civil dos pais ou profissão. -Lei da Proteção Social. (RdM, 2007, Art.º 6.º)

Em Moçambique, a Segurança Social é um direito consagrado pela Lei da Proteção Social de 2007 (RdM 2007), que estipula três eixos do sistema. O primeiro é o subsistema da Segurança Social Obrigatória para trabalhadores assalariados na economia formal – e, crescentemente, trabalhadores por conta própria (RdM 2015) –, que proporciona benefícios a curto e longo prazo, incluindo o subsídio de maternidade e de doença, bem como a pensão de velhice e de sobrevivência. O subsistema é financiado pelas contribuições dos trabalhadores e empregadores (ou, no caso, dos trabalhadores independentes, apenas os trabalhadores). No sector privado, é gerido pelo Instituto Nacional de Segurança Social e, no sector público, pelo Instituto Nacional de Previdência Social e o Banco de Moçambique (RdM 2017).

O segundo eixo é o subsistema da Segurança Social Básica que proporciona transferências sociais aos cidadãos incapacitados para o trabalho e pessoas vulneráveis vivendo em situação de pobreza absoluta (RdM 2018), que é financiado, principalmente, pelo orçamento geral do Estado e gerido pelo Instituto Nacional de Ação Social (INAS). Em 2019, o subsistema visava cobrir 609 405 agregados familiares, um número significativamente inferior às metas aprovadas pelo Conselho de Ministros através da Estratégia Nacional de Segurança Social Básica (UNICEF e ILO 2019), que previa cobrir quase um milhão de moçambicanos, até 2019, e 3,5 milhões, até 2024 (RdM 2016). Os beneficiários da Segurança Social Básica – na sua maioria, pessoas idosas do meio rural – recebem entre MT 540 e MT 1 050 por mês, dependendo do tamanho do agregado familiar e do programa em que estão enquadrados (Tabela 1). Apesar de ser um valor exíguo e pago de forma imprevisível, a maioria dos beneficiários realça que «ajuda em

Tabela 1. Os subsídios dos programas do INAS como percentagem da linha simulada da pobreza média mensal individual

Nome do Programa do INAS	Elegibilidade	Tamanho do agregado	Valor do PSSB	% da linha da pobreza média mensal individual (2016)
Programa Subsídio Social Básico	Pessoas permanentemente incapacitadas para o trabalho, vivendo em agregados familiares pobres, sem pessoas em idade ativa	1 pessoa	MT 540	44%
		2 pessoas	MT 640	26%
		3 pessoas	MT 740	20%
		4 pessoas	MT 840	17%
		5 pessoas	MT 1000	16%
Programa Ação Social Produtiva	Pessoas capacitadas para o trabalho, vivendo em agregados familiares pobres	Independente do tamanho	MT 1050	–

Fontes: (UNICEF e ILO, 2019; Mambo et al., 2018)

alguma coisa» (Castel-Branco, 2017a). Apesar de um avanço gradual na cobertura do sistema de Segurança Social, apenas 10 % da população moçambicana tem acesso à Segurança Social Obrigatória ou à Segurança Social Básica. Existem três desafios principais. O primeiro é o elevado índice de informalidade, pois, segundo o último censo, aproximadamente 88 % da população economicamente ativa depende de uma multiplicidade de atividades na economia informal, incluindo o cultivo da machamba, biscates e atividades por conta própria (INE 2019). Logo, essas pessoas nunca tiveram a oportunidade de contribuir para o subsistema da Segurança Social Obrigatória por um período suficientemente longo para poderem usufruir dos benefícios acima aludidos. Dada a divisão do trabalho por género e as relações sócias de género, as mulheres são desproporcionalmente excluídas do subsistema da Segurança Social Obrigatória.

Gráfico 1. A população economicamente ativa, segundo o processo laboral, 2019i

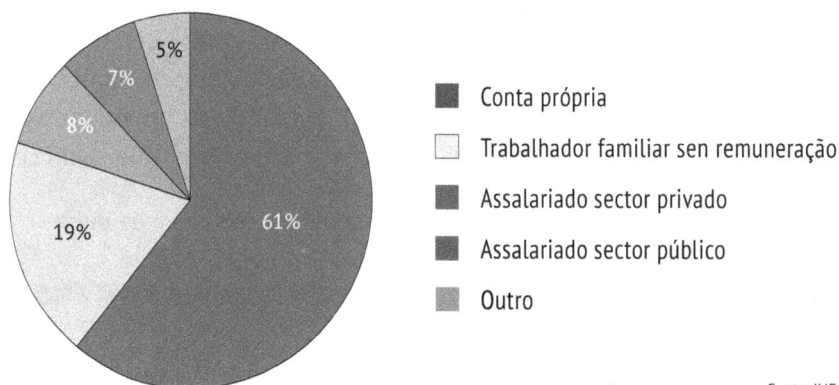

- Conta própria
- Trabalhador familiar sen remuneração
- Assalariado sector privado
- Assalariado sector público
- Outro

Fonte: INE 2019

Em 2015, os trabalhadores por conta própria foram integrados no subsistema da Segurança Social Obrigatória (RdM 2015). Enquanto a contribuição para os trabalhadores por conta de outrem é repartida entre a entidade empregadora e o trabalhador, em 4 % e 3 % respetivamente, os trabalhadores por conta própria são responsáveis pela contribuição total de 7 %. Segundo o decreto, a contribuição é calculada com base no rendimento mensal declarado, que deve ser pelo menos igual ao salário mínimo do sector em que está enquadrado. O problema é que os trabalhadores por conta própria não têm uma entidade patronal, demonstram um elevado nível de mobilidade e auferem rendimentos baixos a um ritmo irregular. Atualmente, o salário mínimo mais baixo é de MT 4 266 para o sector da pesca de kapenta (Wage Indicator, 2020). Considerando que 80 % da população moçambicana tem um consumo mensal per capita inferior ao salário mínimo mais baixo, o grosso dos trabalhadores por «conta própria» simplesmente não tem capacidade contributiva (Gráfico 2).

Gráfico 2. Consumo mensal per capita (em MZN, por quintil, 2014/15)

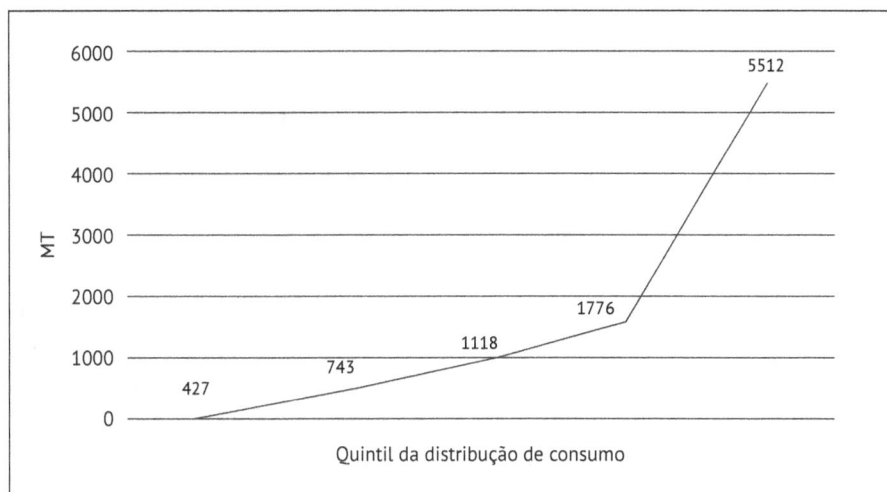

Fonte: INE 2015

O terceiro desafio são as baixas alocações orçamentais para os programas do INAS. De modo a atingir as metas definidas pela Estratégia Nacional de Segurança Social Básica 2016-2024 e garantir a adequação das transferências monetárias, será necessária uma maior priorização da despesa pública com a Segurança Social Básica. A ENSSB 2016-2024 prevê um aumento da despesa pública de 0,5 % do Produto Interno Bruto (PIB) para cerca de 2,23 %, em 2024. Moçambique, porém, continua aquém deste objetivo, e as alocações orçamentais permaneceram a 0,5 % do PIB (UNICEF e ILO, 2019).

Alguns questionam se a discussão sobre a expansão da Segurança Social não é apenas conversa para o boi dormir, mas seria importante reconhecer que, em Moçambique, o que não falta são políticas redistributivas; o que falta, sim, são políticas redistributivas orientadas para a maioria da população. Felizmente, Moçambique tem um sistema de Segurança Social, ainda que incipiente, que pode ser rapidamente alargado. Existe hoje uma maior coordenação entre o Ministério de Trabalho e Segurança Social e o Ministério do Género, Criança e Ação Social, o que permite uma maior articulação entre os dois subsistemas. Além disso, esses dois subsistemas já estão informatizados, o que facilita a harmonização da informação e focalização administrativas, de modo a garantir uma cobertura universal segundo a Lei da Proteção Social

(Castel-Branco e Vicente, 2019). A próxima secção analisa as propostas para a expansão da Segurança Social a curto prazo.

Propostas para o alargamento da Segurança Social a curto prazo

A Crise da Covid salientou a importância de criar sistemas robustos de Segurança Social, que possam garantir segurança de rendimentos para os trabalhadores formais e informais durante momentos de crise. No contexto do Estado de Emergência, foram discutidas e custeadas várias opções que permitissem canalizar fundos rapidamente para as famílias pobres e vulneráveis, a curto prazo (Castel-Branco, 2020a). A primeira opção foi o pagamento de um subsídio de desemprego de Estado de Emergência pelo Instituto Nacional de Segurança Social (INSS) aos seus segurados, independentemente do historial contributivo de cada um – são quase 40 000 trabalhadores informais no meio urbano e peri urbano, na sua maioria, trabalhadores domésticos e vendedores nos mercados. A segunda opção foi a expansão da cobertura dos programas do INAS através da integração dos candidatos na lista de espera, a par da qual se propôs um aumento do valor da transferência monetária para MT 1000 por pessoa, o correspondente a três quartos da linha de pobreza média individual.

A ajuda externa é uma possível fonte de financiamento; porém, vem com condicionalismos, um dos quais, a terceirização do processo de pagamentos de ação social (Banco Mundial, 2013). Atualmente, os funcionários das delegações do INAS são responsáveis por efetuar os pagamentos dos subsídios– função que foram aperfeiçoando ao longo das últimas décadas, mas que continua longe de ser perfeita. Os funcionários passam 15 dias por mês a viajar, percorrendo vias frequentemente inacessíveis por entre três e sete distritos, para chegar aos beneficiários. É um trabalho árduo e, por vezes, até, perigoso, que, com a Crise da Ematum, se tornou um verdadeiro desafio, pois não há fundos para o combustível, a manutenção dos carros, as ajudas de custo e, inclusive, para pagar os próprios subsídios (Castel-Branco, 2016).

Para economizar, os funcionários do INAS têm vindo a acumular dois ou três meses de pagamentos. Às vezes, o INAS aparece sem informar os beneficiários com antecedência, criando as condições para o desvio de findos. Outras vezes, o INAS avisa com antecedência, mas não aparece, deixando os beneficiários à espera todo o dia (Castel-Branco, 2017a). De modo a melhorar a previsibilidade dos pagamentos, a Estratégia Nacional de Segurança Social Básica propõe a sua terceirização – ou seja, a contratação de terceiros privados para assumir essa função (RdM, 2016). Esta proposta foi promovida pelos doadores, apoiada pelas organizações da sociedade civil – frustradas com a ineficiência do processo de pagamentos do Estado – e, finalmente, aceite por um Estado em crise, refém dos condicionalismos da ajuda externa.

Houve várias tentativas de terceirização falhadas, pois os terceiros consideravam-na pouco lucrativa. O país é vasto, as distâncias longas e as vias de acesso pouco travessáveis, particularmente, durante a época chuvosa. Nem todos os beneficiários têm telefones celulares, nem todas as povoações têm Internet, energia ou rede bancária, e nem todos os agentes de serviços móveis têm a capacidade de efetuar os pagamentos mensalmente, o que constrange o uso de tecnologias móveis. Apesar de tudo, sob pressão dos doadores, o INAS improvisou uma solução, fragmentando o país em seis regiões e contractando a M. Mola e a MozSecurity para pilotar a terceirização nos municípios de Nampula e Chokwe. Em Dezembro de 2018, foi assinado um contracto de quase 6,5 milhões de dólares com a M Mola – mais do que seis vezes o valor inicialmente orçamentado. Entretanto, o INAS continua a fazer os pagamentos no resto do país, diminuindo a possibilidade de economias de escala.

Em princípio, a terceirização deveria tornar o processo de pagamentos mais eficiente, eficaz e transparente, mas os indícios iniciais sugerem que só o tornará mais caro e complexo – como demonstra o fiasco da Semlex (Mabunda, 2015). As experiências com a terceirização dos pagamentos da Segurança Social na África Austral são ainda mais alarmantes. Na África do Sul, por exemplo, a terceirização resultou numa crise tão profunda que o tribunal constitucional teve de intervir. Em 2012, o Estado sul-africano assinou um contracto com a Cash Paymaster Services (CPS), uma subsidiária da empresa Net 1, que vende um leque de serviços financeiros predatórios a utentes de baixo rendimento em nome da «inclusão financeira». Através desse contracto, a Net 1 teve acesso aos dados confidenciais dos beneficiários, que partilhou ilegalmente com os seus subsidiários. Estes, por sua vez, cobraram juros de, em média, 34,1 %, mergulhando os beneficiários num círculo vicioso de dívida. Além disso, uma vez que tinha acesso às suas contas bancárias, a CPS efetuou 2,3 milhões de descontos não-autorizados, transformando os subsídios em colateral para a aquisição de dívida. Graças ao ativismo da organização Black Sash, o tribunal constitucional nulificou o contracto com a CPS; porém, desfez a infraestrutura de pagamentos e o Estado teve de renová-lo repetitivamente até conseguir nacionalizar os serviços de pagamentos através dos correios (Torkelson, 2017; Breckenridge, 2019; Torkelson, 2020).

Com a Crise da Covid, houve uma ressurgência de interesse em sistemas administrativos capazes de transmitir transferências monetárias diretamente dos cofres dos doadores para os bolsos das pessoas mais vulneráveis. Estes debates denotam uma tendência para assumir que é possível contornar o Estado através dos provedores de serviços privados e tecnologias móveis – uma tendência que reflete um compromisso ideológico com a neoliberalização do Estado e a terceirização de funções públicas a entidades privadas, com lucros garantidos pelo Orçamento Geral do Estado. Não obstante, o aceso às infraestruturas e aos serviços básicos é altamente diferenciado. Segundo o último recenseamento, apenas um quarto da população moçambicana tem telefones celulares, 10 % tem acesso a serviços financeiros móveis e 10 % tem acesso a contas bancárias (INE, 2018) – com uma proporção superior nos centros urbanos e nos quintis superiores da distribuição de consumo. Uma estratégia de expansão que depende apenas de tecnologias móveis dificilmente poderá alcançar a população nos quintis inferiores e nas áreas rurais.

A terceirização não é a única opção para melhorar a previsibilidade dos pagamentos. Outra via seria investir no sistema de pagamentos do INAS. Na última década, registou-se um decréscimo na proporção de fundos dedicados a funções administrativas do INAS, o que, claramente, tem implicações na sua capacidade institucional (Gráfico 3). Em vez de seguir a via da terceirização, que usurpa a lógica redistributiva da Segurança Social, mercantilizando as relações de cidadania, endividando os beneficiários e empobrecendo as comunidades, os escassos recursos do Estado poderiam ser canalizados para as instituições do Estado. Para que isso aconteça, todavia, o Estado moçambicano tem de estar disposto a enfrentar o Banco Mundial, que, apesar de ser um financiador marginal do sector da Segurança Social, tem uma influência desproporcional no desenho dos seus programas (Buur e Salimo, 2018). Curiosamente, o Banco Mundial é também investidor em empresas de serviços financeiros, incluindo a Net 1 (Torkelson, 2017).

O alargamento da Segurança Social a médio prazo:
a Segurança Social para a pessoa idosa

A Crise da Covid salientou a importância de um sistema de Segurança Social robusto, mas este não deve ser limitado apenas a medidas de emergência. A crise de reprodução social em Moçambique é profunda e enraizada na trajetória de desenvolvimento do país. Antes da crise, existiam já várias propostas para alargar e melhorar o sistema de Segurança Social. A primeira consiste em atribuir uma pensão universal às pessoas idosas. Segundo os dados da Helpage, Moçambique ocupa o terceiro lugar na lista dos piores países para

Gráfico 3. Despesas do INAS com o pessoal vs. bens e serviços

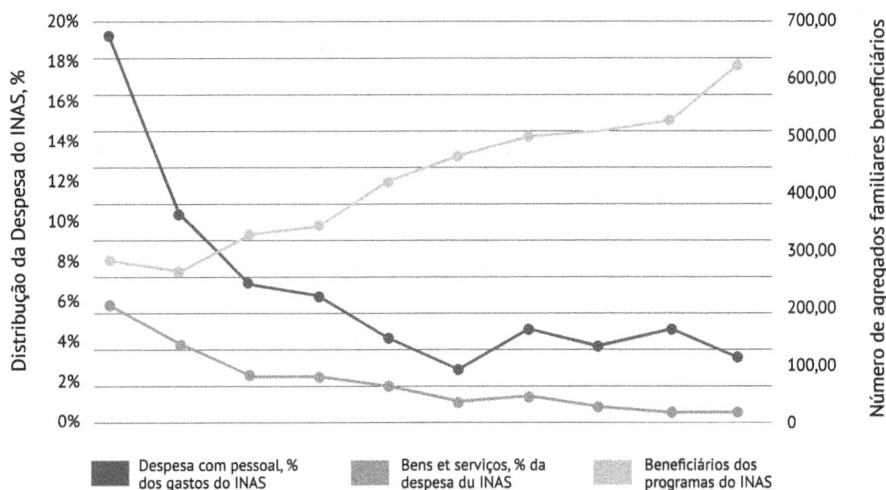

Fonte: UNICEF *et al.*, 2019

se envelhecer (Helpage, 2017). As leis de proteção da pessoa idosa definem a família como a base da sociedade, mas a rede alargada de apoio familiar encontra-se hoje em pleno processo de fragmentação. Neste contexto, o Estado tem uma responsabilidade cada vez maior perante as nossas chamadas «bibliotecas».

Existem actualmente 1,25 milhões de pessoas com idade igual ou superior a 60 anos, o que perfaz 4,5 % da população (INE, 2019). Metade das pessoas idosas não tem acesso a uma pensão por velhice, quer através da Segurança Social Obrigatória, quer através da Segurança Social Básica (Castel-Branco e Vicente, 2019). A maioria nunca teve a oportunidade de contribuir para o Instituto Nacional de Previdência Social (INPS) ou o Instituto Nacional de Segurança Social (INSS), por um período suficientemente longo de modo a poderem usufruir de uma pensão por velhice. A Estratégia Nacional de Segurança Social Básica visa expandir a cobertura do subsistema não-contributivo a mais de um milhão de pessoas idosas, até 2024, através do Programa Subsídio Social Básico (PSSB) (RdM, 2016). Serão elegíveis homens e mulheres acima dos 60 anos, que vivam em agregados familiares sem capacidade para trabalhar, num local onde o programa esteja a ser implementado há pelo menos seis meses e que tenham sido identificados pela comunidade e verificados pelos técnicos do INAS como sendo «pobres» (RdM, 2018, 2).

Embora representem avanços significativos, estas medidas, mesmo implementadas, não garantem uma cobertura universal, e 15 % das pessoas idosas continuarão sem ter acesso a qualquer segurança de rendimento. Uma opção rumo à cobertura universal para a pessoa idosa é uma focalização administrativa, através da harmonização dos sistemas de gestão de informação do INAS, INPS, INSS e o Fundo de Pensões do Banco de Moçambique (Castel-Branco e Vicente, 2019). Uma abordagem administrativa diminuiria o custo de identificação e seleção dos beneficiários, reduziria os erros de exclusão e inclusão e garantiria o direito a beneficiar da Segurança Social na terceira idade. Quem não recebesse uma pensão contributiva através do INSS ou INPS, receberia automaticamente uma pensão não contributiva através do INAS. Dada a fraca diferenciação de consumo nos primeiros três quintis da população, a natureza dinâmica da pobreza e a incapacidade de verificar o nível de rendimento do agregado familiar num contexto de informalidade, uma focalização com base em parâmetros socioeconómicos tem um elevado risco de erros de inclusão e exclusão, enquanto uma focalização administrativa não. Evidentemente, a curto prazo, ser?? necessário aumentar as alocações orçamentais. Assumindo um aumento em simultâneo do valor da transferência monetária, segundo o índice médio de inflação anual, serão necessários aproximadamente 24 milhões e dólares acima do valor anual projetado e aprovado pela ENSSB 2016-2024, até 2024. A médio prazo, o reforço da obrigatoriedade para trabalhadores por conta de outrem poder?? aumentar significativamente o nível de cobertura através do subsistema da Segurança Social Obrigatória (Castel-Branco e Vicente, 2019).

O Estado como empregador de último recuso para as pessoas em idade ativa

A Crise da Covid também salientou a importância de um sistema de Segurança Social para pessoas em idade ativa e sem capacidade para se inscreverem no INSS. O Programa de Ação Social Produtiva (PASP) é o único programa do INAS para pessoas em ativa com capacidade para o trabalho. Em troca de trabalharem quatro horas por dia, quatro dias por semana e quatro a seis meses por ano, os «beneficiários» do PASP recebem um «subsídio» mensal de 1 050 meticais. O raciocínio subjacente a este subsídio ultrabaixo é que evita erros de inclusão (só se candidatam pessoas desesperadamente pobres) e reduz o risco de «distorções» no mercado de trabalho (melhores condições de trabalho para os trabalhadores agrícolas ocasionais). Embora esta lógica neoliberal tenha sido amplamente contestada, inclusive pela própria Estratégia Nacional de Segurança Social Básica, considerações pragmáticas têm prevenido as tentativas de melhorar as condições para os milhares de trabalhadores do PASP.

As avaliações ao PASP têm sido largamente negativas (McCord *et al.*, 2016). O PASP tem elevados custos de transação devido aos insumos necessários – 30 % do orçamento do PASP vai para materiais e supervisão – e, portanto, uma baixa cobertura e um impacto limitado. O programa depende de ajuda externa, nomeadamente, um empréstimo de 50 milhões de dólares americanos do Banco Mundial, podendo tornar-se refém dos condicionalismos ideológicos das agências de desenvolvimento, como a terceirização dos sistemas de pagamento. Além disso, as transferências monetárias condicionais, como o PASP, aumentam o fardo de trabalho, particularmente para as mulheres que já têm de gerir responsabilidades produtivas e reprodutivas – e, uma vez que é realizado com pouco apoio institucional, as infraestruturas do PASP são geralmente de má qualidade. Dadas as limitações, porque não transformar o PASP numa transferência incondicional? Porque se há de forçar as pessoas a trabalhar em obras públicas, em condições deploráveis? Porque não subsidiar atividades que os beneficiários já estejam a realizar, como cultivar as suas próprias machambas?

Os decisores políticos nacionais defendem que uma transferência monetária incondicional promoverá a preguiça e a dependência num contexto já por si marcado pela ausência de uma cultura de trabalho. Esse refrão discursivo – que caracteriza os pobres como desprovidos de amor-próprio, motivação e inovação, por um lado, e os ricos como trabalhadores incansáveis, a transbordar de iniciativa, por outro, – serve para individualizar a pobreza e a riqueza sem levantar a questão do processo de acumulação e desviando a atenção das falhas redistributivas do Estado (Chichava, 2009; O'Laughlin, 2016). Sabe-se que a individualização da pobreza é o teor fundamental do liberalismo económico, que hoje sustenta o neoliberalismo com o fito de isentar o Estado das suas responsabilidades sociais e permitir que invista pouco em áreas sociais como a proteção dos mais vulneráveis.

A nível local, poucos funcionários do governo se atreverão a sugerir que os camponeses que se levantam ao raiar do dia para trabalhar as suas terras com uma enxada curta, sob um sol escaldante, são preguiçosos ou não têm uma cultura de trabalho. E, certamente, o valor do «subsídio» do PASP é tão insignificante e irregular que ninguém poderá vir a depender dele. Apesar disso, eles também se opõem a uma transferência incondicional, porque, apesar das suas limitações, o PASP presta serviços valiosos. Os orçamentos para a manutenção das estradas terciárias são praticamente inexistentes, e os líderes locais esforçam-se por mobilizar as comunidades para trabalhar gratuitamente, como na era colonial. O PASP garante, assim, que as estradas continuem transitáveis e os espaços públicos limpos. Os membros da comunidade respeitam o PASP por razões semelhantes (Castel-Branco, 2017b).

É interessante notar que os trabalhadores do PASP são, na sua maioria, avessos a um PASP incondicional. Enquanto alguns sugerem que «seria normal», muitos outros receiam as consequências sociais da transferência incondicional de fundos. «Mesmo a machamba, não podes ir lá, colher qualquer coisa sem primeiro lavrar, plantar, mondar»; "«Vão-te apanhar e entregar à polícia»; «Muitas pessoas morrem por causa de magia. Toda a gente, aqui, é pobre. É difícil dizer que mereces ou não mereces isto. Mas, pelo menos, através das obras públicas, toda a gente beneficia direta ou indiretamente». Se fosse simultaneamente incondicional e universal, porém, a maior parte dos participantes do PASP seria a favor da ideia, pois isso reduziria o fardo do trabalho e permitiria que os trabalhadores se centrassem nas suas próprias actividades, eliminando, ao mesmo tempo, uma importante fonte de tensão social (Castel-Branco, 2017b).

Conclusão

Como uma lupa, a pandemia da Covid expôs a fragilidade do capitalismo global e a violência sistémica que este produz. A OIT estima que mais de 80 % dos trabalhadores a nível mundial estão sob confinamento total ou parcial (ILO, 2020). O desemprego está a aumentar rapidamente, os ainda empregados estão a trabalhar em condições cada vez mais precárias, e a maioria os trabalhadores na economia informal foram, na generalidade, deixados por sua rópria conta e risco. Em África, menos de um quinto da população tem acesso à Segurança Social – em alguns países, ainda menos (ILO, 2017). A renda básica universal tem atraído cada vez mais atenção como forma de expandir rapidamente a Segurança Social. Até o Papa Francisco – o líder de uma Igreja cujos ensinamentos sobre a dignidade do trabalho e a maldade da preguiça são manipulados pelas elites, desde tempos imemoriais, para se desviarem das demandas redistributivas – a apoia neste momento (Papa Francisco, 2020).

A renda básica universal é uma transferência de renda incondicional financiada com fundos públicos, paga regularmente a todos, independentemente do seu rendimento ou emprego. As propostas progressistas estabelecem o valor da transferência em 125 % do limiar da pobreza individual. Tais propostas concebem esse valor como incremento e não como substituto das formas existentes de provisão de Segurança Social, que reconhecem fazer parte de um conjunto mais amplo de políticas destinadas a aumentar o salário social e a melhorar as condições de trabalho. Por outro lado, os defensores conservadores têm aproveitado a renda básica universal para impulsionar uma política de austeridade. O valor da transferência tende a ser insuficiente para atender às necessidades reprodutivas dos indivíduos, de modo a garantir mão-de-obra barata, e é frequentemente acompanhado por propostas de mercantilização dos serviços públicos e flexibilização do mercado de trabalho. Como qualquer política, os pormenores são o mais importante, pois é neles que reside a áurea de um objeto de arte (Castel-Branco, 2020b).

Nas últimas duas décadas, assistiu-se a uma expansão gradual da cobertura dos sistemas de Segurança Social no continente africano, incluindo em Moçambique; no entanto, estes continuam fragmentados, com as transferências monetárias de valor insignificante limitadas aos mais pobres dos pobres e geralmente condicionadas a alguma forma coerciva de modificação do comportamento. Uma renda básica universal progressiva poderá reverter essa tendência e fortalecer a provisão da Segurança Social (Marais 2020). Para os países de baixa renda como Moçambique, a introdução de uma renda básica universal poderia vir a fazer parte de uma estratégia global de redistribuição, mas, para isso, seria necessária uma mobilização de forças sociais ao nível internacional. Entretanto, Moçambique já tem algumas opções políticas que poderia seguir ao nível nacional, incluindo uma pensão universal para a pessoa idosa e o melhoramento das condições de trabalho no PASP.

Referências Bibliográficas

Breckenridge, Keith (2019) «The Global Ambitions of the Biometric Anti-Bank: Net1, Lockin and the Technologies of African Financialisation», *International Review of Applied Economics*, v.33 , n°1, p. 93–118.

Buur, Lars, e Salimo, P. (2018) «The Political Economy of Social Protection in Mozambique», Roskilde University, nao publicado, Roskilde.

Castel-Branco, Ruth (2017) «A Caminho de Um Sistema Compreensivo de Proteção Social Em Moçambique: Avanços, Desafios e Inovações», Organização Internacional do Trabalho (OIT), Maputo.

––– (2017) «Documento Técnico Do Programa Subsídio Social Básico-Velhice: DRAFT», ILO, s.l.

–––, 2017) «Social Welfare, Unemployment and Public Works in Rural Southern Mozambique», in *Work, Institutions and Sustainable Livelihood: Issues and Challenges of Transformation*, Singapura, Palgrave Macmillan.

–––, 2020, "O trabalho e a proteção social num Estadi num contexto do estado de emergência em Moçambique", Maputo, IESE.

––– (2020) "The Case for a Global Universal Basic Income?», South Africa, FES.

Castel-Branco, Ruth, e Vicente, Rúben (2019) «Resumo de Política: Rumo a Uma Segurança Social Universal Para a Pessoa Idosa Em Moçambique», ILO.

Chichava, Sérgio (2009) «Armando Guebuza e a Pobreza Em Moçambique», Maputo, *IDeIAS* 12, Instituto de Estudos Sociais e Económicos (IESE).

Frederick Douglass (1848) «O Poder Não Concede Nada Sem Demanda. Nunca Concedeu e Nunca Concederá», s/l.

Helpage (2017) «Cash Transfers and Older People's Access to Healthcare: A Multi-Country Study in Ethiopia, Mozambique, Tanzania and Zimbabwe», s/l, Helpage.

ILO (2017) «World Social Protection Report 2017-2019: Universal Social Protection to Achieve the Sustainable Development Goals», International Labour Organization, ILO, Genebra.

---, (2020) «ILO Monitor: COVID-19 and the World of Work. Third Edition Updated Estimates and Analysis. 29 April», Organização Internacional do Trabalho.

INE (2015) «Relatório Final Do Inquérito Ao Orçamento Familiar- IOF 2014/15», Maputo, Instituto Nacional de Estatística.

--- (2018) «Recenseamento Geral Da População 2017: Resultados Preliminares», Maputo, Instituto Nacional de Estatística.

--- (2019) «IV Recenseamento Geral Da População e Habitação 2017: Resultados Definitivos Moçambique», Maputo, Instituto Nacional de Estatística.

Jones, Sam, Eva-Marie, Egger e Santos, Ricardo (2020) «Is Mozambique Prepared for a Lockdown during the COVID-19 Pandemic?», s.l.

Mabunda, Lázaro (2015) "BIs Como Um Exemplo de Como Não Fazer Uma Parceria Público-Privada", não publicado, CIP, Maputo.

Mambo, Félix, Paris, Yonesse, Salvucci, Vicenzo, e Santos, RIcardo Santos, «Simulating the Effect on Households' Real Consumption and Poverty of the Increase in Prices That Followed the 2015–16 Economic Crisis in Mozambique», WIDER Working Paper 2018/61, s.l. 2018

Marais, Hein (2020) «The Crisis of Waged Work and the Option of a Universal Basic Income Grant for South Africa», *Globalizations,* v.17, n°2, p. 352–79.

McCord, Anna, Rodolfo Beazley, Solorzano, Ana e Artur, Luís (2016) «ICF Social Protection and Climate Change in Mozambique with a Focus on the Role of the PASP: Feasibility and Design Consultancy Final Report», Oxford, Oxford Policy Management.

Mkandawire, Thandika (2011) «Welfare Regimes and Economic Development: Bridging the Conceptual Gap», in Valpy FitzGerald, Judith Heyer e Rosemary Thorp (eds.), *Overcoming the Persistence of Inequality and Poverty,* Londres, p. 149–71, Palgrave Macmillan, p. 149–71.

O'Laughlin, Bridget, (2016) «Produtividade Agrícola, Planeamento e Cultura de Trabalho em Moçambique», in Brito, Luís de Castel-Branco, Carlos Nuno, Chichava, Sérgio, Forquilha, Salvador Forquilha, Francisco, António Desafios para Moçambique 2016, Maputo, Instituto de Estudos Sociais e Económicos.

Monteiro, Óscar, (2019) «Discurso do Ministro de Administração Estatal, Óscar Monteiro durante a reunião do Comité Central da Frelimo», não publicado, Maputo.

Vatican News (2020) «Pope Calls for Consideration of "Universal Basic Wage" for Unprotected Workers», 13 fevereiro.

RdM (2007) *Lei Da Proteção Social,* Moçambique, República de Moçambique.

--- (2015) «Decreto 14/2015 de 16 de Julho, concernente a Taxa de Contribuição dos Trabalhadores por Conta Própria», Boletim da República, República Popular de Moçambique.

––– (2016)«Estratégia Nacional de Segurança Social Básica 2016-2024: Aprovada na 5.ª Sessão Ordinária do Conselho de Ministros», s.l. 2016.

–––(2017) «Decreto n.o 51/2017: Regulamento da Segurança Social Obrigatória», Boletim da República, República de Moçambique 2017

––– (2018)«Decreto N.º 47/2018 sobre a Revisão dos Programas de Segurança Social Básica, Criados pelo Decreto N.º 52/2011, de 12 de Outubro, Nos Termos do Artigo 56.º da Lei No 4/2007, de 7 de Fevereiro», Boletim da República, República de Moçambique 2018

Torkelson, Erin, «The World Bank's Role in SA's Social Grant Payment System», s.l. 2017

–––, (2020) «Collateral Damages: Cash Transfer and Debt Transfer in South Africa.» *World sDevelopment*, nº126.

UNICEF e ILO (2019) «Social Action Budget Brief: Mozambique 2019», s/l. Fact sheet.

Wage Indicator, «Salário mínimo – Moçambique», Meusalario.org/Mocambique, 2020, (https://meusalario.org/mocambique/salario/salario-minimo)

World Bank, «Project Appraisal Document on a Propose Credit in the Amount of SDR 32.5 Million (US$50 Million Equivalent) to the Republic of Mozambique for a Social Protection Project», World Bank Group, *s.l. s.d.*

CAPITULO TRÊS

Promessas e Desigualdades em Moçambique: o fardo que as mulheres carregam

Teresa Cunha

Apesar dos notáveis avanços alcançados pelas mulheres em Moçambique, como, por exemplo, a sua representação política ao mais alto nível (41,2 % de mulheres parlamentares[1]), os estudos demonstram que as desigualdades entre mulheres e homens, a violência contra as mulheres e as meninas, os casamentos prematuros e todas as tragédias daí derivadas, permanecem uma realidade transversal que é preciso enfrentar.

Sabe-se que tem havido uma transferência maciça dos benefícios gerados pelas actividades extractivas para as corporações internacionais, gerando a subida da desigualdade, a emergência de conflitos violentos, a erosão da democracia, a deslocação forçada de muitas pessoas, o desrespeito sistemático das condições de vida materiais e espirituais das populações e a espoliação dos territórios. Esta realidade tem impactos mais trágicos na vida das mulheres e raparigas do que nas dos homens. A análise seguinte procura analisar dados que confirmem esta hipótese.

A análise dos dados do UNDP Moçambique (2019) revela que a pobreza continua a ser uma realidade transversal e que os indicadores de bem-estar no país estão abaixo da média da região da SADC, apesar dos grandes investimentos feitos na mineração, nas duas últimas décadas. Neste país riquíssimo em culturas, línguas, história, recursos minerais e energéticos, fauna, flora, memórias e conhecimentos, a larga maioria das pessoas é pobre e demasiadas são miseráveis. Apesar de toda a vitalidade social da economia popular – que, em grande medida, pode ser considerada o último recurso para a sobrevivência diária –, com base em pequenas produções e negócios informais em que as associações de mulheres são a maioria, vivem-se tempos cada vez mais difíceis, e tanto as famílias como as comunidades territoriais se debatem para subsistir num ambiente político em que a privatização dos recursos públicos destrói o futuro para a maioria das pessoas do país. Apesar do regime ser, formalmente, democrático, o medo subsiste e as diferenças de opinião e de estilo de vida são marcas de sofrimento e discriminação que continuam a assombrar os dias e a cidadania no país. Segundo Nuno Castel-Branco (2010: 29)

---

1 Ver aqui: https://www.dw.com/pt-002/mulheres-ao-poder-nos-palop/a-52677550. Acedido em 1 de Julho de 2020.

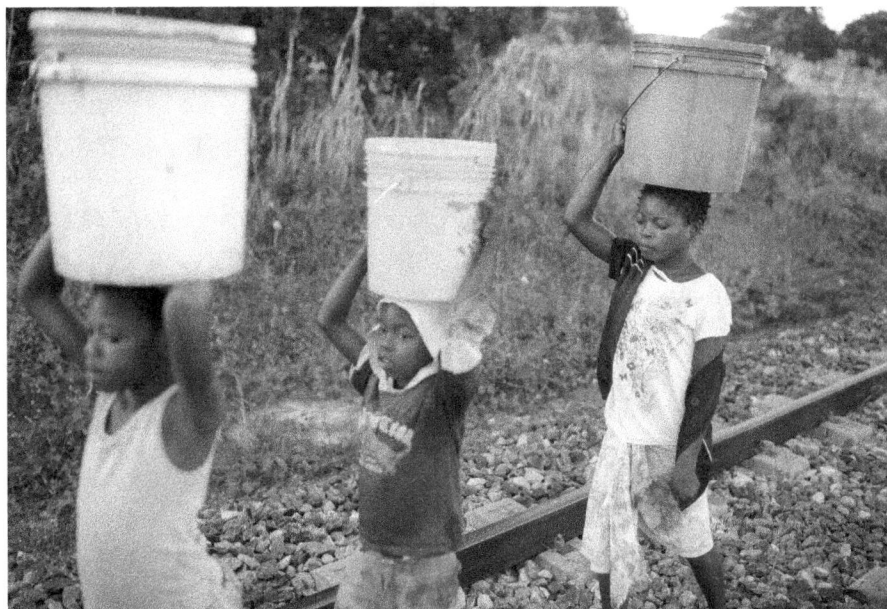

Mario Macilau

O modo de acumulação em Moçambique é dominantemente extractivo, e esta característica foi adquirida historicamente, foi desenvolvida em torno de interesses específicos do capitalismo internacional e contribuiu, ao longo do tempo, para gerar e consolidar uma aliança entre o capital nacional e o capital internacional.

A presença de corporações que lideram projectos de extracção em Moçambique mostra bem a atracção que os recursos do país exercem sobre o capital transnacional. A análise de Bidaurratzaga e Colom sobre os mega-projectos[2] em Moçambique (2019) permite identificar algumas das características da realidade sócio-económica do país. Os autores argumentam que uma economia baseada em mega-projectos extractivistas e de exploração intensiva limita, severamente, a existência e o desenvolvimento de outras cadeias produtivas com base em economias de maior proximidade e de média e pequena dimensão criadoras de emprego e rendimento. Assim, a diversidade económica e as redes produtivas endógenas são drasticamente penalizadas, senão destruídas.

Por outro lado, o capital financeiro-extractivista realiza actividades muito intensas em termos de capital, mas não tem capacidade de criação de

---

2 Os autores referem-se aos seguintes mega-projectos desenvolvidos em Moçambique e que estão intimamente relacionados com a economia extractiva: exploração do carvão na província de Tete; exploração do gás natural em Inhambane e Cabo Delgado; exploração dos hidrocarbonetos na bacia do Rovuma em Cabo Delgado; e produção de alumínio da fábrica Mozal, em Maputo.

emprego para a maioria da população que habita as zonas onde os seus projectos se inserem. Uma das razões principais é porque esses negócios requerem mão-de-obra especializada que, na maioria das vezes, não é possível satisfazer a nível local e a curto prazo. Nesse aspecto, são as mulheres as mais penalizadas, pois são quem menos qualificações apresenta para o desempenho das funções que estão disponíveis. Com base nos dados publicados p elo UNCTAD (2012), estima-se que os mega-projectos desenvolvidos em Moçambique entre 1992 e 2010 tenham representado apenas 5 % do emprego total disponível, apesar de terem acumulado 70 % do capital gerado.

Outras das consequências apontadas é o sobre-endividamento do país, já que este tipo de modelo de desenvolvimento económico obriga à requalificação ou à construção permanente de infra-estruturas (estradas, caminhos de ferro, portos, aeroportos) que estão ao serviço dessas mesmas empresas e da sua produção, mas que pouco beneficiam os territórios e as suas populações ou a participação estatal nos negócios. Segundo o Banco Mundial (Banco Mundial, 2017), o serviço da dívida de Moçambique aumentou de 0,34 % do PIB, em 2007, para 4,54 %, em 2016, e a dívida bruta cresceu de 37,5 % do PIB, em 2011, para 120 %, cinco anos depois. Bidaurratzaga e Colom (2019) e Mosca e Selemane (2012) apontam ainda que esta situação se agrava com a falta de transparência na prestação de contas sobre estes gastos governamentais.

Outro risco causado pela injecção maciça de divisas estrangeiras na economia tem como efeito aquilo a que economistas chamam de «doença holandesa» e que se refere à valorização excessiva ou desregulada da moeda nacional em detrimento da competitividade das empresas nacionais, que têm uma produção orientada para a exportação (Bidaurratzaga; Colom, 2019). A «doença holandesa» é mais um dos factores que contribuem para a destruição e/ou o enfraquecimento do tecido produtivo nacional.

Por outro lado, os incentivos fiscais atribuídos a estas empresas e corporações transnacionais a operarem no país demonstram que muitos dos benefícios esperados, ou seja, os investimentos directos na economia e na sociedade moçambicanas, não estão a acontecer ou são marginais. Antes pelo contrário; o que se tem verificado é uma desarticulação entre a presença maciça de capital estrangeiro e os recursos financeiros do Estado para políticas públicas com impacto positivo na vida das pessoas e dos seus territórios (Cruz e Silva, Mendes de Araújo, Neves de Souto, 2015: 195). Nesse sentido, é possível compreender como é que a riqueza produzida no país, e que deveria constituir a base para aumentar uma justa redistribuição entre todas as/todos os moçambicanas/os, se esvai, deixando o país e as pessoas à mercê do seu progressivo empobrecimento e dos conflitos que são gerados e alimentados por todo o tipo de escassez e dos sentimentos de abandono e de injustiça.

O economista moçambicano Carlos Nuno Castel-Branco há uma década que demonstrava que, no período entre 2003 e 2008, o PIB do país cresceu cerca de 55 %, mas «a percentagem da população vivendo abaixo da linha de pobreza diminuiu apenas 7 % ou menos, tendo aumentado nas zonas urbanas e em algumas zonas rurais» (Castel-Branco, 2010: 21). Moçambique vive, pois, uma realidade socio-económica muito complexa. O país tem estado a crescer na casa dos 7 % por ano, mais do dobro da média na África sub-Sahariana (Castel-Branco; Massingue; Muianga, 2015). Ainda que o crescimento económico tenha desacelerado a partir de 2014 e 2016 devido à conjuntura da queda dos preços das *commodities* e também pelo escândalo da dívida ilegal[3], (Langa; Nkonjera, 2018: 238) ele ainda é considerado notável e acima do dos países de alto rendimento.

Apesar de o crescimento económico ter alcançado 7,2 % na primeira metade de 2014, segundo os dados do Banco Mundial (Banco Mundial, 2014), em 2015, 46 % das moçambicanas/dos moçambicanos eram pobres, do ponto de vista do consumo, o que equivalia a, pelo menos, 12 milhões de pessoas. Também o PNUD considera que Moçambique continua a ser um dos países mais pobres do mundo. Segundo este anuário (UNDP, 2016), em 2016, era o oitavo país mais pobre do mundo, de entre os 188 países analisados, estimando essa agência que 54 % da sua população fosse pobre ou muito pobre[4]. De facto, hoje em dia, as moçambicanas/os moçambicanos têm uma percepção aguda de que vivem num país muito rico em recursos naturais apesar da sua miséria concreta e quotidiana.

Segundo a mesma fonte, o sector informal da economia cresceu, e as políticas públicas de Educação, Saúde e Segurança Social têm sofrido cortes orçamentais severos (*Ibid.*: 2-4). Esta desarticulação entre crescimento económico e melhoria das condições de vida é, entre outras, uma das razões a ter em consideração para compreender a turbulência social e, até, a violência que se vive no país, em particular, nas províncias do Norte, onde os índices de pobreza são ainda mais acentuados (Brito *et al.*, 2107; Weimer e Carrilho, 2017). Várias/vários cientistas sociais em Moçambique têm vindo a discutir esses assuntos e trazido para a discussão evidências de que o país atravessa um período de capitalismo neo-liberal extractivista com muitos impactos na economia, na vida social e na política (Cruz e Silva, Mendes de Araújo, Neves

---

3 Sobre esse assunto ver, entre outros, Deloitte, 2016, e Mosca e Aiuba, 2017.
4 Fonte: http://www.mz.undp.org/. Consultado a 4 de Março de 2019.

Mario Macilau

de Souto, 2015; Brito *et al.*, 2017; Osório; Silva, 2018; 2017). Para além disso, como demonstra o relatório *Africa Sustainable Development Report: Towards a transformed and resilient continent* (African Union *et al.*, 2018), Moçambique continua na cauda dos países africanos praticamente em todos os indicadores de bem-estar, redução dos riscos de pobreza e insustentabilidade ambiental e social.

Os dados que apresentamos demonstram a desarticulação fundamental entre as promessas anunciadas de desenvolvimento e justiça económica para todas/todos no país e a realidade em que as pessoas vivem, especialmente, as mulheres e as raparigas.

A deterioração das condições de vida no que se refere, por exemplo, à habitação, ao emprego e ao bem-estar, tem envolvido o afastamento dos seus meios de actividades e sustento, a deslocação forçada e o reassentamento com atribuição de novas terras não férteis e sem acesso à água, aos mercados, a poluição do solo, do ar e da água, o aumento da violência de género, o abandono escolar por parte das meninas, a prostituição, as doenças sexualmente transmissíveis, nomeadamente o HIV/a SIDA. Acresce que a externalização dos custos sociais se transforma numa responsabilidade cada vez mais pesada para os serviços públicos[5], debilitando ainda mais as condições que o Estado tem para garantir protecção e uma justa redistribuição da riqueza e do bem-estar.

....

5 Ver: http://womin.org.za/who-we-are/what-is-womin.html

Acumulando várias situações e constrangimentos ao exercício da sua liberdade e da realização dos seus desejos pela via de um senso comum «culturalista», marcadamente machista e sexista, as mulheres e as meninas moçambicanas estão a enfrentar muitas violências (Cunha, 2014; 2015; 2018). Não sendo totalmente novas, elas estão a adquirir novas facetas e contornos. Neste trabalho é importante dar atenção especial a alguns dos problemas suscitados pela presente situação, ainda que sucintamente.

A violência contra as mulheres e raparigas

Numa obra sobre a avaliação da implementação da Lei contra a Violência Doméstica no período entre 2009 e 2015, podemos ler, com base nos dados do INE – Instituto Nacional de Estatística, que 24,9 % das mulheres entre os 15 e os 49 anos afirmavam já ter sofrido violência física. Na mesma faixa etária, 37,2 % delas denunciavam que já tinham sido vítimas de violência física e sexual (Osório; Silva, 2016: 154). Na mesma obra, as autoras, demonstram que essa violência física e sexual é exercida por familiares directos, especialmente os maridos (70 %), no caso das mulheres se encontrarem numa relação marital (*Ibid.*: 152). Esta situação está bastante bem estudada em Moçambique, e os movimentos feministas e de mulheres têm estado muito atentos e activos na luta pela sua erradicação. Um dos argumentos principais para justificar este estado de coisas é a ideia de que, nas culturas africanas, as mulheres são naturalizadas como inferiores e educadas para serem submissas (Osório; Silva, 2016; 2017; 2018; Casimiro, 2014b). Essa condição cultural, muitas vezes pensada como impenetrável e desejada como imutável por muitos homens, tem sido invocada para explicar vários fenómenos de violência persistentes e que demonstram a subalternidade existente e construída das mulheres moçambicanas.

Educação e género

Segundo os dados obtidos, apenas 1,4 % das mulheres têm escolaridade de nível secundário e, no meio rural, 71,6 % são analfabetas. Em contraposição, os homens com o ensino secundário completo são 6,2 % e constituem apenas 39,1 % das pessoas analfabetas que vivem no campo (Osório; Silva, 2018: 177). Os dados estatísticos disponíveis revelam que as raparigas perfazem a maioria dos alunos no início da vida escolar, ou seja, nos primeiros anos da escola primária; no entanto, na transição entre a escola primária e a escola secundária, a taxa de frequência desce de 92 % para 34 % (Osório; Silva, 2008: 364). Apesar de não haver ainda uma actualização completa desses dados nacionais, a percepção que resulta de vários inquéritos e estudos parciais é que esta tendência tem vindo a aprofundar-se e que um número muito significativo de raparigas com menos de 18 anos abandona o sistema escolar e de formação. As causas apontadas são complexas e múltiplas, mas os estudos publicados ressaltam as seguintes, entre outras: a necessidade de trabalharem na agricultura ou no comércio informal para apoiar o sustento das famílias; os casamentos forçados e/ou precoces; as gravidezes e o abandono por parte dos companheiros. Percebe-se também, a partir dos dados do PNUD (2015), que as mulheres menos escolarizadas têm o dobro das filhas e dos filhos e engravidam muito mais cedo, o que pode ajudar a explicar o abandono escolar. Na realidade, Osório e Silva (2018: 182) avançam que, segundo várias fontes, se pode estimar que 10 % das meninas moçambicanas tenham a primeira gravidez, seguida de um nascimento de uma criança que ficará a seu cargo, com apenas 15 anos de idade.

Casamentos precoces/forçados

Também os casamentos em idade precoce que podemos considerar, em muitos casos, casamentos forçados, são mais uma das razões identificadas na literatura feminista produzida no país, para explicar a extraordinária violência e vulnerabilidade vivida pelas meninas em Moçambique. Segundo a Estratégia Nacional de Prevenção e Combate aos Casamentos Prematuros em Moçambique (2016-2019) citada por Osório e Silva (2018: 184), em 2015, 14 % das meninas entre os 20 e os 24 anos tinham casado antes dos 15 anos de idade e 48 %, antes dos 18 anos. Isso demonstra que Moçambique é um dos dez países do mundo onde a taxa de ocorrência dessa realidade é mais alta. Embora este seja um assunto de enorme complexidade, os dados mostram que estas meninas estão imersas numa atmosfera cultural e identitária que facilita ou, até, promove, um certo controlo sobre os seus corpos e os seus desejos a que muitas não podem e outras não quererão, escapar.

Acesso à terra e uso da terra

O acesso à terra e ao usufruto dos rendimentos e dos produtos da terra também é um campo onde se manifestam profundas desigualdades entre mulheres e homens. Segundo o Perfil de Género publicado pelo Ministério do Género, Criança e Acção Social (MGCAS, 2016), em 2015, apenas 25 % delas tinham o título que garante o direito de uso e aproveitamento da terra – DUAT; além disso, 59 % do trabalho agrícola não qualificado é realizado pelas mulheres, o que significa que 88 % do trabalho desenvolvido pelas mulheres em Moçambique é agrícola e sem qualquer qualificação escolar. Isso revela que o poder para tomar decisões no âmbito das comunidades familiares e seus territórios tende a ser diminuto.

A Lei de Terras, aprovada a 19 de Outubro de 1997, estipula que a terra pertence ao Estado que a distribuiu por quem nela trabalha, estabelecendo que os direitos de uso podem ser por ocupação das pessoas ou comunidades locais, de acordo com as normas e as práticas costumeiras. A Lei assegura vantagens para o sector familiar, particularmente para as mulheres que, como cidadãs, têm direitos para usar a terra como um recurso. Apesar disso, muitas destas normas discriminam as mulheres que não são consideradas chefes do agregado familiar, mesmo que o sejam na prática. Outras das razões que levam a que muitas mulheres não beneficiem das garantias estabelecidas pela Lei de Terras são o desconhecimento por parte de muitas dos seus direitos, assim como as práticas administrativas e judiciais que estão ainda longe de incorporar as normas e as dinâmicas que esta Lei procura encorajar. Um outro grande constrangimento está relacionado com a existência de um mercado informal de terras, envolvendo pessoas em posições de poder a todos os níveis, entre eles, os líderes comunitários. Assim, a pobreza de muitas camponesas/muitos camponeses que têm direitos sobre pequenas parcelas de terra leva-as/leva-os a transacioná-las e a perder o único recurso de que dispõem (Casimiro, 2014 a e b).

O Programa Terra Segura – uma iniciativa do Governo concretizada através do Ministério da Terra e Segurança Alimentar e com o apoio do Fundo Nacional de Desenvolvimento Sustentável (FNDS) – prevê a delimitação e o registo de terras no Sistema de Informação e Gestão de Terras (SIGIT) (Jornal Notícias, 2016; Governo de Moçambique e FNDS, 2016), bem como a emissão de milhões de títulos do Direito de Uso e Aproveitamento da Terra (DUAT), entre outras iniciativas, a serem entregues de forma maciça até o final do presente ano. Apesar de todas essas medidas em curso e da preocupação com a emissão de DUAT em nome das mulheres, que são as principais trabalhadoras da terra, muitas continuam a queixar-se de discriminação na atribuição de terras.

Direitos sexuais e reprodutivos e HIV/SIDA

Para além dos problemas relacionados com o acesso à terra, as diversas pesquisas realizadas em Moçambique dão conta de que os direitos sexuais e reprodutivos são outra área em que ocorrem muitas violações dos direitos humanos das mulheres (Osório; Silva, 2018). Em Moçambique, a infecção pelo HIV/a SIDA atinge três vezes mais mulheres do que homens na sua idade reprodutiva (MGCAS, Perfil 2016). No que respeita à seroprevalência no país, segundo dados divulgados em Março de 2017[6], a prevalência de HIV aumentou

---

6 O IMASIDA é um inquérito conduzido pelo Instituto Nacional de Saúde e pelo Instituto Nacional de Estatística de Moçambique.

de 11,5 %, em 2009, para 13,2 %, em 2015. Isso significa que pelo menos 13,2 % das mulheres e dos homens entre os 15 e os 49 anos de idade são seropositivas/os (IMASIDA, 2017). Apesar disso, é de notar que a prevalência de infecção por HIV estimada em 2015 é superior nas mulheres (15,4 %), em comparação com os homens (10,1 %). Em ambos os sexos, o número de pessoas doentes ou vivendo com o HIV é superior na área urbana (20,5 % para as mulheres e 12,3 % para os homens) relativamente à área rural (12,6 % para as mulheres e 8,6 % para os homens). Nas cidades, que incluem as suas periferias empobrecidas e vulneráveis, entre 2009 e 2015, a prevalência para mulheres e homens aumentou de 15,9 %, em 2009, para 16,8 %. Alarmante é também o facto de 8,1 % das/dos jovens residentes nas zonas urbanas fazerem parte das estatísticas de pessoas infectadas. Nas áreas rurais, a situação parece ser um pouco menos catastrófica, mas, ainda assim, os estudos revelam que a população afectada (IMASIDA, 2015: 8) passou de 9,2 %, em 2009, para 11,0 %, em 2015 – e, entre as/os jovens, já chegou aos 6,1 % (IMASIDA, 2017). Como se percebe pelos dados, em todos os casos, são as mulheres que mais riscos de saúde correm, no que respeita a esta doença, com todas as consequências que ela acarreta para elas, as suas famílias e as comunidades em que se inserem.

A este estado de coisas não é indiferente que no contexto de forte feminização da pobreza, como aquele que está a ocorrer em Moçambique, muitas mulheres e meninas recorram à prostituição como forma de sobrevivência. Empurradas pelas condições de vida, elas prostituem-se nas zonas mineiras e onde há grande concentração de camionistas que circulam com matérias-primas ou manufacturadas aumentando, exponencialmente, o risco de gravidezes indesejadas, de violência sexualmente motivada e de contracção de doenças sexualmente transmissíveis, em especial, o HIV/a SIDA. Este conjunto de factores dão conta de um problema de complexa e enorme dimensão que as moçambicanas estão a enfrentar e para o qual as actividades extractivas e conexas têm, certamente, muito contribuído.

Perdemos tudo, até a nossa vida

Em Moçambique, a experiência da deslocação forçada é, infelizmente, recorrente. No contexto actual do recrudescimento das actividades extractivas, podemos observar que estas têm implicado sempre o despojo de territórios e a deslocação de enormes faixas populacionais. Este fenómeno, que se tem vindo a chamar de reassentamento, está regulado por um aparato jurídico do qual se destacam a Lei de Ordenamento do Território, a Lei n.º 19/2007 e o Decreto n.º 13/2012, mas que a maior parte das explorações não respeita nem aplica. Os conteúdos destes diplomas, a sua aplicação, os seus limites e as suas lacunas têm sido estudados aprofundadamente em vários trabalhos publicados dos quais se destacam os de João Carlos Trindade, Lucinda Cruz e André José, (2015) e Conceição Osório e Teresa Cruz e Silva (2017; 2018). Através dos sucessivos relatórios e estudos efectuados nos últimos anos (Sekelekani, 2015; Tankar *et al.*, 2018; CCIE, 2018 a e b; 2019; WLSA Moçambique, 2018), a palavra reassentamento esconde o carácter extremamente violento e coercivo inscrito nesta experiência de ter que, compulsoriamente, abandonar o seu território, a sua vizinhança e o seu modo de vida (Cruz e Silva, Mendes de Araújo, Neves de Souto, 2015), ocultando a economia política que está no seu centro. Por último, corre o risco de despolitizar, no âmbito dos debates públicos, tanto a nível local como regional ou nacional, o que afinal aconteceu e está a acontecer nas zonas de alto impacto das economias com base na extração maciça, nomeadamente, em Inhambane, na Zambézia, em Tete, Nampula e Cabo Delgado. Neste sentido, nós propomos recuperar e usar o termo «deslocações forçadas» ao invés de reassentamentos para dar conta destes problemas e fornecer uma indicação analítica do alcance das tragédias que elas suscitam ao nível político, económico e cultural. Não existem estudos sistemáticos e completos sobre esta questão pelas dificuldades de acesso aos locais e aos dados, mas as diversas fontes, jornalísticas e académicas indicam que várias centenas de milhar de pessoas têm sido afectadas por deslocações e reassentamentos forçados no país – na sua maioria, mulheres e raparigas.

Com as deslocações forçadas vem a destruição dos modos de vida das pessoas e, portanto, do acesso a recursos vitais e de garantia da dignidade. O estudo de Teresa Cruz e Silva, Manuel Araújo e Amélia Neves de Souto (2015), Comunidades costeiras: perspectivas e realidades é muito eloquente a este respeito. As/os autores dos vários capítulos analisam e demonstram como as populações estão a ser afectadas e como os seus modos de vida, atacados ou, mesmo, destruídos. Seja isso na orla marítima, ribeirinha ou no interior, a análise apoiada tanto na observação cuidadosa do terreno, dos diplomas legais, do contexto histórico e cultural como nas narrativas próprias das pessoas que são o alvo deste fenómeno, revela e comprova o carácter destrutivo dessas dinâmicas. Outros estudos, como os de Conceição Osório e Teresa Cruz e Silva (2017, 2018), percorrem essas mesmas realidades com um enfoque deliberadamente feminista, demonstrando o quanto as mulheres, em especial, são atingidas. Elas perdem as suas machambas e os campos onde colhem as plantas com que fazem medicamentos, perdem as suas casas e as suas redes de apoio e vizinhança, perdem a autoridade que construíram e viram legitimada nas suas comunidades através dos conhecimentos ou do estatuto que adquiriram com a idade, a posição e a função nas famílias. Desenraizadas e despossuídas de muitos dos seus recursos materiais e simbólicos, essas mulheres são quem, mais particularmente, sente o peso da perda de dignidade e de representação enquanto mulheres. Afastadas dos seus territórios e das tecnologias que dominam para produzir alimentos ou resolver conflitos, elas ficam numa posição de extrema vulnerabilidade. Mesmo em sociedades de tradição matrilinear, como as sociedades Emakua do Norte do país, a desestruturação tem atingido drasticamente o poder das mulheres, que se veem sub-representadas ou, até, excluídas do processo da tomada de decisão respeitante à expropriação da terra e das condições de indemnização (Osório; Silva, 2018: 227). Para gerar algum rendimento, elas são empurradas para actividades informais arriscadas, como a mineração artesanal, para substituir a anterior ocupação na produção agrícola que lhes permitia organizar a vida pessoal e a vida familiar. A dificuldade de acesso a água limpa ou potável ou a terras aráveis, por efeito das desapropriações e deslocação dos seus territórios de origem para outros com condições mais severas, também contribui para o empobrecimento e a degradação da sua posição no seio das suas comunidades familiares. Associado a isso está o aumento dos riscos de ataques de carácter sexual por terem de se deslocar para zonas afastadas das suas habitações, que mal conhecem.

Não é esta terra nossa? Não somos nós moçambicanas, donas e senhoras da nossa própria terra?

Queremos notar que, neste contexto, se torna também muito visível a contradição capital-natureza, assim como os seus efeitos nefastos, tanto para a vida humana como para a vida não-humana. A extração de minerais faz-se normalmente acompanhar por conflitos, usurpações de terra e água, além de destruição ambiental, o que contribui para a geração de mudanças climáticas descontroladas com impactos significativos nas populações de baixos rendimentos. As zonas de extração de recursos registam cada vez mais problemas de saúde, insegurança alimentar, desvio do abastecimento de água para as necessidades da indústria, poluição dos rios, das terras e do ar, secas prolongadas, cheias intempestivas, perda de biodiversidade e, também, destruição de plantas e animais utilizados no fabrico de medicamentos da responsabilidade de muitas mulheres. São múltiplos os estudos e os alertas produzidos em Moçambique, por activistas e cientistas de várias disciplinas nacionais e estrangeiros sobre este assunto (Wise, 2018, Silva; Araújo; Souto, 2015).

Os impactos recaem desproporcionalmente sobre as mulheres camponesas responsáveis por 60 % a 80 % da produção de alimentos na África ao Sul do Sahara a quem competem também as actividades quotidianas da economia doméstica, do cuidado da casa, da família e da comunidade. O trabalho diário das camponesas é feito com recurso a solos, fontes de água e ar cada vez mais poluídos, tendo isso muitos efeitos negativos na sua saúde e na saúde das crianças que estão a seu cargo. As mulheres, tanto as camponesas como as operárias, são, assim, as que carregam os principais custos e o fardo deste modelo de desenvolvimento extractivista, na medida em que são as principais produtoras e fornecedoras de comida, quem vai buscar e carrega a água e quem colecta material combustível; elas são as cuidadoras das mineiras/dos mineiros e das trabalhadoras/dos trabalhadores que operam nas indústrias relacionadas, cabendo-lhes, de acordo com a divisão de trabalho, cuidar dos membros doentes da família e da comunidade. Em condições de vida precárias, com todos estes trabalhos que desempenham diária e ininterruptamente, as mulheres estão a subsidiar as empresas multinacionais e a libertar o Estado das suas obrigações de cuidar das suas cidadãs/dos seus cidadãos. Ora, o capitalismo extractivista contemporâneo «sabe» o quanto todo este panorama de trabalho não pago e de vulnerabilidade das mulheres é uma das condições da sua capacidade de acumulação e concentração de riqueza (OXFAM, 2020).

O conjunto de impactos e problemas gerados pela actual situação é de uma grande complexidade e resulta em tragédias pessoais e colectivas de enorme amplitude[7]. As mulheres têm sido duplamente afectadas nas regiões onde estas operações de mineração de larga escala ocorrem. São locais dominados pela mão-de-obra masculina e verifica-se a desconsideração por práticas informais e de menor escala realizadas por mulheres e crianças.

---

7 No momento em que se redige este documento, está-se a viver o epicentro da pandemia devida ao novo Coronavírus cujos impactos são ainda impossíveis de medir. No entanto, já é totalmente perceptível que a dimensão dos problemas e dos efeitos à curto, médio e longo prazo além de traumáticos, irão endurecer de maneira drástica e dramática as condições de vida da maioria das mulheres e raparigas no país e no mundo. Ver, entre outros, https://www.cartamz.com/index.php/politica/item/4779-covid-19-estudo-recente-aponta-para-possivel-tragedia-em-mocambique-65-mil-poderao-morrer?fbclid=IwAR28P33A0HlM1728bw9SruNLKI-VPitLfMQvd6vZ4oBPDpn8X52iBjZDGTM

Referências Bibliográficas

African Union et al. (2018) Africa Sustainable Development Report: Towards a transformed and resilient continent. Addis Ababa, Publications Section Economic Commission for Africa.

Bidaurratzaga Aurre, Eduardo, e Colom, Jaén Artur (2019) «Mozambique's Megaproject-Based Economic Model: Still Struggling with Uneven Development?», in Soren Scholvin, Anthony Black, Javier Revilla Diez e Ivan Turok. (eds) Value Chains in Sub-Saharan Africa. Advances in African Economic, Social and Political Development, Berlin, Springer, p. 95-113.

Brito, Luís et al. (eds) (2017) Desafios para Moçambique 2017, Maputo, IESE.

Casimiro, Isabel (2014) «A nova situação sócio-conómica no norte de Moçambique e o seu impacto sobre as desigualdades das mulheres», in Jokin Alberdi e Eduardo Bidaurratzaga, (Cords), Desarrollo Humano Local em Mozambique, Universidad del Pais Vasco e Hegoa,Bilbao, pp. 57-74.

Casimiro, Isabel (2014) Paz na Terra, Guerra em Casa: Feminismo e Organizações de Mulheres em Moçambique, Rceife, UFPE.

Castel-Branco, Carlos Nuno et al. (eds.) (2015) Questões sobre o desenvolvimento produtivo de Moçambique, Maputo, IESE.

Castel-Branco, Carlos Nuno (2010) «Economia extractiva e desafios de industrialização em Moçambique», in Brito, Luís de , Castel-Branco, Carlos Nuno, Chichava, Sérgio e Francisco, António (Orgs.), Economia extractiva e desafios de industrialização em Moçambique, pp. 19-109, Maputo, IESE.

CCIE – Coligação Cívica de Indústria Extractiva (2019) "Primeiro Congresso Nacional de Comunidades Reassentadas e Afectadas pela Indústria Extractiva. As comunidades são integradas por seres humanos", Maputo, CCIE.

CCIE – Coligação Cívica sobre a Indústria Extractiva (2018) "Relatórios de Monitoria da Implementação dos Planos de Reassentamento de Palma e Namanhumbir. Província de Cabo Delgado", Maputo, CCIE.

Cunha, Teresa (2018) «Mulheres em maxi-saias: Justiça Cognitiva, Identidades e Emancipação», in Beleni Grando, Lisanil Pereira, Tereza Cunha e Waldineia Ferreira (Orgs), Mulheres, Território e Identidades: despatriarcalizando e descolonizando conceitos, Curitiba, CRV.

Cruz e Silva, Teresa, Araújo, Manuel e Neves de souto, Amélia (2015) Comunidades costeiras: perspectivas e realidades, Maputo, Friedrich Ebert Sitftung.

Cunha, Teresa (2015) Women inPower Women: outras economias geradas e lideradas por mulheres no Sul não-imperial, Buenos Aires, CLACSO-CODESRIA-IDEAs,

Cunha, Teresa (2014) Never Trust Sindarela. Feminismos, Pós-colonialismos, Moçambique e Timor-Leste, Coimbra, Edições Almedina, Coimbra.

Deloitte (2016), Mozambique's Economic Outlook. Governance challenges holding back economic potential, s/l. Deloitte Touche Tohmatsu Limited, (disponível em: https://www2.deloitte.com/content/dam/Deloitte/za/Documents/africa/ZA_Mozambique%20country_report_25012017.pdf)

IMASIDA (2015) «Inquérito de Indicadores de Imunização, Malária e HIV/SIDA em Moçambique – IMASIDA. Relatório de Indicadores Básicos de HIV», Maputo, Instituto Nacional de Saúde (INS) e Instituto Nacional de Estatística (INE).

IMASIDA (2017) «Inquérito de Indicadores de Imunização, Malária e HIV/SIDA em Moçambique – IMASIDA. Relatório de Indicadores Básicos de HIV», Maputo, Instituto Nacional de Saúde (INS) e Instituto Nacional de Estatística (INE).

INE, Anuário Estatístico 2018, Maputo, INE.

INE (2019), Estatísticas de Violência Doméstica, Casos Crinais e Cíveis, 2018, Maputo, – Instituto Nacional de Estatística(disponível em: http://www.ine.gov.mz/).

Langa, Epifânia e Nkonjera, Maria (2018) «Desenvolvimento industrial em contexto de integração económica regional. O caso do sector de equipamentos e serviços industriais em Moçambique e na África do Sul», *in* Salvador Forquilha (eds), *Desafios para Moçambique 2018*, Maputo , IESE, p. 223-250.

MGCAS – Ministério do Género, Criança e Acção Social (2016) Perfil de Género, Maputo, Ministério do Género, Criança e Acção Social, (disponível em: https://eeas.europa.eu/sites/eeas/files/perfil_de_genero_de_mocambique.pdf)

Mosca, João e Aiuba, Rabia (2017) «Conjuntura económica da crise das dívidas ocultas», Fórum de Monitoria do Orçamento, Maputo, 2017 (disponível em: https://omrmz.org/omrweb/wp-content/uploads/Comunicado-09-Conjuntura-economica-da-crise-das-d%C3%ADvidas-ocultas.pdf)

Mosca, João, e Selemane, Tomás (2012) «Mega-projectos no meio rural, desenvolvimento do território e pobreza», *in* Brito, Luís de *et al.* (Eds.), *Desafios para Moçambique 2012*, Maputo, IESE.

Osório, Conceição, e Cruz e Silva, Teresa (2008) *Buscando sentidos. Género e sexualidade entre jovens estudantes do ensino secundário, Moçambique,* Maputo, WLSA Moçambique.

Osório, Conceição, e Cruz e Silva, Teresa, *Entre a denúncia e o silêncio. Análise da aplicação da Lei contra a Violência Doméstica (2009-2015),* Maputo, WLSA Moçambique.

Osório, Conceição, e Cruz e Silva, Teresa (2017) *Corporações Económicas e Expropriação: raparigas, Mulheres e Comunidades Reassentadas no Distrito de Moatize,* Maputo, WLSA Moçambique.

Osório, Conceição, e Cruz e Silva, Teresa (2018) *Silenciando a discriminação. Conflitos entre fontes de poder e os direitos humanos das mulheres em Pemba,* Maputo, WLSA.

PNUD (2015) *Human Development for Everyone. Briefing note for countries on the 2016,* Moçambique, Human Development Report.

Oxfam, (2020) *Tiempo para el Cuidado. El trabajo de cuidados y la crisis global de desigualdade,* Oxford, Oxfam.

Sekelekani (2015) «A MINHA VOZ – Narração de Sofrimento de Comunidades reassentadas em Tete», Maputo, SEKELEKANI.

Tankar, Issufo, Remane, Samanta, Uane, Renato e Manuel, Lino (2018) «Monitoria do processo de reassentamento associado ao Projecto de Gás Natural Liquefeito de Palma», Maputo, Centro Terra Viva.

Trindade, João Carlos, Cruz, Lucinda e Jose, André Cristiano (2015) *Avaliação Jurídica Independente aos Processos de Licenciamento dos Projectos Minerais e de Hidrocarbonetos,* Maputo, Centro Terra Viva.

UNCTAD (2012) *Investment Policy Review: Mozambique,* Genebra, UNCTAD.

UNDP (2016) *Human Development Report 2016. Human Development for Everyone,* Nova Iorque, UNDP.

UNDP (2019) «Mozambique», Maputo, UNDP. (disponível em : https://www.mz.undp.org/content/mozambique/en/home/countryinfo.html)

WB – World Bank (2014) Mozambique Economic Update, Maputo, WB.

WB – World Bank (2017) *World Development Indicators.* Washington, World Bank. (disponível em: https://data.worldbank.org/products/wdi)

Weimer, Bernhard, e Carilho, João (2017) *Political Economy of Decentralisation in Mozambique. Dynamics, Outcomes, Challenges,* Maputo, IESE.

Wise, Timothy, (2019) «Growing Resistance: The Rise and Fall of Another Mozambique Land Grab», *Policy Brief n.º 18-01,* Global Development and Environment Institute.

WLSA (2018) «O impacto da indústria extractiva na vida das mulheres», comunicação apresentada in *Diálogo de alto nível sobre políticas públicas e estratégias de desenvolvimento e gestão de petróleo, gás, recursos minerais em Moçambique,* Maputo, WLSA.

Políticas públicas em contexto neoliberal: O caso do Planeamento Familiar em Moçambique

Nélvia Sitoe

Introdução

Segundo o documento moçambicano da Estratégia Nacional do Planeamento Familiar e Contracepção, o planeamento familiar é definido como um conjunto de acções que permitem as mulheres e aos homens escolherem quando e como querem ter filhos, quantos e o espaçamento entre os nascimentos (Ministério da Saúde 2010).

O planeamento familiar faz hoje parte das preocupações globais em matérias ligadas a saúde, à economia ou mesmo à política, no senso estrito e lato do termo. É preciso constatar a recente (janeiro 2021) discussão organizada pelo CSIS – Center for Strategic & International Studies (Centro de Estudos Estratégicos e Internacionais), com o tema "The Shadow Pandemic: How COVID-19 Erodes the Rights of Women and Girls" (O Impacto da Pandemia da COVID-19 nos direitos das mulheres e raparigas). O planeamento familiar, o fraco acesso a contracepção para grande parte das mulheres e raparigas, assim como a vulnerabilidade destas últimas na sociedade (sobretudo com a persistência pandemia e suas consequências), foram parte das discussões centrais do debate (CISI – Center for Strategic & International Studies 2021).

O Planeamento familiar demonstra, através dos seus desafios, as contradições de uma política pública formulada por vários actores a vários níveis, recursos e interesses e objectivos não só diferentes, mas também, e muitas vezes, disparates. Ela demonstra igualmente a complexidade das relações na sociedade com a apropriação desta política pelas mulheres, homens e jovens. As relações entre o pessoal de saúde no terreno *(street-level bureaucracy)* e os usuários no momento da aplicação dos objectivos e estratégias inscritas nos relatórios e programas mostram que entre estes actores muitas são as incompreensões e os conflitos de interpretação do que significa planeamento familiar. E finalmente, esta politica permite-nos interrogar como é que ela torna-se uma política central desde a independência, passando pela virada neoliberal até às actuais dinâmicas das políticas globais.

É desta forma que levar a cabo um projecto de pesquisa sobre o planeamento familiar implica uma abordagem pluridisciplinar, pois é uma problemática complexa que não se pode reduzir à uma simples abordagem. Assim, a partir do planeamento familiar, nós podemos nos interrogar sobre as desigualdades de género no sector da saúde, as disparidades territoriais no acesso aos serviços de saúde e sobre o desenvolvimento económico de moçambique.

No contexto da Europa, o declínio da fertilidade foi concebido de forma individual, e mais tarde o planeamento familiar foi concebido como parte integrante, se não crucial, da luta pela liberdade e emancipação das mulheres, a pílula sendo vista como um símbolo revolucionário (International Planned Parenthood Federation 2008, p. 8).

É após a Segunda Guerra Mundial que a tomada de consciência no que concerne a população e ao crescimento demográfico no mundo vai emergir como problema de agenda pública nacional e internacional. Já nos Estados Unidos em 1946 houve leis sobre o *birth control,* e na Inglaterra muito mais cedo, em 1924. Portanto, a partir de 1950, estes países, incluindo a Suécia, vão realizar o population control visando o desenvolvimento, a difusão da contracepção e a limitação do crescimento demográfico (Garenne 2017, p. 4).

Na França, o planeamento familiar fez parte de um grande movimento que influenciou as liberdades individuais garantidas pelos diferentes dispositivos legais, como foi o caso da contracepção e a lei *Newirth* de 28 de dezembro de 1967, o aborto e a lei *Veil* de 17 de janeiro de 1975. Neste contexto, o planeamento familiar tornou-se elemento feminista solidamente estruturado e tornou-se um aspecto de intervenção publica nas questões da libertação das mulheres, tornando-se multidimensional, criando condições para uma vida sexual satisfatória, sem constrangimento ou dominação da parte dos homens e do Estado (Bard 2006, p. 12).

Para os doadores nos países em via de desenvolvimento, a evidência é clara: o planeamento familiar melhora a saúde, reduz a pobreza, autonomiza as mulheres. Já em 2012, mais de 200 milhões de mulheres nos países em via de desenvolvimento desejavam evitar gravidezes, mas não utilizavam os métodos modernos de contracepção (Bongaarts et al. 2012, p. 5).

Se durante o período colonial onde se acreditava que não se passava "grande coisa" no continente africano no que concerne ao planeamento familiar, a questão demográfica era uma vantagem para as autoridades coloniais, pois ela contribuía para o desenvolvimento económico das colónias (Tantchou 2007, p. 24). É a partir dos anos 1960-1970, com as independências africanas, que a consciência sobre o problema começa a mudar, especialmente, porque o crescimento demográfico que aumentava todos os anos começava a colocar alguns problemas aos poderes instalados e Estados recém-independentes (Garenne *op. cit.*, p. 4).

Metodologia

Este artigo é produto de alguns resultados obtidos na nossa pesquisa para a dissertação do mestrado em Ciência Política (especialização em Políticas de Desenvolvimento e Políticas Públicas em África e no Sul Global).

Preocupados com uma compreensão concreta, a partir dos actores do quotidiano desta política, realizamos um primeiro trabalho de campo de julho a setembro de 2018 em duas Unidades sanitárias na província de Maputo. A nossa abordagem consistiu numa primeira fase a contactar as pessoas-chaves para abordar nosso tema. Nós utilizamos as entrevistas qualitativas aprofundadas (Sardan 2008), com os responsáveis de ONGs, responsáveis da direcção nacional de saúde pública no ministério da saúde e os funcionários dos dois centros acima indicados. Nossas primeiras entrevistas fizeram rapidamente evoluir as nossas hipóteses e produziram os efeitos importantes do ponto de vista metodológico, desde a definição do objecto e das hipóteses, levando-nos a nos interessar pelas lógicas de apropriação desta política pelos usuários.

Nosso trabalho foi realizado na cidade de Maputo (Ministério da Saúde e organizações directamente implicadas no assunto), e um bairro periférico da província de Maputo.

Porque a observação e a descrição constituem os fundamentos da pesquisa de campo nas ciências sociais (Sardan *op. cit.*, p.131), para conduzir a nossa observação nós escolhemos focalizar a nossa maior atenção num centro de saúde na província de Maputo, no município da Matola, num bairro periférico, para poder analisar as dinâmicas fora dos grandes centros urbanos nos quais a lógica seria certamente diferente daquelas observadas nos centros de saúde periféricos.

Pudemos igualmente fazer a observação não-participante para melhor compreender quem lá trabalha e como é que esta política é percebida pelos usuários, que são essencialmente mulheres. O que nos interessava, sobretudo, era entender quais são as relações entre elas, entre estas e as usuárias e como é que esta política é percebida de ambas as partes.

O Planeamento familiar no sistema de saúde em Moçambique: uma visão histórica (1975-1990)

Aquando da independência, Moçambique era um dos países mais pobres e atrasados do mundo. Em 1974, Samora Machel mostrou uma clara posição que a saúde, e particularmente das mulheres e crianças, seria uma prioridade nacional sobre a qual toda a reforma do Estado pós-colonial iria se fundar (Egerö 1992, p. 79). Esta posição ainda continua actual para o governo actual de Moçambique.

A Frelimo ao perceber das fragilidades do sistema de saúde e as disparidades dramáticas ao nível das zonas rurais, estendeu a rede do sistema de cuidados primários de saúde para as zonas rurais onde vivia a maioria da população, num duplo esforço de dominação e controle territorial e de proximidade com as populações, assim como resposta à uma necessidade sanitária evidente (Conceição e Ferrinho 2015, p. 79). Em 1975, 80% ou mais da população podia ainda ser caracterizada como agricultores tradicionais, e nessas zonas rurais, os serviços educacionais e de saúde eram quando muito rudimentares e por vezes inexistentes. A maioria da população era classificada como analfabeta, a única educação oferecida era a chamada "escola de adaptação", que quando muito podia ser descrita hoje como "pré-escola primária". Os outros 20% vivia nas cidades, a maioria nas cidades costeiras com altas concentrações, como Lourenço Marques e Beira (Newitt 2017, p. 148).

O período pós-colonial foi caracterizado pela transformação profunda do sistema de saúde. As reformas eram fundadas nos cuidados de saúde primários, acordando a prioridade a oferta de cuidados de saúde de base e aos cuidados preventivos (Conceição e Ferrinho *op. cit.*, p.14). Estes elementos passaram a ser constitutivos do Sistema Nacional de Saúde até os dias que correm.

O foco colocado sob o bem-estar da população era responsável por uma expansão rápida do sistema de saúde nos anos que precederam a intensificação da guerra civil. Porém, esses esforços, com a intensificação da guerra, ficavam cada vez mais longe dos objectivos traçados. A amplitude dos ataques contra os estabelecimentos de saúde entre 1982 e 1990 é importante (Albon, 2011). A persistência dos ataques nas zonas rurais contribuiu para a amputação da rede de saúde e reforçou o viés natural dos sistemas de saúde para as zonas urbanas onde os médicos e os dirigentes governamentais viviam frequentemente e os ataques eram menos intensos *(Ibid.)*.

Apesar da insegurança geral, o governo da Frelimo tentou tão bem que mal manter, proteger e até reconstruir o sistema de saúde durante os anos de guerra **(Ibid.)**.

O Planeamento Familiar num Moçambique neoliberal (1990)

A década de 1990 é caracterizada por uma mudança importante seja da ideologia do partido no poder, da natureza do Estado e até da organização da sociedade, seja do ponto de vista da presença estrangeira no país e a maneira pela qual o governo conduziu as suas políticas e suas prioridades.

Depois dos Acordos de Paz de 1992, vários tipos de ajuda externa de vários parceiros foram enviados em grande fluxo para Moçambique. Para apoiar o orçamento nacional, uma vasta ajuda humanitária e projectos de desenvolvimento. Podemos que depois de 30 anos da primeira constituição liberal, o governo moçambicano ainda depende estruturalmente da ajuda externa para completar o seu orçamento. A comunidade internacional de doadores continua um parceiro importante para Moçambique no desenvolvimento pós-conflito, intervindo em quase todos os domínios do Estado. E uma das grandes características do governo 28 ano após o conflito, é um governo tentando sempre que possivel acomodar-se às mudanças de percepções e interesses dos doadores (Newitt *op. cit.*, p.176).

Em 1992, haviam 60 agências diferentes trabalhando no domínio da saúde. Para as suas despesas máximas em 1994, a comissão europeia acordou 85 milhões de dólares USD às diferentes agências e ONGs europeias para trabalhos em Moçambique, dos quais um montante substancial para o trabalho no sector da saúde. Essas agências financiadas pela comissão fizeram trabalhos de saúde em mais de metade dos distritos de Moçambique na altura. Várias delas tiveram contratos na saúde de mais de 3 milhões de dólares USD por ano. A família das organizações MSF – Médicos Sem Fronteiras (*Médecins Sans Frontières*) gastou 15 milhões de dólares USD em 1994. Por outro lado, o orçamento do Estado para as despesas de saúde para todo o país nesse ano, era inferior a 9 milhões USD (Hanlon 1997, p. 28).

Até ao Inquérito Demográfico de Saúde (IDS) de 1997, não há praticamente nenhum dado disponível concreto sobre o planeamento famíliar em Moçambique. Pode ser porque a reestruturação do sistema de saúde pósguerra civil ocultava de alguma forma ou deixava no esquecimento o planeamento familiar. Pode ser ainda pelo facto de que, nesta década ou aquela que segue os anos 1990, o planeamento familiar foi colocado de lado por razão das mudanças de prioridades e estratégias globais de saúde. Quer dizer, a definição de programas prioritários, como o HIV/SIDA, paludismo, entre outras doenças infecciosas detinham uma grande parte dos esforços orçamentais do governo e dos parceiros de cooperação, de tal forma que os serviços como o planeamento familiar não receberam a atenção merecida, e por consequência um financiamento adequado. É em parte por esta razão que no programa de 2010, o objectivo era exatamente de recentrar as atenções, ou melhor, reposicionar o planeamento familiar na agenda e prioridades de saúde (Ministério da Saúde 2010, p. 8).

Se numa primeira fase, a política do planeamento familiar estava orientada à oferta baseada na demanda, quer dizer, dependendo da boa vontade das famílias e das mulheres em aderir. Depois de décadas de estagnação ou esquecimento desta política, seja de 1990-2010, o governo moçambicano e o ministério da saúde, propulsionados pelos parceiros de cooperação, compreenderam e tomaram consciência de que o planeamento familiar era uma necessidade para a redução da mortalidade materno-infantil e da precariedade da saúde das mulheres e crianças.

Como indicou o médico responsável pelo Planeamento Familiar no Pathfinder:

«...O governo Moçambicano compreendeu que de alguma forma se eles não conseguissem limitar o crescimento demográfico, este último iria tornar-se um problema político e económico complicado a gerir. Mais de 45% da população Moçambicana está abaixo dos 15 anos, consequentemente são necessárias mais infraestruturas, mais escolas primárias, mais escolas secundárias, mais fontes de água potável, mais electricidade, entre outros, para poder responder a demanda crescente da população. O governo compreendeu ainda que com uma explosão demográfica seria difícil lutar contra a pobreza. Acho que por ter tido esta compreensão, o governo deu mais importância ao planeamento familiar. Com esta nova abordagem do planeamento familiar que consistia na oferta massiva dos serviços de planeamento familiar, evoluindo em função das necessidades da própria sociedade. Há muitas mulheres que se tivessem acesso ao planeamento familiar, elas o fariam, pois elas têm 10 ou 8 filhos, e que de certa forma acaba virando um grande fardo para a família. Então, o ministério fez esforços importantes no que tange às portas de entrada, isto quer dizer, não importa o tipo de consulta médica, é possível obter informações sobre o planeamento familiar, e eles formaram mais pessoal médico na matéria».[1]

E a directora do departamento nacional de saúde pública do ministério da saúde sobre o mesmo assunto disse:

«As raparigas geralmente começam a vida sexual muito cedo, e isso implica o risco de ter uma gravidez precoce, enquanto que o seu corpo não está pronto para a concepção. Nossas pesquisas em Moçambique demonstram que em média, as raparigas começam a actividade sexual aos 16 anos, mas sabemos que na realidade é muito mais cedo, aos 10 ou 12 anos. Algumas resultando de violações sexuais, uniões força-

---

1 Entrevista com o Médico responsável pelo Planeamento Familiar no Pathfinder International Moçambique, Maputo, no dia 21/08/2018

das e casamentos prematuros. Enfim, vários meios e várias sevícias passam as raparigas e mulheres. O que é verdade é que elas acabam começando a vida sexual cedo, então o planeamento familiar é uma forma de as proteger para que este início de actividade sexual não coloque um freio ao seu desenvolvimento de várias formas...É por isso que nós fazemos o planeamento familiar, mais do que nunca é uma prioridade do governo, para permitir que as raparigas não engravidem e possam ir à escola, que cresçam e que elas tenham a possibilidade de escolher quando é que querem ter filhos, quando é que elas se encontram prontas para ter filhos. Isso é desenvolvimento..mas também é preciso que o planeamento familiar dê uma protecção dupla aos jovens com uma vida sexual activa, para o HIV/SIDA igualmente. Então, quando nós promovemos o planeamento familiar, nós não promovemos unicamente a prevenção de gravidezes precoces e não desejadas, mas também a prevenção do HIV/SIDA. Por isso o planeamento familiar, é tanto para a mulher, assim que para o homem, sendo o preservativo para ele e os outros métodos para a mulher.»[2]

Aquando da nossa pesquisa de campo, tivemos a oportunidade de conversar com múltiplas enfermeiras, entre elas algumas estagiárias, num dos centros de saúde onde fizemos a nossa observação. Estas enfermeiras mostraram, entre outras coisas, alguns aspectos que impactam negativamente a implementação desta política. Vamos chamá-las de D, C e B... por uma questão de protecção das suas identidades.

«...(D) Antes não funcionava, mas agora começa a mudar. Para as mulheres analfabetas, quando o homem a diz não, ela não o faz, e se ele diz sim, é este último quem escolhe o método. Por exemplo: os homens dizem que chegam a sentir o DIU (dispositivo intra-uterino), então eles preferem o implante. O nível de analfabetismo e a falta de informações é o que torna o trabalho difícil. (C) Elas são submissas, são os maridos que decidem, por vezes dizemos «mamã é preciso fazer o planeamento familiar», e ela responde «vou informar ao meu marido ou a minha sogra...» ou ainda ela tem medo de perder "gosto"(B). No entanto, olhando uns anos atrás, melhorou bastante. (C) É necessário ter tempo para cuidar do seu filho, tempo para fazer correctametne o aleitamento. (C e B) Porque também tendo sempre filhos, ela está cansando demasiado o seu corpo, ela está ficando «desgastada». (D) As condições para trabalhar existem, podem não ser sempre das melhores, mas nós temos os instrumentos para o fazer, existem condições mínimas disponíveis. (C) Nós fazemos palestras, damos informações sobre o planeamento familiar e damos o privilégio de vir com o marido, (D) mas também, muitas delas vêm já com um método contraceptivo na cabeça, e esta forma de agir para nós é muito positiva porque mostra que ela vem já com informações. (Cr) Para as mulheres que não agem conforme as palestras, ou as que nós vemos que elas agem conforme, verifica-se nas consultas pré e pós-natal, pois testamos se elas fazem as recomendações ou não.»[3]

2 Entrevista com a directora de saúde publica no ministério da saúde de Moçambique, Direcção Nacional de Saúde Publica em Maputo, aos 16/08/2018
3 Entrevista com as enfermeiras estagiárias no centro de saúde, no dia 05/09/2018

Nós temos igualmente exemplos de algumas mulheres com quem tivemos ocasião de falar no centro onde desenvolvemos a nossa pesquisa.

Exemplo 1 – Berta Uamusse, 18 anos. :

«Eu comecei o planeamento familiar no ano passado, mas o implante não me caiu bem, tive de o retirar, e agora quero o recolocar. Tenho já uma filha, não quero ter filhos agora. Antes usava apenas pílulas, mas sabes não era frequente...» Ela ouviu falar do implante numa das palestras no hospital. Ela vê vantagens e desvantagens no uso do implante, pois existe o problema do sangramento, ela recorreu ao hospital quando teve, mas o sangramento não passava. Ela decidiu retornar ao centro de saúde, mas ela não viu outra solução a não ser parar por aproximadamente 4 meses e depois recolocar o implante. Mesmo afirmando que o método depende de cada um, ela continua achando que o implante é o melhor. Ela aprova os serviços nas consultas pré-natais e conta voltar a ter filhos daqui a alguns anos. Ela vive com os seus parentes e confessa que eles a apoiaram bastante. «A vida é difícil, se tu tens filhos e não trabalhas, a vida fica difícil, é muito útil poder trabalhar. Mas também não vale nada trabalhar e ter filhos o tempo todo, se tu podes ver os filhos crescerem é muito vantajoso. Eu agradeço o ministério da saúde por ter aplicado esta política do planeamento familiar, ajudando as mulheres e as famílias.»

Exemplo 2 – Benedita Agostinho, 28 ano:

«É bom ter mais filhos, mas é preciso dar tempo, fazer planos. Agora eu parei a contracpeção, eu tinha um implante que retirei em março, pois o tempo já se tinha esgotado. Retomarei a contracepção no próximo ano. Quero engravidar agora porque meu primeiro filho já tem 11 anos. Eu prefiro usar o implante ou a pílula, a injecção faz emagrecer. Não foi a enfermeira quem me explicou, eu simplesmente abandonei e escolhi o implante sozinha. Eu acho o serviço muito bom e sempre encontro stock para a minha contracepção. Meu parceiro não tem problemas com isso. Eu acho que o planeamento familiar é muito importante, pois há mães que têm filhos todos os anos, enquanto que tu podes esperar dois ou três anos sem ter filhos. Não sei se é falta de informação, pois nós podemos conversar com outras mulheres. É nossa iniciativa de fazer o planeamento familiar e não dos homens, mas existem homens que se opõem às suas mulheres para não fazerem o planeamento familiar, eu conheço uma mulher que faz o planeamento familiar às escondidas do seu marido. Mas a mim o meu marido apoia!»

Ao nível comunitário, as brigadas móveis, os agentes comunitários de saúde, os activistas comunitários, são os que fazem a promoção do planeamento familiar e dão conselhos assim como fazem a distribuição dos preservativos masculinos e femininos.

Foi criado um programa de revitalização dos APEs, os agentes polivalentes elementares do Estado, para reforçar a promoção da saúde e a prevenção das doenças, num novo quadro do trabalho de saúde comunitária com as parteiras tradicionais, para igualmente mobilizar as comunidades a aderir ao planeamento familiar, distribuir preservativos e as pílulas (Ministério da Saúde *op. cit.*, p.7) e reduzir assim o impacto das percepções negativas, dos mitos ou ainda dos constrangimentos institucionais para um acesso mais abrangente. Podemos igualmente falar da contribuição do sector privado lucrativo e não lucrativo, dos quais fazem parte as farmácias e clínicas privadas, que oferecem os serviços de aconselhamento e oferta de métodos contraceptivos, porém como noutros casos, a desigualdade territorial é forte, pois o acesso é muito limitado, contando-se aproximativamente em 2010, apenas 200 estabelecimentos no país, a metade se encontrando na cidade e província de Maputo (*Ibid.*, p. 8).

Ao nível estrutural, esta gestão é realizada a quatro níveis: central, provincial, de distrito e ao nível das unidades sanitárias. Ao nível central, a direcção nacional de saúde pública – departamento de saúde da mulher e da criança (DSMC) é responsável pela gestão do programa, enquanto que a central dos medicamentos e dos artigos medicais (CMAM) é responsável pela logística. Da sua parte, o grupo técnico dos bens e produtos para a saúde reprodutiva apoia o ministério da saúde no aprovisionamento dos consumíveis e a distribuição aos níveis inferiores (*Ibid.*).

Desde o início da implementação do programa de planeamento familiar, os contraceptivos são fornecidos pela UNFPA (Fundo das Nações Unidas para a População) e a USAID, e entre 2006, 2007, 2008, cerca de 11.500,00 dólares USD foram consagrados à compra. Em 2007, o governo assumiu o compromisso de alocar 500.000 dólares USD para a compra de contraceptivos com os recursos do fundo comum dos medicamentos e artigos medicais, assim que um aumento anual de 2% do valor alocado; decisão tal que não fora mantida por razões diversas. Para o ano 2010, estimou-se para a compra de contraceptivos, incluindo os preservativos masculinos e femininos, um orçamento de 7.379.083,00, dólares USD dos quais a contribuição do ministério da saúde seria de 392.313 (5%) dólares USD, da USAID 1.676.219 (23%) dólares USD, e da UNFPA 5.309.951 (72%) dólares USD. Estes números mostram claramente a forte dependência da ajuda externa para a implementação das estratégias ligadas ao programa do planeamento familiar e a necessidade que tem o governo de investir mais para o bom desenrolar das actividades, sendo que o governo de Moçambique por si só não garante um financiamento sustentável (*Ibid.*).

Outra fraqueza estrutural neste programa, é a insuficiência aparente de pessoal qualificado, cobertura nacional para a previsão de necessidades, o transporte e distribuição dos consumíveis longe das reais necessidades das mulheres; assim como para o sistema de colheita de dados de consumo nos lugares de stock e todo o processo para a ajuda na planificação. Há rupturas de stock permanentes, uma prestação de serviços de planeamento familiar que afecta evidentemente a demanda e a continuidade dos serviços de planeamento familiar.

Para o ministério da saúde e o governo de moçambique, como já pudemos ver nos diferentes cenários mostrados, o planeamento familiar não se concentra apenas num aspecto puramente medical, mas, ele revela igualmente um benefício em termos de emancipação das mulheres através do melhoramento das condições de vida destas, dando-lhes mais tempo para uma melhor educação e o desenvolvimento das suas capacidades que podem ser úteis para competir no mercado de trabalho e poder fornecer uma melhor contribuição no orçamento familiar a nível privado (*Ibid.*, p. 9).

Então, para a implementação desta política, o ministério da saúde teve e conta até hoje com o apoio dos seus parceiros de desenvolvimento ou de cooperação afim de garantir um apoio sólido e sustentável de carácter técnico e financeiro, na planificação e implementação, monitoramento e avaliação da estratégia do planeamento familiar (*Ibid.*, p. 15).

Conclusão

O Planeamento Familiar é hoje uma das políticas que mais beneficia de financiamento por parte dos vários parceiros de cooperação, mas que igualmente se mostra sujeita às mudanças de prioridades e de agendas no sector da saúde. Por consequência, o governo moçambicano mostra-se altamente dependente destes para poder atingir com sucesso os objectivos traçados na sua estratégia. Apesar dos resultados positivos para alguns casos desde a sua formulação e implementação, esta política continua carecendo de uma aderência mais acentuada, de uma cobertura nacional, continua mostrando altos níveis de desigualdade no acesso aos serviços de saúde assim que um número de usuárias (na sua maioria, mulheres) que não aderem. Por meio das nossas entrevistas aos actores que fazem parte da implementação, pudemos notar que tanto os actores do "terreno", tanto as usuárias, através das suas interações quotidianas reformulam e colocam em prática quadros cognitivos próprios e particulares ao que o meio permite para poder fazer avançar as medidas decorrentes da politica nacional de planeamento nacional.

Bibliografia

Albon C. (2011), Health System Destruction During The Mozambican Civil War, 2011, consultado 03/04/2019, no sítio: https://chrisalbon.com/articles/health_system_destruction_renamo_mozambique/

Bard, C. (2006) "Introduction", in Le Planning Familial: histoire et mémoire (1956-2006), Rennes, Presses Universitaires de Rennes, 11–18.

Bongaarts, J., Cleland J., Townsend J. W., Bertrand J. T., Das Gupta M. (2012), Family Planning Programs for the 21st Century: Rationale and design, New York, Population Council.

CISI - Center for Strategic & International Studies, (2021) The Shadow Pandemic: How COVID-19 Erodes the Rights of Women and Girls, consultado 21/01/ 2021. https://www.youtube.com/watch?v=jkHMzSZFFec.

Conceição C., Ferrinho P. (2015), Hospitais de primeira referência em Moçambique: Evolução desde a independência, Revista Moçambicana de Ciências de Saúde 2, n. 1, 11–23.

Egerö B. (1992), Moçambique: Os Prmeiros Dez Anos de Construção da Democracia, Arquivo Histórico de Moçambique. Moçambique.

Ministério da Saúde (2010), Estratégia De Planeamento Familiar E Contracepção 2010 – 2015 (2020), Maputo.

Ministério da Saúde (2013), Plano Estratégico Do Sector Da Saúde 2014 – 2019, Maputo.

Garenne M. (2017), Planning Familial et fécondité en Afrique?: évolutions de 1950 – 2010, Fondation pour les Etudes et Recherches sur le Développement International.

Hanlon J. (1997), "It's the IMF that runs Mozambique" in Mozambique : perspectives on aid and the civil sector, GOM, Amsterdam, 17–37.

International Planned Parenthood Federation (2008), La contraception à un carrefour, London, United Kingdom.

Mauss M. (2013), Manuel d'ethnographie, Paris, Petite Bibliothèque Payot, Anthropologie.

Newitt M. (2017), A Short History of Mozambique, London : Hurst publishers.

Ministério da saúde - Direcção de planificação e cooperação (2013), Plano Estratégico do sector da saúde 2014 - 2019, República de Moçambique.

Sardan J.-P. O. D. (2008), La rigueur du qualitatif, Les contraintes empiriques de l'interprétation socio-anthropologique, Louvain-La-Neuve : Academia-Bruylant.

Tantchou J. (2007), Epidémie et politique en Afrique : Maladie du sommeil et tuberculose au Cameroun, Paris, L'Harmattan, Etudes Africaines.

Tempos e «contra-tempos» no envolvimento dos homens nos serviços de saúde materno-infantil em Moçambique

Edgar Manuel Bernardo

Introdução

Este capítulo discute as barreiras ao envolvimento dos homens nos serviços de saúde materno-infantil do ponto de vista dos profissionais de saúde da província de Nampula. O mesmo é fruto de experiências de oficinas conduzidas pelo autor no âmbito dos projectos levados a cabo pela Rede HOPEM, organização da sociedade civil na qual colabora.

Espera-se que este artigo contribua para a construção e ampliação de políticas, programas, estratégias e práticas de envolvimento masculino nos serviços de saúde, em particular, nos serviços de saúde materno-infantil, e que seja uma forma de despertar maior interesse pelas pesquisas em torno das masculinidades no contexto moçambicano. Entendendo que o envolvimento masculino é um conceito polissémico, abordá-lo-ei neste trabalho em várias vertentes, entre as quais, a sua participação no acompanhamento pré-natal, no momento do parto e nas consultas pós-parto, na partilha das decisões, em assuntos relacionados com a nutrição e na partilha das tarefas domésticas.

Importa iniciar o debate assinalando que, nos sistemas de saúde globais, o homem, por longos períodos, não era tido como um sujeito prioritário[1] de saúde. Os vários programas de saúde desenhados foram, ao longo dos tempos, direcionados para as mulheres e as crianças. Não é um acaso termos serviços de saúde materno-infantil, mas não termos portas visíveis e explícitas para os homens. É importante assinalar que essa quase inexistência não está vinculada a nenhuma forma de subalternização ou exclusão masculina, mas, pelo contrário, está estritamente vinculada ao modelo hegemónico de masculinidade construído socialmente, legitimado cientificamente e reproduzido institucionalmente, que leva a que as instituições de saúde não vejam os homens como sujeitos de cuidados.

O mesmo não se pode dizer sobre as mulheres, porque os serviços de saúde materno-infantil resultam das lutas e conquistas de mulheres feministas.

---

1 Uma tendência que não se alterou significativamente.

Embora o corpo da mulher nunca estivesse fora dos interesses da biomedicina, a perspectiva era controlar e disciplinar nos termos de Foucault (2013). Era o poder médico sobre a vida das mulheres. As lutas das mulheres, porém, permitiram uma reviravolta, e a expressão «saúde da mulher» ganhou outros significados, destacando-se como um dispositivo de luta contra-hegemónica, reivindicando não só os direitos reprodutivos das mulheres – recusando, por exemplo, a esterilização compulsória das políticas de controlo de natalidade –, como também o direito ao aborto seguro e à a contracepção, que passaria a dotar as mulheres de autonomia no que se refere à procriação (Gomes, 2012).

Embora tenha sido uma grande conquista, a abordagem interseccional notava um vazio nas respostas que se pretendia alcançar, ao excluir os homens (Onyango *et al.*, 2010; Pedro *et al.*, 2016). A partir dos anos 90, após a conferência do Cairo, os homens passaram a ser chamados a participar plenamente nesses serviços como sujeitos activos no processo. Essa mudança paradigmática resultou do entendimento de que, em muitas sociedades, os homens têm plenos poderes de controlo sobre a vida, os desejos e as emoções das mulheres, a quem podem determinar vida e a morte. São eles que decidem sobre a contracepção e a prevenção das infecções de transmissão sexual, a alocação do dinheiro, dos meios de transporte e do tempo para a mulher aderir aos cuidados de saúde, incluindo no parto, sobre a nutrição durante a gravidez e os cuidados de saúde para as crianças (Davis, *et al*, 2016; August *et al.*, 2016; Manda-Taylor *et al.*, 2017; Cuinhane *et al.*, 2017; Nkandawire e Hendriks, 2018; Sitefane *et al.*, 2020). Em certos contextos, as mulheres não só precisam de recursos, mas também da autorização dos homens para aderirem aos serviços de saúde (Fotso *et al.*, 2015; Nkandawire e Hendriks, 2018). Para melhorar os indicadores de saúde das mulheres, incrementar a utilização dos serviços de saúde, eliminando a demora na busca dos mesmos, e promover as referenciações nos casos problemáticos, é fundamental contar com o envolvimento dos homens (MISAU, 2010; Onyango *et al.*, 2010, Ganhle e Dery, 2015; Nkandawire e Hendriks, 2018; Sitefane *et al.*, 2020), ou, conforme coloca bell hooks (2019), tê-los como companheiros de luta.

Em Moçambique, regista-se algum progresso no que concerne ao envolvimento dos homens nos serviços de saúde. No ramo do HIV/SIDA, por exemplo, os homens são instados a acompanharem as suas parceiras grávidas para se obterem mais informações, se testarem e consciencializarem os casais sobre o vírus, ou iniciar o tratamento imediato para quem for diagnosticado positivo. A Política Nacional de Saúde e Direitos Sexuais e Reprodutivos (2011) também enfatiza a necessidade de direcionamento de programas para rapazes. O mesmo aconteceu com a Estratégia de Planeamento Familiar e Contracepção 2010-2019 (2020) que assinala a necessidade do envolvimento masculino como forma de contribuir para o aumento da participação feminina. Em 2018, o Ministério da Saúde reafirmou o seu compromisso nesta temática ao desenhar e disponibilizar as Directrizes para o Engajamento dos Homens nos Serviços de Saúde.

Progressos nos programas de saúde materno-infantil

Nos anos 70, o governo de Moçambique adoptou o Programa de Proteção Materno-Infantil (PPMI), que tinha como objectivo principal reduzir a mortalidade materna e infantil, concentrando-se na assistência à saúde da mulher, no ciclo gravídico-puerperal imediato, e da criança, no período neonatal (Lourenço e Tyrrel, 2009). Nos anos 80, nota-se um compromisso mais ampliado do governo que se compromete a melhorar a condição da saúde da mulher e da criança. O anterior Programa de Proteção Materno-Infantil era concebido de forma avançada como o Programa de Saúde Materno Infantil, com o objetivo não só de reduzir a mortalidade materna e infantil, mas também de abranger a prevenção da morbilidade, incluindo consultas pós-parto e sessões de planeamento familiar (Lourenço e Tyrrel, 2009; MISAU, 2010).

A partir da década de 90, a Assistência à Saúde Materno-Infantil é inserida no Programa Nacional Integrado de Saúde Materno-Infantil/Planeamento Familiar (SMI/PF) Programa Alargado de Vacinações (PAV) e Saúde Escolar e de Adolescente (SEA). Esta perspectiva objectivava

> reduzir a morbimortalidade materna, infantil e juvenil assim como de crianças em idade escolar e adolescentes, promovendo as práticas necessárias para uma vida saudável, através de intervenções integradas preventivas e curativas, a serem desenvolvidas desde a comunidade até aos níveis de referência do Serviço de Saúde, dirigidas especialmente para as doenças e as situações que mais contribuem para a morbimortalidade e que prejudiquem o desenvolvimento individual e social, priorizando os indivíduos e grupos mais vulneráveis (Lourenço e Tyrrel, 2009).

Estas mudanças foram impulsionadas pelas recomendações vindas da Conferência da População e Desenvolvimento (ICPD), em 1994, na cidade de Cairo, relacionada a saúde reprodutiva e o desenvolvimento dos povos. Assinala-se também que é a partir dessa conferência que o homem passa a ser visto como um parceiro essencial nos programas de saúde, em particular, nos serviços de saúde sexual e reprodutiva (Onyango *et al.*, 2010).

Apesar de ter trazido ao relevo a necessidade do envolvimento masculino em questões de saúde sexual e reprodutiva, o ICPD não foi seguido de muitas mudanças práticas. Globalmente, muitas acções e pesquisas voltadas a sexualidade dos adolescentes, a violência, o aborto e a contracepção foram realizadas;

porém, o foco nas mulheres ainda era prevalecente (Hardon *et al.*, 2001; Pedro *et al.*, 2017). Essa tendência manteve-se na definição dos Objectivos de Desenvolvimento do Milénio (ODM). A omissão da participação masculina tem sido, em parte, apontada como um dos factores que contribuíram para a manutenção das altas taxas de mortalidade materno-infantil.

Em Moçambique, o rácio de mortalidade materna, apesar de mostrar reduções significativas, continuou elevado, tendo passado de uma estimativa de 690/100 000 nados-vivos, em 1994-95 (IDS, 1997, dado não publicado), para 408, em 2001-2002 (IDS, 2003). Os dados do MISAU (2009) indicavam que 11 mulheres continuavam a morrer por dia e 3840 por ano, devido a complicações relacionadas com a gravidez e o parto (MISAU, 2009). Actualmente, o rácio de mortalidade materna situa-se nos 408/100 000 nados-vivos (IDS, 2011; PORTAL DO GOVERNO, 2020); porém, o governo prevê uma redução para 272 mortes maternas por cada 100 mil nados-vivos, até 2023 (PORTAL DO GOVERNO, 2020), o que ainda é um número elevado.

É devido a esses índices que a Estratégia de Planejamento Familiar e Contracepção 2010-2015 (2020), enaltece o planeamento familiar (PF) como elemento chave para a melhoria da saúde da mulher e da criança (MISAU, 2010). Concebe-se que este possa contribuir de forma significativa para a diminuição das mortes na gravidez, no parto e no pós-parto (Pedro *et al.*, 2016).

Apesar das ações em curso, os dados demonstram que Moçambique apresenta a terceira taxa contraceptiva mais baixa da África Oriental, depois do Sudão do Sul, com 4 %, e da Eritreia, com 8 % (*apud* Pedro *et al.*, 2016). Uma das razões apontadas para as baixas taxas contraceptivas no país deve-se não só à recusa dos homens em apoiarem as parceiras no uso dos serviços de PF (Mboane e Bhatta, 2015), mas também à racionalidade de catástrofes que assola a realidade da grande parte das mulheres moçambicanas. Num estudo realizado pela Capurchande *et al.* (2017), algumas mulheres consideram a reprodução como um mecanismo de auto-protecção, pois o amanhã é sempre incerto, um filho pode morrer e outro desenvolver algum tipo de deficiência; para evitar a vulnerabilidade, é necessário ter muitos, pois, pelo menos um irá cuidar da mãe quando ela não já não puder cuidar dela própria.

Como forma de alcançar as subjectividades masculinas no que concerne ao planeamento familiar, no Sul de Moçambique, foi feito um estudo que procurou compreender as percepções dos homens sobre a temática. O estudo constatou que muitos homens não concebiam a necessidade de fazer parte do processo de PF, tendo o papel exclusivo de autorizar as mulheres a aderirem aos serviços. Para eles, os serviços são exclusivamente para as mulheres, por serem elas as que engravidam, logo, serem elas as responsáveis por gerir a utilização de contracetivos (Pedro *et al.*, 2016)[2].

Essas perceções reforçam a constatação de Pinheiro e Couto (2008) de que a socialização masculina que dá privilégios aos homens os torna, ao mesmo tempo, prisioneiros e vítimas da representação dominante. No campo da saúde, como forma de demonstrar o poder, os homens reprimem as suas necessidades de saúde e recusam-se a admitir dor ou sofrimento, negando fraquezas ou vulnerabilidades, pois, ser homem, é estar em constante exercício da masculinidade (Gomes, 2012), o que coloca em risco os próprios e os outros. No imaginário masculino, muitas vezes, os cuidados de saúde são vistos como prioridade feminina e, uma vez que a masculinidade é construída em oposição ao feminino, a recusa em envolver-se nos serviços de saúde apresenta-se como constituinte da masculinidade (Pinheiro e Couto, 2008).

Entretanto, autores como Moreira *et al.* (2016) defendem que, para além da não adesão dos homens por motivos individuais e sociais, que se manifestam pela afirmação de uma masculinidade forte – que não se abala e não é vulnerável –, tem-se observado uma «invisibilização» dos homens nos serviços de saúde. Alves *et al.* (apud Moreira *et al.*, 2016) consideram que as equipas de cuidados de saúde primários não têm como foco, em geral, a população masculina. Essa constatação leva-nos a depreender que os próprios serviços de saúde, o delineamento das políticas públicas de saúde, a expectativa e os discursos dos profissionais podem constituir uma barreira ao envolvimento do homem nos serviços de saúde, factos que foram também reconhecidos na Estratégia de Planeamento Familiar e Contracepção 2010-2015 (2020).

Barreiras no engajamento dos homens nos serviços de saúde

Pretendo, de forma mais explícita, assinalar algumas barreiras no envolvimento dos homens nos serviços de saúde e, em particular, nos serviços de saúde materno-infantil. O termo «barreira» deve ser entendido neste texto como todos os factores ou razões que impedem os homens de aderir aos serviços de saúde materno-infantil. Essas barreiras são categorizadas como (i) culturais, (ii) estruturais, (iii) institucionais (iv) e políticas e podem ter polos de divergência, mas, geralmente, nota-se uma interssecção entre elas, como passo a demonstrar.

Começo pelas barreiras culturais, que são aqui entendidas como todas as formas de impedimento derivantes das relações sociais quotidianas que

2 Constatações similares podem ser encontradas no estudo da Capurchande *et al* (2017).

estruturam as masculinidades e feminilidades em determinada sociedade e cultura. Em vários contextos sociais, existe a crença de que a função de cuidar da casa e das crianças é das mulheres e que o homem desempenha exclusivamente o papel de provedor (Fotso *et al.*, 2015; Ganle e Dery, 2015; August *et al.*, 2016; Davis *et al.*, 2016; Pedro *et al.*, 2016; Manda-Taylor *et al.*, 2017). Um estudo realizado por Nkandawire e Hendriks (2018) numa região rural do Malawi constatou a existência de crenças de que a gravidez e os cuidados infantis, incluindo aspectos nutricionais, eram tarefas exclusivas das mulheres, o que pode gerar um estigma na vida dos homens que decidam envolver-se nelas. Percepções similares são trazidas por Ganle e Dery (2015) no contexto ganês, Fotso *et al.* (2015) na Índia e Sitefane *et al.* (2020) em Moçambique, onde constataram a existência da crença social de que os homens que acompanham as suas esposas/parceiras aos serviços de saúde são dominados por elas. Além disso, considera-se que o tempo que perdem nos serviços de saúde deveria ser canalizado para outras funções mais produtivas. São ideias como essas que os levam a só se envolver nos cuidados de saúde das mulheres em caso de dificuldades de parto ou, até, de cesariana.

Nos diálogos estabelecidos com os profissionais de saúde dos distritos de Nampula, para além das barreiras já indicadas, acrescentaram-se outras, tais como a poligamia, que fazia com que os homens não prestassem atenção e acompanhamento às parceiras. Além disso, as próprias mulheres sentem-se constrangidas, pois ao envolverem os seus parceiros, poderão passar a ideia de que são dominadoras, colocam os maridos na garafa e são feiticeiras, de entre outras conotações negativas capazes de desestabilizar o lar. Davis *et al.* (2016) sinalizam outro aspecto, que é o desejo de confidencialidade da parte de algumas mulheres e que os serviços de saúde não fornecem. E isso é essencial, porque apesar de se advogar o engajamento masculino, este não pode funcionar, de forma alguma, como um mecanismo de constrangimento das mulheres que buscam os serviços de saúde. Existem casos em que as próprias mulheres, por várias razões, preferem a confidencialidade. Nessas situações, é essencial respeitar a sua decisão, de modo a evitar-se efeitos contrários aos propósitos buscados.

Em Moçambique, em várias unidades sanitárias (US), têm sido notáveis os efeitos indesejáveis na abordagem do engajamento masculino, que merecem a devida atenção da parte das autoridades de saúde. Em diferentes US, passou a ser obrigatório e compulsivo que as mulheres estejam acompanhadas dos seus parceiros, principalmente, na primeira consulta de gravidez, caso contrário, poderão ser impedidas de aceder aos serviços[3]. Apesar de advogarmos o engajamento masculino, consideramos essa abordagem problemática e discriminatória por desmerecer a autonomia do corpo da mulher, desvalorizar e, até, ser uma tentativa de controlar os seus direitos sexuais e reprodutivos, além de desconsiderar a existência de mulheres-mães que não continuam nos relacionamentos que originaram a criança ou estejam em situações de conflito que tornam a presença do parceiro/esposo um atentado à sua integridade.

Existem também as barreiras institucionais, que consideramos serem todos os contrangimentos institucionalmente impregnados, que limitam ou proíbem uma maior participação. No contexto da saúde, essas barreiras estão, em parte, relacionadas com a atitude das/dos profissionais de saúde que, por vezes, reforçam a estigmatização e a marginalização dos homens que buscam pelos serviços de saúde materno-infantil (Ganle e Dery, 2015; Manda-Taylor *et al.*, 2017) por também terem enraizado a concepção de que esses serviços se destinam apenas às mulheres. Os profissionais de saúde com os quais interagi reportaram que em situações em que o homem busca por serviços sem a esposa/parceira, é comum perguntarem-lhe onde ela se encontra – o que é raro quando é o inverso. Outro facto registado é que mesmo em situações em o casal está presente, as atenções continuam voltadas para a mulher, ou seja, é para ela que é direcionada a explicação sobre os cuidados a serem tidos, e não raras vezes os homens não podem entrar na consulta, solicitando-se que aguardem do lado de fora.

Além destas barreiras, existe ainda a longa espera na busca pelos serviços. Diante da concepção de homem provedor que deve ocupar o seu tempo em tarefas com retorno financeiro, a demora na recepção dos serviços impede os homens de participarem de forma efectiva (Fotso et al, 2015; Manda-Taylor et al, 2017). Os profissionais de saúde com os quais trabalhei também se pronunciaram nos seguintes termos:

> Uma outra coisa que limita um pouco o trabalho é a mistura dos serviços. Por exemplo, um hospital pode misturar consulta de criança sadia, TARV e outros serviços levando muito tempo para o atendimento (Profiss. Nacala-à-Velha).

No que respeita a permitir que os maridos/parceiros das mulheres assistam aos partos, os profissionais consideram o seguinte inconveniente:

> As maternidades não têm espaços suficientes e não têm serviços privados, colocando em causa a privacidade das mulheres, porque, às vezes, dois ou três partos estão a decorrer (Profiss. Monapo).

---

3 Há relatos de homens que ficam ao redor das unidades sanitárias para serem alugados como acompanhantes das mulheres que buscam pelos serviços sozinhas.

Existem, também, barreiras estruturais, que consideramos serem os constrangimentos resultantes de desigualdade no acesso a bens sociais primários para a reprodução socio-ecónomica e política dos indivíduos. Para a discussão em curso, trata-se da distância entre as unidades sanitárias e grande parte da população, agravada pela inexistência de meios de transporte ou a fragilidade dos serviços de transporte existentes (Ganle e Dery, 2015; Manda-Taylor, 2017). Em Moçambique, de acordo com Pfeiffer (2018), a média de tempo para aceder a uma unidade sanitária é 45 minutos, principalmente, nas zonas rurais. Os homens que têm meios para se deslocar às unidades sanitárias, deparam-se com a barreira institucional que é a deficiente preparação dos provedores para trabalhar com eles (Davis *et al.*, 2016). Conforme declarou um dos profissionais de saúde numa das oficinas, «nós não temos protocolo para o trabalho com os homens». Como assinalam Davis *et al.* (2016), a falta de treinamento dos profissionais de saúde nestas matérias torna-os inseguros no atendimento direcionado para casais durante as visitas clínicas, particularmente, no que diz respeito à saúde sexual e reprodutiva.

Ainda sobre as barreiras estruturais, é perceptível que, devido à cultura patriarcal dominante no país, as mulheres com empregos formais tendem a solicitar tempo para as consultas de saúde da mulher e da criança, mais do que os homens na mesma condição. Esse facto está interligado com a concepção dominante de o cuidado estar associado à feminilidade e não à masculinidade.

Por último, temos as barreiras relacionadas com as políticas públicas, que são poucas ou nenhumas, fragmentadas, unilaterais, dúbias, discriminatórias ou omissas. No campo da saúde, existe um vazio de políticas, estratégias e programas direcionados para os homens. Quando mencionados, os homens são encarados de forma utilitária e não como sujeitos de direito a saúde (Lyra *et al.*, 2012), isto é, como pessoas que apoiam os cuidados de saúde das mulheres e das crianças, mas que dispensam esses cuidados para si próprios – que é também a tónica deste capítulo, apesar de assinalarmos a necessidade de tê-los como sujeitos. Essa abordagem, embora essencial, permite uma fraca socialização dos homens nos serviços, o que torna mais complexo engajá-los.

O nosso país só passou a ter uma directriz para o engajamento dos homens nos serviços de saúde em 2018. Por ora, ainda não existem políticas de saúde integral dos homens. Essa quase ausência masculina nos planos de saúde em geral também pode contribuir para o menor envolvimento dos homens nos serviços de saúde materno-infantil – o que implica que os homens devem ser socializados desde cedo a serem sujeitos de cuidados de saúde, começando pelos cuidados próprios, de forma a melhor prestarem cuidados aos outros.

Pensar em políticas de estímulo dos homens nos cuidados de saúde não requer o foco, apenas neste campo. Deve ser uma abordagem multissectorial, porque mesmo que os serviços de saúde se abram para os homens, se as barreiras culturais, institucionais e estruturais se mantiverem, o défice persistirá. A título de exemplo, em 2010, Moçambique deu um grande avanço, aprovando a lei[4] que estende a licença de paternidade de um para sete dias. Apesar de serem poucos dias, em comparação com os 90 dias para as mulheres – o que reforça a ideia de que o cuidado das crianças é uma tarefa feminina –, a aprovação desta lei constituí mais um passo na promoção da igualdade de género. Um dos aspectos problemáticos e bastante discutidos sobre a lei é o facto de ela se direccionar exclusivamente para a função pública, negligenciando outros sectores. Apesar de tudo, não deixa de constituir um grande passo para a implementação das medidas – até pelos sectores não contemplados.

Os profissionais de saúde e o trabalho com os homens em Nampula

A Rede HOPEM realizou, nos meses de Fevereiro e Março de 2020, duas oficinas com profissionais de saúde que incluíam médicos-chefe, profissionais de saúde da comunidade, enfermeiras de saúde materno-infantil (SMI) e tomadores de decisões de 4 distritos de Nampula, nomeadamente, Nacala-Porto, Nacala-à-Velha, Monapo e Mossuril, com a temática "Género, Masculinidades e Engajamento dos Homens nos Serviços de Saúde". O mesmo teve como objectivo conscientizar os profissionais de saúde sobre a importância do envolvimento dos homens nos serviços de saúde. Ao todo, foram envolvidos 15 profissionais e cada oficina teve a duração de três dias.

A oficina iniciou-se com a discussão sobre género e masculinidades. O debate sobre género já era relativamente conhecido por estes profissionais. A temática das masculinidades e o trabalho com os homens era pouco dominada. Embora alguns soubessem da existência da «Directriz para o envolvimento dos homens nos serviços de saúde», nenhum dos participantes havia estabelecido um encontro com os conteúdos da mesma e tinha orientação para o uso, o que indicou a existência de um vazio entre o desenho de instrumentos, sua divulgação e implementação. É também indicativo de que o desenho de instrumentos não é por si suficiente. Devem existir esforços adicionais visando a partilha dos mesmos com as principais partes interessadas e orientação clara sobre o uso dos mesmos de modo que os objectivos que fundamentam a sua criação sejam alcançados.

4 Lei no 10/2017 de 1 de Agosto

Embora os participantes nunca tivessem tido apriori um debate sobre o envolvimento masculino nos serviços de saúde, foi perceptível nos discursos destes a importância dada ao trabalho com os homens:

> É a primeira vez que estou a discutir o envolvimento masculino nos serviços de saúde. Todas vezes que discuti sobre saúde era sobre a saúde da mulher. Numa sociedade machista como a do Mossuril, considero que muitas mudanças podem acontecer neste homem e na melhoria dos cuidados de saúde da mulher, considerando que em Mossuril, que é zona do litoral as mulheres não tem o poder de tomada de decisão (Profiss. Mossuril).

Questionamos aos participantes se tinham alguma ideia de como envolver os homens nos serviços de saúde. Um participante respondeu nos seguintes termos:

> O envolvimento masculino para mim é algo novo, considero que temos um longo caminho por percorrer. Tenho muito que aprender pois, ainda não sei tanto como envolver. Mas eu espero muito ver o homem envolvido nos serviços de saúde. Eu pude participar bastante no processo da gravidez e nascimento do meu filho, confesso que foi muito bonito (Profiss. Nacala-Porto).

Outra participante pronunciou-se nos seguintes termos:

> Há falta de protocolos para o envolvimento masculino. Particularmente não saberia o que dizer a um homem que vem aos nossos serviços, por isso mandamos ficar fora. O único momento que conversamos com os homens é para a testagem do HIV (Profiss. Monapo).

Diante das dificuldades demonstradas pelos profissionais para orientação aos homens, diálogos a terem com aqueles que acompanham as mulheres grávidas, solicitamos que os mesmos realizassem um exercício que consistia em pensar em envolver os homens nos cuidados de higiene da mulher grávida, cuidados durante a gravidez e no pós-parto. Colocamos em um quadro algumas necessidades que as mulheres podem ter nos momentos referenciados e solicitamos que os profissionais preenchessem a direita as possíveis formas de participação masculina. Os principais resultados encontram-se nas tabelas que seguem.

A partir das respostas dadas pelos profissionais de saúde, pode-se depreender que existem múltiplas possibilidades de envolvimento e participação dos homens na vida da mulher grávida e da criança nascida. O essencial é que estes papéis sejam divulgados e que os homens sejam orientados e apoiados. As unidades sanitárias podem servir de epicentros para as orientações. Os comités de saúde, de co-gestão em saúde, o Agentes Polivalentes Elementares (APE) e outros activistas, também podem ser potencializados no

Tabela 1. Higene

Mulher	Homem
Lavar as mãos com sabão e cinza	*Disponibilizar água e sabão*
Garantir que os seus seios estejam sempre limpos antes de amamentar	*Estar sempre presente e lembrar a parceira de lavar os seios antes de amamentar*
Colocar cinzas na latrina para reduzir o odor	*Colocar cinzas na latrina para prevenir o odor*
Fazer higiene corporal	*Buscar água e colocar na casa de banho; garantir a existência de sabão.*

Tabela 2. Durante a gravidez

Mulher	Homem
Ir às consultas pré-natais	*Participar activamente nas consultas pré-natais*
Alimentar-se de comida saudável e nutritiva	*Comprar e confeccionar os alimentos*
Dormir protegida por uma rede mosquiteira para a prevenção da malária	*Esticar a rede; manter a higiene da rede e tudo em volta*
Descansar muito	*Colaborar nas tarefas domésticas para que a parceira descanse*
Evitar realizar trabalhos pesados	*Colaborar na realização das tarefas pesadas*
Viver numa casa sem violência física e psicológica	*Dar muito amor, carinho e respeito à parceira*
Tomar suplementos de ferro e ácido fólico para a prevenção da anemia	*Apoiar na toma dos suplementos, lembrando as horas e levando-lhos*

sentido de sensibilizar as comunidades para o envolvimento dos homens na melhoria da qualidade de vida não só da mulher e da criança, mas também deles próprios e da família.

Considerações finais

O engajamento masculino nos serviços de saúde é fundamental sob duas perspectivas: a primeira é utilitária, e consiste em apoiar a mulher/parceira; a segunda tem-no como sujeito de saúde. Desconstruir o senso comum do homem forte, provedor, sem fragilidades é um dos passos para ter o homem

Tabela 3. Pós-parto

Mulher	Homem
Amamentar exclusivamente durante os primeiros três meses	*Contribuir para as tarefas domésticas (trocar as fraldas do bebé, lavar a roupa, dar banho)*
Depois dos seis meses, introduzir alimentos diversificados e com consistência, como milho, feijão e abóbora	*Fazer a papa do bebé; contribuir para a disponibilização de alimentos; alimentar a criança; lavar o material do bebé*
Vacinar o bebé	*Participar no acompanhamento do bebé para as consultas de vacinação.*
Levar o bebé a consultas de controlo do crescimento nas unidades sanitárias	*Participar no acompanhamento do bebé nas consultas de controlo do crescimento nas unidades sanitárias*
Usar contraceptivos	*Apoiar na escolha do método ideal para o casal*

nos serviços de saúde. Concomitantemente é essencial que os serviços de saúde sejam amigáveis e compreensivos para com o homem que a eles for a aproximar-se. Precisa-se também derrubar as barreiras estruturais e em termos de políticas públicas.

As experiências de trabalho com os profissionais de saúde em Nampula demonstraram que estes ainda não têm orientação para o trabalho com os homens. Deste modo, é fundamental providenciar treinamentos para os profissionais de saúde sobre masculinidades e envolvimento dos homens nos serviços de saúde. Por último, considero que ter instrumentos para o engajamento masculino nestes serviços não é suficiente, é fundamental que os instrumentos sejam socializados para melhor implementação.

Referências bibliográficas

August, F. et al. (2016), *Community health workers can improve male involvement in maternal health: evidence from rural Tanzania*, Tanzania, Glob Health Action.

Capurchande, R. et al. (2017) «If I have only two children and they die… who will take care of me? – A qualitative study exploring knowledge, attitudes and practices about family planning among Mozambican female and male adults», BMC Women's Health, p.17-66,

Cuinhane, C. E. et al. (2017) «HIV-Positive Men Involvement in Pregnancy Care and Infant Feeding of HIV-Positive Mothers in Rural Maputo Province, Mozambique», *ARC Journal of AIDS*, volume 2, n.º 2, p. 1-19.

Davis, J. et al. (2016) «Male involvement in reproductive, maternal and child health: a qualitative study of policymaker and practitioner perspectives in the Pacific», *Reproductive Health*, p.13:81.

Foucault, M. (2013) *Microfísica do poder*, São Paulo, Graal.

Fotso, J. C. et al. (2015) «Male engagement as a strategy to improve utilization and community-based delivery of maternal, newborn and child health services: evidence from an intervention in Odisha, India», BMC Health Services Research, vol.15, s/p.

Gomes, R. (2012) *Sexualidade masculina, gênero e saúde,* 2.ª reimpressão, Rio de Janeiro, Editora Fiocruz.

Ganle, J. K., e Decy, Isaac (2015) «What men don't know can hurt women's health: a qualitative study of the barriers to and opportunities for men"s involvement in maternal healthcare in Ghana», *Reproductive Health,* vol. 12, nº93, p.12-93.

hooks, b. (2019) *Teoria feminista: da margem ao centro*, São Paulo, Perspectiva.

Lourenço, M. A. E., Tyrrel, M. A. R. (2009) "Programas de saúde materno-infantil em Moçambique: marcos evolutivos e a inserção da enfermagem", *Esc. Anna Nery*, vol. 13 n.º 3, s/p.

Lyra, J. et al. (2012) «Homens e gênero: desafios na construção de uma agenda de política de saúde», in *Saúde do Homem no SUS*, Boletim do Instituto de Saúde, vol. 14, n.o 1.

Lei n.º 10/2017 de 1 de Agosto.

MISAU (2010) *Estratégia de Planeamento Familiar e Contracepção*, 2010-2015 (2020), Maputo, MISAU.

MISAU (2011) *Política Nacional de Saúde e Direitos Sexuais e Reprodutivos,* Maputo, MISAU.

MISAU, INE e ICF International (2013), *Moçambique: Inquérito Demográfico e de Saúde 2011*, Maputo, MISAU, INE, ICF International.

Mboane, R., M. Bhatta (2015) «Influence of Husband's healthcare decision making role on a woman's intention to use contraceptives among Mozambican women», *Reprod Health*, vol. 12, n.º 36.,

Moreira, Marta, C. N. e al. (2016) *E agora o homem vem?! Estratégias de atenção à saúde dos homens,* Cad. Saúde Pública, vol.32, nº4.

Manda-Taylor, L. e al. (2017) «Changing times? Gender roles and relationships in maternal, newborn and child health in Malawi», *BMC Pregnancy and Childbirth*, vol.17, nº321.

Mkandawire, E., S. Hendriks (2018) «A qualitative analysis of men's involvement in maternal and child health as a policy intervention in rural Central Malawi», *BMC Pregnancy and Childbirth,* vol.18, nº37.

Onyango, M. A. et al. (2010) «Factors that Influence Male Involvement in Sexual and Reproductive Health in Western Kenya: A Qualitative Study», *African Journal of Reproductive Health*, vol.14, nº4.

Pinheiro, Thiago F., Couto, Márcia T. (2008) «Homens, masculinidades e saúde: uma reflexão de gênero na perspectiva histórica», *Cadernos de História da Ciência*, vol. 4, nº1.

Pedro, Vânia M. et al. (2016) «Percepções e experiência dos homens sobre o planejamento familiar no Sul de Moçambique», *Physis Revista de Saúde Coletiva,* vol.26, nº4, p.1313-1333.

PORTAL DO GOVERNO, https://www.portaldogoverno.gov.mz/por/Imprensa/Noticias/ Governo-pretende-reduzir-as-taxas-de-mortalidade-materna-e-neonatal-ate-2023, acedido a 28 de Junho de 2020, às 21:37

Sitefane, G. G. et al. (2020) «Do male engagement and couples' communication influence maternal health care-seeking? Findings from a household survey in Mozambique», *BMC Pregnancy and Childbirth,* vol.20, nº360.

TERCEIRA PARTE

Política Agrária, Meios de Subsistência, Movimentos sociais e Meio Ambiente

CAPÍTULO UM

A insegurança alimentar em Moçambique: entre o discurso populista e os caminhos para a soberania alimentar

Máriam Abbas

Introdução: a questão da segurança alimentar nos países em desenvolvimento

Os países em desenvolvimento, como Moçambique, são os mais susceptíveis e vulneráveis à desnutrição crónica e à insegurança alimentar, devido aos elevados índices de pobreza, a grande dependência das formas de susbsistência nos recursos naturais (terra, água, florestas, etc.), a sua vulnerabilidade a choques climáticos (como a ocorrência de secas, cheias, ciclones, etc.) e a limitada capacidade de adaptação para fazer face aos impactos produzidos por tais choques. A maior parte da população que sofre de desnutrição crónica no mundo vive nos países em desenvolvimento, sendo a África Sub-Sahariana a região com a maior prevalência de fome (FAO, IFAD e WFP, 2015).

A pobreza e a fome estão directamente relacionadas, dado que a falta de rendimento monetário para a obtenção de alimentos e produtos essenciais contribui para insegurança alimentar. A fome contribui para a pobreza uma vez que diminui a produtividade do trabalho, deteriora a saúde e diminui os rendimentos escolares (Borras, 2009; Dixon, Gulliver, e Gibbon, 2001).

A alimentação adequada é um direito humano básico a ser assegurado a todos os cidadãos e cidadãs. É entendido como sendo o direito de qualquer pessoa estar livre da fome e ter uma alimentação adequada e digna. O direito à alimentação adequada tem uma interligação com a segurança alimentar, na medida em que a verificação deste e outros direitos humanos devem ser respeitados (Joala *et al.*, 2020). A Declaração de Roma (1996) sobre a segurança alimentar refere que é obrigação de cada Estado, lutar contra a fome, através da adopção de medidas que permitam reduzir também a desnutrição e a insegurança alimentar, mesmo em caso de desastres naturais ou outras emergências.

Depois das suas independências, muitos países africanos passaram a tomar a agricultura como sector prioritário. Assim, a autossuficiência alimentar – vista como a capacidade de um país de satisfazer as necessidades de consumo da sua população, através da respectiva produção interna e/ou da importação

Mario Macilau

de bens alimentares financiados pelas correspondentes exportações (Avillez, 2013) – estava no topo de todas as agendas políticas, focando essencialmente no apoio à produção comercial e familiar de produtos agrícolas básicos. Acreditava-se que a autossuficiência alimentar bastava para garantir a segurança alimentar. Este argumento veio porém a ser questionado por Sen (1981).

Dados históricos mostram-nos que o problema da fome não é apenas uma questão de oferta insuficiente de alimentos, estando extremamente relacionada com a pobreza, os conflitos, nutrição e cuidados de saúde precários, e mais ainda com quadros políticos e sociais inadequados no que se refere à proteção das pessoas contra a fome. Grande parte das medidas adoptadas pelos Governos falhou ou não produziu os resultados esperados, com efeito limitado sobre os níveis de insegurança alimentar, em particular nos países mais pobres. Amartya Sen refere que o quadro de políticas falhadas, erróneas e inconsistentes tem sido o principal motivo dos elevados níveis de insegurança alimentar, sendo responsável pela morte de milhões de pessoas no mundo.

A agricultura continua, em muitos países africanos, a ser afirmada como uma prioridade dos Governos. Em 2003 os países integrantes da União Africana ratificaram a Declaração de Maputo, comprometendo-se a alocar pelo menos 10 % dos orçamentos nacionais à agricultura. Em Moçambique, o papel da agricultura continua ainda muito presente nos discursos políticos. Embora nos últimos anos se tenha verificado uma subida ligeira na alocação de recursos para o sector agrário, esta continua ainda aquém dos 10 % acordados, sendo que nos últimos 15 anos, o orçamento público total destinado ao sector foi, em média, de 4 % (Mosca e Nova, 2019). Ou seja, essa prioridade em relação ao sector agrário não passa de um discurso populista, não se verificando a sua veracidade na realidade.

A segurança alimentar e a pobreza em Moçambique

Moçambique é considerado um dos países mais pobres do mundo, com cerca de 46 % da sua população vivendo abaixo da linha da pobreza, sendo esta maior no meio rural (50 %) em relação ao urbano (37 %) (MEF, 2016). Em termos espaciais, a pobreza está concentrada maioritariamente no Norte (55 %) e Centro do país (46 %) (MEF, 2016).

A maior parte da população moçambicana vive no meio rural, tendo a agricultura como sua principal fonte de emprego, rendimento e subsistência (aproximadamente 70 % da população). Cerca de 24 % dos agregados familiares em Moçambique estão em situação de insegurança alimentar crónica (cerca de 1 150 000 famílias) e 3,5 % das famílias estão em situação de insegurança alimentar aguda (168 000 famílias) (SETSAN, 2014). Dados do último relatório do estudo de base de Segurança Alimentar e Nutricional indicam que, à semelhança da pobreza, a insegurança alimentar também está maioritariamente concentrada no meio rural (cerca de 27 % dos agregados familiares) em relação às zonas urbanas (18 %) e nas regiões Centro e Norte do país, onde é também o epicentro da produção agrícola, sendo os grupos mais vulneráveis aqueles que dependem do trabalho informal ocasional, assistência alimentar e da esmola, e os agregados familiares que estão envolvidos e dependentes somente da produção e comercialização da produção agrícola e pecuária.

Existe uma elevada taxa de desnutrição crónica, afectando cerca de 43 % das crianças com menos 5 anos de idade, maior nas zonas rurais que nas urbanas, crescendo do Sul para o Norte, isto é, das zonas de maior consumo para as de maior produção, das zonas mais desfavoráveis para as mais favoráveis para a produção, das zonas mais pobres para as zonas mais ricas em recursos naturais. Este é um padrão consistente com outros indicadores dos desequilíbrios regionais em termos de níveis de pobreza-consumo, infra-estruturas económicas e sociais.

Os possíveis factores que explicam este paradoxo podem estar relacionados com a existência de zonas urbanas de maior rendimento monetário, preços de bens essenciais subsidiados, maior disponibilidade de alimentos devido à importação e dietas alimentares diversificadas (Abbas, 2017).

Tabela 1. Proporção da população que se dedica à actividade agro-pecuária, em insegurança alimentar crónica, desnutrição crónica e pobreza, por província

Província	Actividade agro-pecuária	Insegurança alimentar crónica	Desnutrição crónica	Pobreza
Niassa	81 %	30 %	48 %	61 %
Cabo Delgado	76 %	19 %	52 %	45 %
Nampula	86 %	23 %	50 %	57 %
Zambézia	87 %	27 %	47 %	57 %
Tete	92 %	33 %	43 %	32 %
Manica	91 %	25 %	42 %	41 %
Sofala	79 %	22 %	41 %	44 %
Inhambane	76 %	21 %	26 %	49 %
Gaza	69 %	21 %	29 %	51 %
Maputo Província	36 %	20 %	23 %	19 %
Maputo Cidade		11 %	32 %	12 %

Fonte: (MASA, 2016; MEF, 2016; e SETSAN, 2014). Compilação da autora.s

A segurança e autossuficiência alimentar em Moçambique: um discurso populista e falacioso

O papel do sector agrícola na promoção do desenvolvimento económico, na redução da pobreza e na melhoria da segurança alimentar é amplamente conhecido e discutido, sendo também reconhecido nos discursos políticos bem como nos meios legais e constitucionais, como sendo a Constituição da República e as diversas políticas públicas. O Programa do Governo refere à necessidade de assegurar, progressivamente, a autossuficiência alimentar, considerando a agricultura como base do desenvolvimento económico e social do país.

A segurança alimentar constitui o primeiro grande objectivo da Política Agrária de Moçambique de 1996, tendo se definido um conjunto de produtos principais, como o milho, a mapira, a mexoeira, os feijões, o amendoim e a mandioca, e a produção de proteína animal proveniente de ruminantes, necessários para se alcançar a autossuficiência e a segurança alimentar, assente essencialmente nos pequenos e médios produtores.

O discurso nacional, alinhado com o quadro internacional e a Agenda 2030 para o desenvolvimento sustentável[1], refere-se à intenção e empenho em alcançar

1 A Agenda 2030 é um plano de ação adotado pelos Governos que visa criar um modelo global para acabar com a pobreza,

121

os Objectivos de Desenvolvimento Sustentável (ODS), em particular o objectivo 2 que visa «acabar com a fome, alcançar a segurança alimentar e melhoria da nutrição e promover a agricultura sustentável» até 2030. É facto que a insegurança alimentar reduziu signifcativamente nas últimas duas décadas, de 56 % em 2003 para 24 % em 2015 (Carrilho, Abbas, Júnior et al., 2016). Conseguirá, Moçambique alcançar, no entanto, a fome zero até 2030? *Ibidem.* referem que o sucesso no alcance das metas estabelecidas para o alcance destes objectivos depende da priorização, planificação e aplicação de instrumentos de implementação locais definidos pelo Governo. Os discursos políticos apontam a necessidade de um conjunto de medidas e políticas, com a mobilização de todos os sectores de actividade do Estado para a execução dos ODS com índices satisfatórios.

Numa primeira fase, abordando a questão da autossuficiência alimentar, os discursos políticos apontam para uma autossuficiência alimentar no que se refere à alguns produtos essenciais como o milho e mais recentemente a produção viária. O discurso do presidente da República, Filipe Jacinto Nyusi, em Setembro de 2018, na inauguração do Centro de Reprodução de Ovos Férteis da Namaacha, província de Maputo, é particularmente optimista, referindo que a produção nacional avícola em 2015 cobria cerca de 87 % das necessidades de consumo, estando previsto um aumento dessa cifra em 2019, com uma meta de 128 mil toneladas, face a uma necessidade projectada de 96 mil toneladas. Lê-se ainda no discurso sobre o impacto positivo à nível da importação de frango e ovos (redução de 17 % em 2017, para frangos).

Um discurso que admite uma suposta autossuficiência alimentar é falacioso. É necessário fazer uma clara distinção do que se apresenta como necessidades de procura ou de mercado das necessidades alimentares que garantem ao indivíduo uma vida activa e saudável, contribuindo positivamente para a segurança alimentar. Pode, eventualmente, afirmar-se que a procura de alguns bens essenciais é satisfeita quase na totalidade pela oferta nacional desses produtos, sem com isso significar que as necessidades alimentares sejam satisfeitas.

O gráfico mostra claramente que o país não é autossuficiente no que se refere as principais culturas básicas, com particular destaque para os feijões, o milho e o amendoim, cuja oferta nacional (produção + importação – exportação[2]) cobre apenas 20 %, 35 % e 54 % das necessidades alimentares do país, respectivamente. No caso do milho, destaca-se que cerca de 14 % da oferta nacional é proveniente de importação.

---

promover a prosperidade e o bem-estar de todos, proteger o ambiente e combater as alterações climáticas, integrando 17 Objetivos de Desenvolvimento Sustentável (ODS) a serem alcançados até 2030.

2 É de notar que a exportação de produtos alimentares é marginal, com algum destaque para o milho, alguns feijões e peixe.

Figura 1. Necessidades alimentares a nível nacional versus oferta nacional, 2015[3]

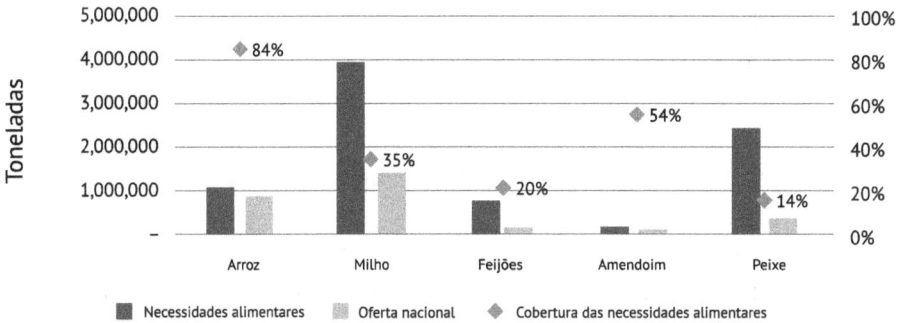

Nota: O cálculo das necessidades alimentares baseou-se na abordagem usada em Abbas (2017).
Fonte: MASA, op. cit.. MIMAIP, « Boletim Estatístico da Pesca e Aquacultura (2006-2017) », Maputo, Moçambique., 2017.
Compilado pela autora.

O peixe é o produto com maior défice alimentar, apenas 14% das necessidades alimentares do país são cobertas pela oferta nacional. Por outro lado, o arroz é o produto com menor défice alimentar, dado que a oferta nacional cobre cerca de 84 % das necessidades alimentares nacionais; no entanto, cerca de 85 % do arroz consumido no país é importado.

Relativamente à produção viária, embora os dados apresentados pelo Governo sejam animadores, verificou-se que em média, apenas 32 % dos agregados familiares consumiu carne de aves e ovos, sendo que essa proporção é maior na zona urbana (em média 47 %) que nas zonas rurais (24 %) SETSAN, *op. cit.* Ou seja, o aumento da produção não se traduz necessariamente num maior consumo por parte dos agregados familiares e, portanto, pode não ter efeitos significativos sobre a segurança alimentar. Evidentemente, não se deve negligenciar o facto de a comercialização de frangos e ovos possuir uma importante fonte de rendimento para os agregados familiares que, depois havendo acesso aos mercados, podem adquirir outros alimentos necessários e suficientes para uma alimentação nutritiva.

Dados do Fundo das Nações Unidas para a Agricultura e a Alimentação (FAO) indicam que, entre 2015 e 2017, em média, cerca de 27 % e 23 % da oferta nacional de carne de bovino e aviária, respectivamente, era importada.

---

3 Os dados mais recentes, disponíveis, referem-se ao Inquérito Agrícola Integrado de 2015.

A questão da soberania alimentar

Aqui, coloca-se a questão da soberania alimentar; sendo a soberania alimentar o direito de cada povo ou nação de manter e desenvolver a sua própria capacidade de produzir os alimentos básicos dos povos, respeitando a diversidade produtiva e cultural, tendo o direito de produzir a sua própria comida no seu próprio território e de forma autónoma; a soberania alimentar é uma pré-condição para a segurança alimentar genuína (La Via Campesina 1996 in Hoyos & D'Agostini, 2017).

Moçambique está ainda muito longe de alcançar a soberania alimentar. Mesmo com a importação de alimentos, o país é incapaz de satisfazer as necessidades alimentares da sua população. Moçambique é um importador líquido de alimentos, com as importações alimentares representando aproximadamente 95 % das importações agrícolas do país (Mosca e Bruna, 2012). A expressão «produz-se o que não se come e come-se o que não se produz» é frequentemente usada entre académicos para descrever o país (Nova, 2019). Os cereais, com destaque para o arroz e o trigo, representam quase metade do total de importações agrícolas do país. Por outro lado, as culturas de rendimento, como o tabaco, o açúcar e o algodão são os produtos agrícolas mais exportados (2001-2017), representando cerca de três quartos do total de exportações agrícolas *Ibidem*.

Adicionalmente, a produção de alimentos básicos por habitante (produção per capita), como a mandioca, o arroz, os feijões e o amendoim, tem sido decrescente, cobrindo, em média, apenas um terço das necessidades alimentares por habitante *Ibidem*. Máriam Abbas, *op. cit.*

A estrutura agrária actual, isto é a forma de acesso à terra e a sua exploração (tipo de culturas, intensidade no uso de tecnologia, formas de mão de obra, etc.), foca e beneficia essencialmente a produção de culturas de rendimento, marginalizando a produção interna de alimentos, sendo esta assegurada essencialmente por produtores de pequena escala para consumo próprio, comercializando os excedentes de produção no mercado, o que contribui para a persistência dos elevados índices de dependência externa alimentar e insatisfação das necessidades alimentares, contribuindo para o agravamento da insegurança alimentar no país.

A produtividade no sector agrícola nacional, em particular das culturas alimentares, é baixa, o que contribui para rendimentos baixos e níveis de produção insuficientes quando comparado às necessidades alimentares. Os baixos níveis de produtividade estão geralmente associados ao baixo uso de insumos e uso de tecnologias rudimentares de produção. Culturas de rendimento como o açúcar, o tabaco e o algodão têm registado aumentos de produtividade, que se deve essencialmente ao aumento do uso de insumos, assistência técnica e segurança de venda da produção sob contracto com empresas exportadoras; e, as hortícolas, que são produzidas essencialmente por produtores de média escala, geralmente utilizam sistemas de irrigação, usam insumos e têm fácil acesso aos mercados e ao crédito (Mosca, 2019; Mosca e Nova, 2019). Em geral, apenas 5 % do total dos produtores utilizam fertilizantes (90 % destinados ao tabaco e açúcar), 4,3 % dos agricultores tiveram, pelo menos, uma visita de um extensionista em um ano e 7,4 % dos agricultores utilizaram sementes melhoradas (Mosca, 2019).

Assim, agregados familiares que se dedicam essencialmente à produção de culturas de rendimento ou commodities estão geralmente mais integrados no mercado, com uso intensivo de insumos e uma produtividade alta. São também estes que apresentam maiores níveis de segurança alimentar (Kansiime, van Asten e Sneyers, 2018; Tittonell *et al.*, 2010). No entanto, estes representam um grupo pequeno de agricultores, sendo na sua maioria médios produtores.

A dificuldade de acesso ao mercado, principalmente por parte dos pequenos produtores de bens alimentares, torna difícil a articulação entre as zonas produtoras e consumidoras, devido principalmente à rede de estradas secundárias e terciárias precária e elevados custos de transporte. Este facto, aliado à fraca capacidade de armazenamento e processamento por parte dos pequenos produtores, leva a perda da produção, ou a venda da mesma nos circuitos mais próximos à preços extremamente baixos, afectando o rendimento obtido pelos produtores.

De uma forma geral, existe um conjunto de medidas e incentivos, seja por parte do Governo ou por parte de empresas privadas, que estão direcionadas ao sector agrícola de produção de culturas de rendimento. Isto, por si só, contribui para o actual estado de insegurança alimentar, que poderá ser agravado no futuro, a medida que os pequenos produtores – devido ao maior incentivo para a produção de culturas de rendimento – decidam produzir estas culturas, podendo a longo prazo e em busca de maiores rendimentos, fazer a substituição de culturas alimentares por culturas de rendimento, o que poderá colocar em causa a produção e disponibilidade de alimentos no país e comprometer a possibilidade de alcançar a soberania alimentar.

Caminhos para a soberania alimentar?

Contrariamente ao que referem os discursos políticos, não temos em Moçambique autossuficiência alimentar, menos ainda se pode falar de soberania e segurança alimentar. Os níveis de insegurança alimentar no país são consid- eravelmente altos, principalmente considerando a enorme vulnerabilidade do país e da população à choques externos, como sendo a ocorrência de even- tos climáticos extremos, crises económicas, financeiras e sanitárias.

Por exemplo, Moçambique é considerando um dos países africanos mais vulneráveis às mudanças climáticas, sendo o terceiro país africano mais ex- posto à riscos relacionados com o clima (World Bank, 2010). Entre 1956 a 2008, o país foi consideravelmente afectado por desatares naturais, sendo comum a ocorrência de secas, cheias, ciclones tropicais e epidemias (Queface, 2009). Estes eventos extremos afectam consideravelmente a população, com maiores impactos sobre os grupos mais vulneráveis – os mais pobres – que residem no meio rural, e dependem essencialmente da actividade agro-pecuária, e con- stituem já os grupos mais propensos a experimentar a insegurança alimentar.

No entanto, embora a ocorrência de eventos climáticos extremos e epi- demias contribua significativamente para a deterioração dos níveis de inse- gurança alimentar no país, este não constitui o centro ou a raiz do problema. A questão de insegurança alimentar é uma questão de políticas públicas. Ora vejamos, o desenvolvimento do sector agrícola contribui directamente para a melhoria da segurança alimentar, se concentrado nos actores-chave (peque- nos e médios produtores), através do: 1) aumento da produção de alimentos nutritivos para consumo próprio; 2) aumento da renda derivado da venda de produtos agrícolas e aumento da produtividade; 3) aumento do empodera- mento das mulheres, como sendo as principais responsáveis pela segurança alimentar e estado de saúde e nutritivo dos membros do agregado familiar; 4) preços mais baixos resultantes do aumento da produção, produtividade e da oferta; e 5) efeitos macroeconómicos positivos do crescimento agrícola, isto é, redução da pobreza, aumento do Produto Interno Bruto (PIB), entre outros (Massawe, 2017).

Desta forma, o primeiro passo para combater a insegurança alimentar seria garantir a existência de quantidades suficientes de alimentos nutritivos disponíveis no país. Sendo, portanto necessário criar medidas de incentivo ao aumento da produção e da produtividade de bens alimentares, através do uso de insumos e melhores condições de acesso ao crédito, assistência técnica, entre outros.

Um aumento da produtividade e da produção de alimentos estimula, por sua vez, uma maior integração no mercado, o que contribui para o aumento do rendimento do agregado familiar. Este rendimento pode ser usado tanto para reinvestir em técnicas de aumento da produtividade (insumos agrícolas e equipamentos), assim como para adquirir no mercado alimentos e outros produtos essenciais básicos para satisfazer as necessidades do agregado familiar. No entanto, para tal é necessário que os produtores tenham acesso aos mercados, de insumos agrícolas para venda da sua produção.

O investimento em infraestruturas, como uma rede de estradas em boas condições e aumento da capacidade de processamento e armazenamento, é essencial para melhorar a integração dos pequenos produtores no mercado e melhorar o rendimento. Uma maior oferta dos produtos alimentares, e melhores condições de acesso iria permitir uma aproximação de preços entre mercados, dando aos pequenos produtores melhores condições de negociação.

Embora os discursos políticos se refiram constantemente a melhoria da segurança alimentar como sendo uma prioridade do Estado, não existem políticas estruturadas, consistentes e efectivas sobre o assunto. As políticas públicas existentes, contemplam alguns destes aspectos, como sejam os subsídios à agricultura, no que se refere à energia, combustíveis, tarifas de água abaixo dos preços de mercado, tarifas aduaneiras nulas ou baixas na importação de equipamentos e insumos, crédito à taxas de juro subsidiadas, entre outros. No entanto, grande parte destas medidas está descoordenada e não abrange a maioria dos produtores, beneficiando essencialmente os médios e grandes agricultores e as elites agrícolas — a camada menos vulnerável (Mosca, 2019; Mosca & Abbas, 2016; Mosca, Amreén, & Dadá, 2014).

Actualmente, o país não possui reservas físicas nem financeiras para fazer face a situações de emergência, como a que se viveu em 2019 decorrente dos ciclones Idai e Kenneth, e hoje com a pandemia do COVID-19, recorrendo tradicionalmente à ajuda externa, através de doações, ajuda alimentar, entre outras formas. Garantir a segurança alimentar, pressupõe também a existência de reservas de bens para a estabilização dos preços, considerando, por um lado, a variabilidade sazonal e inter-anual no mercado interno e, por outro lado, as variações dos preços internacionais e as tendências de subida a longo prazo (Mosca, 2015). Além disso, é preciso garantir as condições necessárias e suficientes para a segurança alimentar ao longo do tempo, sendo a soberania alimentar uma condição necessária.

As medidas adoptadas pelo Governo devem ser abrangentes às camadas mais vulnerável da população, ou seja, aos pequenos produtores. Para além de aumentar e expandir as medidas existentes, é preciso definir critérios claros de elegibilidade, aplicação e implementação das medidas, bem como criar mecanismos de monitorização das políticas. Estas medidas devem também ser abrangentes no tempo por forma a produzir efeitos duradouros e de longo prazo.

Referências Bibliográficas

Abbas, M. (2017) Segurança Alimentar. *Auto-suficiência alimentar: mito ou verdade?*, Observador Rural no. 55, Maputo, Observatório do Meio Rural (OMR), https://omrmz. org/omrweb/publicacoes/or-55-auto-suficiencia-alimentar-mito-ou-verdade/, accessed 14 April 2020.

Avillez, F. (2013) 'Auto-suficiência alimentar: mitos e realidades', in Santos, J. L. et al. (eds) *O Futuro da Alimentação, Ambiente, Saúde e Economia*, Lisboa, Fundação Calouste Gulbenkian, pp. 112–122.

Borras, S. (2009) 'Agrarian change and peasant studies?: changes , continuities and challenges – an introduction', *The Journal of Peasant Studies*, vol. 36, no. 1, pp. 5–31. doi: 10.1080/03066150902820297.

Carrilho, J. et al. (2016) *Food Security and Nutrition Challenges in Mozambique*, Maputo, Observatório do Meio Rural (OMR).

Dixon, J., Gulliver, A. and Gibbon, D. (2001) *Farming Systems and Poverty: Improving Farmers' Livelihoods in a Changing World*, edited by Malcolm Hall, Rome and Washington D.C., FAO and World Bank.

FAO, IFAD and WFP (2015) *The State of Food Insecurity in the World 2015. Meeting the 2015 international hunger targets: taking stock of uneven progress*. Rome.

Hoyos, C. J. C. and D'Agostini, A. (2017) 'Segurança Alimentar e Soberania Alimentar: convergências e divergências', *NERA*, vol. 20, no.35, pp. 174–198.

Joala, R. et al. (2020) *Repensar a segurança alimentar e nutricional: Alterações no sistema agro-alimentar e o direito à alimentação em Moçambique*, Observador rural no. 84, Maputo, Observatório do Meio Rural (OMR).

Kansiime, M. K., van Asten, P. and Sneyers, K. (2018) 'Farm diversity and resource use efficiency: Targeting agricultural policy interventions in East Africa farming systems', *NJAS – Wageningen Journal of Life Sciences*, 85, pp. 32–41. doi: 10.1016/j.njas.2017.12.001.

Marques, M. *et al.* (2009) 'Assessing future impacts of climate change on land use and land cover: actual and potential agricultural land use', in Asante, K. *et al.* (eds) *INGC Climate Change Report: Study on the impact of climate change on disaster risk in Mozambique*, Maputo, INGC, pp. 89–117.

MASA (2016) *Anuário de Estatísticas Agrárias 2015*. Maputo, Moçambique.

Massawe, G. D. (2017) *Farming systems and household food security in Tanzania?: the case of Mvomero and Kishapu Districts*, University College Dublin, https://www.researchgate. net/publication/319155012_Farming_systems_and_household_food_security_in_Tanzania_ the_case_of_Mvomero_and_Kishapu_Districts, accessed 19 January 2020.

MEF (2016) *Pobreza e bem-estar em Moçambique: Quarta avaliação nacional (IOF 2014/15)*, Maputo, Moçambique.

MIMAIP (2017) *Boletim Estatístico da Pesca e Aquacultura (2006-2017)*, Maputo, Moçambique.

Mosca, J. (2015) *Agricultura familiar em Moçambique: ideologias e políticas*, Observador Rural no. 24, Maputo, Observatório do Meio Rural.

Mosca, J. (2019) *Sector familiar da agricultura (3,9 milhões de familias): cada vez mais pobres e marginalizados. Razões económicas, institucionais, ideológicas e políticas e interesses externos*, Observador Rural no. 73, Maputo, Observatório do Meio Rural.

Mosca, J. and Abbas, M. (2016) *Políticas públicas e agricultura*, Observador Rural no. 36, Maputo, Observatório do Meio Rural.

Mosca, J., Amreén, K. and Dadá, Y. A. (2014) *Subsídios à agricultura*, Observador Rural no. 13, Maputo, Observatório do Meio Rural.

Mosca, J. and Bruna, N. (2012) *Balança Comercial Agrícola: Para uma estratégia de substituição de importações?, Observador rural* no. 2, Maputo, Observatório do Meio Rural.

Mosca, J. and Nova, Y. (2019) *Agricultura: Assim, não é possível reduzir a pobreza em Moçambique*, Observador Rural no. 80, Maputo, Observatório do Meio Rural.

Nova, Y. (2019) *Poduz-se o que não se consome e importa-se o que se consome*, Observador Rural no. 62, Maputo, Observatório do Meio Rural.

Sen, A. (1981) *Poverty and Famines: an essay on entitlement and deprivation*, Oxford, Clarendon Press.

SETSAN (2014) *Relatório de Estudo de Base de Segurança Alimentar e Nutricional em 2013 em Moçambique*, Maputo.

Tittonell, P. *et al.* (2010) 'The diversity of rural livelihoods and their influence on soil fertility in agricultural systems of East Africa – A typology of smallholder farms', *Agricultural Systems*, vol. 103, no. 2, pp. 83–97. doi: 10.1016/j.agsy.2009.10.001.

World Bank (2010) *Economics of Adaptation to Climate Change: Mozambique.* Washington D.C.

CAPÍTULO DOIS

A pesca em Moçambique: uma luta constante pela sustentabilidade

Halaze Manhice

Introdução

Devido à sua localização geográfica, à sua extensa linha costeira (2700 km) e à sua vasta Zona Económica exclusiva (ZEE), desde tempos imemoriais que a pesca é uma atividade de grande importância económica e social para Moçambique. A sua relevância no país assenta no facto de ser fonte de subsistência e rendimento de cerca de dois terços da população das zonas costeiras (Hoguane, 2007) e do seu contributo para a economia nacional – que se fez notar, especialmente, nas décadas que seguiram o período colonial – através do desenvolvimento do sector da pesca industrial com vista à captação de divisas através do pagamento de licenças de pesca.

Geograficamente, os recursos pesqueiros de Moçambique estão distribuídos ao longo da costa, em três principais regiões, nomeadamente: a Baía de Delagoa, no Sul; o Banco de Sofala, no Centro; e o Banco de São Lázaro, no Norte (*Ibidem*). Essas regiões são caracterizadas por ecossistemas com diferentes paisagens e atributos, que conferem condições especiais para a ocorrência de determinadas espécies de recursos pesqueiros. Estima-se que o potencial de produtos pesqueiros de Moçambique seja de cerca de 31 0000 toneladas. O camarão de superfície e o atum que vive nas águas profundas sustentam as duas pescarias marítimas mais importantes, nas quais o setor industrial para o atum e artesanal para o camarão contribuem de forma relevante para a produção total anual (MIMAIP, 2018, 2019).

Moçambique apresenta recursos pesqueiros de incidência nacional e internacional – incidências inerentes à natureza dos organismos marinhos explorados. Segundo a regulação marítima nacional, os organismos de incidência nacional ou local apresentam a sua distribuição associada a uma área geográfica limitada, dentro das fronteiras nacionais (lagos e rios até duzentas milhas da linha costeira, pelo mar dentro), enquanto que os de incidência internacional, pela sua natureza, são recursos pesqueiros migrantes entre zonas de jurisdição de vários Estados.

No trajeto de quase 50 anos de existência de Moçambique como país independente, a actividade da pesca não teve um acompanhamento aprofundado

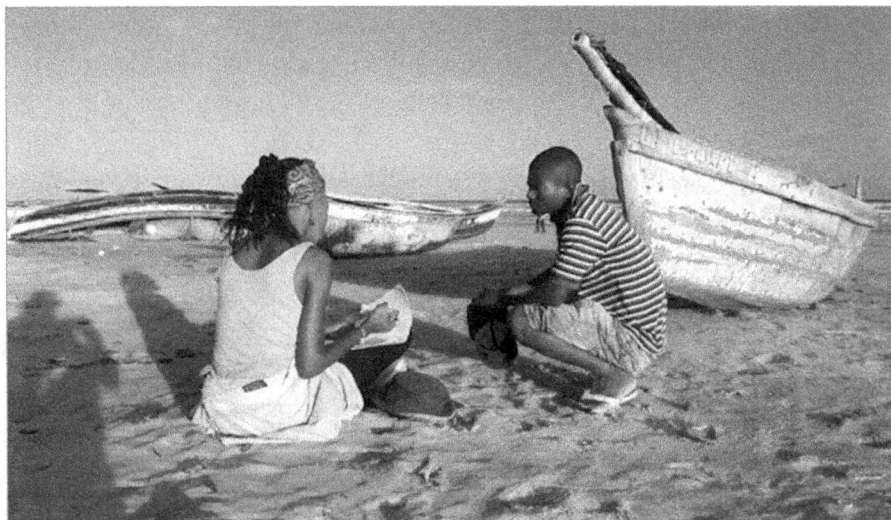

em comparação com os outros sectores de produção, como a agricultura e a mineração, cuja informação e cujas decisões de gestão são refletidas e debatidas em várias plataformas, como, por exemplo, nos meios académicos e sociais, bem como na sociedade civil, de forma mais recorrente. Pode-se, todavia, contrapor que uma das características mais significativas do sector é, precisamente, o facto de se tratar de uma actividade em construção cuja governança reflete o contexto de formação e desenvolvimento do próprio país.

Na pesca de incidência nacional em Moçambique, o camarão do banco de Sofala constitui o recurso mais importante. Devido às suas características fisiológicas e ao seu ciclo de vida, os camarões peneídeos das águas moçambicanas passam uma parte da vida ora no mar (larvas e adultos), ora no estuário (juvenis e sub-adultos), sustentando uma pescaria multissectorial (artesanal, semi-industrial e industrial), com impactos nas populações pesqueiras e nos ecossistemas. O banco de Sofala é a principal região de pesca de camarão do país, e grande parte do esforço de gestão do camarão centra-se nessa região ecológica, sendo a baía de Maputo a segunda região mais importante de pesca deste recurso.

Moçambique detém a quinta maior ZEE marinha da região ocidental do Oceano Índico, sendo, por isso, também, uma zona importante para espécies pesqueiras migratórias, que passam pelo canal de Moçambique. O atum constitui o recurso mais importante de incidência internacional, sustentando uma pesca industrial dominada por frotas estrangeiras, e um recurso alvo para a pesca artesanal nas regiões costeiras onde a espécie ocorre. Moçambique compartilha o estoque de atum com outros países costeiros e insulares da região ocidental do Oceano Índico, nomeadamente, Madagáscar, a Tanzânia, o Quénia, as Seychelles e a Somália nos quais a semelhança de Moçambique, estes grandes pelágicos passam pelas suas ZEE nos seus ciclos de migração sazonais.

A pesca apresenta um elevado potencial em Moçambique e, ao longo dos anos, atraiu utilizadores distintos. Não obstante, o ambiente natural em que a actividade se baseia está sujeito a um sério problema económico, popularmente conhecido como problema de propriedade comum (CPP), cada vez mais complexo para a gestão. Este problema advém do facto de a exploração dos recursos pesqueiros ser condicionada pelo intenso esforço por maximizar tanto quanto possível o rendimento, sem respeitar os ciclos naturais de reposição dos mananciais (populações de peixes), o que se observa pela priorização de ganhos económicos dos envolvidos na competição pelos recursos. Estes problemas também conhecidos como falhas do mercado, constituem uma área privilegiada de ação do Estado Moçambicano, que tem autoridade e hegemonia para liderar os processos de elaboração, adoção e aplicação de medidas adequadas à satisfação dos utilizadores, salvaguardando a sustentabilidade dos recursos pesqueiros.

Apesar dos esforços, através de instituições do Estado, para a gestão do sector, a pesca vem apresentando uma diminuição da sua contribuição para o Produto Interno Bruto (PIB) nacional do qual representa actualmente menos de 2 %. Por exemplo, a taxa de captura de camarão no Banco de Sofala apresentou níveis de declínio alarmantes desde os anos 80 (De Sousa et. al., 2011; De Sousa et. al., 2013; Malauene, 2015). As razões para a redução do stock de camarão não são muito claras. A sobre-exploração pode ser um dos motivos; no entanto, as restrições de esforço nos stocks de pesca aplicados desde os anos 80 ainda não produziram resultados substanciais (Hoguane; Manuscrito não publicado). Outros factores que poderão contribuir para a redução dos stocks pesqueiros, além da pesca, incluem a influência de fatores ambientais sobre a dinâmica populacional das espécies de peixes e dos seus habitats marinhos.

Com o início da recolha de estatísticas da pesca artesanal, desde 2007, e a efectivação nos últimos anos, observa-se que a contribuição desta actividade para as capturas vem crescendo anualmente, demonstrando a sua importância para a subsistência das comunidades costeiras dependentes e, também, o seu impacto para a sustentabilidade dos mananciais pesqueiros.

Centrando-se nas pescarias do camarão e do atum, este ensaio não só analisa as medidas científicas, ecológicas, económicas e antropológicas da política de pesca de Moçambique, num domínio complexo que é a gestão de recursos haliêuticos, como também examina e descreve os processos de gestão adoptados ao longo dos anos, o comportamento das capturas, o estado de conservação e os desafios do presente e do futuro para a gestão.

O presente ensaio contribui para salientar a necessidade de conhecer a evolução deste sector, em todos os seus aspectos, incluindo as suas características e os métodos de governação adotados até aos dias de hoje para incrementar a participação nos processos que regem uma atividade cujos recursos pertencem ao Estado e, por conseguinte, a cada cidadão moçambicano.

Breve historial da pesca em Moçambique: a pesca do camarão e do atum

A história de Moçambique tem a zona costeira como importante centro de trocas entre grupos sociais e étnicos bantu locais e comerciantes árabes desde o século v d.C. (para mais informações, consultar: Almeida, 1979; Serra, 2000; Newitt, 1997 e 2017). Sendo a costa de Moçambique a região mais a sul da rota de comércio do Índico – uma das mais antigas da história –, que ligou toda a Costa Oriental africana, o mar arábico e a Pérsia ao Sudoeste Asiático, até à China. Vários elementos históricos e culturais atestam essa ligação, desde a presença dos povos bantu que se fixaram nesta região nos séculos v e vi, que trocavam ouro por especiarias, tecidos e missangas, além de praticarem agricultura e desenvolverem as primeiras técnicas de pesca com os conhecimentos da tecnologia do ferro já adquiridos.

No período colonial de ocupação e domínio português em «território moçambicano», a atividade da pesca não teve grande expressão comercial ou de produção (Bandeira et. Al., SA). Visto que os colonos abasteciam o seu consumo com o pescado vindo de Angola – que já apresentava uma pesca lucrativa de carapau – e de Portugal – para manter a tradição do consumo de sardinha e bacalhau –, o sector não se desenvolveu numa indústria expressiva ao nível nacional. Com a abolição formal do comércio de escravos em 1842 (na época, um dos principais negócios de Portugal em Moçambique e não só), já sob pressão económica e em troca de 7,5 % dos lucros, o governo português concedeu direitos de arrendamento da soberania e poderes sobre várias extensões territoriais para o estabelecimento de plantações de cultura de rendimento (coco, algodão, tabaco, sisal, oleaginosas, entre outras) (Lundo, 2013) a diversas companhias – que ficaram conhecidas na história moçambicana como companhias arrendatárias ou concessionárias e majestáticas (*Ibidem*).

Com essa política que se iniciou em 1878, a produção dos recursos agrícolas de rendimento foi mantida com recurso à mão-de-obra barata derivante da imposição de um imposto de palhota em dinheiro (para toda a população em idade activa, que na altura representava todos os cidadãos a partir dos 16 anos), que constituiu um custo insustentável para a maioria da população dependente de uma agricultura de subsistência. Essa política colonial foi um marco da colonização portuguesa que alterou a paisagem de grandes superfícies do território nacional e afetou a estrutura de organização local, através da concentração do esforço da mão-de-obra nativa na atividade agrícola, sobretudo, nas plantações, limitando, assim, a influência de outras atividades como a pesca, que sustentava as comunidades das zonas costeiras como principal fonte de proteína na sua alimentação. Durante esse período, o interesse para o desenvolvimento de uma política da pesca era inexistente (Momade, 2000). As informações sobre a atividade da pesca artesanal nesse período são escassas; contudo, sabe-se que o aumento da população colonial e local nos principais centros urbanos gerou um sistema de trocas através de cantinas (*Ibidem*). Esta rede comercial rural de cantinas, orientada principalmente para a venda de produtos agrícolas, também distribuía os poucos excedentes gerados pela pesca artesanal como produto secundário. Desse modo, nas zonas de fixação colonial junto à costa, surgiu uma atividade de pesca artesanal ou de pequena escala, conduzida inicialmente por armadores estrangeiros para abastecer a população de colonos com peixe fresco de qualidade (David e Silva, 1984). Na última década de domínio colonial em Moçambique – e, mais concretamente, em 1964 – observou-se a entrada das primeiras frotas da pesca industrial destinadas à exploração de camarão para exportação (Momade, *op. cit.*). Compostas maioritariamente por empresas de capital estrangeiro (Espanha e Japão) com alguma comparticipação do governo colonial, a actividade da pesca industrial do camarão operou inicialmente a partir do porto de Angoche, no sul da província de Nampula (Norte do Banco de Sofala).

Logo após a independência de Moçambique, as frotas existentes foram nacionalizadas e, dada a sua importância como fonte imediata de ingresso de divisas, a actividade de produção fez parte dos objetivos de desenvolvimento dos primeiros cinco anos do governo, juntamente com os esforços para a revitalização e criação das primeiras estruturas de organização e gestão, formação e desenvolvimento de infraestruturas complementares da pesca, além da realização dos primeiros estudos de avaliação do stock, com o camarão como espécie alvo (Pacule e Baltazar, 1992). A política inicial também incluiu a abertura da zona de pesca de interesse para Moçambique na sua ZEE (David e Silva, *op. cit.*), que posteriormente impulsou o surgimento da pesca industrial de atum de alto mar por frotas estrangeiras quase duas décadas depois.

Na década de 1980, a pesca industrial de camarão apresentou valores de capturas e rendimentos elevados, constituindo uma importante fonte de ingresso para o país. O número de empresas aumentou consideravelmente até ao final dos anos 80, com cerca de 19 empresas e entre 74 e 84 embarcações dedicadas à pesca do camarão (de Sousa, et. al., 1995 , de Sousa, et. al., 2011). Nesse período inicial, a pesca artesanal também mereceu consideração, com o foco em políticas de melhoramento da frota e insumos de pesca para o desenvolvimento do sector.

À semelhança do resto da região do Oceano Índico, a pesca do atum em Moçambique cresceu rapidamente entre o final dos anos 1980 e o início dos anos 90 com uma frota pesqueira constituída totalmente por embarcações com bandeiras estrangeiras – e especialmente de países membros da Comissão do Atum do Oceano Índico (Stop Illegal Fishing, 2008). Diversas empresas do sul da Europa (França e Espanha), bem como algumas registadas nas Seychelles, na Tailândia, no Irão e na Rússia, operam navios com redes de cerco e diversas outras, sobretudo, da Ásia Central e Oriental – Japão, China, Taiwan, Coreia, Indonésia e Malásia – operam embarcações de palangre [uma arte de pesca composta de linha com anzois acoplados].

No final da década de 1980 e no início dos anos 90, verificou-se uma redução do número de embarcações em resposta à redução do rendimento da pesca que então se verificou (de Sousa et. al., 1995). Em 1990, foi aprovada a lei das pescas (Lei n.º 3/90), de 26 de setembro, que constituiu o primeiro diploma legal a definir não só o quadro jurídico relativo ao planeamento e à gestão da pesca, como também outros aspetos da operacionalização, conservação e fiscalização das atividades pesqueiras em Moçambique. Tendo-se feito a classificação dos tipos de pesca consoante a sua finalidade e meios empregues na pesca, foram estabelecias ferramentas de gestão e ordenamento do sector da pesca.

Segundo o censo da pesca artesanal de 93/94, já existiam mais de 180 mil pessoas a depender direta ou indiretamente da pesca, reafirmando o papel desta actividade para a subsistência da população das zonas costeiras (Momade, *op. cit.*) e a sua importância para a segurança alimentar. Moçambique acabava de enfrentar mais de uma década de guerra civil e secas severas (Patrício, 2016) – aspetos que, combinados, foram responsáveis pela rápida e elevada taxa de migração e aumento da pressão sobre essas zonas costeiras e seus recursos.

A rápida aglomeração de população nas zonas costeiras e a prática da pesca como fonte rápida de subsistência para grande parte da população precipitaram a perda dos costumes tradicionais (cerimónias e rituais) da pesca, o aumento do esforço e a redução da abundância de pescado, além do surgimento de novas artes de pesca cada vez menos seletivas e com impacto destrutivo. Tomemos o exemplo do caso da Chicocota, que alterou a paisagem da actividade da pesca artesanal, transformando profundamente a relação entre o Homem e o mar – em especial, na pesca – e forçando a adaptação da regulação vigente.

A partir dos anos de 1994/5, observou-se uma tendência para o aumento de licenciamento de barcos, muito pelo acréscimo de embarcações semi-industriais – em 1999, licenciou-se cerca de 97 embarcações (de Sousa et. al., 2011). Nos anos seguintes, foram aprovados e implementados vários regulamentos e decretos para responder à gestão de uma atividade em crescimento. Nesse sentido, o Decreto n.o 16/96, de 28 de Maio, aprovou o Regulamento da Pesca Marítima (REPMAR) cujo objetivo é responder às necessidades gerais e específicas do desenvolvimento da pesca marítima de forma mais eficiente. Durante o período de 1994 a 1999, o sector das pescas esteve inserido no Ministério de Agricultura.

Enquanto que, para a pesca industrial, já existia um sistema de colheita de dados desde 1977, a recolha de estatísticas da pesca artesanal só se iniciou em 1997 nas províncias de Nampula e Cabo Delgado (IIP, 2010).

Em 2000, foi criado o Ministério das Pescas, e, já com instituição própria, a gestão centralizada do sector continuou a ser o modelo de governação de Moçambique. Esse período foi marcado pela intensificação do esforço de pesca, com o aumento do número de embarcações e a mudança da estratégia de captura dos operadores da pesca de camarão, que passaram a realizar a atividade também no período noturno, o que resultou num aumento aparente das capturas. O aumento do esforço também se verificou na pesca artesanal, o que contribuiu para a desenvolvimento de uma pesca de pequena escala através do chamado Instituto de Desenvolvimento de Pequena Escala (IDPPE). O IDPPE era uma instituição que tinha como objetivo a capacitação, o treinamento e a extensão de técnicas de pesca, processamento, conservação e transporte de pescado aos pescadores artesanais. Com o apoio de fundos de projetos externos, o IDPPE permitiu a criação de Conselhos Comunitários (CCP) e grupos de poupança em várias comunidades piscatórias.

Nos anos seguintes, registaram-se os primeiros alertas da insustentabilidade de algumas pescarias, em especial, a do camarão, que observou reduções mínimas históricas (apenas 2005 toneladas em comparação com a média de 8 mil toneladas da década anterior), contribuindo para a quase sobre-exploração da espécie no ano de 2008 (de Sousa et. al., *op. cit.*).

As razões para a redução do stock de camarão não são muito claras. A sobre-exploração foi o primeiro efeito apontado (*Ibidem*); no entanto, as restrições nos stocks de pesca aplicados desde os anos 80 não produziram resultados substanciais (da Silva, 1995; de Sousa, 2011). Como medida de gestão, a pesca industrial do camarão foi fechada às novas embarcações cujo número se estabilizou numa média de cerca de 60.

Nos anos subsequentes, e dada a necessidade de inverter o cenário negativo observado, a gestão beneficiou de profundas reformas da sua política de operacionalização. E, conhecendo a necessidade de inclusão dos envolvidos na exploração dos recursos pesqueiros, bem como a partilha de responsabilidades entre estes e o Estado, em 2007, o decreto-lei 49/2007 estabeleceu o modelo de gestão participativa para a abordagem dos recursos em Moçambique (santos, 2008). A aprovação deste modelo de gestão constitui uma manifestação de vontade política para a descentralização do processo de gestão das pescarias, além de ter aumentado o desafio para o desenvolvimento de um sector com uma governança capaz de gerir de maneira adaptativa os sistemas socio-ecológicos complexos que caracterizam o setor pesqueiro nacional.

Em 2004, foi aprovado o Plano Nacional de Acão para Prevenir, Impedir e Eliminar a Pesca Ilegal Não Reportada e Não Regulamentada, que, em 2010, através do Diploma Ministerial n.º 58/2009, abriu a possibilidade de instalação do Sistema de Monitorização (VMS) nas embarcações da pesca industrial do atum. A adoção da abordagem ecossistémica na gestão do ecossistema dos recursos pesqueiros na lei das Pescas de 2013 relativa à avaliação dos stocks abriu o debate científico para a exploração da influência de aspetos ambientais na abundância das espécies e levou à consideração de outros aspetos na gestão.

Com resultados pouco animadores da pescaria do camarão, em 2012, o sector da pesca voltou as atenções para o atum oceânico como recurso com potencial para o desenvolvimento do sector pesqueiro e da geração de divisas. No mesmo ano, foi licenciada a primeira embarcação nacional de pesca de atum, que, contudo, não chegou a operar. Em 2014, duas embarcações nacionais entraram em operação e, no ano seguinte, o número aumentou para nove.

No mesmo ano, Moçambique passou a ser membro da Comissão do Atum do Oceano Índico (IOTC), uma organização criada como plataforma para a gestão do atum e espécies afins no Oceano Índico e nos mares adjacentes. O seu principal objetivo é promover a cooperação entre os seus membros, com o objetivo de garantir a conservação e a utilização ótima das unidades populacionais e incentivar o desenvolvimento sustentável da pesca com base nessas unidades populacionais. Tendo em conta que a região do Oceano Índico Ocidental (WIO) de que Moçambique faz parte, representa 70-80 % da captura de atum no Oceano Índico e cerca de 20 % da produção global.

Com a entrada de Moçambique para a organização regional da IOTC, observaran-se alterações na política de pesca nacional para este recurso, com vista a responder aos critérios exigidos para a exploração, gestão e conservação partilhada. Atualmente, ao nível da IOTC, está em debate e negociação o estabelecimento de atribuição de quotas de pesca para as principais espécies contempladas na área de competência da IOTC no Oceano Índico, embora ainda em fase pouco conclusiva. Para além dos países membros, o bloco das empresas pesqueiras da União Europeia e dos países asiáticos que historicamente exploram este recurso fazem parte da discussão. Estudos de avaliação sobre os critérios de alocação das quotas e os desafios de avaliação para a determinação da quantidade por alocar fazem parte dos pontos que mais contribuem para a falta de consensos relativamente à implementação da medida; contudo, estão em processo propostas e esforços para os estudos.

Em 2015, o Ministério do Mar, Águas Interiores e Pescas (MIMAIP) foi criado para gerir a utilização sustentável do mar e das águas interiores, incluindo a exploração da pesca, o ecossistema, a gestão de resíduos e poluição, a pesquisa e as regulamentações, a planificação, o licenciamento e a inspeção.

Até ao ano 2015, o esforço de pesca industrial do camarão manteve-se controlado, abaixo dos 85 barcos; contudo, nos anos seguintes observou-se um aumento do esforço de pesca do sector industrial com o licenciamento de uma nova frota de embarcações para a pesca do camarão (MIMAIP, 2019) que contribuiu para o aumento do número de barcos para 111, em 2016, e 98, em 2017. Desde 2019, esta pescaria voltou a fechar disponibilidade para a entrada de novos barcos.

Historicamente, a produção comercial do camarão e do atum de Moçambique é destinada ao estrangeiro. O camarão é destinado à três regiões, a União Europeia – sobretudo, a Espanha e Portugal –, a SADC – mais especificamente, a África do Sul – e a Ásia – em particular, o Japão e, mais recentemente, a China. A União Europeia, foi, por várias décadas, o destino de mais de 90 % da produção; todavia, desde 2012, a quantidade de camarão exportado para a União Europeia reduziu-se consideravelmente, enquanto que o camarão exportado para a Ásia vem apresentado um crescimento anual. Desde 2015 que mais de metade do camarão total exportado vai para a China e, a partir de 2017, para outras partes da Ásia. Na pesca do atum, os navios com rede de cerco desembarcam as suas capturas principalmente nas Seychelles e nas

Maurícias, onde estão instaladas grandes fábricas de conservas de atum. A frota de navios palangreiros transborda as suas capturas no mar ou noutros portos do mundo, como o porto sul-africano de Durban, que constitui um importante ponto de desembarque e transbordo.

A política pesqueira e outros instrumentos normativos em Moçambique – *Administração, Investigação e Fiscalização*

A política pesqueira do governo de Moçambique é baseada num conjunto de normas e ações que visam regular a atividade pesqueira. O Governo de Moçambique tem a autoridade de adotar planos de gestão das pescarias em exploração, em regeneração ou em desenvolvimento incipiente.

Atualmente está em vigor a Lei n.º 22/2013 de 11 de novembro, revogando a Lei n.º 3/90, de 26 de setembro, que constitui o documento regulador da atividade de pesca até ao presente. A Lei tem por objeto estabelecer o regime jurídico das atividades pesqueiras e das atividades complementares da pesca, tendo em vista a proteção, conservação e utilização sustentável dos recursos biológicos aquáticos nacionais.

O novo regulamento Geral da Pesca Marítima (REPMAR), aprovado pelo Decreto n.º 89/2020 de 8 de Outubro que revoga o anterior (43/2003, de 10 de Dezembro) é um dos documentos orientador mais importante para a gestão das diferentes pescarias nacionais. Adopta medidas de gestão diretas, no âmbito do plano de desenvolvimento, através da limitação do esforço de pesca, ou indiretas mediante a limitação do volume de capturas e a gestão participativa como modelo o modelo preferencial para assegurar a gestão das pescarias, através dos Conselhos Comunitários de Pesca (CCP) e Comités de Cogestão de pesca (CCG). Este ultimo decreto também proíbe por completo o uso da arte de arrasto para praia, uma medida importante para o ecossistemas, mas com consequências imediatas negativas para os milhares de pescadores que utilizam esta arte para a sua subsistência diária e as alternativas para estes não estão apresentadas no documento.

No desenvolvimento das várias pescarias, a adopção da política pesqueira deve ter em consideração: a) a gestão, a conservação e a adaptação da capacidade das frotas de pesca aos recursos pesqueiros e ao meio ambiente; b) a monitorização e a fiscalização das atividades pesqueiras; c) a promoção e o desenvolvimento da pesca e da aquacultura marinha e de água doce; d) a transformação dos produtos da pesca; e) a promoção do empresariado nacional; f) o controlo higieno-sanitário dos produtos da pesca; g) os objetivos da investigação e da extensão pesqueiras; h) a gestão participativa e a valorização do saber tradicional das comunidades pesqueiras locais; i) o desenvolvimento de infraestruturas para as actividades complementares da pesca; j) a promoção do fomento e o desenvolvimento da pesca de pequena escala; k) e a comercialização de produto da pesca e da aquacultura.

O plano diretor das pescas 2010-2019 (recentemente findo) apresentou a estrutura da gestão das pescarias constituído por três pilares complementares: i) investigação; ii) administração; e iii) fiscalização. As funções administrativas de gestão ao nível do Ministério são da responsabilidade da Administração Nacional das Pescas (ADNAP). As funções de investigação são da responsabilidade do Instituto de Investigação Pesqueira (IIP) e as funções de desenvolvimento e fomento são da responsabilidade do Instituto Nacional para o Desenvolvimento da Pesca e Aquicultura (IDEPA)

Os planos de gestão têm em consideração os seguintes aspetos: a) os objetivos de desenvolvimento da gestão, tendo em conta os aspetos biológicos, económicos, sociais e ambientais; b) a descrição da pescaria e das espécies que a enformam, a sua localização geográfica e zonas de pesca; c) a abordagem ecossistémica da pesca, o ciclo de vida das espécies que constituem a pescaria e respetivas estratégias de exploração; d) as medidas de preservação e o regime de acesso aplicável, incluindo a afixação dos totais admissíveis de captura e dos totais admissíveis de esforço; e) e as ações de investigação e formas de monitorização e de avaliação.

Investigação da pesca em Moçambique
Através do Diploma Ministerial n.º 251/2011de 7 de Novembro, o Instituto Nacional de Investigação Pesqueira (IIP) é a instituição pública responsável pelo desenvolvimento das seguintes atividades: a) avaliação dos recursos pesqueiros e recomendações de medidas de gestão das pescarias; b) estudo do ambiente aquático, oceanografia e limnologia; c) cultura de espécies aquáticas; d) divulgação de resultados de investigação e transferência de tecnologias, em estreita ligação com outros organismos nacionais e internacionais; e) e desenvolvimento e disseminação de métodos para a análise de informação científica e de documentação relacionada com os recursos e o ambiente aquático e sua exploração racional.

Para o operacionalização das atividades de investigação: a) o Departamento de Avaliação de Peixes do IIP, responsável pela avaliação, inventariação, monitorização, estudo, supervisão das pescarias de peixe dimersais, pelágicos e ornamentais e recomendar medidas respetivas; e b) o Departamento de Estatística, responsável pela concepção, o desenvolvimento e aferimento da qualidade e o acompanhamento das metodologias científicas de compilação das estatísticas de captura e esforço de pesca, bem como biológicas das pescarias em exploração.

A investigação pesqueira do camarão em Moçambique vem trabalhando com foco na regulação através do controlo do esforço (número de barcos), utilizando um estudo anual de avaliação do estado de exploração baseada na investigação, os dados de captura das épocas anteriores e outros aspetos para determinar o stock de cada recurso pesqueiro.

A administração da pesca em Moçambique
A Administração Nacional das Pescas é a instituição responsável por: a) assegurar que as atividades de pesca se realizem em conformidade com as medidas de gestão vigentes e com o estipulado na Lei e nos regulamentos; b) monitorizar o estado de exploração dos recursos e avaliar os respectivos impactos ambientais; c) elaborar, avaliar e analisar propostas sobre conservação dos recursos acessíveis as pescarias marítimas e continentais; d) promover e assegurar a participação na gestão das pescarias dos diferentes interesses subjacentes a atividade de pesca; e) executar o sistema de licenciamento da pesca e controlo; e f) manter o registo de empresas e embarcações nacionais e estrangeiras licenciadas para a pesca no país.

Fiscalização da pesca
Através do REPMAR e outros dispositivos legais, bem como de uma rede de instituições, o governo assegura a monitorização do cumprimento dos regulamentos estabelecidos e impõe sanções à luz do quadro regulamentar estabelecido.

A monitorização da pesca, uma componente importante para o funcionamento da atividade é feita através do sistema de monitorização de embarcações por satélite (VMS). Esta tecnologia foi efetivamente implementada a partir de 2010, sendo utilizada para vigiar e controlar as embarcações de pesca industrial licenciadas. O Governo de Moçambique estabelece o valor anual de licenças de pesca às empresas interessadas e tem autonomia para não só penalizar com coimas, mas até, banir em situação de infração das normas.

Modelo de gestão das pescas em Moçambique
O modelo em vigor é o de gestão participativa, que implica a partilha de responsabilidade entre as instituições do Governo, as comunidades, os privados e outros sectores que intervêm na implementação de medidas para a gestão, exploração, comercialização e/ou aproveitamento dos recursos naturais/pesqueiros. Para a sua efetivação, são estabelecidos mecanismos que permitem a representação dos interesses envolvidos. Os fóruns de sistema de

gestão participativa onde todos os grupos de interesse se encontram são o Comité de Cogestão e a Comissão de Administração Pesqueira (CAP). Constituem membros da CAP os diretores nacionais responsáveis pela administração pesqueira e gestão das pescarias, os representantes dos Institutos Nacionais tutelados pelo Ministério do Mar, Águas Interiores e Pescas, os representantes de associações de armadores de pesca industrial, os representantes de associações de armadores de pesca semi-industrial e os representantes de organizações de pesca artesanal.

O Comité de Cogestão (CCG) é o fórum de gestão participativa de nível local, distrital e provincial, composto pela autoridade local de administração pesqueira ou um seu representante, representantes dos Conselhos Comunitários de Pesca, de armadores de pesca, da investigação pesqueira, da extensão pesqueira, da autoridade marítima local, dos processadores do pescado e dos comerciantes de produtos de pesca.

O Conselho Comunitário de Pesca, a nível local, é uma organização comunitária sem fins lucrativos, que tem a tarefa de contribuir para a gestão participativa das pescarias, garantir o cumprimento das medidas de gestão vigentes e gerir conflitos resultantes da actividade de pesca, tendo em vista a sustentabilidade das actividades na sua área geográfica e a melhoria das condições de vida da população local.

Em regiões costeiras tropicais, como Moçambique, a pesca artesanal fornece uma fonte importante de proteína e renda para dois terços das comunidades costeiras (de Sousa, *op. cit.*; de Sousa, *op. cit.*; IDPPE, 2013; MIMAIO, *op. cit.*) e é responsável por cerca de 90 % da produção nacional total de peixe (*Ibidem*). Através do modelo de gestão participativa, o governo estabelece a necessidade de assegurar o acesso das comunidades pesqueiras aos recursos pesqueiros, a sua participação na planificação e na gestão, bem como a percentagem das receitas obtidas em seu benefício.

O modelo de gestão participativa dos recursos pesqueiros permitiu abordar de forma equitativa assuntos de interesse económico com aspetos ecológicos e sociais, que procurem alcançar a sustentabilidade da actividade pesqueira. Ao nível da pesca artesanal nas zonas costeiras, este modelo é a base legal dos processos de estabelecimento, revitalização, legitimação e legalização de organizações de base comunitária (OBC) em Moçambique como forma de organizar as comunidades ou legitimar as formas de organização ou grupos locais e permitir que se façam ouvir nas esferas de tomada de decisão.

Em Moçambique, já foram registados mais dois milhares OBC, dos quais cerca de 25 % são associações de pescadores, cerca de metade são grupos de

Poupança e Crédito Rotativo (PCR), 441 são Conselhos Comunitários de Pesca (CCP) e 25 % são outras formas de organização associativa entre comissões de gestão de infraestruturas de apoio à pesca (mercados de peixe) e sociais (fontes de água).

A pesca do camarão em Moçambique:
A pesca industrial, semi-industrial e artesanal

O camarão constitui o mais antigo e importante recurso que sustenta a pescarias de Moçambique. Actualmente, é uma das pescarias mais estudadas, apresentando as séries temporais mais antigas [mais de 30 anos] da evolução da pescaria (de Sousa, 1992; Maluauene, 2015; de Sousa, *op. cit.*). Esta actividade é suportada por uma pescaria multiespecífica, na qual se capturam peixes e outros organismos como fauna acompanhante, cujo objeto alvo são as espécies de camarão peneídeos, dos quais se destacam o camarão branco e o camarão castanho com mais contribuições nas capturas (Penn e Sousa, 2018; Silva e de Sousa, *op. cit.*; Sila et. al., *op. cit.*; Ivanov e Hassan, 1976).

Os peneídeos são um grupo de camarões que apresenta um comportamento particular interessante para a gestão. A população adulta vive no mar (em águas cuja profundidade pode ir até aos 70 metros, mas as maiores concentrações encontram-se entre os 5 e os 25 metros), onde se reproduzem, enquanto as larvas migram para as baías e estuários (em águas de baixas profundidades de Moçambique) onde buscam por alimento e proteção na fase de crescimento. No mar, são alvo de uma pescaria motorizada dominada pela pesca industrial e semi-industrial e, nas baías e nos rios, são capturados por artes da pescaria artesanal de subsistência.

Apesar de ser uma pescaria multissectorial, a pesca industrial foi o sector no qual a gestão se concentrou desde o início da actividade em Moçambique; contudo, a taxa de captura de camarão observou uma diminuição alarmante desde os anos 80 (Figura 1). Analisando a produção do camarão no período de 2006 a 2017, observa-se a dimensão quantitativa do impacto do setor artesanal na pesca do camarão. Apesar da manutenção das capturas médias anuais totais em cerca de 7800 toneladas, observou-se uma mudança na contribuição global dos sectores da pesca do camarão.

Muito embora a pesca industrial mantenha a sua importância económica na balança de pagamento nacional, as suas capturas apresentaram uma redução de cerca de 6000 toneladas, em 2006, para cerca de 3700 toneladas, em 2017. Para além de manter a tendência decrescente, em 2012, a pesca industrial apresentou uma redução de cerca de 70 % (2005 toneladas) em comparação com 2006 (6070 toneladas), um dos resultados mais baixos

Figura 1. Evolução da taxa de captura do camarão do Banco de Sofala

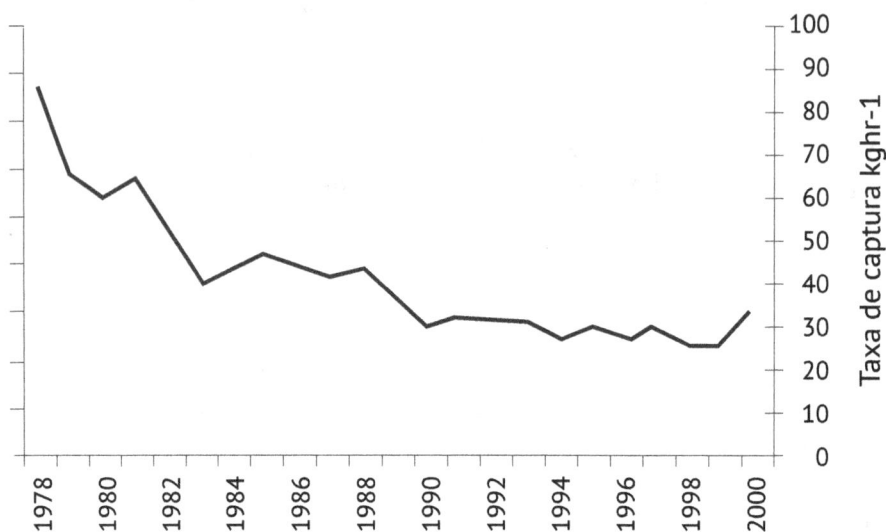

Fonte: Hoguane, SA

registados para este sector desde o seu início em 1974. Por outro lado, com o início da colecta de dados de produção da pesca artesanal – em especial a parcela do pescado que passa pelo mercado comercial –, registou-se um aumento acentuado da contribuição da pescaria artesanal, que se iniciou em cerca de 1300 toneladas, em 2006 e superou as 6000 toneladas, em 2017, representando uma tendência contrária à pesca industrial com uma subida em cerca de 80 % da contribuição nas capturas.

A manutenção dos valores de produção da pesca do camarão em Moçambique, completamente justificados pela subida bruta da contribuição da pesca artesanal neste período, enfatiza a importância desta pescaria para a manutenção da subsistência dos seus praticantes.

O desafio da gestão da pescaria do camarão em Moçambique: a pescaria monitorizada há mais tempo

Desde a década de 1980 que se conduziram avaliações anuais do camarão em Moçambique com foco na sua fase marinha do camarão (larvas e adultos) amostrado na pesca industrial e em cruzeiros que operam no mar aberto, abrangendo apenas áreas de profundidades acima dos 8 m (IIP, 2008). Esses estudos trouxeram informação de grande relevância para se compreender a dinâmica dos camarões peneídeos, sobretudo, para determinar aspectos importantes de gestão nos últimos 40 anos em que esta pescaria se desenvolveu

Gráfico 1. Produção do camarão pelos setores da pesca Industrial, semi-industrial e artesanal em Moçambique no período de 2006-2017.

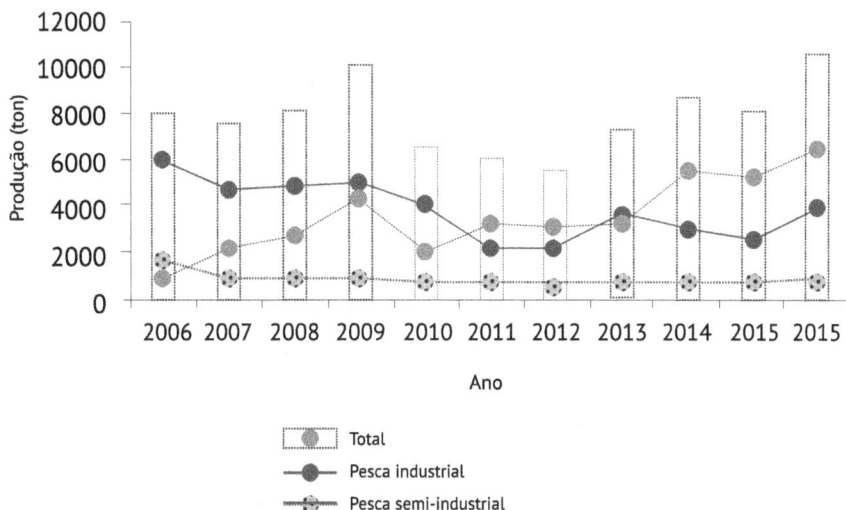

Fonte de dados (MIMAIP (2019))

no banco de Sofala. À semelhança de outras regiões tropicais e subtropicais, porém, os estudos dos camarões no ambiente estuarino são escassos (Brito e Pena, 2007; Macia, 2004) – apesar de se saber que os camarões do Banco de Sofala desovam na plataforma continental e as suas larvas utilizam os estuários como local de crescimento [pela riqueza de alimento e proteção] para, no estado juvenil e subadulto, regressarem ao mar aberto (Sousa 2006, 2009).

A zona costeira da região central de Moçambique, onde se encontra o Banco de Sofala, caracteriza-se pela ocorrência de rios que desaguam no Oceano Índico através de vários estuários (Hoguane, 2007). Nestes ecossistemas, há décadas que se realiza uma pesca artesanal multiespecífica cujo recurso alvo mais valioso é o camarão. Estima-se que mais de 50 mil pessoas – entre elas, pescadores, redeiros, comerciantes e processadores de pescado, carpinteiros e mecânicos navais – estejam envolvidas na pesca artesanal do camarão no Banco de Sofala e mais de 20 mil artes de pesca cujo camarão é um dos recursos alvo operem nestes ecossistemas (IDPPE, 2013).

A introdução do tempo de veda e a malhagem mínima permite, por exemplo, que os camarões juvenis (ainda pequenos) estejam no rio (estuário) no período de crescimento e rumem livremente ao mar para atingir a maturidade sem grandes perturbações. Estas medidas protegem o camarão ainda menor contra a captura, aumentando, assim, a sua quantidade na zona marinha de pesca sazonal.

Apesar de ser coerente e permitir tempo ao camarão para se regenerar do efeito da pesca, esta medida de gestão implica diferentes sacrifícios e benefícios para o sector artesanal por oposição aos setores semi-industrial e industrial, que têm acesso a zonas de pesca mais distantes onde o camarão adulto ocorre. Quando se trata de um recurso migratório entre os dois territórios marinhos, tal como o camarão, que se encontra nos rios (estuários) em tamanhos menores e no mar aberto em tamanho comercial, embora vise eliminar a rivalidade territorial entre as pescarias artesanal e industrial, esta medida pode gerar o efeito contrário, pois, se cada sector retirar do ambiente o máximo que puder junto à sua área de jurisdição e atuação, a pesca industrial obterá camarões maiores com um valor comercial superior e a pesca artesanal obterá larvas e camarões de tamanhos menores, com um valor comercial inferior, por ainda não terem atingido o seu tamanho comercial.

Assegurar a sustentabilidade da pescaria, garantindo benefícios económicos e a subsistência das comunidades pesqueiras é um desafio que aumenta com a entropia da actividade pesqueira em Moçambique, caracterizada pelo aumento do esforço de pesca, a diminuição dos stocks e a maior sensibilização para o impacto de cada setor pesqueiro sobre o camarão.

Em Moçambique e em todas as regiões tropicais onde ocorrem os camarões peneídeos, reconhece-se que os estuários são um ecossistema vital para a desenvolvimento da espécie; contudo, segundo um estudo realizado pela WWF em 2017 sobre a sustentabilidade da pescaria do camarão, existem muito poucas áreas protegidas onde os cardumes possam ser repostos. No caso de Moçambique, a necessidade de maiores esforços para a proteção dos locais de berçário e a manutenção dos stocks de camarão mostra-se necessária e urgente. Actualmente, ao nível do país, organizações do sector pesqueiro, públicas, privadas e da sociedade civil, trabalham para a implementação de modelos de gestão com abordagens horizontais e/ou que valorizem iniciativas locais, como é o caso dos parques e reservas marinhas e dos muito recentes esforços do estabelecimento de áreas de marinhas geridas localmente cujos exemplos de sucesso inspiram a sua replicação em regiões costeiras onde ocorre a pesca.

Devido ao seu elevado valor comercial e à sua importância como fonte de renda das comunidades costeiras, a pescaria do camarão é a mais importante para maioria dos pescadores dos estuários das regiões de ocorrência da espécie em Moçambique. Fornecer alternativas de subsistência à pesca para os pescadores mais vulneráveis que recorrem à pesca diária, pressionando os estuários e os camarões, é um assunto que tem ganhado relevância no discurso da implementação de medidas de gestão. Apesar disso, encontrar abordagens de incentivo a práticas sustentáveis ainda é um desafio em Moçambique, principalmente no sector da pesca artesanal, o que agrava as consequências da sobre-pesca e gera um efeito contraproducente, ameaçando a subsistência e a segurança alimentar das mais de 50 mil pessoas diretamente dependentes desta actividade em Moçambique e perpetuando, assim, um ciclo de insustentabilidade para o camarão.

As espécies de atum e afins em Moçambique: evolução da produção
Desde 2000 que se vem registando uma evolução das capturas, do esforço de pesca e dos rendimentos relacionados com a pescaria do atum em Moçambique. A colecta de estatísticas da pesca comercial através do preenchimento obrigatório de fichas de capturas diárias, dos dados de produção das empresas de pesca industrial, da realização de amostragem biológica das capturas das empresas de pesca industrial e das informações recolhidas nos cruzeiros realizados quer em navios de investigação quer em barcos comerciais.

No período de 2000 a 2012 em que a pesca do atum de Moçambique foi gerida tendo em conta apenas os objetivos nacionais, as maiores capturas do atum foram observadas no ano de 2004 com a produção anual da pesca industrial do atum a superar as 15 mil toneladas. No ano de 2012, registou-se uma produção anual mais baixa (2700 toneladas) da pescaria do atum (figura 2.). De 2013 a 2017, as capturas apresentaram uma tendência de redução da produção que se manteve abaixo das 5 mil toneladas anuais (figura 2.).

O atum é um recurso capturado na pesca artesanal à linha nalgumas regiões cuja plataforma costeira apresenta um maior declive ainda próximo da costa, permitindo o acesso ao recurso pelos pescadores artesanais até 12 milhas da linha da costa. A captura de espécies de atum e afins na pesca artesanal é geralmente descrita como oportunista, com rede de emalhar, rede de cerco e linha de mão.

Uma medida protecionista importante para as pescarias artesanais é determinar a limitação do esforço de pesca até as 12 milhas da linha de costa – uma medida de exclusão importante para garantir o acesso aos recursos das atividades de pesca tradicionais das quais depende o desenvolvimento social e económico de certas comunidades costeiras. Para além dessa medida, assegurar o apoio às comunidades de pescadores de zonas costeiras na transição para a pesca sustentável e repensar o seu papel na conservação dos recursos pesqueiros ainda constituem desafios para o futuro de Moçambique.

O programa de colecta de dados do atum e espécies afins acessíveis à pesca artesanal apenas cobriu a zona norte em 2016. A captura total estimada

Figura 2. Produção do atum pelo setor da pesca Industrial em Moçambique no período de 2000-2017.

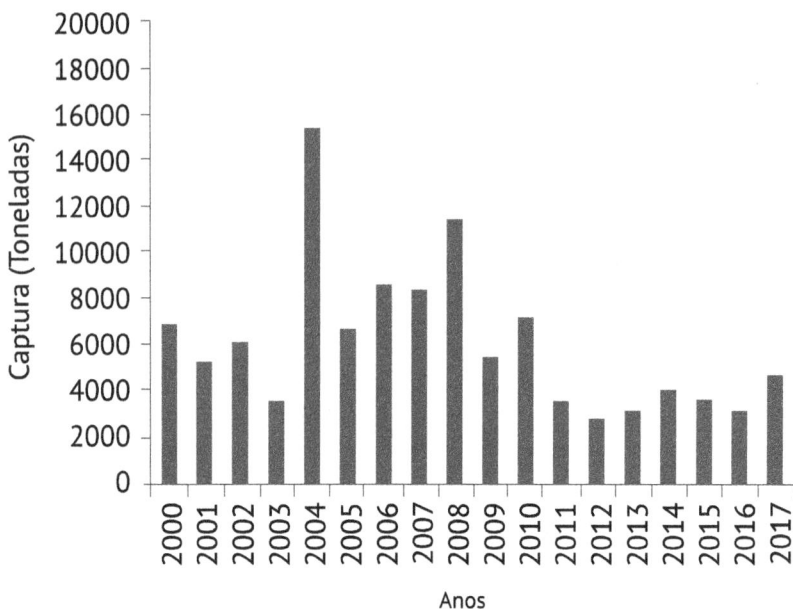

Fonte: dados de capturas do atum de 2000 a 2010, ADNAP (2011) e dados de produção de atum de 2011 a 2017 (MIMAIP (2019)

de espécies primárias de atum e afins nesse ano foi de 3715 toneladas. Em 2017, a recolha da informação da pesca artesanal deste recurso cobriu todas as províncias costeiras, nomeadamente Maputo, Inhambane, Sofala, Zambézia, Nampula e Cabo Delgado, tendo-se registado uma captura total de 6299 toneladas. Para o mesmo ano, a captura total do atum da pesca industrial foi de 3577 toneladas.

Medidas de gestão das espécies de atum e afins em Moçambique

O atum capturado pela pesca industrial em Moçambique apresentou duas fases de exploração e gestão: autónoma e independente, com o Estado a determinar unilateralmente todas as medidas de gestão para o desenvolvimento da atividade e, sobretudo, o acesso ao recurso pelas frotas; e comunitária, com a adesão do país à IOTC em 2012, a consequente participação de Moçambique na Comissão do Atum para o Oceano Índico e o reconhecimento da necessidade de uma gestão partilhada deste recurso com os países da região e de outras regiões por onde estes mananciais passam nas suas migrações.

Tradicionalmente, a principal ferramenta da gestão do atum em Moçambique era o controlo do licenciamento das embarcações de pesca. Até 2015, a

União Europeia tinha acesso ao recurso por meio de acordos especiais apoiados na relação histórica de pesca existente.

Moçambique, juntamente com a Tailândia, a Indonésia, as Seychelles, o Sri Lanka, a Tanzânia, o Quénia, Madagáscar, as Maurícias, as Maldivas e a África do Sul cooperam através de uma política regional para garantir a conservação e a utilização óptima das unidades populacionais e incentivar o desenvolvimento sustentável da pesca com base nas mesmas.

Ao nível nacional, desde 2013 que a gestão do atum segue os objetivos do Plano Estratégico de Desenvolvimento da Pesca do Atum (PEDPA), que estabelece quatro objetivos estratégicos: 1) aumentar a contribuição da pesca do atum para a segurança alimentar e a nutrição da população local; 2) incentivar a contribuição da pesca do atum para o desenvolvimento económico e social do país; 3) promover a contribuição da pesca do atum para o equilíbrio da balança de pagamentos do país; 4) e fortalecer o controlo efetivo do país sobre a pesca de atum na zona económica exclusiva, promovendo a sua gestão sustentável.

Para o ano de 2020, um total admissível de 91 toneladas de espécies de atum e afins é o stock disponível para a pesca em toda a costa nacional, cujo potencial estimado é de 20 mil toneladas. Esta avaliação refere-se às frotas industrial e semi-industrial a gelo cujo ponto base usado será nacional (ADNAP, 2020). Em relação ao esforço de pesca, 66 barcos pertencentes a 11 armadores da frota de palangre semi-industrial a gelo efetuarão a pesca nas águas da ZEE de Moçambique. Nenhuma frota industrial de cerco estará legalmente autorizada a operar nas águas moçambicanas.

Embora se concentre, essencialmente, na pesca industrial, a estratégia também considera a pesca de pequena escala, incluindo a pesca artesanal, dedicando-se exclusivamente aos nacionais que operam em águas moçambicanas (até 12 milhas náuticas) e além, se as embarcações atenderem aos requisitos tecnológicos e de segurança para esse fim.

O plano estratégico para a pesca artesanal de atum abrange as seguintes actividades principais: 1) promoção da pesca semi-industrial e artesanal de espécies atum e afins; 2) definição de tecnologias de pesca apropriadas (artes de pesca) para a pesca do atum; 3) promoção do consumo público de atum e capturas acessórias; 4) e desenvolvimento de infraestruturas para armazenamento e processamento de atum.

Em relação à gestão da pescaria do atum nos últimos anos, no âmbito da entrada de Moçambique para a IOTC, o IIP está a desenvolver o sistema integrado de monitorização da Comissão do Atum do Oceano Índico em colaboração com outros países-membros da organização. A gestão do atum e a adopção de políticas pesqueiras regionais para este recurso implicam também a entrada de Moçambique numa rede de gestão internacional e a consideração do manancial de atum da região em colaboração com organizações de outras regiões, nomeadamente, a Comissão Internacional para a Conservação do Atum do Atlântico e a Comissão das Pescas do Norte do Pacífico.

Actualmente, ao nível da IOTC, está em curso a negociação para a implementação do sistema de quotas de capturas (quantidades de um determinado recurso pesqueiro que se permite capturar calculadas com base em avaliações de stock); historicamente, em Moçambique, apenas utiliza-se a informação das capturas da pesca industrial e semi-industrial, que têm em conta, sobretudo, a produtividade dos stocks pesqueiros. Os países da região debatem os critérios e métodos para alocar quotas da produção anual a cada um. A questão de deficiência de informação, baixa capacidade de cobertura do monitoramento e vigilância, constituem desafios presentes para que a medida de alocação seja transparente e justa para todos intervenientes — num debate no qual participam as empresas com frotas de pesca europeias representadas pela União Europeia (EU) e asiáticas.

O atum de Moçambique: uma pescaria ainda muito jovem que entra para um sistema de governação comunitária – A falta de cobertura da pesca artesanal do atum em Moçambique e o processo de alocações de direitos e benefícios sobre os recursos na pesca regional

A gestão do atum em Moçambique ainda está na sua fase inicial (Palha de Sousa, 2001). O foco da gestão das espécies de atum e afins no país está voltada para o sector de produção industrial do atum em Moçambique. Estima-se que o potencial da pescaria do atum em Moçambique seja de cerca de 20 000 toneladas. Apesar do seu elevado potencial, a média das capturas não ultrapassou as 6000 toneladas anuais no período de 2000 a 2017.

Na última década, o número de barcos desta pescaria apresentou uma tendência para a redução, tendo-se registado 36 embarcações, em 2017, contra as 111 embarcações existentes em 2009. Desde 2015, foram cancelados os acordos de pesca com a União Europeia, que concedia aos seus estados-membros, geralmente, a Espanha e Portugal, acesso à ZEE de Moçambique com condições especiais preestabelecidas. As negociações estão em curso e ainda não permitiram o retorno das frotas da UE para as águas territoriais de Moçambique, recusando-lhes o licenciamento até 2020, o que pode agravar o desafio da gestão desta pescaria, dado o défice de informação e tendo em conta que os níveis de captura anuais também são controlados por interesses económicos e processos de negociação de direito de uso que influenciam o rendimento das capturas.

Os estudos realizados sobre o potencial do atum em Moçambique ainda são muito imprecisos, e o país ainda carece de análises científicas mais aprofundadas para a avaliação do recurso das espécies de atum e afins. Este constrangimento torna-se uma grande limitação, visto que o país embarcou no projeto de gestão comunitária destes recursos na adesão ao IOTC. Só a partir de 2016 é que se começou a realizar estudos e campanhas de amostragens inseridos no âmbito de projetos no país e os resultados ainda são inconclusivos.

Apesar de pouco conhecido, o atum também é recurso alvo de algumas pescarias artesanais costeiras; contudo, a informação sobre a quantidade das espécies de atum e/ou afins capturadas na pesca artesanal só começou a ser recolhida há menos de dois anos, sendo ainda inadequada para o conhecimento da sua contribuição na pescaria.

Entre duras críticas, principalmente, de cientistas nacionais que advertiram para a insuficiente informação sobre o recurso para a realização de estudos de avaliação do stock de pesca e a falta de transparência económica, o governo nacional engajou esforços e investimentos para o desenvolvimento da pesca do atum pelo setor nacional, através da criação da Empresa de Atum de Moçambique (EMATUM). Para a operacionalização deste projeto, em 2014, o governo anunciou a compra de 24 barcos de pesca e, até ao presente ano de 2020, só alguns barcos desta frota estão activos na captura deste recurso.

Embora se restrinjam ao ambiente marinho, os movimentos migratórios do atum não respeitam as fronteiras políticas marinhas. Esse comportamento no alto mar levou ao desenvolvimento de pescarias com tecnologias de prospeção que permitem acompanhar e detetar os cardumes. A monitorização e o controlo da pesca em alto mar constitui um dos desafios de gestão mais custosos para o sector, que regista, anualmente, vários episódios de pesca ilegal não reportada por barcos que invadem o mar territorial moçambicano.

É importante salientar que a gestão assertiva, que respeite o princípio de precaução, exige uma base de informação sobre o recurso que ainda se encontra em construção. Os estudos de avaliação desta pescaria consideram que a exploração dos recursos de espécies de atum e afins de Moçambique é moderado a intensa (Ministério das Pescas, 2010).

Considerações finais

Ao longo dos anos, a gestão da pesca em Moçambique assistiu a várias transformações em resposta ao desenvolvimento da actividade pesqueira. Com o aumento da entropia da pesca (aumento do esforço, diminuição do rendimento, utilização de métodos de pesca destrutivos e degradação dos habitats, entre outros aspectos similares), os desafios da gestão também se tornam mais complexos.

Apesar de ambicioso nos seus objectivos de sustentabilidade para as pescarias, o Plano Diretor das pescas (PDPII) de 2010-2019 reconheceu desde o início as limitações das instituições da administração pública das pescas para executar as acções destinadas a superar os problemas descritos.

No início da implementação do PDPII, os órgãos de gestão deste sector ainda careciam de capacitação e formação técnico-científica para proceder à avaliação do estado de exploração dos recursos pesqueiros e emitir recomendações, determinar medidas de gestão e definir as condições de acesso aos recursos com base em informação robusta e fiável.

Apesar do elevado potencial das duas pescarias, já no início do PDPII se reconhecia que as pescarias industriais não contribuíam, em toda a medida possível, para o desenvolvimento económico e social do país. A falta de infraestruturas de apoio melhoradas com ligação a uma indústria de processamento que acrescente valor ao pescado capturado ao nível local é um dos constrangimentos que, apesar de identificados há mais de uma década, até ao presente, continuam a limitar o sector. No caso da pesca artesanal costeira, a falta de uma rede de distribuição comercial e de métodos de conservação ou processamento adequados constituem, até hoje, limitações em muitas regiões do país.

Assegurar o cumprimento da legislação e regulamentação da actividade da pesca, observando todos os aspectos de acesso aos recursos, das zonas de pesca e das técnicas usadas na captura dos recursos, constitui um dos desafios que a gestão da pesca em Moçambique enfrenta. A falta de meios para exercer uma monitorização eficaz é o «calcanhar de Aquiles» que contribui para que o país perca anualmente milhões de dólares em receita fiscal devido às práticas de pesca ilegal e não reportada.

Para os gestores e cientistas, para além dos impactos directos da pesca sobre os recursos através da intensificação do esforço e pressão de pesca – desde 2010 que os estudos de avaliação do estado dos mananciais classificam a pescaria do camarão como intensamente sobre-explorada e a pescaria do atum como moderada a intensamente explorada –, a crescente ameaça da degradação dos ecossistemas marinhos constitui agora uma preocupação acrescida. Isto, porque, devido à sua localização, a região costeira de Moçambique é uma das mais vulneráveis a eventos climáticos extremos tais como ciclones, secas e cheias, que influenciam a dinâmica e a abundância dos recursos pesqueiros, afectando não só a vida das comunidades que dependem diretamente dos recursos, mas também a economia.

Uma das conclusões que se pode tirar desta visão panorâmica é que há uma desproporcionalidade na dedicação de gestão dos sectores de pesca industrial, semi-industrial e artesanal. Muitas medidas de gestão do sector estão voltadas para a regulação do sector industrial e semi-industrial, que também são os setores de maior interesse económico. A adopção da gestão participativa como modelo de gestão dos recursos pesqueiros em Moçambique constitui um marco fundamental na tentativa de inclusão dos actores envolvidos nos três sectores e nas diversas pescarias no processo de desenvolvimento e tomada de decisão para a gestão efectiva da pesca. Os armadores do sector industrial e semi-industrial, ao contrário do que se observa na pesca artesanal em geral, são grupos com forte representatividade nos processos de negociação para o acesso à pesca. O que lhes confere força para que a sua voz seja ouvida e os seus interesses sejam respeitados nos processos de tomada de decisão é precisamente o facto de estarem mais bem organizados. Por outro lado, em relação à pesca artesanal, o que se verifica é um desafio para organizar e assegurar a representatividade das vozes dos pescadores nos Comités de Cogestão.

No que concerne à capacidade de implementação de programas de colecta da pesca artesanal, Moçambique modificou a forma como esta pescaria deve ser percebida e, atualmente, reconhece que as medidas de recomendação, sobretudo, para os pescadores de subsistência, devem ser acompanhadas por opções alternativas de rendimento para as comunidades em causa como forma de reduzir da pressão da pesca por outras atividades de rendimento. Importa, porém, realçar que o maior desafio, neste caso, é encontrar alternativas à pesca que sejam sustentáveis do ponto de vista da inclusão, do rendimento e do impacto no meio ambiente e na economia das famílias pesqueiras, permitindo-lhes contribuir de forma positiva para o desenvolvimento da pescaria, com a segurança de verem as suas necessidades humanas salvaguardadas. O enfoque recai sobre iniciativas que abordem a conservação a par de formas alternativas de subsistência para os pescadores e suas famílias de modo a promover não só a autossuficiência e o bem-estar das comunidades, mas também o empenho e a participação de todos no processo de gestão dos recursos pesqueiros. Os CCP e outras formas de organização de base local constituem o mecanismo que permite que pescadores, processadores e vendedores participem na gestão das suas zonas costeiras.

No caso do atum, a participação numa política de gestão comunitária é um passo dado por Moçambique e prova do seu empenho na conservação desta pescaria; contudo, para melhor beneficiar deste modelo comunitário, os esforços para melhorar a política de desenvolvimento desta pescaria devem superar os aspetos da quantidade capturada. O desenvolvimento de estratégias de conservação de recursos de pesca e o investimento na monitorização da pesca constituem duas áreas fundamentais para o sucesso da política pesqueira de Moçambique.

A investigação de recursos pesqueiros é uma área que requer esforços multidisciplinares, transversais e ecossistémicos. A gestão das pescarias em Moçambique tem apostado em políticas com abordagens mais holísticas, encarando a actividade da pesca enquadrada no ambiente marinho geral e reconhecendo cada vez mais as dinâmicas a que a mesma está sujeita, em vez de a considerar uma questão única ou amplamente de commodities comerciais. Este é um foco político relativamente novo em Moçambique que reconhece o impacto de outros fatores na sustentabilidade da pescaria. Este passo constitui um avanço, visto que, para além do impacto da pesca sobre as populações de peixes, os fatores ambientais de causas naturais e antropogénicas também afetam a sustentabilidade dos stocks pesqueiros. Em Moçambique, o efeito das alterações climáticas, da poluição e da destruição dos habitats constituem ameaças com impactos reconhecidos, embora ainda pouco estudados.

A gestão da pesca requer planeamento e a fixação de objetivos, o que, por sua vez, requer uma boa compreensão dos utilizadores (pescadores), com os seus valores e culturas, dos atributos dos recursos, das instituições e do ambiente geral em que a pesca ocorre. Segundo os estudos, sem o conhecimento prévio desses atributos, quaisquer tentativas de gestão irão, tendencialmente, deparar com sérias resistências e incumprimentos. Em Moçambique, o modelo de gestão participativa tem potencial para favorecer processos de tomada de decisão consensuais e democráticos; todavia, para evitar conflitos entre os objetivos dos gestores e os objetivos dos pescadores e garantir uma gestão eficaz, é preciso criar um diálogo real, participativo e inclusivo no processo de identificação das soluções.

Referências Bibliográficas

Brito, A., e Pena, A. (2017) «Population structure and recruitment of penaeid shrimps from the Púngue river estuary to the Sofala bank fishery, Mozambique», *Western Indian Ocean Journal of Marine Science*, vol.6, nº2 p.147-158.

De Almeida, Pedro Ramos (1979) *História do colonialismo português em África, cronologia do século XX*, Lisboa, Editorial Estampa.

De Sousa, Lizete Palha, Silva, Cristina e Dionísio, Elsa (1995) *Estado atual da pescaria de camarão no Banco de Sofala*, p. 27-39.

Decreto-lei 49/2007 modelo de gestão participativa para a abordagem dos recursos em Moçambique

De Sousa, Lizete Palha, Abdula, Sílvia e Brito, Atanásio (2013) "Estado do conhecimento sobre a pescaria de camarão do Banco de Sofala Moçambique em 2011", *Revista Moçambicana de Investigaçao Pesqueira*, nº29, p. 2-17.

Jornal Notícias (2019), Sobre-exploração do camarão preocupa sector das pescas online. https://www.jornalnoticias.co.mz/index.php/economia/86995-sobre-exploracao-do-camarao-preocupa-sector-das-pescas acessado a 27/10/2020.

Hoguane, António Mubango (2017) *Perfil Diagnóstico da Zona Costeira de Moçambique,* vol.7, nº1. p. 69?82.

IDPPE (2013) *Censo da Pesca Artesanal 2012,* Maputo, Governo de Moçambique.

Ivanov, B. G. e Hassan, A. M. (1976) «Penaeid Shrimps (Decapoda, Penaeidae) Collected Off East Africa By the Fishing Vessel Van Gogh, 1. Solenocera Ramadani Sp. Nov., and Commercial Species of the Genera Penaeus and Metapenaeus», *Crustaceana* , vol. 30, nº3.

Lei das pescas (Lei n.º 3/90) (2013) I SÉRIE – Número 88

Macia, Adriano. (2004) « Juvenile Penaeid Shrimp Density, Spatial Distribution and Size Composition in four adjacent habitats within a Mangrove-Fringed Bay on Inhaca Island, Mozambique », *Western Indian Ocean J. Mar. Sci,* vol. 3, nº2. p. 163-178.

Malauene, Bernardino Sérgio (2015). *Environmental infuences on banana shrimps of the Sofala Bank,* Cape Town, University of Cape Town.

MIMAIP (2018) Boletim estatístico 2006-2017, Maputo, Governo de Moçambique.

Ministério das Pescas (2010) Plano Director das Pescas 2010-19, Maputo, Ministério de Pescas, p. 1-55.

Momade, Charamatane Fernando (2000) Sistema de Credito a pesca artesanal, Monografia de Licenciatura, Universidade Eduardo Mondlane (Faculdade de economia).

Newitt, Malyn *História de Moçambique* (1997) Lisboa, Publicações Europa-America.

Newitt, Malyn (2017) *A short history of Mozambique,* UK, C.Hurst&Co. Publisher.

Patrício, Goncalves (2016) Moçambique: compulsando as migrações internas e internacionais. *Revista de Geografia e interdisciplinaridade,* vol.2, nº5, p. 78-101.

Penn, James e Sousa, Lizette (2014) Assessment of the shallow water shrimp fishery of Sofala Bank, Mozambique 2014, Maputo, Research Institute Research Report.

Pacule, Hermes e Baltazar, Leonardo (1992) « A Fauna acompanhante de Camarao no Banco de Sofala: Analise Preliminar », *Revista de Investigacao Pesquelra,* vol.1, nº 20, Maputo.

Penn, James e Sousa, Lizette (2014) Assessment of the shallow water shrimp fishery of Sofala Bank, Mozambique 2014 » Maputo, Research Institute Research Report.

Santos, Jorge (2008) O papel da Administração Pesqueira na gestão do subsector Artesanal em Moçambique O presente e modelos para o futuro », Maputo, p.1?150.

Serra, Carlos, *História de Moçambique,* vol. 1, Maputo, Imprensa Universitária.

Silva, Cristina e de Sousa, Lizette Palha (1992) Population Dynamics of *Penaues indicus* at Sofala Bank, Mozambique: A preliminary study », *Revista de Investigação Pesqueira,*vol. 21, nº21, p. 1-13.

Silva, F. D. (1984) Os Problemas Encontrados no Desenvolvimento e Planeamento das Pesas em Moçambique, Maputo, Secretaria de Estado das Pecas, p. 221-226.

CAPÍTULO TRÊS

Confrontando o autoritarismo agrário: dinâmicas da resistência ao ProSAVANA em Moçambique

Boaventura Monjane e Natacha Bruna

Introdução

O autoritarismo e as formas não democráticas de imposição de políticas e me-didas às populações rurais e camponesas eram uma norma em Moçambique colonial e continuaram a sê-lo no período pós-colonial. Isto contribuiu para os fracassos recorrentes em compreender a natureza da questão agrária em Moçambique, no contexto da mudança de regimes de planificação central-izada para políticas de desenvolvimento baseadas no mercado (Wuyts 2001). Pouco depois da independência em 1975, o partido político dominante, a Fr-ente de Libertação de Moçambique (FRELIMO), aplicou medidas antidem-ocráticas, e até certo ponto, populistas no que diz respeito a implementação de políticas agrárias.

Actualmente, o regime da FRELIMO exerce graus variáveis e decrescen-tes de populismo combinado com o autoritarismo quando se trata de escol-her e impor políticas agrárias. O Programa de Cooperação Triangular para o Desenvolvimento Agrícola da Savana Tropical em Moçambique (ProSAVANA) é um exemplo concreto. O Pro-SAVANA foi introduzido no início da década de 2010 em linha com a principal política agrária de Moçambique, o Plano Estratégico para o Desenvolvimento do Sector Agrário (PEDSA), que visava transformar o sector agrícola para ser mais favorável ao investimento e às empresas (RM 2011). O ProSAVANA foi introduzido com um grande grau de autoritarismo e por vezes com elementos de populismo.

A divulgação pública do Plano Director rapidamente suscitou resistência. Isto deveu-se em grande parte à aparente falta de transparência e inclusivi-dade no processo de planeamento, e à apreensão proveniente do conhecimen-to dos impactos negativos do PRODECER, um projecto de desenvolvimento agrícola em larga escala no Brasil que teve início no final da década de 70. A emergência de uma campanha transnacional, denominada "Campanha não ao ProSAVANA" (CNP), passou a ser central no processo de resistência. A CNP apresentou uma contestação organizada e explícita não só ao próprio projec-to ProSAVANA, mas também ao paradigma fundamental do desenvolvimento

rural promovido pelo projecto. Paralelamente à constituição da campanha e do movimento de resistência, a FRELIMO estava a perder o apoio eleitoral no Corredor de Nacala. A CNP, embora exigindo a descontinuação do ProSAVANA, também propôs alternativas ao desenvolvimento rural e agrícola. Este esforço não só levou à 'hibernação' do projecto durante um largo período, como criou espaço para permitir uma maior participação dos camponeses e da sociedade civil em relação ao processo de tomada de decisão. Em Julho de 2020, o ProSAVANA foi oficialmente terminado.

O que foi o ProSAVANA?
O principal objectivo do ProSAVANA era aumentar a produtividade agrícola, num total de 11 milhões de hectares, almejando áreas em Niassa, Nampula e Zambézia, uma região conhecida como o Corredor de Nacala. O ProSAVANA foi iniciado e 'implementado' pelo então Ministério da Agricultura e Segurança Alimentar de Moçambique (MASA), a Agência Brasileira de Cooperação (ABC) e a Agência de Cooperação Internacional do Japão (JICA).

Como mencionado anteriormente, ProSAVANA foi redigido, iniciado e 'implementado' de forma top-down. As orientações, estratégias e actividades específicas foram na sua maioria definidas pelo Ministério da Agricultura (dirigido por José Pacheco, o Ministro na altura), juntamente com os seus parceiros brasileiros e japoneses. As actividades preparatórias e alguns projectos-piloto tiveram início antes da publicação do Plano Director, sem que a

Tabela 1. Percentagem de votos por distrito (eleições de 2008 e 2018)

Votos por região		FRELIMO			RENAMO		
Provincia	Distrito	2008	2013	2018	2008	2013	2018
Niassa	Lichinga	75	66	51	23	n/a	45
	Cuamba	77	70	39	16	n/a	53
	Marrupa	95	91	71	4	n/a	18
Nampula	Nampula City	69	44	32	28	n/a	59
	Ribaue	87	72	46	11	n/a	42
	Monapo	62	70	47	37	n/a	46
Zambézia	Quelimane City	55	33	36	43	n/a	59
	Alto Molocue	67	53	48	31	n/a	47
	Mocuba	73	52	50	24	n/a	45

Nota: Em 2013, a RENAMO boicotou as eleições municipais; a contestação dos processos eleitorais e dos resultados anteriores – tidos como fraudulentos – estavam entre as razões apresentadas pelo líder do partido Afonso Dhlakama.

Fonte: Comissão Nacional de Eleições (2018) e WLSA Moçambique (2014).

informação tenha sido fornecida ao público e sem que as populações directa ou indirectamente afectadas tivessem sido consultadas.

Apesar da legislação moçambicana (especificamente a Lei de Terras 19/1997, o Decreto 31/2012 de reassentamentos e a Lei de acesso à informação 34/2014) estabelecer claramente a necessidade de consulta pública e consentimento ao longo de todo o processo de planeamento e implementação de quaisquer projectos que exijam o uso da terra, foi apenas após protestos públicos e pressões políticas apelando a um processo mais inclusivo e transparente da sociedade civil moçambicana, brasileira e japonesa que a JICA e o Governo moçambicano decidiram envolver-se em auscultações e consultas públicas em toda a região alvo.

Mosca e Bruna (2015), que participaram em tais auscultações públicas, descreveram o carácter autoritário deste processo nos seguintes termos: (1) anúncios tardios da data, hora e local das auscultações públicas, que comprometeram o acesso das pessoas à informação, limitando a presença dos interessados nas audições; (2) o processo de audições públicas não cobriu todas as regiões alvo e o tempo foi gasto na sua maioria em anúncios, em vez de em discussões abertas; (3) As audiências centraram-se predominantemente em representações optimistas do ProSAVANA, sem qualquer menção a riscos sociais, económicos ou ambientais; (4) As questões levantadas pelo público não foram completamente respondidas; (5) a presença de um agente da polícia armado na sala sugeriu o potencial para suprir quaisquer opiniões ou posições divergentes; (6) o próprio Ministro da Agricultura, que afirmou claramente como "todas as intervenções durante o debate devem ser 'patrióticas'. Não venham aqui com agendas obscurantistas". O Ministro prosseguiu afirmando o seu compromisso firme para com a missão, afirmando que: "Se houver algum obstáculo, passaremos por cima e avançaremos com a nossa missão" (Moçambique para todos 2015; Monjane 2015; Mosca e Bruna 2015, 25-26); (7) A sub-representação dos camponeses nas reuniões e a presença dominante de funcionários públicos tais como professores, enfermeiros e a polícia; (8) pessoas ameaçadas depois de protestar ou mostrar oposição às ideias apresentadas na audiência pública.

A FRELIMO e apoio eleitoral no Corredor de Nacala

A FRELIMO tinha vindo a perder a sua base de apoio na região. A tabela 1 mostra padrões de votos eleitorais e como a popularidade da FRELIMO tinha vindo a diminuir ao longo dos anos, especificamente no período em que se verificou a resistência ao ProSAVANA. Apresentamos apenas três distritos das províncias visadas pelo ProSAVANA – a seleção dos mesmo teve em conta a dimensão da população e as áreas em que actividades/investimentos/resistências ao ProSAVANA tiveram lugar; mas, limitado pela disponibilidade de dados relativos ao período de eleições seleccionado. Este artigo foi escrito antes da realização das últimas eleições gerais de 2019, cujo resultado foi diferente ao que a tabela 1 demonstra, contudo isso não refuta o argumento de que o autoritarismo agrário do governo da FRELIMO teve custos eleitorais na região do Corredor de Nacala e que tal cenário tenha influenciado o processo de resistência. Ademais, sublinha-se que o foco da análise se centra no período em que a resistência ao ProSAVANA teve lugar, ou seja, dentro do período reportado na Tabela 1.

Tendo como foco o período em que o processo de resistência ao ProSAVANA teve lugar, duas razões principais podem explicar parcialmente a decadência desta estratégia muito importante do partido político dominante nas últimas décadas: (1) A RENAMO já não representa(va) uma 'ameaça' ao bem-estar do povo, o que resultou na inexistência de um inimigo externo/interno cheio de poder, uma vez que já não existia um 'outro' claro de que se possa falar nos discursos populistas do partido no poder; (2) a emergência de um intenso sentimento de frustração e descontentamento após décadas de políticas agrárias autoritárias, adotadas e implementadas pelo governo, resultando em conflitos de terra entre o capital e os camponeses, intensificação localizada da pobreza e a instabilidade política e militar; e potencialmente, diferentes segmentos da população rural e urbana já não se sentiam representados nem se identificavam com as reivindicações e discursos da FRELIMO.

A imposição de investimentos agrícolas baseados na terra em regiões específicas do país resultou na expropriação de terras de camponeses, especialmente três províncias alvo do programa. Várias empresas expropriaram centenas de milhares de hectares de camponeses locais. Na província da Zambézia, distrito de Gurué, até 2017, a Portucel Moçambique ocupou a terra de mais de 2.000 famílias; no mesmo distrito, Hoyo Hoyo expropriou a terra de cerca de 800 famílias (Mandamule e Bruna 2017); em Wakua (na zona fronteiriça entre Nampula e Zambézia) Agribusiness de Moçambique SA, Agromoz, forçou a deslocação de aproximadamente 1.000 famílias (Mandamule e Bruna 2017); no distrito de Malema (província de Nampula) a Mozambique Agricultural Corporation, Mozaco, também forçou a deslocação de cerca de 1.000 famílias (UNAC e GRAIN 2015).

O processo de resistência: Confrontando o autoritarismo agrário

A ascensão da campanha 'Não ao ProSAVANA': um confronto agrário 'popular'

A CNP foi lançada em Junho de 2014, inicialmente com nove organizações membros: União Nacional de Camponeses (UNAC); Associação Rural de Ajuda Mútua (ORAM); Liga Moçambicana dos Direitos Humanos; Fórum Mulher e a Marcha Mundial das Mulheres; Justiça Ambiental (Amigos da Terra, Moçambique); Livaningo; Acção Académica para o Desenvolvimento das Comunidades Rurais (ADECRU); Comissão Arquidiocesana de Justiça e Paz de Nampula; e, por último, ganhou forte apoio da Ordem dos Advogados de Moçambique. O principal objectivo da CNP era claro: desactivar e terminar todas as actividades e projectos em curso relacionados com o programa ProSAVANA (ADECRU 2014).

Numa declaração lida durante o lançamento da CNP, os proponentes declararam o impacto nefasto e devastador que este programa traria potencialmente a milhares de famílias camponesas residentes no Corredor Nacala. Foi acrescentado que o ProSAVANA não representava uma solução para a agricultura moçambicana, mas é simplesmente uma solução para satisfazer as necessidades do Japão e da soja brasileira (ADECRU 2014).

A CNP continuou a incorporar mais membros de diversos sectores em Moçambique, mas depois começou a estender a sua aliança aos Movimentos Agrários do Brasil e ONGs, bem como activistas e académicos japoneses. A campanha rapidamente se tornou um movimento transnacional.

Enquanto a JICA intensificava o seu apoio ao ProSAVANA, em 2017, os membros da CNP enviaram uma carta aberta ao seu Presidente, exigindo a suspensão imediata das acções da JICA no programa. Além disso, solicitaram uma revisão das abordagens da JICA, reconhecimento dos seus erros, e uma indemnização para reparar os danos já causados às vítimas do ProSAVANA na sociedade moçambicana (Monjane 2017).

Como os proponentes do ProSAVANA continuavam a enfrentar resistência, foram utilizadas tácticas para fragmentar e isolar o movimento de oposição. Isto foi feito através de um sistema de votação que consistia em perguntar que organizações estavam abertas a trabalhar na revisão da Plano Director (PD) do ProSAVANA (Chichava 2016). Isto acabou por resultar na fragmentação da sociedade civil moçambicana em duas facções: uma pró e outra anti-ProSAVANA. Aqueles que apoiaram a revisão do PD organizaram-se no que se chamou de Mecanismo de Coordenação da Sociedade Civil para o Desenvolvimento do Corredor de Nacala, ou MCSC-CN. O MCSC-CN foi desde então reconhecido pelo MASA como o seu legítimo e oficial interlocutor em questões relativas ao ProSAVANA. Isto foi em parte justificado pelo facto de a maioria dos membros do MCSC-CN estarem sediados, ou a trabalhar nas províncias de Nampula e Zambézia. O MCSC-CN não integrou uniões locais UNAC (a nível distrital e provincial).

A outra facção é a CNP, que levantou questões críticas relativamente às contradições inerentes ao Plano Director e ao modelo de desenvolvimento agrícola em que este se baseava. Os seus modos de chegar ao público incluíram a divulgação de declarações nos meios de comunicação social moçambicanos, e da realização de reuniões estratégicas regulares entre si e com comunidades camponesas do corredor de Nacala.

O papel da UNAC

A primeira declaração pública da UNAC sobre o ProSAVANA foi emitida em Outubro de 2012, após uma reunião realizada em Nampula, que teve como objectivo precisamente discutir e analisar o ProSAVANA. A declaração foi fortemente crítica ao programa, afirmando que "Condenamos veementemente qualquer iniciativa que preconize o reassentamento de comunidades e expropriação de terra dos camponeses, para dar lugar à mega projectos agrícolas de produção de monoculturas (soja, cana-de-açúcar, algodão etc.)". A declaração sublinhava que as uniões provinciais da UNAC de Nampula, Zambézia, Niassa e Cabo Delgado eram cépticos em relação ao ProSAVANA. A sua declaração colocava que a escolha do ProSAVANA era uma decisão de "todos os membros da União Nacional de Camponeses" (UNAC 2012).

Só mais tarde, porém, o movimento começou verdadeiramente a envolver a sua base no debate sobre o ProSAVANA, começando principalmente pelos líderes das uniões distritais e provinciais. Isto poderá implicar que a posição de oficial da UNAC sobre ProSAVANA não era necessariamente compreendida e/ou comungada totalmente por todos os seus membros. Isto foi evidenciado pela falta de coerência nas opiniões dadas sobre ProSAVANA entre os membros da UNAC. Embora a liderança das uniões provinciais da UNAC em Nampula e Zambézia fossem consistentes nas suas oposições contra o ProSAVANA, a nível individual, houve algumas opiniões emergentes a favor do mesmo.

A literatura sobre movimentos sociais sugere que existe frequentemente uma distância entre os movimentos e a sua base (Edelman 2017). Este pode, até certo ponto, ser o caso da UNAC, relativamente ao ProSAVANA. Vale a pena notar, no entanto, que as pessoas que questionaram fortemente o ProSAVANA em audiências e consultas públicas não se limitaram aos camponeses que estão alinhados com a UNAC e à CNP. Isto mostra que a oposição ao ProSAVANA foi, na realidade, mais ampla e foi além do âmbito dos actores conhecidos. No entanto, a participação da UNAC e o seu papel de liderança na oposição ao ProSAVANA foi essencial para dar legitimidade à campanha, mesmo após a fragmentação da sociedade civil em dois grupos opostos.

Estratégias-chave da CNP que resultaram na estagnação (e agora término) do ProSAVANA

A longa estagnação do ProSAVANA (agora terminado) pode ser explicada a partir de uma combinação de tácticas intrínsecas à campanha. Desenvolvemo-las em cinco elementos: (1) agência activa de baixo (from below), (2) aliança inter-sectorial da sociedade civil, (3) comunicação, 'propaganda' e estratégia mediática, (4) transnacionalização da luta e (5) apresentação de proposta de alternativas que questionam as narrativas dominantes. Estes elementos são considerados num contexto de fatores externos que incluem o ambiente político e económico em Moçambique e nos países investidores externos. Não afirmamos que este conjunto de estratégias, algumas delas meras actividades, seja uma fórmula para garantir o 'sucesso' na resistência ao autoritarismo agrário. O objectivo é mostrar em detalhe o que os opositores de ProSAVANA fizeram feito, em termos de acções e actividades, para hibernar, o que é suficientemente relevante para a compreensão do resultado do processo de resistência, particularmente no caso de Moçambique.

Agência activa de baixo (from below)

O debate sobre as várias reações políticas vindas de baixo à usurpação de terras, iniciado por Borras e Franco (2013), está diretamente relacionado aos processos de resistência ao caso ProSAVANA. Este foi o fator único que rapidamente trouxe força e legitimidade à oposição do ProSAVANA; e enquadrou a determinação da UNAC em liderar o processo de resistência. Os protestos de camponeses, no entanto, não se limitaram aos membros da UNAC. Isto foi exemplificado durante a audiência pública da Mutuale que teve lugar no distrito de Malema, província de Nampula. Um camponês protestou contra a implementação do ProSAVANA (ADECRU 2015):

Nós, em Mutuale, não queremos o ProSAVANA porque este programa não representa os interesses dos camponeses. Sabemos que, com este programa, perderemos a nossa terra. Sabemos que os camponeses serão obrigados a ir pedir terras noutros lugares, como está a acontecer agora com as pessoas que foram expulsas das suas terras quando a empresa AGROMOZ entrou, no Distrito de Gurué, Posto Administrativo de Lioma. Hoje, as pessoas de lá vêm pedir lugares para viver aqui em Mutuale. Não queremos ir pedir terras em outras comunidades, porque isto trará mais tarde conflitos entre nós.

Sem uma resposta satisfatória dos proponentes do ProSAVANA, os camponeses decidiram abandonar a reunião. Isto aconteceu porque os camponeses desta área específica estavam anteriormente expostos e tinham acesso a informação traduzida para a sua língua local sob a forma de vídeos e panfletos, o que os ajudou a compreender claramente os riscos, moldando as suas opiniões sobre o ProSAVANA. Essas declarações refletem o fato de a UNAC ter assumido a liderança e divulgado uma declaração expressando 'preocupação' num estágio inicial, permitindo o surgimento de reações políticas vindas de baixo.

Muito rapidamente, as associações locais, as uniões distritais e provinciais da UNAC foram mobilizados. Isto paralisou os esforços dos proponentes do ProSAVANA, incluindo o governo local, para convencer os camponeses dos seus 'benefícios'. Esta forte posição da UNAC e dos camponeses no terreno, contudo, não superou completamente a posição autoritária do Governo moçambicano. O governo não se mostrava suficientemente sensibilizado pelos protestos. Isso, no entanto, contribuiu para ampliar os esforços de cooperação entre os diversos setores da sociedade.

Aliança inter-sectorial da sociedade civil e processos segregados de resistência

A segregação das lutas e movimentos tem sido muito comum entre grupos da sociedade civil moçambicana e tem contribuído durante muito tempo para processos segregados de resistência e foco de mudança social entre os movimentos sociais e activistas. Geralmente, as lutas de base urbana têm tido pouco diálogo com as lutas de base rural. Os sindicatos têm tido pouco diálogo com organizações camponesas/agrícolas. Da mesma forma, os defensores das mulheres e das questões de género têm tido muito pouco diálogo com aqueles que trabalham na habitação, nos transportes e nas questões ambientais. A singularidade da CNP foi o conjunto de grupos que trabalhavam sobre diversas questões: agrarianismo, género e feminismo, direitos humanos e legalismo, ambientalismo, fé e académico, unificando-se a fim de defender uma causa agrária particular.

Tal como aconteceu nos meados da década de 90, aquando da revisão da Lei de Terras, quando diferentes sectores da sociedade civil moçambicana criaram sinergias (Campanha Terra) para evitar a privatização da terra, o CNP, seguindo aquela tendência, foi indiscutivelmente uma das alianças mais inovadoras e efectivas e abriu o caminho para que o ProSAVANA fosse visto como uma importante questão nacional, conquistando o interesse público.

Isto demonstra que a terra é uma questão altamente sensível e potente em Moçambique. Defendê-la está associada à soberania do povo, e perdê-la desencadeia memórias de colonialismo e vulnerabilidade. Isto faz com que a questão agrária em Moçambique seja transversal a muitas outras preocupações nacionais. É importante notar que muitos académicos e organizações da sociedade civil, incluindo membros do parlamento, não associados à CNP, também apresentaram publicamente apreciações críticas ao Plano Director do ProSAVANA e à forma como o próprio programa estava a ser problematicamente introduzido.

Comunicação, 'propaganda' e estratégia mediática

Um dos principais pontos fortes da CNP pode ser atribuído à concepção de uma estratégia de comunicação e trabalho com a imprensa que foi efectiva. A utilização de canais de comunicação online, desde websites e blogs, meios de comunicação social, bem como jornais locais, foi uma táctica dominante. A campanha publicava regularmente, e divulgava abertamente declarações, testemunhos, artigos, vídeos e imagens (fotos e material infográfico) destacando a resistência ao ProSAVANA, expondo as suas questões sociais e ambientais negativas. Isto pode ser atribuído à vasta experiência técnica no manejo de ferramentas de comunicação e trabalho com a imprensa que alguns dos membros da CNP têm.

As publicações do NPC foram partilhadas entre os websites geridos pelos vários membros participantes não só em Moçambique, mas também no Brasil e no Japão. Os meios de comunicação social foram também activamente utilizados, onde foram partilhados links para as publicações e mensagens chave na página do Facebook da campanha, que teve mais de mil seguidores a partir de Janeiro de 2018. Além disso, os materiais da campanha foram rapidamente republicados através de outros sites de meios de comunicação, incluindo a famosa página pan-africanista Pambazuka News (2016). A estratégia dos meios de comunicação social do CNP incluía o envolvimento de meios de comunicação social mainstream, local e internacional. Como resultado, importantes jornais internacionais, tais como The Guardian (2014), Neues Deutschland (2018) e Deutsche Welle (2017), publicaram matérias que mencionavam a resistência ao ProSAVANA.

A transnacionalização da luta e a mobilização de solidariedade internacional

O envolvimento do Brasil e dos movimentos sociais/sociedade civil do Japão na resistência ao ProSAVANA inspirou a solidariedade internacional. Quase todos os principais movimentos agrários brasileiros associados à Via Campesina Brasil, e várias ONG progressistas, como a GRAIN, e intelectuais progressistas no Japão apoiaram a Campanha. Desde 2014, várias actividades – tais como reuniões de 'lobbying' no Brasil – foram realizadas nos seus respectivos países, como estratégia para pressionar a EMBRAPA no Brasil e a JICA no Japão e, sempre que possível, para identificar aliados dentro dessas instituições. Este processo foi particularmente eficaz no Japão, onde acções de lobbying e advocacia a nível parlamentar resultaram numa forte aliança entre organizações japonesas e um parlamentar de esquerda que pressionou para a realização de debates ferozes sobre o ProSAVANA dentro do parlamento. Foi através desta aliança que o ProSAVANA foi fortemente debatido no parlamento japonês.

Os impactos institucionais no Brasil foram sendo difíceis de controlar. O que foi notável, contudo, foi o declínio progressivo do envolvimento institucional do Brasil nos desenvolvimentos do programa. Factores contribuintes podem ser os acontecimentos políticos e económicos que tiveram lugar durante os últimos quatro anos (2016-2019), nomeadamente o aprofundamento da crise económica, o *impeachment* da Presidente Dilma Rousseff, e a eleição de um governo de direita que anunciou abertamente a mudança da sua política externa para se concentrar no Norte Global.

Independentemente disso, um factor decisivo foi a forma como algumas organizações moçambicanas na CNP são membros activos de alguns dos maiores e mais radicais movimentos sociais transnacionais do mundo. Em particular, a UNAC é membro da Via Campesina, o Fórum Mulher é membro e anfitrião da Marcha Mundial das Mulheres, e a Justiça Ambiental é membro dos Amigos da Terra Internacional. Com a sua rede global estabelecida, estes movimentos são conhecidos pela sua capacidade de mobilizar a solidariedade internacional, atrair a atenção dos media e dar visibilidade global às lutas locais.

Propostas alternativas confrontando as narrativas dominantes

A UNAC foi creditada por estabelecer uma forma construtiva de resistência liderada pelo campesinato, contestando o modelo de desenvolvimento proposto pelo ProSAVANA e apresentando uma proposta alternativa. Para este fim, a agroecologia, como estratégia, tem orientado a agenda da UNAC desde a concepção do seu Plano Estratégico 2011-2015.

> Permanecemos firmemente empenhados na agricultura camponesa e na agroecologia - as bases da Soberania Alimentar - como alternativas ao desenvolvimento do sector agrícola em Moçambique, que consideram todos os aspectos da sustentabilidade e são, na prática, amigos da natureza (UNAC 2012.

No seu actual Plano Estratégico 2015-2020, a agroecologia é mencionada no pilar "Defesa dos Direitos dos Camponeses" do plano em que a UNAC assume a agroecologia como o principal mecanismo através do qual a soberania alimentar vai ser alcançada em Moçambique. Em quase todas as declarações da CNP, fica claro que rejeitar o ProSAVANA não foi apenas um fim em si mesmo. Propostas como a Agroecologia e a Soberania Alimentar foram dadas como alternativas práticas ao que ProSAVANA propôs, que se baseavam no agronegócio, monocultura, bancos de terra, mercados globais, e produção intensiva. Nos últimos anos, a UNAC tem vindo a envolver activamente os seus membros em programas educativos e de formação em agroecologia. Além disso, o movimento tem tido sucesso na construção de uma Escola de Agroecologia no Distrito de Manhiça (Sul de Moçambique) e na formação de extensionistas rurais em agroecologia em todo o país (três promotores por província que conduzem formações a nível de aldeia). Por exemplo, no Distrito de Marracuene, 285 camponeses foram formados em agroecologia como projecto-piloto. Por último, a troca de visitas e experiências entre associações de camponeses também tem influenciado na promoção de narrativas alternativas de desenvolvimento.

Outra experiência que merece destaque é a da Associação Agrícola Alfredo Nhamitete, no distrito de Marracuene, província de Maputo. Os seus 280 membros produzem várias culturas alimentares, algumas das quais vendem no mercado local. O rendimento é partilhado igualmente entre os membros (LVC Africa News 2014). Vários camponeses iniciaram uma troca com uma organização camponesa no Brasil, o Movimento dos Pequenos Agricultores (MPA), para resgatar sementes em risco de extinção, que são consideradas de maior importância para a soberania alimentar. Esta troca levou a um aumento da soberania local no que diz respeito a sementes, reduzindo drasticamente o custo de aquisição de sementes.

O número crescente de camponeses a nível nacional que estão a praticar agroecologia e a desafiar o modelo agrícola capitalista de grande escala, como o ProSAVANA, deve ser visto como emancipatório. Esta combinação de palavras seguidas de acção deu força à CNP.

Factores externos: ambiente político e económico global
Uma série de factores fora do controlo do movimento e os actores da resistência poderiam ter contribuído directa ou indirectamente para a força do processo de resistência. A nível nacional, a crescente desaprovação do governo local, devido à sobreposição de crises, como as rupturas emergentes localizadas com o regime populista autoritário da FRELIMO, especialmente nas áreas alvo do ProSAVANA. Numa escala internacional, o clima político, tanto no Brasil como no Japão, deve ser considerado como um factor potencial na estagnação do programa. Além disso, as tendências dos preços das mercadorias devem ser analisadas a fim de compreender plenamente o comportamento dos potenciais investidores do ProSAVANA. Embora seja difícil ter uma análise abrangente de como estes factores podem ter influenciado a estagnação do ProSAVANA, os pontos importantes são resumidos.

A) Crises sobrepostas e o aumento da impopularidad localizada do governo
O processo de discussão e resistência ao ProSAVANA caracterizou-se por uma emergência paralela de crises políticas e militares que consequentemente contribuíram para a escalada da crise económica em Moçambique. Estes acontecimentos derivaram de uma combinação de questões micro e macro de instabilidade política e económica, tais como reassentamentos injustos de camponeses devido ao desenvolvimento de indústrias extractivas e investimentos agrícolas, a descoberta de dívida pública oculta e ilegal envolvendo ministros, juntamente com o actual e antigo presidentes. Adicionalmente, o crescente descontentamento no seio do partido RENAMO, e a competição pelo controlo das regiões ricas em recursos, resultou em recorrentes conflitos armados nas zonas rurais. Escusado será dizer que os habitantes rurais e os camponeses foram também economicamente afectados. O Estado, contudo, foi lento no controlo desta instabilidade social.

Como mostra o Quadro 1, a FRELIMO tinha vindo a perder votos desde 2008. Em 2018, a RENAMO obteve mais votos em muitos dos distritos das três províncias do ProSAVANA, incluindo o Distrito de Malema, que era uma das regiões onde os camponeses mais protestavam, devido às actividades relacionadas com ProSAVANA. É também importante ter em consideração que, pela primeira vez a RENAMO conseguiu obter 49% do total de votos a nível nacional. Isto significa que, dentro do período em análise, o domínio político da FRELIMO tinha vindo a diminuir à medida que o da RENAMO tendia a aumentar.

A importância de analisar o contexto político em que o processo de resistência aconteceu deve-se ao aumento da consciência sobre o fracasso da FRELIMO em adoptar um modelo de desenvolvimento socialmente justo tanto para o contexto rural como para o urbano. Isto, portanto, facilitou e/ou motivou o envolvimento dos camponeses na luta. Este facto marcou a transformação das raízes da típica forma de resistência rural moçambicana, que tinha sido caracterizada até este momento pelas formas quotidianas de resistência de Scott (1986) até à incorporação de uma forma de protesto aberta e semiorganizada, como se verificou no caso de ProSAVANA.

B) A instabilidade política do Brasil e a democracia japonesa.

Com o surgimento da crise política brasileira nos últimos anos, o papel da Agência Brasileira de Cooperação (ABC) na implementação do ProSAVANA foi diminuindo, especialmente em termos de graus de envolvimento nas respostas ao movimento de resistência ao programa. Ao contrário desta posição, a Agência de Cooperação Japonesa (JICA) assumiu a liderança na tentativa de rever o Plano Director do programa, afirmando estar aberta, até certo ponto, a negociar os seus termos e a integrar as exigências da sociedade civil. Para tal, a JICA estava disposta a financiar a formação de uma organização integrada para gerir todas as reivindicações da sociedade civil relativas à implementação e revisão do Plano Director.

É relevante considerar o papel do parlamento japonês e da democracia em relação ao processo de resistência contra o ProSAVANA. Mais do que cooperar com a luta em Moçambique, a pressão exercida pela sociedade civil japonesa directamente contra o parlamento japonês reflectiu sobre o processo de tomada de decisão da JICA. Isto obrigaria consequentemente o Governo moçambicano a ceder, dadas as relações de poder existentes entre as duas nações, a de beneficiário e doador. Apesar das suas controvérsias, o sistema democrático no Japão funciona a um nível muito mais elevado do que no Brasil ou em Moçambique.

C) Ambiente económico global: tendências dos preços das *commodities*

Uma vez que a implementação da ProSAVANA dependia do apoio tanto de investidores internos como externos, a decisão de investimento dependeria inevitavelmente das tendências globais dos preços das *commodities*. O Plano Director identifica duas culturas principais como 'culturas prioritárias' a serem promovidas pelo programa, nomeadamente o milho e a soja. Olhando para o preço internacional do milho (Index Mundi 2019), as tendências mostravam preços elevados para o período entre 2011 e 2013, com um pico de aproximadamente 330USD por tonelada métrica entre Julho e Agosto de 2012. A isto se seguiram fortes descidas no final de 2013, atingindo o ponto mais baixo em 2017, com um preço de 150USD por tonelada métrica. Em relação ao preço internacional da soja (Index Mundi 2019), foram observados aumentos de preços no início dos anos 2000, atingindo um máximo de 684USD por tonelada métrica em Agosto de 2012, um período em que as discussões do ProSAVANA ainda estavam longe dos olhos do público. Isso foi seguido por algumas flutuações no preço entre o final de 2012 e 2014. Em meados de 2014 o preço começou a diminuir significativamente, até atingir o ponto mais baixo no início de 2016, a 370USD por tonelada métrica. Ao levarmos em consideração os fatores que influenciam o processo de tomada de decisão dos investidores, pudemos observar uma queda significativa no preço internacional das duas safras prioritárias em cerca de 50% ao longo do período em que o movimento de resistência ao ProSAVANA decorria.

Considerações finais: populismo progressista e construção de um movimento de resistência unificado e coerente

A falta de compreensão da natureza da questão agrária em Moçambique reside no facto de Moçambique ter sido governado por um regime autoritário persistente com níveis oscilantes de populismo, que tendia a impor políticas agrárias que priorizam investimentos de grande escala em detrimento dos camponeses. A conquista da independência nacional por uma força revolucionária, cujas reivindicações populistas de acabar com as continuidades coloniais portuguesas e, subsequentemente, de lutar contra um movimento de guerrilha foram usadas para construir e sustentar seu poder político e sua influência.

Este capítulo destacou problemas em torno da planificação e implementação do Pro-SAVANA, começando com as abordagens adotadas para a realização de audiências públicas. Seguiram-se os desvios do Plano Director do ProSAVANA, suas directrizes propostas, que indicavam potenciais processos de expropriação de terras, de intensificação da dívida entre os camponeses, e a promoção de culturas que não respondem às necessidades da população local. A persistente falta de transparência e pouca ou nenhuma consideração pela participação pública estavam no cerne destas questões. Foi neste contexto que o processo de resistência teve lugar com a CNP como força líder e a UNAC como o principal elemento de legitimação.

Confrontar o autoritarismo agrário pode ir além dos limites intrínsecos de uma campanha. Existem factores que estão fora do controlo de um movimento específico, mas que ainda assim são determinantes para o seu sucesso. Embora a FRELIMO tenha perdido a sua popularidade devido ao seu próprio fracasso em cumprir e satisfazer as expectativas das pessoas, reagiu com níveis mais elevados de autoritarismo e, consequentemente, perdeu uma grande parte dos seus votos eleitorais. No entanto, argumentamos que é importante reconhecer que este tipo de ruptura na força política dominante poderia ser uma janela de oportunidade para efetivamente confrontar o autoritarismo. Neste caso, o 'populismo' progressista dos movimentos sociais surgiu como uma resposta estratégica do processo de resistência. A CNP manteve uma agenda clara: exigindo que a ProSAVANA parasse imediatamente e indefinidamente, propondo um modelo alternativo de desenvolvimento.

O conjunto de estratégias e tácticas que deram força e coesão na CNP, discutido acima, foi incorporado numa agenda unificada contra o modelo de desenvolvimento proposto. O forte vínculo ideológico entre todos os membros transnacionais da campanha permitiu-lhes constituir uma narrativa de 'nós contra eles', afastando, neste caso, os proponentes da ProSAVANA. Além disso, os discursos da CNP eram altamente anticapitalistas e com uma forte posição em direcção a um paradigma alternativo de desenvolvimento, referido como 'o caminho camponês' e 'agroecologia'. Isto está de acordo com o que Borras (2019) chamou populismo agrário, ou uma forma de populismo progressista. Os resultados do processo de resistência não foram apenas o fim do projecto ProSAVANA, mas também o espaço alargado de discussão e participação entre os camponeses e a sociedade civil ao longo de todo o processo de decisão.

No geral, este capítulo abordou o processo e as dinâmicas da resistência ao ProSAVANA como forma de enfrentar a imposição autoritária de políticas agrárias em Moçambique. Retratou como o processo de construção de movimento unificado e coerente de resistência se transformou numa sociedade civil mais madura, consolidada e dinâmica. Além disso, argumentamos que ao identificar rupturas e/ou fendas no regime populista autoritário, tais como a diminuição da popularidade da FRELIMO, estas podem ser utilizadas contra o próprio regime e aumentar o efectividade das estratégias da campanha e dar mais fluidez ao próprio processo de resistência.

Referências

ADECRU. "Lançada campanha NÃO AO PROSAVANA em Moçambique." Blog Article. Accessed March 21, 2019. https://adecru.wordpress.com/2014/06/02/lancada-campanha-nao-ao-prosavana-em-mocambique/.

Borras, S., 2019. "Agrarian Social Movements: The Absurdly Difficult but Not Impossible Agenda of Defeating Right-Wing Populism and Exploring a Socialist Future." *Journal of Agrarian Change* 2019: 1–34.

Borras, S., and J. Franco, 2013. "Global Land Grabbing and Political Reactions 'From Below'." *Third World Quarterly* 34 (9): 1723–1747.

Bruna, N., 2017. "Plantações florestais e instrumentalização do Estado em Moçambique."

Chicgava, S., 2016. "A sociedade civil e o ProSAVANA em Moçambique." In *Desafios para Moçambique* 2016, IESE.

Comboni Missionaries, 2015. Accessed September 18, 2019. https://www.comboni.org/contenuti/107523.

Comissão Nacional de Eleições, 2018. "Autárquicas 2018." Accessed August 8, 2019. http://www. open.ac.uk/technology/mozambique/sites/www.open.ac.uk.technology. mozambique/files/files/

Deutsche Welle, 2017. "Moçambique: Investigação à JICA no caso ProSavana vista como conquista na luta contra o projeto." Accessed September 18, 2019. http://www.dw.com/pt-002/mo%C3% A7ambique-investiga%C3%A7%C3%A3o-%C3%A0-jica-no-caso-prosavana-vista-como-conquista-na-luta-contra-o-projeto/a-39648276.

Edelman, M., 2017. *Activists empedernidos e intelectuales comprometidos: ensayos sobre movimientos sociales, derechos humanos y studios lationoamericanos.* Quito: Instituto de Altos Estudios Nacionales.

The Guardian, 2014. "Mozambique's Small Farmers Fear Brazilian-style Agriculture." Accessed September 18, 2019. https://www.theguardian.com/global-development/2014/jan/01/mozambique-small-farmers-fear-brazilian-style-agriculture.

LVC Africa News. 2014. "Mozambique: 'Agroecological farming came to stay in Marracuene'–say the farmers." Accessed September 24, 2019 https://viacampesina.org/en/mozambique-agroecological- farming-came-to-stay-in-marracuene-says-the-farmers/

Mandamule, U., Bruna, N., 2017. "Investimentos, migrações forçadas e conflitos de terra: representações sociais de populações reassentadas no Corredor de Natal." In *Movimentos migratórios e relações rural-urbanas: estudos de caso em Moçambique*, edited by J. Feijó. Maputo: Alcance Editores.

MASA, 2015. "Plano Director para o Desenvolvimento Agrário do Corredor de Nacala em Moçambique." Esboço Versão 1–39. (Maputo).

Monjane, B., 2017. "ProSavana: Mozambique's Civil Society Demands the Immediate Suspension of the Actions of JICA." *The Dawn.* Accessed September 18, 2019. http://www. thedawn-news.org/2017/02/24/prosavana-mozambiques-civil-society-demands-the-immediate-suspension-of-the- actions-of-jica/.

Mosca, J., Bruna, N., 2015. "ProSAVANA. Discursos, práticas e realidades." Observador Rural No 31. Observatório do Meio Rural. Maputo.

Neues Deutschland, 2018. "Mosambiks Kleinbauern müssen gegen die Interessen der Agrarmultis verteidigt warden." Accessed September 18, 2019. https://www.neues-deutschland.de/artikel/ 1075801.nd-soliaktion-teilen-macht-satt-umkaempftes-saatgut.html

Pambazuka News, 2016. Accessed September 18, 2019. https://www.pambazuka.org/land-environment/mozambique-government-not-sincere-about-prosavana.

República de Moçambique, 2011. Plano Estratégico para o Desenvolvimento do Sector Agrário (PEDSA).

Scott J., 1986. "Everyday Forms of Peasant Resistance." *The Journal of Peasant Studies* 13 (2): 5–35.

UNAC, 2012. "Pronunciamento da UNAC sobre o Programa Prosavana." Nampula, de Outubro 11.

UNAC e GRAIN, 2015. Os usurpadores de terras do Corredor de Nacala. Uma nova era de luta contra plantações coloniais no Norte de Moçambique. Maputo: UNAC e GRAIN.

WLSA Moçambique, 2014. "Eleições autárquicas de 2013." Accessed August 8, 2019. http://www.wlsa. org.mz/wp-content/uploads/2014/11/Eleicoes2013_anexos.pdf.

Wuyts, M., 2001. "The Agrarian Question in Mozambique's Transition and Reconstruction." Discussion Paper, 14. United Nations University.

CAPÍTULO QUATRO

Do *eldorado* do gás ao caos: Quando a França empurra Moçambique para a armadilha do gás

(Uma investigação da) Justiça Ambiental (JA!) / Amigos da Terra Moçambique, Amigos da Terra França e Amigos da Terra Internacional

Moçambique: O novo *eldorado* do gás embrulhado em escândalo de corrupção

Em 2010 e 2013, foram descobertas enormes reservas de gás em Moçambique: cerca de 5000 milhares de milhão de metros cúbicos, as 9.ªs maiores reservas de gás do mundo. Prevê-se um investimento de, pelo menos, 60 mil milhões de dólares nos próximos anos para explorar as reservas, um dos maiores investimentos alguma vez feito na África Subsariana. É simplesmente estonteante. Representa mais da metade do que, segundo os ministros das Finanças Africanos, seria necessário para fazer face à crise do coronavírus em todo o continente. É também o equivalente a 50 vezes os fundos angariados pelas Nações Unidas para reconstruir o país após os ciclones tropicais Kenneth e Idai. As praias de areia fina da província de Cabo Delgado, no extremo norte de Moçambique, tornaram-se o *eldorado* da indústria do gás e de todas as empresas que giram em torno dos referidos megaprojectos de energia. Um *eldorado* que já se está a transformar num pesadelo para a população Moçambicana em geral e para os habitantes dessa região em particular, que enfrentam um conflito aceso.

Um escândalo de corrupção ligado à exploração das reservas de hidrocarbonetos mergulhou o país numa crise económica e financeira em 2016, ainda antes dos projectos de exploração de gás se concretizarem, e a França está no centro desta questão. Em 2013, o governo Moçambicano celebrou um contrato duvidoso com a Constructions Mécaniques de Normandie (CMN), que pertence ao multimilionário comerciante de armas Franco-Libanês, Iskandar Safa, para montar oficialmente uma frota de pesca de atum. Na realidade, o governo Moçambicano contraiu dívidas ilícitas para financiar um programa de defesa que supostamente lhe permitirá assegurar a soberania na sua zona económica exclusiva e sobre as jazidas de hidrocarbonetos que ela contém. Entretanto, pagaram-se luvas, e várias pessoas foram alvo de processos penais por corrupção. Actualmente, esta dívida colossal mantém Moçambique

dependente tanto das receitas provenientes do gás, apesar de estas estarem ainda longe de rechear os cofres do Estado, como das potências e das corporações transnacionais estrangeiras que estão a explorar as reservas.

A França no leme

A França está decidida a fazer com que este *eldorado* do gás, considerado "um tesouro da exportação", traga lucros, antes de mais, às suas corporações transnacionais, independentemente do caos que possa semear. Desde 2013, o governo Francês parece ter fechado deliberadamente os olhos aos contornos dúbios deste contrato naval, que joga com a taxa de endividamento de Moçambique e a torna cúmplice de práticas de corrupção. O objectivo da França era não só salvar os estaleiros de Cherbourg, mas também exportar outro tipo de armamento e fortalecer a marinha Moçambicana para que ela pudesse proteger as instalações de exploração de gás. Já nessa época, os grandes grupos de energia Franceses cobiçavam as enormes reservas de hidrocarbonetos. Certas empresas até já estavam activas na bacia do Rovuma, uma região altamente estratégica para a França, que controla dois terços do Canal de Moçambique, graças, nomeadamente, às Ilhas Esparsas, em disputa com Madagáscar.

Depois, os desejos das petrolíferas Francesas foram realizados, com a ajuda dos poderes públicos. Actualmente, há toda uma miríade de empresas Francesas do sector dos hidrocarbonetos e de todos os sectores que gravitam à sua volta (por exemplo, logística e segurança privada) implicadas nos três grandes projectos em desenvolvimento ao largo da costa de Moçambique (ver mapa A). Há vários anos que a França emprega todo o seu arsenal de diplomacia económica para defender os seus interesses em Moçambique, com visitas diplomáticas que incluem a presença do patronato, financiamentos públicos, missões de negócios, activação dos serviços económicos da embaixada, etc. A chegada da Total, em Setembro de 2019, para ocupar o lugar do principal operador do megaprojecto de GNL de Moçambique, viria a acentuar esses esforços diplomáticos. O governo Francês decidiu inclusivamente prestar apoio financeiro a um dos três projectos, caucionando a exportação de mais de meio milhão de euros para facilitar a sua implementação. Muito em breve, poderão ser outorgadas novas ajudas financeiras públicas. Os quatro grandes bancos privados Franceses são igualmente omnipresentes nestes novos projectos "climaticidas". O Crédit Agricole e a Société Générale são os grandes protagonistas, desempenhando um papel fundamental e actuando como consultores financeiros junto dos operadores de gás.

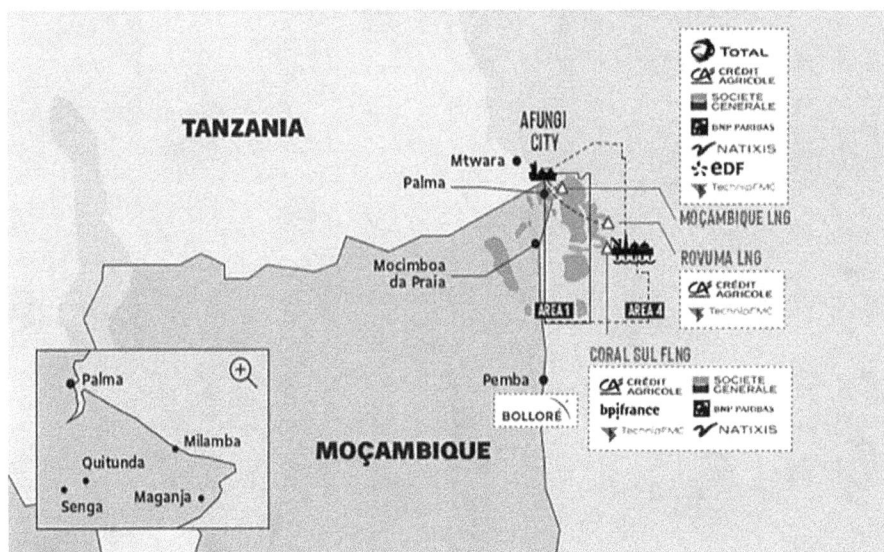

Mapa A

Cabo Delgado, uma província em chamas

Desde Outubro de 2017 que se multiplicam os ataques de grupos de insurgentes contra civis e as forças militares. A violência já tinha causado (até Julho de 2020) pelo menos 1100 mortes principalmente entre as comunidades locais.

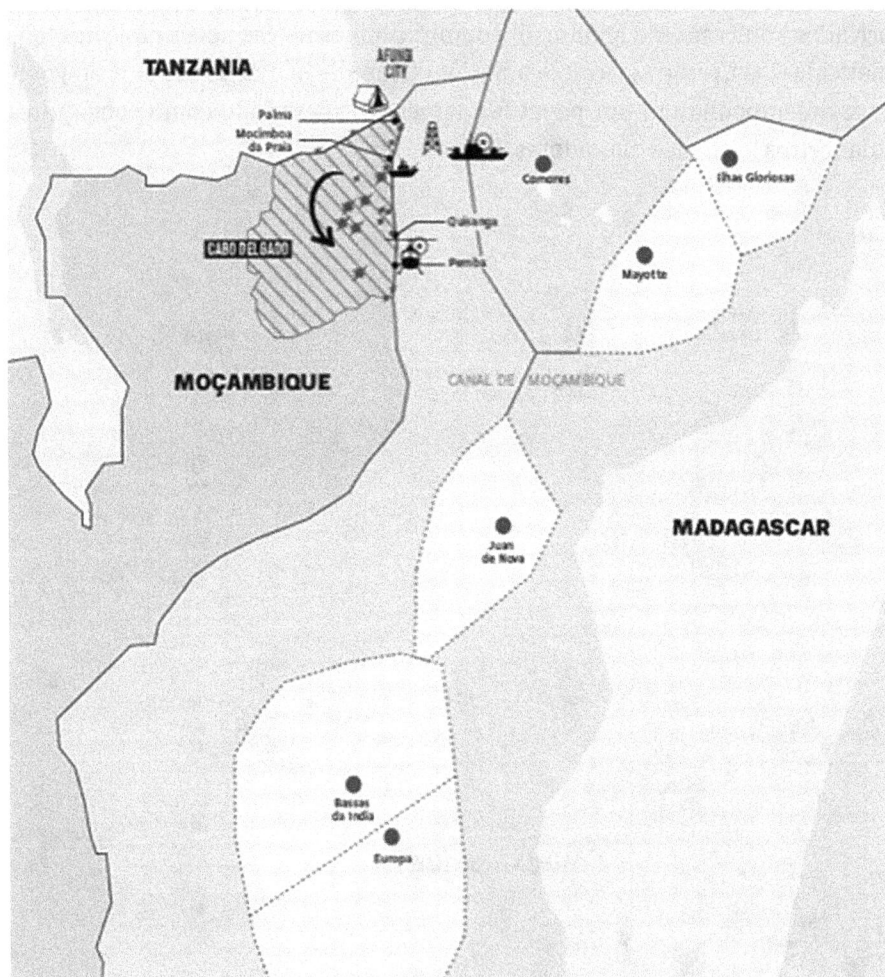

Mapa B

Mais de 100 000 pessoas foram forçadas a sair das suas terras. A insurgência, supostamente associada ao ISIS e Al-Shabab, foi construída sobre um emaranhado de tensões sociais, religiosas e políticas exacerbada pela explosão das desigualdades e violações dos direitos humanos relacionadas com os projectos de exploração de gás. Perante isto, e com a cumplicidade das potências e corporações transnacionais Ocidentais, o governo Moçambicano optou pela estratégia da militarização para proteger prioritariamente as instalações da exploração de gás, em detrimento da população. Os principais operadores até pagaram ao governo de Moçambique para mobilizar mais tropas das forças armadas para os proteger. Nada se faz para atacar as motivações políticas e sociais do conflito e arrancar o mal pela raíz. Pelo contrário, a militarização da zona e as actividades da exploração de gás fomentam as tensões que o alimentam. As violações dos direitos humanos multiplicam-se nas comunidades, que se veem ameaçadas por insurgentes, pelas forças militares, segurança privada e pelas corporações transnacionais ou os seus subempreiteiros. As comunidades locais estão sendo roubadas de suas terras, acesso ao mar e seus meios de subsistência. As pessoas que tentam relatar o que se passa por lá são intimidadas pelas forças governamentais, ou desaparecem. Por exemplo, o jornalista Ibrahimo Abu Mbaruco está desaparecido desde o dia 7 de Abril de 2020, depois de ter prevenido um colega de que estava a ser seguido por um grupo de soldados.

Neste contexto, e com a chegada da Total, a diplomacia económica Francesa pauta-se por uma aceleração da cooperação militar entre os dois países (ver mapa B). Em vez de se juntar ao governo Moçambicano para promover estratégias que permitam resolver os conflitos na sua base, a França contribui para atiçar as tensões na província de Cabo Delgado, apoiando as suas corporações transnacionais do gás e a militarização na zona. Há mesmo armamento com licença Francesa nas mãos de grupos paramilitares activos para combater a insurreição, nomeadamente, de Erik Prince, o anterior patrão da empresa Americana de mercenários Blackwater, afamado pelas suas actividades desastrosas nas guerras da Líbia e do Afeganistão. Face ao caos do exército Moçambicano, as empresas de segurança privadas (Russas, Americanas, Sul-africanas e, também, Francesas) estão, com efeito, cada vez mais presentes. Os helicópteros com licença Francesa operados por mercenários Sul-Africanos chegaram a ferir seis crianças durante um ataque contra-insurgente no final de Maio de 2020. Por seu turno, os bancos Franceses continuam a fingir que só trabalham com operadores que respeitem os direitos humanos e que os acordos de protecção das instalações de gás permitem proteger as comunidades. Essas alegações são totalmente vazias.

Moçambique afunda-se cada vez mais na maldição dos recursos naturais, com a cumplicidade do Estado e das corporações transnacionais Francesas (e não só). O *boom* do gás faz-se acompanhar não só de uma exacerbação dos conflitos e da violência, mas também de um aumento da corrupção e das desigualdades sociais, uma continuação dos males que os combustíveis fósseis provocaram em muitos outros países, especialmente na África. As grandes empresas de exploração de gás estão numa posição que lhes permite impor as suas condições e de ficar com todos os lucros. Além disso, contornam as regras e leis, já por si muito débeis do conteúdo local supostamente criadas para permitir a geração de riqueza em Moçambique e com que o governo Moçambicano praticamente não se preocupa.

O dedo no detonador de uma bomba climática: a hipocrisia do governo Francês

Como se o caos do *boom* do gás não bastasse, a França ainda se esforça por submeter outro país Africano à dependência das energias fósseis, apesar da ciência climática desaconselhar vivamente a sua exploração. Os três projectos de exploração de gás em vias de desenvolvimento poderão emitir o equivalente a sete anos de emissões de gases de efeito de estufa da França e 49 vezes as emissões anuais de Moçambique. Esta é uma bomba climática pronta para explodir, o que contribuirá para levar o mundo ainda mais em direção a uma crise climática irreversível. E há que ter em conta que só representam uma parte das reservas de hidrocarbonetos descobertas. Em total contradição com as propostas do presidente Emmanuel Macron diante da Convenção Cidadã sobre o Clima, em Janeiro de 2020, em que afirmava querer ajudar Moçambique a não se tornar dependente da exploração das suas jazidas, a França empurra o país para a armadilha do gás, tudo em nome dos interesses económicos dos seus industriais da energia e dos seus banqueiros. Ironicamente, Moçambique está na linha da frente dos impactos das mudanças climáticas, estando classificado como um dos países mais vulneráveis e tendo sido atingido por eventos climáticos extremos há não menos de um ano. A soberania energética para Moçambique é crítica e só pode ser alcançada através de soluções de energia renovável baseadas nas pessoas, não através de combustíveis fósseis que servem apenas aos lucros das empresas.

Para acabar com a hipocrisia, o governo Francês deve pôr fim à diplomacia do caos que serve os industriais dos hidrocarbonetos e do armamento. Num momento em que o distanciamento social é regra, o governo deveria impor barreiras entre si e os lobbys da indústria dos combustíveis fósseis. Um primeiro passo seria deixar de apoiar os grandes violadores dos direitos humanos com ajudas à exportação de tais bombas climáticas. Em dois anos, este é o segundo escândalo que revelamos em torno de projectos de exploração de gás caucionados pelo Estado Francês no estrangeiro. Depois das instalações da Total no Iémen que acolhem uma prisão secreta[1,2], passaram a ser os projectos de exploração de gás Moçambicanos a semear o caos.[3] Já está na altura do governo e dos deputados tomarem consciência da urgência climática e das violações dos direitos humanos associados aos projectos apoiados e alterarem a lei este ano para pararem com todos os subsídios aos sectores do petróleo e do gás já a partir de 2021. As empresas Francesas implicadas, os bancos privados e os industriais da energia, como a Total, devem cessar imediatamente as suas actividades nos projectos de exploração de gás em Moçambique, sob pena de serem responsabilizados com base na lei do dever de vigilância.

Friso cronológico:
- Entre 2010 e 2013: Descoberta de enormes reservas de gás nas águas territoriais do norte de Moçambique. As empresas Francesas Technip e Schlumberger participam nas investigações.
- Setembro de 2012: A Total entra na bacia do Rovuma, ao largo da costa de Moçambique, comprando participações nas áreas petrolíferas.
- Setembro de 2013: Uma empresa de pesca pública Moçambicana compra 30 navios nos estaleiros navais de Iskandar Safa, em Cherbourg (CMN) – contrato esse que o governo Francês celebrou com pompa e circunstância.
- Setembro de 2013. O vice-ministro dos Negócios Estrangeiros de Moçambique declara que os seis navios-patrulha de entre as 30 embarcações «de pesca» compradas necessitam de ser armados e que estão em curso negociações com a França. Ainda nesse ano, a França exportou 12,3 milhões de euros de armamento para Moçambique.
- Junho de 2014: A França reabre os serviços económicos da embaixada Francesa em Moçambique. A ministra do Comércio Exterior vai a Pemba, nas imediações das reservas de gás, acompanhada de uma delegação de empresários, entre os quais, industriais do petróleo e do gás.
- Julho de 2015: O recém-eleito presidente Moçambicano Filipe Nyusi (ex-ministro da Defesa), dedica a sua primeira visita diplomática fora de África a França. O programa não inclui uma conferência de imprensa entre chefes de estado para não desenvolver o tema das tuna bonds, numa altura em que as suspeitas de corrupção ganham cada vez mais força em

---

1 «Un site de Total utilisé comme prison au Yémen», *Le Monde*, setembro de 2019.
2 «Pourquoi la France fait pression pour le redémarrage du site gazier de Total», Le Monde, novembro de 2019.
3 Bruno Le Maire, Ouverture des Entretiens du Trésor, janeiro de 2020.

Moçambique, mas prevê almoços discretos para falar de negócios com Emmanuel Macron, então ministro da Economia, e o patronato Francês.

- Outubro de 2015: Os representantes do Estado Francês no Canal de Moçambique deslocam-se a Maputo, entre eles um comandante do exército enviado para cooperar com a marinha Moçambicana, dada a aquisição dos navios militares Franceses.

- Abril de 2016: Estala o escândalo das tuna bonds em torno da compra dos navios. O governo Moçambicano contrai dívidas em segredo, sob a forma de empréstimos garantidos pelo Estado, com a cumplicidade da empresa de Iskandar Safa e dos bancos que trataram da organização, entre eles, o BNP Paribas. Os parceiros internacionais congelam os seus financiamentos, e o país mergulha numa crise financeira e económica.

- Junho de 2017: Um relatório de uma empresa de auditoria confirma o desvio de capital e que a montagem financeira visava essencialmente financiar um programa de defesa ligado à indústria *offshore* do gás e do petróleo.

- Junho de 2017: É tomada a decisão final de investimento para o Coral Sul FLNG, o primeiro projecto de exploração e gás previsto ao largo da província de Cabo Delgado. O projecto é financiado pelo Crédit Agricole, também conselheiro financeiro, pelo BNP Paribas, pela Société Générale e pelo Natixis.

- Outubro de 2017: Primeiro ataque do grupo de insurgentes de Ahlu Sunna Wa-Jama em Cabo Delgado. Os seus primeiros ataques coincidem com a concretização dos projectos de exploração de gás, que exacerbam as tensões sociais, religiosas, étnicas e políticas na origem do conflito que se agrava.

- Quarto trimestre de 2017: O governo Francês apoia financeiramente com mais de 500 milhões de euros a parapetrolífera TechnipFMC para o primeiro projecto de exploração de gás, o Coral Sul FLNG.

- Dezembro de 2017: Erik Prince, o fundador da célebre empresa de segurança privada Blackwater, cria uma empresa em Moçambique e adquire os navios militares comprados à CMN para garantir a segurança das instalações de exploração de gás.

- Novembro de 2018: As negociações do governo Moçambicano com os seus credores sobre a restruturação da dívida centram-se nas futuras receitas da exploração de gás. As exportações de gás tornam-se a única saída para reembolsar a dívida pública que explodiu no rescaldo do escândalo.

- Janeiro de 2019: Ocorre um ataque em Maganja, a 7 km das instalações de exploração de gás de Afungi. Não se enviam soldados Moçambicanos, com o argumento de que só lhes incumbe proteger as instalações em si. Os habitantes fogem para Palma; entretanto, um subempreiteiro das grandes empresas de exploração do gás aproveita para tomar posse das suas terras e dar início a obras.

• Fevereiro de 2019: A Anadarko – um operador da GNL de Moçambique que seria substituído pela Total uns meses depois – e a ENI/ExxonMobil assinam um acordo com o Ministério da Defesa Moçambicano para proteger as suas instalações, em pagar ao governo para enviar mais tropas. O capital é transferido para uma conta profissional que levanta suspeitas.

• Março/Abril de 2019: Os ciclones tropicais Kenneth e Idai devastam uma parte de Moçambique. A província de Cabo Delgado nunca tinha registado um ciclone tão violento.

• Junho de 2019: É tomada a decisão final de investimento do GNL de Moçambique. Serão investidos 22 mil milhões de dólares – o maior investimento alguma vez feito na África subsaariana. A Société Générale é a conselheira financeira da Total no projecto. Prevê-se que sejam investidos 60 mil milhões de dólares nos três projectos de exploração de gás em vias de desenvolvimento.

• Agosto de 2019: Avistam-se helicópteros de combate com o camuflado do exército Francês operados por grupos paramilitares Sul-africanos em Pemba.

• Setembro de 2019: A Total torna-se a principal operadora do projecto de exploração de gás GNL de Moçambique, ao finalizar a compra dos activos da Anadarko. A transacção é concluída 18 dias após a primeira volta das eleições presidenciais em Moçambique, permitindo ao Nyusi anunciar em todos os canais televisivos uma receita fiscal de 880 milhões de dólares.

• Janeiro de 2020: Emmanuel Macron afirma diante da Convenção Cidadã sobre o Clima que é preciso ajudar Moçambique a não se tornar dependente das energias fósseis: «*A dificuldade que teremos colectivamente será explicar aos países pobres que descobrem jazidas, que deverão abdicar desses hidrocarbonetos. [...] Por exemplo, Moçambique descobre que tem jazidas formidáveis nas suas águas territoriais, que está a explorar, por vezes, até, com operadores Franceses. [...] Será preciso encontrar compensações na economia internacional para ajudar a cessar essa actividade e a tornar-se menos dependente dela.*»

- Fevereiro de 2020: Visita diplomática de Jean-Yves le Drian a Moçambique para defender os interesses Franceses da indústria dos combustíveis fósseis ao nível económico e de segurança. Perante o aumento do número de vítimas da população civil, a Total e a ExxonMobil exigem ao governo Moçambicano que mobilize mais 300 soldados em torno das suas instalações.
- Março de 2020: A empresa de segurança privada Francesa Amarante Internationale abre um posto avançado em Maputo e responde ao concurso lançado pela Total para proteger as suas instalações de exploração de gás.
- Abril de 2020: De acordo com a ONG ACLED, a insurreição fez mais de 1100 mortos em Cabo Delgado, desde Outubro de 2017. Mais de 100 000 pessoas foram desalojadas. Aqueles que tentam consciencizar a situação são intimidados pelas forças do governo ou desaparecem. O jornalista Ibrahimo Abu Mbaruco está desaparecido desde 7 de Abril.
- Abril 2020: Mercenários Sul-africanos utilizam helicópteros de combate com licença Francesa para combater a insurreição.
- Abril de 2020: Com a queda dos preços do petróleo, a decisão final de investimento do projecto GNL de Rovuma é rejeitada. O Crédit Agricole continua a prestar consultoria financeira para o desenvolvimento do projecto.
- Maio de 2020: As instalações de exploração de gás da Total tornam-se o epicentro da propagação do Covid-19 em Moçambique.
- 28 de Maio de 2020: Durante a batalha de Macomia, seis crianças foram feridas por helicópteros DAG. Estas são as primeiras vítimas civis diretamente relacionadas ao envolvimento de empresas militares privadas em Cabo Delgado, e provavelmente não a última.
- Outubro de 2020: A Business France organiza uma missão de negócios intitulada «*French Gas Days*» a Maputo para ajudar as empresas Francesas a garantir participações em mercados directamente ligados ao *boom* do gás.

Conclusão

A realidade da diplomacia Francesa em Moçambique está bem longe dos belos discursos sobre o desenvolvimento e da luta contra as mudanças climáticas em África proferidos pelo presidente Macron na cena internacional. A França está mais do que decidida a assegurar que este *eldorado* do gás beneficie em primeiro lugar as suas corporações transnacionais, independentemente do caos que isso possa gerar. Afundar o planeta inteiro ainda mais na crise climática, contribuir para a destabilização de uma região, ser cúmplice de práticas de corrupção e de violações dos direitos humanos: nada parece inquietar o governo nem as grandes parapetrolíferas Francesas e os seus banqueiros.

Para pôr fim ao conflito que grassa no norte de Moçambique, é preciso arrancar as suas motivações políticas e sociais pela raíz – não apoiar uma indústria que só contribuirá para exacerbar as tensões, promover uma estratégia de militarização contraproducente e muito menos permitir que grupos de mercenários empunhem armamento com licença Francesa.

Uma vez que o manancial do gás não beneficiará a maior parte da população Moçambicana, não é altura para sujeitar outro país Africano à dependência de uma energia fóssil a cuja exploração se opõe veementemente a ciência climática. Serão necessários financiamentos maciços para construir sociedades mais resilientes e sustentáveis, tanto a Norte como a Sul. Não é de modo algum oportuno canalizar dezenas de milhares de milhão de euros para projectos tão destrutivos. Todos os males que se desenvolvem no norte de Moçambique são sinais de alerta, e ainda vamos a tempo de travar os projectos de exploração de gás em vias de desenvolvimento.

Que fazer?

Em dois anos, este é o segundo escândalo que revelamos em torno dos projectos de exploração de gás caucionados pelo Estado Francês no estrangeiro. Depois das instalações da Total no Iémen que acolhem uma prisão secreta[4,5], passaram a ser os projectos de exploração de gás Moçambicanos a semear o caos. Em Setembro de 2020, o governo deverá submeter um relatório ao Parlamento em virtude do projecto de lei das finanças de 2021 sobre as garantias à exportação nos sectores das energias fósseis. Após a inscrição das primeiras exclusões na lei das finanças de 2020[6], é chegada a altura do governo e dos deputados tomarem consciência da urgência climática e das violações dos direitos humanos associados aos projectos apoiados e porem fim às garantias à exportação de todas as anergias fósseis a partir de 2021.

Face aos impactos que os projectos de exploração de gás ao largo da costa de Moçambique exercem sobre o clima, os direitos humanos e a biodiversidade, é necessário pôr fim aos fluxos financeiros que os alimentam:

* o governo Francês e a sua agência de crédito à exportação (Bpifrance Assurance Export) devem rescindir a garantia à exportação outorgada ao Coral Sul FLNG;

4 «Un site de Total utilisé comme prison au Yémen», *Le Monde*, Novembro de 2019.
5 Pourquoi la France fait pression pour le redémarrage du site gazier de Total», Le Monde, Novembro de 2019.
6 «Le gouvernement veut continuer à assurer le chaos climatique», Les Amis de la Terre, Novembro de 2019.

- o governo Francês deve comprometer-se a não prestar apoio financeiro aos outros dois projectos em vias de desenvolvimento (GNL de Moçambique e GNL de Rovuma), nem a qualquer outro futuro projecto ligado às reservas de gás Moçambicanas;
- os bancos privados Franceses devem-se retirar imediatamente já hoje dos três projectos em vias de desenvolvimento e comprometer-se a pôr futuramente fim a todos os serviços financeiros prestados a projectos ligados à exploração e exportação das reservas de gás Moçambicanas.

Na qualidade de operador do GNL de Moçambique e para respeitar a lei do dever de vigilância, a Total deve-se retirar do projecto. Para retirar Moçambique do círculo vicioso da dívida e julgar os responsáveis por estes empréstimos ilicitamente contraídos, os autores desta investigação exigem ainda:

- que o Ministério das Finanças Francês encarregue-se do processo do escândalo das dívidas ocultas e desenvolva uma investigação para apurar a responsabilidade do anterior governo Francês, do BNP Paribas e da Constructions Mécaniques de Normandie nesta questão, em resposta ao pedido de entreajuda penal internacional lançado pela justiça Moçambicana;
- o Club de Paris, o FMI e o Banco Mundial declarem essas dívidas ilegais e anulem o seu pagamento.

Para além dos financiamentos públicos, o relatório detalha todo um conjunto de meios que os poderes públicos puseram ao serviço da indústria das energias fósseis. Num momento em que o distanciamento social é regra, o governo deveria impor barreiras entre si e os lobbys da indústria dos combustíveis fósseis nas políticas públicas, tanto a nível nacional como internacional. Assim sendo, é preciso:

- proibir a presença da indústria das energias fósseis e dos representantes dos seus interesses nas visitas diplomáticas do governo Francês ao estrangeiro, bem como nas visitas oficiais de países terceiros a França;
- cortar as ligações entre as redes diplomáticas Francesas mobilizadas no mundo inteiro e a indústria dos combustíveis fósseis;
- proibir os serviços dos Ministérios da Economia e das Finanças e dos Negócios Estrangeiros de organizarem missões de negócios para a indústria dos combustíveis fósseis, nomeadamente, por meio da Business France;
- pôr fim às portas giratórias entre a esfera pública e a indústria dos combustíveis fósseis.

CAPÍTULO CINCO

Um Olhar Sócio-Ambiental Sobre Moçambique, 45 anos pós-independência

Anabela Lemos, Daniel Ribeiro, Erika Mendes, Kete Fumo,
René Machoco, Samuel Mondlane e Vanessa Cabanelas

Introdução

> Um ambicioso [...] pode matar por causa da sua ambição. Pode aliar-se facilmente ao imperialismo. [...] É capaz de tudo: vender a Pátria, vender a Revolução, impedir o progresso do país – só por causa da sua ambição, do seu interesse individual.
>
> Samora Moisés Machel

Moçambique é um país de abundância e desigualdades. Pelo país afora encontramos extensas florestas, pastagens naturais e amplas planícies, zonas húmidas de reconhecida importância, ecossistemas marinhos de biodiversidade única, e uma terra que fornece o sustento à grande maioria das populações rurais, que constituem cerca de 80% da população do país. A maioria dos Moçambicanos e Moçambicanas depende diariamente dos recursos naturais e das funções dos ecossistemas, que são a sua fonte de água, energia, alimentos, medicamentos e espiritualidade.

Mas um passado de colonialismo, comunismo e guerra civil deixou um legado de destruição, acentuadas desigualdades económicas e racismo ambiental estrutural; e uma sociedade civil insegura, amedrontada e desinformada que dificilmente consegue defender os seus direitos ou fazer ouvir a sua voz.

A transição de Moçambique do comunismo para a democracia coincidiu com o processo mais amplo de globalização. Esta globalização impôs ao país, e às suas frágeis e recentes instituições democráticas, imperativos de mercado orientados para o lucro, ao invés de priorizar as muitas necessidades de um povo recém libertado das amarras coloniais. O desenvolvimento centrado nas pessoas, que era o paradigma defendido durante a luta pela independência, rapidamente foi subordinado aos interesses das elites corruptas que chegavam ao poder, e dos investidores internacionais e seus representantes que defendiam que Moçambique – e principalmente as suas riquezas naturais – deveria agora abrir-se para o mundo.

O capitalismo neoliberal, dependente da exploração de umas classes sociais por outras de forma a garantir acesso a recursos naturais e mão-de-obra barata, entrou em Moçambique pela porta da frente e aqui instalou-se con-

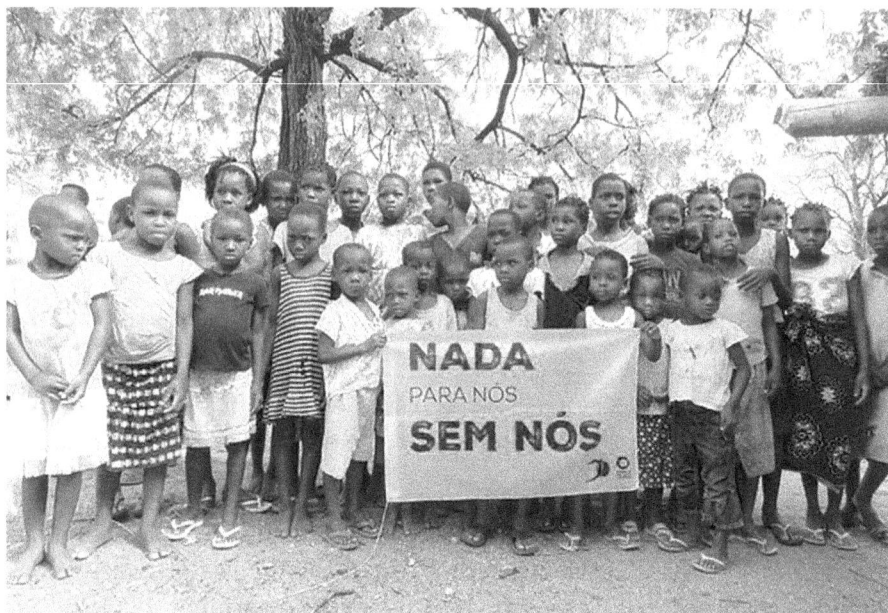

fortavelmente. O caminho para o desenvolvimento passou a ser a priorização de mega-projectos, principalmente projectos extractivistas com elevados
impactos na qualidade de vida das populações e no meio ambiente.

À primeira vista, o país parecia demonstrar um sólido crescimento
económico, principalmente nas décadas de 90 e 2000, e particularmente em
comparação com as décadas anteriores, severamente marcadas pela guerra.
Mas os indicadores económicos escondem os impactos sociais e ambientais
de um modelo de desenvolvimento insustentável e focado no curto-prazo,
além de não levarem em consideração a apropriação de grande parte deste
crescimento económico pelas elites. Além destes factores, a fraca capacidade
regulatória do Estado, os elevados níveis de pobreza e desemprego da população, e uma sociedade civil frágil e desarticulada têm contribuído para um
cenário de impunidade e falta de responsabilização dos responsáveis por
violações de direitos humanos e crimes ambientais.

Nos últimos anos, o país viu-se ainda mergulhado num enorme escândalo financeiro[1], as chamadas dívidas ocultas. O governo de Armando Emílio
Guebuza, então presidente de Moçambique, contraiu dívidas que totalizam
mais de 2 bilhões de dólares norte-americanos (cerca de 16% do PIB)[2] num
esquema fraudulento e ilegal, em que a maior parte do dinheiro desapareceu

1 https://zitamar.com/mozambique-economic-crisis-story-so-far/
2 https://cipmoz.org/2018/11/07/governo-hipotecou-o-bem-estar-dos-mocambicanos/

de forma suspeita. Embora o fenómeno das dívidas ocultas possa ser considerado o ponto mais alto da corrupção em Moçambique, a verdade é que a inobservância de princípios de transparência e legalidade na gestão das contas públicas tem sido frequentemente exposta e condenada por diversos órgãos de comunicação social, jornalistas, activistas e organizações da sociedade civil, a nível nacional[3] e internacional[4].

Ao observar a corrupção, no entanto, é necessário ir além da – muito necessária – luta por justiça que passa pela condenação e responsabilização dos nossos corruptos domésticos. É preciso estender a análise crítica de forma a abranger outras dimensões e factores que contribuem igualmente para o enriquecimento ilícito e impune das elites políticas e económicas, em Moçambique, mas também por todo o mundo. Há uma dimensão global deste problema que está relacionada com o modelo sócio-económico dominante, o capitalismo neoliberal, e as diversas formas como este se manifesta para salvaguardar a acumulação de capital nas mãos de uma camada cada vez mais restrita da sociedade[5].

Persistindo em Moçambique uma dinâmica neocolonial, tal como na maioria dos países Africanos[6], é naturalmente previsível, nos moldes actuais, que aos grandes capitalistas internacionais se aliem os governantes corruptos dos países onde abundam riquezas e recursos naturais. Promover a perpetuação da dependência na ajuda externa, incentivar a aposta num modelo de desenvolvimento assente no extractivismo e na exportação de matérias-primas, e apoiar a permanência no poder de governantes corruptos que salvaguardam os interesses do capital internacional em detrimento do seu próprio povo são algumas das faces do capitalismo neoliberal em Moçambique. A nova ordem mundial depende e exacerba a exploração do homem pelo homem, e da natureza pelo homem, tanto entre diferentes regiões do mundo como dentro das fronteiras de cada país.

Para entrarmos mais a fundo nesta questão, propomos uma análise que olhe para as diferentes formas pelas quais o modelo de desenvolvimento capitalista, neocolonial, e extractivista se tem manifestado em Moçambique, com um foco especial na destruição da natureza e nos impactos sócio-económicos que se fazem sentir do Rovuma ao Maputo, e do Zumbo ao Índico.

---

3 https://cartamz.com/index.php/politica/item/994-cip-desvenda-redes-de-corrupcao-nos-combustiveis-e-energia-electrica
4 https://www.voaportugues.com/a/mo%C3%A7ambique-perde-combate-%C3%A0o-corrup%C3%A7%C3%A3o-dizem-analistas/4883517.html
5 https://www-cdn.oxfam.org/s3fs-public/file_attachments/cr-even-it-up-extreme-inequality-291014-en.pdf
6 http://www.cadtm.org/New-capitalist-domination-and

Do lado de cá da crise climática

> O aumento previsto da temperatura global em África é um prenúncio do colapso humano, social e ecológico.
>
> in Declaração dos Grupos Africanos por Justiça Climática[7]

O planeta enfrenta uma das maiores crises de sempre, a crise climática, e os cientistas já deixaram claro que a combustão de combustíveis fósseis, e consequente libertação de dióxido de carbono para a atmosfera, é o principal contribuinte para o aquecimento global[8].

As últimas décadas têm sido caracterizadas por extremos eventos climáticos, como a ocorrência de ondas de calor intenso, secas cíclicas, inundações, cheias e ciclones tropicais de grande magnitude e com impactos devastadores, por todo o mundo, com algumas regiões sendo mais afectadas que outras. Em Moçambique, um dos países mais vulneráveis à crise climática[9], destacamos a recente ocorrência dos ciclones Idai e Kenneth que afectaram de forma devastadora o nosso país e a região, com impactos desastrosos nas províncias de Sofala e Cabo Delgado.

Os dois ciclones ocorreram em menos de dois meses, tendo o Idai ocorrido em Março e o Kenneth em Abril, ambos em 2019[10]. Foram considerados os piores ciclones tropicais registados a nível do continente Africano e de todo o Hemisfério Sul, tendo causado a morte de cerca de mil pessoas e afectando cerca de 3 milhões de outras, além de terem destruído milhares de casas e infraestruturas sociais como hospitais, salas de aulas, pontes e estradas. As inundações que acompanharam estes fenómenos (tanto antes da sua ocorrência como depois) devastaram milhares de hectares de culturas alimentares, com impactos desastrosos na região centro e norte do país[11].

O Ciclone Idai, manifestação clara da crise climática que há muito se vem anunciando, destruiu 90% da cidade da Beira, colocando a cidade na posição de primeira cidade a ser totalmente destruída pelas mudanças climáticas[12,13]. Após a ocorrência destes ciclones, estimou-se que seriam necessários pouco mais de 3 bilhões de dólares norte-americanos em ajuda humanitária, e para a recon-

---

7 https://pt.africaclimatejustice.org/

8 https://www.independent.co.uk/environment/climate-change-fossil-fuels-coal-oil-gas-methane-greenhouse-gas-global-warming-a9348061.html

9 https://www.climatelearningplatform.org/sites/default/files/resources/mozambique_country_climate_risk_assessment_report_-_final.pdf

10 https://www.axios.com/cyclone-kenneth-mozambique-africa-death-toll-damage-ce3a3219-70ff-469e-98fd-813a72707e13.html

11 https://www.axios.com/mozambique-cyclone-idai-death-toll-impact-16fcbfab-3911-48ee-8dfc-0e741f284bbf.html

12 https://www.cmjornal.pt/mundo/detalhe/um-milhao-de-criancas-afetadas-pela-tempestade-que-arrasou-mocambique

13 https://reliefweb.int/report/mozambique/first-city-completely-devastated-climate-change-tries-rebuild-after-cyclone-idai

strução das infraestruturas destruídas nas províncias de Sofala e Cabo Delgado[14].

O aumento da ocorrência de eventos climáticos extremos (intensidade, magnitude e frequência) como os ciclones tropicais, cheias, inundações e secas, associado a fracas políticas públicas para mitigar os impactos das mudanças climáticas, irá aumentar significativamente a vulnerabilidade da população devido à redução dos activos usados para sua subsistência, tais como os serviços de saúde, o acesso à água e infraestruturas sociais. Colide ainda com a produção de alimentos, minando assim a possibilidade de melhoramento das condições de vida da maioria da população.

A magnitude dos impactos das mudanças climáticas em Moçambique (conforme violentamente demonstrado pelo Idai e Kenneth) dependerá da nossa capacidade em termos de medidas de mitigação e adaptação. Por seu turno, isto dependerá em grande parte do modelo de desenvolvimento sócio-económico que o país seguirá nos próximos anos.

Para lidar com a crise climática, será necessário enveredar por uma redução drástica das emissões de gases de efeito estufa. Será necessário repensar os modelos produtivos e a relevância de indicadores económicos como o PIB, assentes numa lógica de crescimento económico sem a devida contabilização dos impactos sociais e humanos.

Inúmeros estudos apontam também para o papel crucial que as florestas nativas e o equilíbrio ecológico dos ecossistemas desempenham na mitigação dos impactos das mudanças climáticas, ao contribuírem significativamente para o sequestro e armazenamento de dióxido de carbono existente na atmosfera. A conservação e restauração das florestas nativas deve ser portanto uma prioridade nos esforços de mitigação dos impactos das mudanças climáticas, reconhecendo o papel fundamental e histórico das comunidades locais tradicionais na preservação destes ecossistemas.

A insistência do governo Moçambicano em não dar a devida atenção àqueles que têm sido os custos económicos e sociais da crise climática, e às causas sistémicas desta crise, à semelhança de tantos outros governos pelo mundo afora, é preocupante. Sem um debate e um compromisso inclusivo, profundo e multisectorial a respeito dos cenários projectados para o futuro, suas implicações, e possíveis soluções para minimizar os impactos da crise climática – com a ousadia de repensar o que é desenvolvimento e quem se deve beneficiar dele – não será possível chegar a respostas adequadas a uma crise destas proporções.

---

14 https://africa.cgtn.com/2019/05/15/mozambique-needs-3-2-billion-usd-for-reconstruction-after-devastating-cy-clones

Das florestas nativas à mercantilização da natureza?

O que estamos a fazer às florestas do planeta é nada mais que uma imagem espelhada daquilo que estamos a fazer-nos uns aos outros.

Chris Maser

Mesmo perante a crise climática e todas as evidências do importante papel que as florestas nativas desempenham na mitigação dos seus impactos, continuamos a assistir a uma preocupante e acelerada desflorestação em resultado da acção humana, seja para permitir a expansão urbana, para a abertura de grandes campos agrícolas e monoculturas, para a exploração florestal para fins madeireiros, ou para dar espaço a tantos outros projectos de investimento que requerem largas extensões de terra.

Moçambique é considerado um país rico em floresta nativa, no entanto, a área de floresta no país tem vindo a reduzir de forma alarmante ao longo dos últimos anos. Segundo os dados do último inventário florestal nacional (2018), a área florestal e a área florestal produtiva ocupam respectivamente 31 693 872 hectares e 17 216 677 hectares, em comparação com os 40 068 000 hectares e 26 907 100 documentados em 2007. Isto significa que, entre 2007 e 2018, verificou-se uma perda de 21 % da área florestal total e 36 % da área florestal produtiva. Em apenas 11 anos, Moçambique perdeu 8 374 128 hectares de floresta nativa[15].

A agricultura itinerante tem sido apontada por vários autores como sendo a maior responsável pelo desflorestamento no país, responsabilizando essencialmente os camponeses e camponesas. No entanto, um olhar mais atento revela que, em grande parte dos casos, a abertura de campos agrícolas acontece após a degradação florestal causada pela exploração florestal, e que o agronegócio em Moçambique tem incentivado camponeses e camponesas a abrir novos campos agrícolas para produzir o que as empresas necessitam. Esta questão tem sido largamente desconsiderada nos diferentes estudos sobre o assunto, bem como a dimensão da exploração madeireira ilegal e desregrada. As próprias comunidades rurais têm denunciado a situação de diversas formas, incluindo em consultas comunitárias e reuniões com a sociedade civil. A FRELIMO tem uma grande responsabilidade em tudo isto, e nós "pecámos" muito a este respeito. Nós avisámos o partido para não se envolver neste cenário mas, infelizmente, o interesse pela acumulação fácil da riqueza e a ganância levaram-nos a isto. Agora, vai ser difícil reverter o cenário, porque os estrangeiros, principalmente os Chineses, já dominam no nosso país, inclu-

---

15 DINAF (2018). Inventário Florestal Nacional. Relatório Final. Direcção Nacional de Florestas. Maputo, Moçambique

indo as fronteiras, com o poder económico a crescer todos os dias, o que lhes permite subornar a qualquer hora e em qualquer lugar, qualquer funcionário do governo miseravelmente pago, para facilitar a documentação que eles precisam para exportar a madeira de qualquer forma e a partir de qualquer lugar, sem nenhum problema.[16]

O que tem sido feito, no nosso país, para preservar as nossas florestas nativas?

Nos últimos anos, têm sido levadas a cabo reformas no sector florestal, que incluem a revisão da política de florestas e sua estratégia de implementação, moratória sobre emissão de novas licenças de exploração de madeira e proibição de exportação de madeira em toro. No entanto, não obstante as medidas tomadas, os problemas permanecem, a exploração ilegal e desregrada continua, e as florestas continuam a desaparecer a um ritmo alarmante.

Cabe notar que as reformas neste sector têm sido conduzidas e financiadas, em grande parte, pelos parceiros internacionais de cooperação, como o Banco Mundial. O Banco Mundial tem sido um dos principais actores de influência na agenda florestal nacional, em função da sua própria agenda global, que inclui o ambicioso e surreal plano de expansão de plantações de monoculturas exóticas, sob o falso pretexto do "reflorestamento". A sua influência foi visível ainda na preparação e adopção de políticas e instrumentos que facilitam a mercantilização da natureza, como o mecanismo de Redução de Emissões por Desflorestação e Degradação Florestal (REDD+)[17,18]. Esta falsa solução, no auge da sua lógica neoliberal, propõe a alteração da própria definição de floresta, estabelecendo que uma plantação de monocultura de eucaliptos pode ser considerada uma floresta.

Portanto, evidentemente, a estratégia de reflorestamento do nosso país poderia ser resumida no estabelecimento de plantações de monocultura, essencialmente, eucaliptos e pinheiros. Moçambique pretende plantar 1 milhão de hectares de plantações de monocultura até 2030[19]. O reflorestamento através do plantio de espécies nativas para a conservação da biodiversidade local e a restauração de florestas não são devidamente considerados nem planificados neste modelo. Além disso, esta estratégia também falha por não levar em conta os 60 000 hectares de plantações que já existem no país, cerca

16 Mackenzie, Catherina e Ribeiro, Daniel (2009). Tristezas Tropicais: Mais Histórias Tristes das Florestas da Zambézia.
17 Aquino, Andre; Lim, Celim; Kaechele, karin; Taquidir, Muino (2018). Notas sobre a Floresta em Moçambique, Banco Mundial.
18 Winfridus Overbeek (2020). O que há de errado com plantar árvores? Novos Incentivos para expandir as plantações de árvores no Sul Global. World Rainforest Movement WRM.
19 MITADER (2009). Estratégia Nacional de Reflorestamento. Ministério da Terra, Ambiente e Desenvolvimento Rural. Maputo, Moçambique.

de 14 empresas de plantações florestais, e uma lista interminável de conflitos de terra com as comunidades rurais. A intervenção do governo nestes conflitos tem sido largamente inaudível, incapaz, ou até mesmo cúmplice do grande capital, chegando a colocar as forças de defesa e segurança do estado a serviço das companhias. O modelo proposto é bastante permissivo e favorece apenas as empresas de plantações, não garantindo de forma alguma a conservação das florestas.

Inúmeros estudos demonstram os impactos sociais e ambientais negativos das plantações de monocultura[20], tanto a nível global como a nível nacional. Este modelo compete directamente com as comunidades rurais no acesso à terra, usada pelas comunidades para cultivo dos alimentos para subsistência, e fomenta uma pressão ainda maior sobre as florestas, à medida que as comunidades rurais terão que migrar para procurar novas áreas para produção de alimentos. As comunidades acusam as companhias de actuarem em conluio com as estruturas do governo local e líderes tradicionais para usurparem as terras da comunidades, privando-as de praticar agricultura de subsistência. Denunciam ainda a ruptura social, as violações de direitos humanos e a desestruturação da comunidade, como consequência da entrada de grandes investimentos que pouco olham para os impactos sociais dos seus projectos.

O problema da usurpação de terras é um fenómeno grave e preocupante no nosso país e em todo o continente, que tem contribuído para agudizar a pobreza, a fome e as migrações forçadas de populações. A questão tem sido amplamente denunciada e analisada[21]. Embora se fale disto há várias décadas, foi depois das crises globais financeira e de alimentos em 2007-2008 que se acentuou a corrida pela terra, por parte de grandes companhias transnacionais e governos do Norte global, em conluio com as elites políticas e económicas do Sul.

A Portucel e a Green Resources, as duas empresas de plantações a operar em Moçambique que detém as maiores extensões de terra (356.000 hectares e 264 898 hectares, respectivamente), são exemplos da protecção e impunidade de que gozam as grandes empresas no nosso país. As regiões onde operam ou pretendem operar já registam inúmeros conflitos de terras entre a empresa e as comunidades rurais, e várias organizações não-governamentais nacionais e internacionais têm vindo a denunciar questões de usurpação de terras, indemnizações e compensações injustas ou inexistentes associadas aos seus

---

20 Por exemplo: https://issuu.com/justicaambiental/docs/portucell_com_graficos_novos; ou https://issuu.com/justi-caambiental/docs/o_caso_da_green_resources_moc_ambi; ou https://wrm.org.uy/videos/impacts-of-monoculture-tree-plantations/
21 http://www.stopafricalandgrab.com/

investimentos. Apesar disso, as empresas continuam a gozar de apoio político e financeiro[22] [23]. Tanto o governo de Moçambique como os seus parceiros com interesse directo nestes investimentos, como o Banco Mundial (com participação na Portucel através do IFC), o governo da Suécia e da Noruega, com longa história de promoção de plantações de monocultura, continuam a incentivar e a apoiar financeiramente estas empresas[24].

Como se não bastasse, as plantações de monocultura contribuem também para a degradação de solos, e têm sido apontadas como um dos principais vectores no aumento da frequência de ocorrência e intensidade dos incêndios florestais em diversas regiões do globo. As plantações de monocultura de árvores são estabelecidas em extensas áreas no mesmo ano, apresentando assim um único estrato arbóreo e a ausência de diversidade de espécies, factores que contribuem sobremaneira para a propagação de incêndios[25].

Existe também uma grande dualidade de critérios e procedimentos no que diz respeito à legalização dos direitos sobre a terra, quando se compara o processo de obtenção da Licença Ambiental e do DUAT (Direito de Uso e Aproveitamento da Terra) entre diversos actores. Quando é uma empresa a requerê-los, o processo é célere e as consultas comunitárias, quando acontecem, não são condição prévia à obtenção destes direitos. Isto contraria uma série de instrumentos legais, como a Lei de Terra, o Regulamento Sobre o Processo de Avaliação do Impacto Ambiental, a Directiva Geral para o Processo de Participação Pública, entre outros, despoletando ainda mais casos de usurpação de terra, convulsões sociais contra as empresas e outros impactos associados. A empresa Portucel, por exemplo, viu o seu processo de aquisição de terra concluído, e o DUAT provisório emitido, em menos de um ano, mesmo sem ter o consentimento informado das comunidades cuja terra foi usurpada.

Contrariamente, quando se trata de esforços para estabelecimento de Áreas de Conservação, em particular os processos de formalização de Áreas de Conservação Comunitária, a situação é outra. Os requerentes, nesta situação, experienciam longas e injustificáveis demoras na tramitação do processo, por vezes até mesmo a ausência de respostas por parte das instituições com-

22 Calengo, A.; Machava, F.; Vendo, J.; Simalawonga, R.; Kabura, R. e Mananze. S. (2016). O Avanço das Plantações Florestais sobre os Territórios dos Camponeses no Corredor de Nacala: o caso da Green Resources Moçambique. Livaningo, Justiça Ambiental e UNAC. Maputo, Moçambique.
23 Machoco, R., Cabanelas, V. E Overbeek, W. (2016). Portucel – O processo de acesso à terra e os direitos das comunidades locais. Justiça Ambiental. Maputo, Moçambique.
24 Aquino, A.; Lim, C.; Kaechele, K. e Taquidir, M. (2018). Notas Sobre a Floresta em Moçambique. Banco Mundial. Maputo, Moçambique.
25 Calengo, A.; Machava, F.; Vendo, J.; Simalawonga, R.; Kabura, R. e Mananze. S. (2016). O Avanço das Plantações Florestais sobre os Territórios dos Camponeses no Corredor de Nacala: o caso da Green Resources Moçambique. Livaningo, Justiça Ambiental e UNAC. Maputo, Moçambique.

petentes, e é-lhes exigido o cumprimento integral de todos os requisitos previstos na lei.

Exemplo claro da falta de priorização da conservação comunitária de florestas nativas por parte do Estado moçambicano é o caso do Monte Mabu, uma área rica em biodiversidade localizada no distrito de Lugela, província da Zambézia. A organização ambiental Justiça Ambiental (JA!), em conjunto com as associações comunitárias da região que circunda o Monte, iniciaram, em 2012, o processo para o estabelecimento de um estatuto formal de conservação comunitária para o Monte Mabu. O processo para obtenção do DUAT iniciou em 2016, e até meados de 2020 não havia ainda resposta ao pedido. Em inúmeras ocasiões as organizações envolvidas tiveram de voltar a enviar os documentos submetidos no início do processo, por terem desaparecido nos corredores da burocracia, e têm insistentemente pedido um esclarecimento a respeito da morosidade do processo. Não há qualquer justificativa para esta demora, além da falta de vontade política e da clara negligência da importância da gestão e conservação comunitária de recursos naturais, embora esta premissa faça parte da proposta de Política Florestal tal como a promoção de plantações de monocultura em larga escala.

Os nossos recursos naturais, as nossas florestas e ecossistemas, quando inseridos numa lógica de mercado, são meramente tratados como recursos com o potencial de gerar lucro, sendo traduzido o seu valor em termos monetários. Esta lógica nefasta é responsável pela criação dos mesmos problemas que agora, arrogantemente, propõe solucionar. Nela não há espaço para que seja considerada a importância biológica, a função ecossistémica, e a nossa dependência vital nos bens e serviços materiais e imateriais que estes ecossistemas nos fornecem e que permitem a vida na Terra. Nem sequer reconhece devidamente a importância vital da conservação comunitária, já amplamente documentada e comprovada em diversos estudos[26].

Infelizmente observamos que Moçambique não é caso isolado, e estratégias semelhantes baseadas em soluções de mercado e de comodificação da natureza estão a ser implementadas em inúmeros países Africanos e em outros continentes. Fortemente apoiadas e financiadas pelos guardiães do capitalismo neoliberal – as grandes corporações e as instituições financeiras internacionais como o Banco Mundial e o Fundo Monetário Internacional – países como Moçambique têm poucas possibilidades de resistir individualmente à imposição deste modelo. Ao colocar-se do lado dos interesses do grande capital internacional e das elites nacionais, o governo Moçambicano está a firmar

---

26 https://esajournals.onlinelibrary.wiley.com/doi/abs/10.1002/fee.2148

a sua cumplicidade com a contínua exploração insustentável de recursos que conduzem ao desflorestamento em grande escala, perda de biodiversidade, aumento da pressão sobre a terra e exacerbada vulnerabilidade das comunidades rurais.

A brutalidade do extractivismo

> Precisamos de parar e pensar nas causas estruturais, e atacar os problemas pela raiz. É por isso que os movimentos são importantes. É por isso que protestar é importante, e devemos continuar a protestar. Temos de construir a nossa narrativa, o futuro que queremos, um futuro impulsionado pela nossa humanidade e relação com a natureza. Não podemos pensar da mesma forma que as corporações transnacionais. Ou então não haverá esperança no futuro.
>
> Nnimmo Bassey

O governo de Moçambique, à semelhança do que acontece em tantos outros países africanos, tem insistentemente promovido a narrativa de que o caminho para o desenvolvimento do país é a exploração dos recursos naturais, principalmente os que se encontram no subsolo, os combustíveis fósseis e demais energias sujas. Desde os projectos de exploração de gás em Inhambane, ao carvão de Tete, aos mais recentes projectos de gás em Cabo Delgado, a maioria dos Moçambicanos (à excepção das elites políticas e económicas do país[27]) ainda está à espera para ver os benefícios destes projectos de «desenvolvimento».

Escusado será dizer que a nossa vulnerabilidade às mudanças climáticas nem sequer entra na equação. Nas consultas comunitárias, quando acontecem, empresas e governo pouco falam do agravamento da crise climática e demais impactos sociais, ambientais e económicos negativos associados aos projectos extractivistas. Muito se fala, com estimativas absurdamente optimistas, da quantidade de empregos que será gerada (sem referir que a maioria dos contratados provavelmente virá de fora ou de outras regiões do país), das receitas esperadas[28] (mas não da real quantia que reverterá a favor do Estado, e nem o porquê de Moçambique continuar a negociar contratos tão desvantajosos para o país) e da esperada melhoria nas condições de vida das populações locais (sem que as empresas estejam legalmente obrigadas a cumprir as promessas, que, na maioria das vezes, nem sequer constam na acta da consulta comunitária)[29].

---

27 Jubilee Debt Campaign UK, Tax Justice Network, Justiça Ambiental (2013): Desenvolvimento de Quem? (Disponível para consulta em: https://issuu.com/dropthedebt/docs/whose_development_is_it_portuguese)

28 Muianga, Carlos (2019): Investimento, Recursos Naturais e Desafios para Moçambique, In: Desafios para Moçambique 2019. (Disponível em: https://www.iese.ac.mz/desafios-2019/)

29 Justiça Ambiental & UNAC (2011): Os Senhores da Terra, Análise Preliminar do Fenómeno de Usurpação de Terras em

É importante também frisar que muitos projectos de energias sujas são, cada vez mais frequentemente, vendidos como projectos sustentáveis ou de "transição". Tal é o caso das mega-barragens, que embora sejam qualificadas como energias renováveis, estão longe de representar uma fonte limpa de energia. Além de causarem a fragmentação dos rios e a perda de ecossistemas ribeirinhos e acentuada desflorestação, as mega-barragens contribuem ainda para exacerbar os impactos das mudanças climáticas, uma vez que libertam para a atmosfera grandes quantidades de metano (um potente gás de efeito de estufa), que é gerado com a decomposição de matéria orgânica acumulada no fundo do reservatório da barragem. Relatórios da Comissão Mundial de Barragens alertam que as grandes barragens ficaram bastante aquém das previsões dos seus proponentes, no que diz respeito à quantidade de electricidade produzida, ou à capacidade de controlar a intensidade de cheias e inundações[30].

> A mitigação é particularmente perigosa ao enganar o público para que este acredite que os construtores de barragens conseguirão recriar as características dos rios selvagens e seus peixes, permitindo assim que mais barragens sejam construídas.[31]

Apesar dos alertas da comunidade científica e de inúmeras organizações e movimentos sociais por todo o mundo a respeito dos impactos das mega-barragens, o governo de Moçambique voltou a colocar como prioridade nacional a construção da barragem hidroeléctrica de Mphanda Nkuwa, prevista para o Rio Zambeze, apenas a 70km a jusante da existente barragem de Cahora Bassa. Estima-se que ao longo da bacia do Rio Zambeze, o 4º maior rio de África, residam cerca de 32 milhões de pessoas, 80 % das quais dependem do rio para a sua subsistência, agricultura e pesca. Esta nova barragem irá exacerbar os já acentuados impactos das barragens existentes no Rio Zambeze, e à semelhança da barragem de Cahora Bassa, prevê-se que sequer fornecerá electricidade às populações locais. Inúmeras questões levantadas a respeito deste projecto, ao longo dos últimos anos, permanecem sem resposta[32], enquanto o governo continua a optar por não dialogar com a sociedade civil a respeito dos impactos esperados e nem esclarecer quem irá beneficiar de mais este megaprojecto. Entre os directamente afectados pelo sistema de operação da barragem encontram-se as mais de 200.000 pessoas que vivem a jusante da proposta barragem, incluindo as cerca de 1.400 famílias que serão desalojadas pelo projecto.

Moçambique. (Disponível para consulta em: https://issuu.com/justicaambiental/docs/2_landgrabing_portugues/4)
30 https://www.irn.org/wcd/
31 McCully, Patrick (2001): Silenced Rivers: The Ecology and Politics of Large Dams. New York, USA.
32 https://justica-ambiental.org/2018/09/06/comunicado-de-imprensa-sobre-a-insistencia-em-mphanda-nkuwa/

Os exemplos de Tete[33] e Inhambane já deveriam ser prova suficiente que, além de serem projectos que aumentam substancialmente as nossas emissões de gases de efeito de estufa, funcionam ao toque da batuta neoliberal[34] que garante a exportação de lucros (deixando algumas migalhas para trás) e a externalização de custos – a destruição ambiental, a perda de terra e meios de subsistência, as violações de direitos humanos, a ruptura social, e mais. Mas parece que não. Embarcamos agora numa nova utopia: a utopia do desenvolvimento trazido pelo gás de Cabo Delgado. A Baía de Pemba, na década de 90, era publicitada como destino turístico em Moçambique devido às águas cristalinas e areia branca que sempre caracterizou as praias daquela província. Agora, o discurso sobre o turismo desapareceu para dar espaço ao discurso sobre a exploração do gás. No início dos anos 2000, começaram a ser celebrados contratos para prospecção e pesquisa no Bloco do Rovuma, que nessa época foi repartido em 6 grandes fatias e atribuído a companhias do Canadá (Artumas), dos EUA (Anadarko), da Itália (ENI), da Noruega (Norsk Hidro) e da Malásia (Petronas). Essas pesquisas culminaram com a descoberta de enormes reservas de gás natural na Península de Afungi, posicionando Moçambique na dianteira dos países Africanos produtores de petróleo e gás. Actualmente, a companhia Francesa Total, a Italiana ENI e a Norte-Americana Exxonmobil possuem o maior número de acções.

As comunidades camponesas e pesqueiras que ocupavam aquelas terras há várias gerações já começaram a ser reassentadas. Os impactos habituais já se fazem notar: perda dos locais sagrados e de valor espiritual, perda de terras próprias à prática agrícola, perda de acesso ao mar, e consequente perda dos meios de subsistência. Algumas das companhias envolvidas têm desembolsado quantias monetárias para compensar alguns destes impactos, promovendo uma súbita entrada de dinheiro em comunidades historicamente negligenciadas e desfavorecidas, e fomentando o aparecimento de tensões sociais, conflitos intra-familiares e desestruturação comunitária. Em paralelo ao avanço dos projectos do gás, a região tem sido ainda palco de brutais e violentos ataques perpetrados por insurgentes e extremistas, que já ceifaram a vida de mais de 1.000 pessoas e obrigaram outras 100.000 a fugir das suas aldeias. A resposta do governo tem sido altamente desarticulada, militarizada, e não busca lidar com as questões estruturais que abrem o espaço para a propagação da insurgência. Infelizmente, esta situação grave que combina a violência do extractivismo com a da insurgência e da militarização, é um

33 Justiça Ambiental (2016): A Economia do Carvão, onde estão os benefícios? (Disponível para consulta em: https://issuu.com/justicaambiental/docs/economia_do_carva_o_digital_)
34 http://www.cadtm.org/New-capitalist-domination-and

quadro bastante comum em países ricos em recursos naturais e tem sido amplamente documentada e analisada[35]. Os interesses imperialistas em torno do gás de Cabo Delgado também têm sido motivo de análise, com o mais recente relatório da Justiça Ambiental, Amigos da Terra França e Amigos da Terra Internacional[36] a debruçar-se particularmente sobre o papel do governo Francês no maior investimento privado em África.

Além das questões gritantes, inúmeras outras falhas e conflitos de interesse acompanham as diversas etapas de estabelecimento dos projectos do gás. Para começar, estes chegam sem que a legislação que deve regular a sua actuação seja adequada ou robusta o suficiente. As empresas acabam por financiar processos de revisão e reforma legal, leis que se pretende que regulem essas mesmas empresas. Por outro lado, a participação do Estado Moçambicano no negócio, através da empresa estatal ENH, é bastante tímida e em condições bastante desfavoráveis para o país[37].

É preciso reconhecer que as actividades de exploração de gás vieram exacerbar os sentimentos de desigualdade, de marginalização e de etnicidade[38]. As altas taxas de desemprego a nível local vêm agudizar o sentimento de exclusão e marginalização económica, no âmbito de processos que são apregoados pelo governo como sendo de interesse nacional e para benefício da nação. Ao aumentar o sentimento de frustração tendo em conta a falta de acesso aos benefícios destes megaprojectos, aliado a uma crescente percepção dos elevados níveis de corrupção no governo, percebe-se que são cada vez mais frequentes actos de violência como os que temos vindo a observar em Cabo Delgado, e em várias outras regiões do país em menor escala[39].

A utopia constrói-se caminhando

A utopia está lá no horizonte. Aproximo-me dois passos, ela afasta-se dois passos. Caminho dez passos e o horizonte corre dez passos. Por mais que eu caminhe, jamais a alcançarei. Para que serve a utopia? Serve para isso: para que eu não deixe de caminhar.

Eduardo Galeano

....

35 Ver, por exemplo: Klein, Naomi (2014): This Changes Everything; ou a extensa pesquisa da Aliança WoMin sobre o assunto.
36 Justiça Ambiental, Amigos da Terra França e Amigos da Terra Internacional (2020): Do Eldorado do Gás ao Caos: Quando a França Empurra Moçambique para a Armadilha do Gás (Disponível em: https://justica-ambiental.org/2020/06/16/do-eldorado-do-gas-ao-caos-quando-a-franca-empurra-mocambique-para-a-armadilha-do-gas/)
37 https://www.cartamz.com/index.php/economia-e-negocios/item/2011-participacao-da-enh-no-gas-do-rovuma-podera-custar-caro-ao-estado-diz-o-cip
38 Feijo, J. e Maquenzie, J.(2019): Destaque Rural 63 e 64
39 Barroso, Edgar (2019): Violência em Cabo Delgado: Extremismo islâmico ou dinâmica de (falta de) Desenvolvimento local. Alternactiva - Alice News

Em Moçambique, o historial de colonialismo, guerra civil e comunismo centrado no Estado tem um impacto negativo na articulação e força da nossa sociedade civil. Gerações mais antigas viveram estes períodos conturbados, e a sua experiência ainda influencia a nossa resposta tépida às crises actuais. Comparativamente a esses tempos, a realidade actual do país melhorou substancialmente, e isto parece contribuir bastante para um alto nível de conformismo e aceitação de injustiças e desigualdades. Além disso, a independência ainda faz parte da memória viva da população, e o papel vital e positivo do partido FRELIMO no alcance da independência contribuiu para o estabelecimento de um alto nível de lealdade ao partido, que tende para um apoio inquestionável.

Mas talvez porque as novas gerações, nascidas já no pós-independência, estejam menos cientes da dureza do passado, ou porque os jovens estão cada vez mais conscientes e críticos das contradições existentes entre as estatísticas de crescimento económico e a realidade da desigualdade crescente, têm se levantado cada vez mais vozes críticas ao modelo de desenvolvimento do país e aos abusos de poder por parte das elites económicas e políticas. Em 2008 e 2010, enormes protestos contra o aumento dos preços e a crescente desigualdade irromperam em Maputo e outras cidades da zona sul, como manifestação da crescente frustração com a situação político-económica do país. Cada vez mais organizações se debruçam sobre questões de governação, ou defendem a liberdade de expressão, ou falam da maldição dos recursos, contextualizando com exemplos de vários países de África e do mundo. Em Moçambique, o desenvolvimento centrado nos megaprojectos veio acentuar problemáticas preexistentes, exacerbadas ainda pela existência de políticas públicas deficitárias e pouco abrangentes[40].

É, portanto, fundamental e urgente que as instituições do Estado comecem a dialogar com a sociedade civil de forma aberta, transparente e inclusiva, de forma a encontrar soluções concretas e profundas para as múltiplas crises que nos assolam.

É necessário que os nossos académicos, cientistas, especialistas, movimentos sociais e tomadores de decisão sejam capazes de fazer uma análise realista do grau de vulnerabilidade de Moçambique às mudanças climáticas, tendo em conta os seus impactos esperados na população, nos ecossistemas e na economia, que nos permita melhorar a nossa capacidade de resposta a este problema. É fundamental que comecemos a dar ouvidos à ciência, inter-

40 Sitoe, Rufino (2019): Terrorismo em Mocambique? Que solucoes políticas? Um olhar aos ataques de Mocimboa da Praia. Revista Mocambicana de Estudos Internacionais Vol 1, nr1

rompendo urgentemente os projectos extractivistas que contribuem para a emissão de gases de efeito de estufa. Os nossos esforços devem ser reorientados na direcção de uma transição energética justa, que abandone de uma vez por todas os combustíveis fósseis, colocando os direitos dos trabalhadores e comunidades afectadas em primeiro lugar.

É necessário que se encontrem formas efectivas de travar o desflorestamento e assegurar a conservação das nossas florestas, biodiversidade e demais recursos naturais, recusando veementemente quaisquer soluções falsas que, ao perpetuarem uma lógica de mercado, contribuem ainda mais para o agravamento do problema – mesmo que estas soluções sejam fortemente promovidas pelos nossos «parceiros estratégicos».

É necessário questionar e interromper a narrativa de que os ganhos financeiros da indústria extractiva, em particular o gás de Cabo Delgado, serão capazes de resolver todos os nossos problemas, da pobreza à insurgência. Pelo contrário, os projectos extractivistas funcionam como amplificadores das condições sociais já existentes, aumentando as vulnerabilidades das populações locais e acentuando as lutas por poder e riqueza, como vemos por todo o país.

É necessário fomentar e amplificar abordagens sustentáveis e inclusivas de produção de alimentos e produtos agrícolas, promovendo a agroecologia, a agricultura agro-florestal e outras soluções que têm o enorme potencial de reduzir a fome e a desnutrição, empoderar os camponeses e agricultores de pequena escala, e conservar o meio ambiente e ecossistemas. É fundamental reconhecer a importância e a centralidade do campesinato na economia e sociedade moçambicana.

É necessário que sejam tomadas medidas sérias de vigilância e combate à corrupção, através de uma actuação mais proactiva e transparente do Ministério Público, Procuradoria Geral da República e demais órgãos competentes, em colaboração com a sociedade civil, almejando a investigação e devida criminalização de funcionários do Estado corruptos, independentemente da sua filiação partidária. É ainda mais necessário que se olhe para os aspectos estruturais e sistémicos da corrupção e a sua centralidade para o funcionamento do sistema, ao garantir a apropriação dos luc ros da exploração capitalista e neocolonial por parte das elites globais e nacionais, marginalizando a maioria da população.

Perante a imposição do capitalismo neoliberal global, agora reforçado pelas novas potências emergentes e pelo enriquecimento das elites Africanas, os povos explorados e oprimidos têm encontrado e reinventado as suas formas de resistência. Por todo o continente, e de forma mais ou menos articulada, movimentos sociais e pessoas afectadas têm se insurgido contra a violência do modelo económico, a usurpação de terras, os impactos destrutivos da indústria extractiva, a destruição dos saberes locais, a degradação da natureza, ou a discriminação de minorias étnicas, raciais ou sociais. Embora haja esforços visíveis de isolar e reprimir estas lutas por justiça e igualdade[41], ou de rotulá-las de «anti-desenvolvimento» ou «anti-nacionalistas», torna-se cada vez mais evidente que o único caminho a seguir é o da solidariedade popular, articulada em torno de uma agenda comum que busque desmantelar o sistema sócio-económico vigente, que pouco dialoga com a narrativa Africana de vida em sociedade. O capitalismo neoliberal está assente e depende dos vários sistemas de opressão que perpetuam a exploração – o racismo, o patriarcado, a exploração do Sul pelo Norte global, ou do trabalhador pelo empresário capitalista – e, portanto, precisa de ser contestado e derrubado na sua totalidade e na sua essência. É necessário criarmos uma dinâmica colectiva, nacional, panafricana e global anti-capitalista, que dê espaço ao surgimento e amplificação de modelos sócio-económicos alternativos e centrados em princípios de solidariedade, justiça, igualdade e respeito pela natureza.

41 https://wrm.org.uy/articles-from-the-wrm-bulletin/section1/a-reflection-from-africa-conquer-the-fear-for-building-stronger-movements/

QUARTA PARTE
Que proposta para a Nação?

CAPÍTULO UM

Moçambique: uma nação em estado terminal

José Pinto de Sá

Introdução

Quarenta e cinco anos após a Independência, Moçambique ocupa a 180.ª posição entre 189 países, no mais recente Índice de Desenvolvimento Humano divulgado pelas Nações Unidas[1]. Trocando por miúdos, os 32 milhões[2] de moçambicanos dispõem de 84 médicos por milhão de habitantes[3] e a média da esperança de vida fica-se pelos 60 anos[4]. A mortalidade infantil é de 64 óbitos por mil crianças[5] e a taxa de analfabetismo de adultos é de 45 %[6]. O PIB per capita cifrou-se em 453 dólares em 2017, uma queda de cinco dólares em relação a 2007[7]. Quase 60 % da população vive em situação de pobreza extrema, o que coloca Moçambique entre os dez países com maior proporção de pobreza e com maior número de pobres[8]. O desemprego é elevadíssimo, e 56,6 % dos moçambicanos vivem com menos de 1,9 dólares por dia[9]. Mas simultaneamente, o número de milionários aumentou 37 % entre 2007 e 2017, passando a haver 50 moçambicanos com activos superiores a 10 milhões de dólares[10].

A grande contradição é que Moçambique é um país riquíssimo. Além de gigantescos recursos minerais, o país dispõe de um imenso potencial em termos de pesca, agricultura e silvicultura, que vai sendo devastado descontroladamente por empresas estrangeiras, na maior parte das vezes em conluio com as elites políticas, militares e do Estado.

À semelhança do que sucedeu em grande escala na África subsariana, a partir de 2008, a crise de alimentos trouxe a Moçambique muitas multinacionais do agronegócio, investindo em agricultura, silvicultura e pecuária, atraídas pelos solos produtivos e pela mão-de-obra barata. O governo concedeu a empresas estrangeiras o direito de uso e aproveitamento de 1,4 milhões de hectares nas áreas mais férteis, argumentando que estes investimentos criariam postos de trabalho e reduziriam a insegurança alimentar, embora

---

1 Com base em dados de 2018 e publicado em Dezembro de 2019.
2 32.061.741 habitantes. Departamento de Assuntos Económicos e Sociais das Nações Unidas (2020).
3 Nazira Abdula, ministra da Saúde, *O País* (8 Novembro 2019)
4 Índice de Desenvolvimento Humano (PNUD, Dezembro 2019)
5 CIA World Factbook (2018)
6 UNESCO (Janeiro 2019)
7 Censo Geral da População, Instituto Nacional de Estatística (Abril 2019)
8 Relatório do Banco Mundial (Outubro 2016)
9 Relatório de peritos independentes divulgado pela ONU (Setembro 2019)
10 Relatório da consultora New World Wealth, citado pela Agência Lusa (Abril 2017)

204

Mario Macilau

90 % dos alimentos consumidos no país sejam produzidos pelos pequenos camponeses, que representam 80 % da população[11].

Desde que, em 2010, a americana Anadarko descobriu importantes reservas de gás natural ao largo da costa de Cabo Delgado, o país foi assaltado por numerosas empresas estrangeiras em busca de contratos lucrativos: Total, ENI, Exxon Mobil, BP, Shell e China National Petroleum Corporation, entre outras. Assim, a província nortenha acolhe actualmente os três maiores projectos de gás natural liquefeito em África[12], e nos últimos cinco anos, o governo moçambicano arrecadou 150 mil milhões de meticais em impostos sobre a indústria extractiva[13]. Contudo, embora fosse legítimo esperar que a população beneficiasse desses investimentos, tal não aconteceu, e apenas uma ínfima parte dos moçambicanos lucra com essas riquezas.

Investimentos vs. empobrecimento da população

A situação da imensa maioria da população continua miserável. Ou, antes, agravou-se ainda mais. Em Cabo Delgado, embora a projectada extração tivesse lugar offshore, muitas comunidades teriam de ser deslocadas para dar lugar a instalações em terra firme. Segundo um relatório da Anadarko

11 Sofia da Palma Rodrigues, "Moçambique: terra de todos, terra de alguns," Público, Agosto 19, 2018.
12 Termos de Referência para a Elaboração de um Documentário sobre Nutrição em Cabo Delgado (Moçambique), com apoio técnico e a colaboração de Medicus Mundi e Cooperación Española (Maio 2020)
13 «Indústria extractiva: Estado encaixou cerca de 150 biliões de meticais em cinco anos», O País, 17 de Março de 2020.

(2016)[14], mais de 550 famílias teriam de ser deslocadas e cerca de mil perderiam acesso às suas machambas, em proveito de instalações industriais do projecto da empresa. A estes números há ainda que acrescentar 3000 pescadores que ficariam sem acesso às suas áreas de pesca.

A concessão de terras a empresas estrangeiras, tanto para fins agrícolas como industriais, originou a deslocação forçada de comunidades, e a consequente ruptura da sua economia e do tecido social. As promessas de apoio ao reassentamento e compensações não foram cumpridas, e as comunidades queixam-se que as terras aráveis que lhes foram atribuídas são demasiado distantes dos locais de residência ou eram já cultivadas por outros, criando situações melindrosas. Por outro lado, a prometida criação de numerosos postos de trabalho não se concretizou.

A incapacidade do governo para lidar com esta matéria, dependente como é da ajuda externa e enfeudado aos imperialismos, gerou um clima de descontentamento popular que os próprios investidores não podiam ver sem apreensão. Em troca de avultados subornos, o governo tinha-lhes prometido mão-de-obra barata e dócil, garantindo que a segurança dos investimentos não seria perturbada pelas consequências de uma governação incompetente e autista. Porém, também essas promessas o governo incumpriu.

Além das deslocações de população, a indústria extractiva trouxe consigo graves riscos ambientais. Segundo reconheceu o estudo de impacto ambiental da Anadarko[15], em 2014, o seu projecto produzirá grandes quantidades de gases de estufa e dióxido de enxofre, e terá efeitos devastadores na área de extracção e no paradisíaco arquipélago das Quirimbas.

A situação desastrosa em Cabo Delgado assemelha-se muito à realidade já vivida na província de Tete[16], onde o governo entregou cerca de 60 por cento da terra à indústria do carvão, o que resultou na deslocação forçada de mais de 1.300 famílias, bem como do acentuado agravamento ambiental, nomeadamente dos recursos aquíferos.

Em resumo, por muito que nos custe admiti-lo, o estado da Nação foi correctamente avaliado pelo diplomata norte-americano Dennis Jett[17], quando recentemente afirmou que Moçambique "está prestes a tornar-se num estado falhado" e que a sua «democracia é uma farsa».

---

14 Relatório da Anadarko (2016) citado em Termos de Referência para a Elaboração de um Documentário sobre Nutrição em Cabo Delgado (Moçambique), com apoio técnico e a colaboração de Medicus Mundi e Cooperação Española (Maio de 2020)

15 Environmental Impact Assessment, Anadarko (2014), citado por Ilham Rawoot, «Gas-rich Mozambique may be headed for disaster», *Al Jazeera*, Fevereiro 24, 2020.

16 Ilham Rawoot, «Gas-rich Mozambique may be headed for a disaster»," *Al Jazeera*, 24 de Fevereiro de 2020.

17 Dennis Jett, "Mozambique Is a Failed State. The West Isn"t Helping It," *Foreign Policy* , Março 7, 2020.

A afirmação do ex-embaixador dos EUA em Maputo é particularmente chocante tendo em conta que o seu país, e ele próprio em particular, colaboraram activa e deliberadamente para esse descalabro. Jett era o embaixador americano em Maputo quando os Estados Unidos ameaçaram retirar o seu apoio ao país, caso Moçambique não assinasse um acordo desfavorável com a Enron relativamente à exploração de gás em Pande, na província de Inhambane[18]. Na altura, em 1995, o então ministro dos Recursos Minerais, John Kachamila, acusou a embaixada norte-americana de uma «campanha de difamação» contra a sua pessoa, ao que Dennis Jett comentou: «Vemos outros governos ajudarem os seus negócios, e não vamos ficar parados sem ajudarmos os nossos.»

Insurgência em Cabo Delgado

Eis que, neste contexto já catastrófico, surge a «insurgência» em Cabo Delgado. Iniciada em 2017, a actividade terrorista já terá causado cerca de 2000 mortes e quase 450 mil deslocados[19]. De 2018 para 2019, os ataques mais do que triplicaram, e o número de mortes aumentou cerca de 200 por cento.

A actividade terrorista já se estendeu a sete distritos, o equivalente a um terço da área da província, mas apesar da sua amplitude, o governo ainda nem sequer foi capaz de identificar com precisão os «insurgentes». Com base na retórica muçulmana dos agressores, os media falam de fundamentalismo islâmico, e à falta de melhor, a população começou por designar os terroristas por Al Shabaab, embora não exista qualquer ligação directa entre estes ataques e os que ocorreram na Somália. A comunidade islâmica moçambicana tem condenado desde o início estes actos terroristas[20], que não encontram antecedentes visíveis no bom entendimento interconfessional que sempre se viveu em Moçambique.

A causa religiosa também tem sido descartada pela comunidade cristã. «Eu acredito que o que está por trás [dos ataques] é o poder económico; é a questão dos recursos naturais que tem motivado toda esta situação», considera Luiz Fernando Lisboa[21], bispo católico de Pemba. «Além do gás natural e do petróleo, temos pedras preciosas e rubis da melhor qualidade. Temos ouro, grafite e mármore. São muitos os recursos», explica o prelado.

....

18 Joseph Hanlon, "Ex-embaixador dos EUA Jett chama Moçambique de estado falido, mas ignora seu papel nesse fracasso," *Carta de Moçambique*, Março 10, 2020.
19 Projecto de Localização de Conflitos Armados e Dados de Eventos / Armed Conflict Location and Event Data Project (ACLED), citado por VoaPortugues, Maio 11, 2020.
20 Abdul Rashid Ismail, líder da Comunidade Islâmica de Moçambique, citado por Arsénio Reis, "Cabo Delgado não é um conflito religioso," *PLATAFORMAMEDIA.COM*, Junho 19, 2020.
21 Citado por João Campos Rodrigues, "A misteriosa insurreição jihadista em Cabo Delgado," *Sol*, Fevereiro 9, 2020.

A ligação entre a actividade económica e o terrorismo é uma ideia partilhada por Jacinto Veloso[22], que desempenhou altos cargos nos serviços de Segurança do Estado. Veloso considera que Moçambique enfrenta uma «megaoperação concebida, dirigida e executada» a partir do exterior, num contexto de disputa entre os interesses económicos de grandes companhias envolvidas em projectos idênticos na região e competindo pelos mesmos mercados. Veloso dá o exemplo da utilização pelos Estados Unidos de fundamentalistas islâmicos, nomeadamente Osama Bin Laden, usado no Afeganistão a partir de 1979, a fim de contrariar a presença russa.

Segundo a Al Jazeera[23], as instalações das grandes companhias extractivas nunca foram directamente afectadas pela actividade terrorista, embora esta ocorra na região nordeste da província, onde operam companhias como a Total SA e a Exxon Mobil Corp. Em contrapartida, as comunidades camponesas e piscatórias que se opõem a ser deslocadas têm sido cruelmente fustigadas.

Embora pareça inegável que os autores morais do terrorismo são forças externas, é igualmente inegável que os autores materiais incluem muitos elementos locais, que têm vindo a ser mobilizados. Para isso terá contribuído certamente o desprezo a que o norte do país esteve votado durante quatro décadas de governações sulistas, gerando profunda miséria e desesperança. Com a descoberta dos gigantescos recursos minerais, a origem das chefias foi, obviamente questionada, o que trouxe consigo profundas alterações étnicas nas lideranças militares e políticas, a começar pela própria Presidência da República.

Sejam quem forem os insurgentes, durante os últimos três anos agiram livremente, cometendo massacres e flagelando a população onde e quando quiseram. As forças de defesa e segurança da República, minadas pela corrupção e dirigidas por generais incompetentes e mais preocupados em enriquecer, mostraram-se desde o início incapazes de enfrentarem a situação[24]. Segundo relatos da frente, em muitos casos os terroristas terão recebido informação e até armamento das chefias do exército, interessadas em consolidar o seu próprio poderio na região, e por essa via, o controlo da rota do tráfico de heroína vinda da Ásia, ao mesmo tempo que se renasce o velho projecto do nacionalismo maconde.

Face à deterioração da situação de segurança em Cabo Delgado e reconhecendo implicitamente a incapacidade das forças de defesa e segurança, o governo optou pelo recurso a mercenários, primeiro norte-americanos e

---

22 Jacinto Veloso, "A situação em Cabo Delgado: O cenário mais provável," *Savana*, Junho 5, 2020.
23 Ilham Rawoot, "Gas-rich Mozambique...," *Al Jazeera*, Fevereiro 24, 2020.
24 António Rodrigues, "Cabo Delgado: o exército moçambicano "é o seu pior inimigo,"" *Público*, Abril 21, 2020.

depois russos. Sem resultados, porém. O papel dos mercenários americanos da Blackwater, liderada por Erik Prince, foi questionado por alguns observadores[25], que os suspeitaram mesmo de terem fomentado a «insurgência», em vez de a combaterem. Fosse como fosse, retiraram-se do terreno de operações «por sua vontade», em Dezembro de 2019.

O presidente Jacinto Filipe Nyusi voltou-se em seguida para a Rússia, negociando apoio militar em troca de contrapartidas económicas, mas os mercenários russos não se saíram melhor e acabaram por retirar-se de Cabo Delgado depois de sofrerem surpreendentes baixas[26]. Em desespero, o governo moçambicano recorreu ainda aos serviços de empresas de segurança da França, África do Sul, Brasil, Itália, Portugal e Reino Unido[27]. Entretanto os insurgentes continuam activos e atacam já importantes centros urbanos, aproximando-se muito de Pemba, a capital provincial.

Face a este caos que se vai instalando, o embaixador Dennis Jett não hesitou em afirmar que «a única esperança é que a comunidade internacional possa tentar impor algumas [limitações ao poder do governo]». Quando os Estados Unidos recorrem a esta retórica, é bastante previsível o que pode seguir-se. Face à desestabilização gerada pela «insurgência islâmica», é evocada a necessidade de garantir a tranquilidade e a segurança dos investimentos, congrega-se uma força internacional ocidental e procede-se a uma intervenção militar directa. É um modelo que já vimos aplicar em muitos países.

A «insurgência» de todos os tempos e as contradições da Renamo

Além de Cabo Delgado, também no centro do país as forças de defesa e segurança se mostram incapazes de controlar a região, onde a Junta Militar da Resistência Nacional Moçambicana (Renamo) retomou a actividade terrorista nas províncias centrais de Manice e Sofala, emboscando viaturas na EN1 (que liga o sul e o norte do país) e na EN6 (entre a Beira e o Zambabwé). As bases armadas locais da Renamo acusam o governo de incumprimento dos Acordos de Roma no respeitante à integração dos seus combatentes no exército nacional. As suas críticas estendem-se à cúpula política da Renamo, que acusam de se vender ao governo.

Os deputados da Renamo e a sua direcção instalada em Maputo, no gozo das benesses pagas pelos contribuintes, têm vindo a afastar-se progressivamente da sua base tradicional no centro do país, e essa atitude reavivou

25 Nádia Issufo, "Moçambique: Recuo estratégico ou cautela em relação a Erik Prince?" *DW*, Maio 30, 2019.
26 "De como os mercenários russos da Wagner perderam a guerra contra os terroristas no norte de Moçambique," *Carta de Moçambique*, Abril 20, 2020, traduzido e adaptado de *Air War Analysis*, Maio 2020.
27 Nuno Rogeiro, *O Cabo do Medo – O Daesh em Moçambique 2019-2020* (D. Quixote, 2020)

o velho conflito[28]. Na verdade, a Renamo nunca conseguiu ser mais do que aquilo para que foi criada pelos suprematistas brancos: um instrumento para a inviabilização de um estado socialista na África Austral. Com a sua participação activa, esse objectivo foi atingido. Porém, com a derrota do Poder Popular, a Renamo perdeu também a razão de ser.

No quadro dos Acordos de Roma foi-lhe atribuída de bandeja a liderança da oposição, o que impediu à partida a afirmação de potenciais opositores com um projecto construtivo e coerente para Moçambique. Partilhando com o governo a ideologia neoliberal, não há realmente nada que diferencie politicamente a Renamo da Frelimo. Na Assembleia da República, nunca soube ou nunca quis ser alternativa, nunca foi capaz de avançar propostas legislativas que contrabalançassem a maioria frelimista.

Quer pela incapacidade dos deputados da oposição, quer pela unanimidade ideológica no hemiciclo, a Assembleia da República é um órgão desprovido de qualquer sentido democrático, onde as divergências entre as bancadas, longe de traduzirem diferentes sensibilidades políticas, não vão além da «rivalidade clubista». É interessante notar que foi por unanimidade que a Assembleia da República aprovou um aumento de 48 % no seu orçamento, por comparação com a anterior legislatura, numa altura em que a situação do país é catastrófica[29].

Não isentando os deputados de pesadas e óbvias responsabilidades no esvaziamento de sentido da AR, é preciso reconhecer que o próprio parlamento e a própria Constituição se têm revelado, ao longo de décadas, totalmente inadequados e inoperantes. O modelo parlamentar de tipo ocidental, introduzido pelos Acordos de Roma, tem-se mostrado tão incapaz de cumprir a sua missão legisladora e de balizar a acção do Executivo como em toda uma série de países africanos onde foi adoptado, como condição sine qua non para aspirarem ao reconhecimento e ao apoio da União Europeia e dos Estados Unidos.

A crise do pacto FRENAMO

A maioria da população, mormente nas áreas rurais, nunca se identificou com o modelo em questão, totalmente alheio às estruturas governativas africanas tradicionais. Na verdade, a constituição saída dos Acordos de Roma logrou apenas criar uma classe política autista e corrupta, que vive à sombra de pretensos «apoios à democracia» por parte de países estrangeiros de que depende e cujos interesses, consequentemente, serve.

28 Ramos Miguel, «Junta Militar recusa negociar com a Renamo», *Voaportugues*, 26 de Agosto de 2020.
29 José João, «Das regalias, salários e investimentos... Parlamento vai consumir 2,9 biliões de Meticais este ano», O País, 16 de Abril de 2020.

Há trinta anos que as direcções da Renamo e da Frelimo se encontram regularmente para discutirem a dissolução das forças da primeira e a sua integração no exército nacional, sem que, na realidade, esse objectivo seja nunca atingido. Na verdade, esse desacordo tornou-se um acordo, e ambas as partes precisam dele para legitimarem a sua própria existência. Frelimo e Renamo são hoje as duas faces de uma mesma moeda, a expressão política do ultra-liberalismo e da submissão aos interesses dos vários imperialismos que disputam entre si as riquezas do país. Apesar do afixado antagonismo, Frelimo e Renamo actuam em perfeita sintonia em numerosas ocasiões, como sucedeu, por exemplo, em 2006 e em 2009, quando juntaram esforços para se oporem à liderança municipal do MDM na Beira[30]. A todo o custo, era preciso evitar que surgisse uma oposição a sério, que viesse desequilibrar o entendimento vigente: a Frelimo governa, e a liderança da Renamo usufrui das benesses concedidas à «oposição oficial».

Como dissemos, essa realidade esclerosante encontra a sua justificação institucional na própria essência do parlamento herdado dos Acordos de Paz. A Constituição da II República, decalcada do modelo europeu instaurado na Revolução Francesa há um quarto de milénio, é totalmente alheia à evolução das forças produtivas em África, totalmente alheia à história das instituições de poder africanas e totalmente desajustada da realidade sócio-política.

Na verdade Moçambique tem padecido desse desajustamento desde a Independência, já que também a Constituição da República Popular foi herdada de modelos importados, embora muito diferentes do parlamentarismo capitalista. Os pais-fundadores do pan-africanismo tiveram consciência de que a acção legislativa devia ser aferida às realidades africanas, e abordaram com frequência esta questão, sobretudo nos primórdios das independências; contudo, conceitos como *ubuntu*[31] e *ujamaa*[32], embora enfeitassem discursos, nunca foram plasmados nas Leis Maiores. Das estruturas de poder tradicionais apenas sobreviveram as figuras obsoletas de régulos ou monarcas (zulus, swazis, etc.) com o que tinham de mais folclórico, mas nunca realmente as filosofias políticas.

30 Rowan Moore Gerety, Go Tell the Crocodiles, *The New Press*, s.l. 2018
31 «Na esfera política, o conceito [ubuntu] é utilizado para enfatizar a necessidade da união e do consenso nas tomadas de decisão, bem como na ética humanitária», segundo Natália da Luz (*Por dentro da África*, Setembro 24, 2014). «Alguns pesquisadores especulam sobre o Egito Antigo [...] como o local de origem do ubuntu como uma ética, mas o próprio fundamento do ubuntu é geralmente associado à África Subsaariana e às línguas bantu.»
32 «Ujamaa, the Swahili word for extended family, was a social and economic policy developed and implemented in Tanzania by president Julius Kambarage Nyerere (1922-1999) between 1964 and 1985. Based on the idea of collective farming and the "villagization" of the countryside, ujamaa also called for the nationalization of banks and industry and an increased level of self-reliance at both an individual and national level.» Alistair Boddy-Evans, *ThoughtCo.*, 2 de Agosto de 2019.

Dívidas odiosas

Não tendo por base a vivência histórica dos povos, os parlamentos não passam de organismos burocráticos caídos de paraquedas, sem significado ou relevância. O facto de uma fraude da dimensão das Dívidas Ocultas, cifrada em milhares de milhões de dólares, ter passado incólume diante das barbas do parlamento, revela quão inócua foi e é aquela instituição[33]. A humilhação e o desprezo infligidos à Assembleia da República no âmbito da gigantesca fraude, não impediu o governo de ter gasto, em Março deste ano, dezenas de milhares de dólares para amortizar os juros iniciais da dívida reestruturada da EMATUM, que o Conselho Constitucional declarou nula[34].

Do mesmo modo que os debates entre parlamentares a quem os partidos distribuem os assentos como recompensa da actividade caciquista, igualmente irrelevantes são as consultas eleitorais em que os deputados são pretensamente "escolhidos". Hoje, em Moçambique como na maior parte de África, as eleições são processos totalmente destituídos de sentido e de real legitimidade democrática.

O Ocidente, que afinal impôs o modelo, sistematicamente envia observadores que vão assinalando o carácter fraudulento dos processos, sem nunca realmente os deslegitimarem. Esse carácter doentio foi bem evidenciado nas últimas eleições, quando a Frelimo (e o governo) recorreram a todo o tipo de trapaças (incluindo falsificação de dados demográficos) sem qualquer necessidade de o fazerem, já que era claro que, de qualquer modo, sairiam «vencedores». Nas eleições de Outubro de 2019, a Comissão Nacional de Eleições manipulada pela Frelimo registou mais 300 mil eleitores do que o número de adultos recenseados[35].

Em quarenta e cinco anos de governação, a Frelimo estabeleceu um partido-Estado que controla o processo político, recorrendo a todo o tipo de manobras e a todas as formas de coerção, se necessário, esquadrões da morte. Num leque político inteiramente ocupado por formações neoliberais, os eleitores não vislumbram qualquer perspectiva de mudança real. Exceptuando os casos em que, por motivo de identificação étnica ou regionalista, existe afinidade com certos dirigentes, como no caso de Afonso Dhlakama, Daviz Simango, Manuel de Araújo ou Mahamudo Amurane, os eleitores acabam votando no partido que controla os jornais diários e domina os tempos de antena na rádio e na televisão. Mais prosaicamente, o partido que distribui mais camisetes, bonés e lanches nos comícios.

---

33 «A cronologia da crise da dívida escondida de Moçambique», *Jornal de Negócios*, 30 de Abril de 2016.
34 «Governo de Nyusi amortiza juros da dívida ilegal reestruturada da Ematum...», *A Verdade*, 18 de Março de 2020.
35 Cristina LaiMen, «Observadores internacionais denunciam manipulação nas eleições em Moçambique», *TSF*, 14 de Outubro de 2019.

Que alternativa?

Para romper este ciclo, seria necessária a existência de uma alternativa real, que desse sentido à democracia. Seria preciso um projecto diametralmente oposto ao neoliberalismo omnipresente, uma força com sensibilidade socialista, comprometida com a imensa maioria de cidadãos pobres nas cidades e no campo, e empenhada na defesa dos desfavorecidos e na edificação de uma sociedade mais justa.

Essa necessidade já inspirou até à data a criação de uma série de movimentos, genericamente conhecidos como «Sociedade Civil», que vêm conduzindo combates em áreas como as questões de género, a protecção ambiental ou a luta contra a corrupção. Esses movimentos contam com um número considerável de quadros de valor, formados no país ou no estrangeiro, gente nova apta a formular propostas e avançar soluções fora dos caminhos viciados em que insiste um regime decadente e apodrecido, em que já nem os seus membros acreditam[36].

Apesar do ostracismo a que tentam votá-las[37], essas organizações já conseguiram importantes e encorajantes vitórias, que deixam prever a possibilidade de muitas outras. A Sociedade Civil reúne especialistas com profundo conhecimento dos dossiers que trabalham, e com capacidade para constituírem um governo competente e honesto. É verdade que, até ao momento, a intervenção da Sociedade Civil tem assumido um carácter iminentemente técnico, furtando-se a formulações claramente políticas. Isso tem-lhe valido críticas da área do poder[38], que classificam de promíscua a intervenção da Sociedade Civil e esquecem que a política é um assunto demasiado sério para ser confiado por inteiro aos políticos. Na verdade, a unidade da Sociedade Civil em torno de um programa político unitário e realista pode, inegavelmente, resultar na criação de uma frente capaz de concorrer com êxito a próximas eleições e de imprimir uma mudança radical à governação do país.

Os moçambicanos, que, ao cabo de meio século de monopólio partidário, tendem a descrer do surgimento de uma alternativa, têm um incentivo a retirar da sua própria história. Devem recordar o tempo em que não existiam condições subjectivas para a transformação radical que as duras condições objectivas do colonialismo exigiam, até que Eduardo Chivambo Mondlane reuniu os apoiantes da UDENAMO, da MANU e da UNAMI sob um estandarte comum, e aquilo que parecia impossível depressa se tornou realidade. Meio

36 Leonel Matias, "Moçambique: Justiça social e direitos humanos em debate," *DW*, Agosto 16, 2019.
37 Nádia Issufo, "Moçambique: Estará a sociedade civil a fazer o papel da oposição?" *DW*, Setembro 25, 2019.
38 Elísio Macamo citado por Nádia Issufo, "Moçambique: estará a sociedade civil a fazer o papel da oposição?," *DW*, Setembro 25, 2019.

século depois, as vitórias decorrentes dessa estratégia unitária já caducaram, e o modelo vigente está esgotado. O país corre o perigo real de se desintegrar, e é chegada a hora de constituir novos consensos, capazes de reverter o desgraçado rumo que Moçambique vem seguindo.

CAPÍTULO DOIS

Um Projeto de Nação?
Contribuição do Novo Humanismo para o Projeto da Nação Moçambicana

Ivan Andrade

Introdução

Com a queda do muro de Berlim e o fracasso (provisório!) do Projeto Socialista, o debate ideológico arrefeceu em grande medida. O aparente vencedor impôs a sua ideologia (neoliberalismo económico) como realidade única, terminada e perfeita. Chega-se ao ponto de promulgar «o fim da história e o último homem». Pois, eis que estamos à beira do colapso do outro muro, aquele do outro lado do mundo, Wall Street. O colapso do sistema não é apenas o fracasso do «American dream», mas sim o fracasso dum modelo desgastado que é já incapaz de acompanhar o ser humano em seus próximos passos evolutivos.

É já altura de resgatar aquele importante debate.

E, pois, no seio destes insólitos ventos da história, que resta de nós, povo da pérola do Índico, que resta de nós desde que abandonamos o Projeto Socialista, o que ficou como Projeto da Nação? A «luta contra a pobreza absoluta»? Ficamos, ao parecer, órfãos de ideias. Tudo é resposta conjuntural, improvisada e fragmentada, num mundo em ebulição cada vez mais incompreendido e incerto. É óbvio que neste panorama crescerão todos irracionalismos, fanatismos e absolutismos.

E justamente agora, num momento de crise social, ideológica e mesmo individual, o Humanismo Universalista ou Novo Humanismo, tem uma contribuição a dar. O humanismo é uma brisa refrescante no deserto ideológico em que nos encontramos. É um farol de optimismo na escuridão. E onde as correntes retrógradas e obsoletas anunciam o apocalipse e a hecatombe da humanidade, o humanismo esclarece que se está apenas a terminar um grande período histórico (o fim da pré-história) e apresenta uma nova visão sobre o ser humano e suas possibilidades de evolução.

O presente artigo é uma exposição de algumas das ideias centrais do humanismo que possam contribuir para uma discussão preliminar nesta intenção de construir um Projeto para a Nação Moçambicana.

Palavras-chave: Novo Humanismo. Socialismo. Neoliberalismo. Crise ideológica. Crise social e pessoal do momento atual. Projeto da Nação Moçambicana. Direção mental. Revolução interior. Psicologia humanista. Silo.

O projeto da Nação é a direção (mental) a seguir

Caminhando pelas ruas da cidade, nos deparamos com os inúmeros caminhos e possibilidades que se abrem ante nós na estrutura urbana. Ruas, ruelas e grandes avenidas nos conduzem aos inúmeros destinos da cidade. Assim, também nos parece perceber, na vida humana, o mesmo fenómeno de direções (mentais) conduzindo a diferentes destinos de vida. O que pode à uma primeira vista parecer abstracto, parece ter consequências decisivas na atividade humana, na construção de valores e objectivos, crenças, estilos de vida e de toda a cultura duma Nação. Talvez por isso nos sugere Silo[1]:

«Não deixes passar um só dia sem perguntar: Para onde vou?» E «Não deixes passar um só dia, sem responder-te para onde vais.»[2]

Como posso identificar ou perceber a direção à qual me oriento? Do mesmo modo que percebo edifícios, lugares e paisagens urbanas próprias de certos bairros e zonas da cidade, que vão surgindo pelo caminho que tomo, também na vida poderei ver o reflexo da minha direção mental pelos meus objectivos de vida, pelos valores e mesmo pelo tipo de pessoas que me rodeiam. A minha direção mental molda os meus pensamentos, sentimentos e ações. Certamente, mudando de direção, mudará a vida, mudarão os objectivos, os valores, as pessoas. Há direções centrípetas, onde tudo termina em si mesmo. As há centrífugas, nas quais tudo o que se faz tem o olhar num destino que vai mais além de nós. Há direções que nos levam à clareza, e outras que nos levam à confusão e obscurecimento mental. Há direções que nos aderem à matéria e ao mundo exterior, e outras que nos elevam às esferas abstractas e transcendentais. Há direções grandes e outras pequenas. E o ponto é este, a tese que aqui defendemos: do mesmo modo que na vida urbana os inúmeros caminhos nos levam a diferentes destinos, também a vida da Nação será uma ou outra pela direção maior, pelo Projeto que guiará esse povo. Em outras palavras, pela sua direção mental.

No que se refere ao Projeto da Nação deveria ficar-nos claro que o país não pode estar sujeito a mudanças contínuas de direção. Tal situação poderia acontecer, e amiúde acontece, quando líderes e partidos políticos assumem alternadamente o poder, e vão impondo ao país a sua direção (mental). Compreensivelmente, os especialistas têm advogado a necessidade de "instituições

1 Silo é pseudónimo literário de Mário Luís Rodrigues Cobos. As suas obras completas podem ser encontradas em vários idiomas em Silo.net.

2 SILO. 2007. A Mensagem de Silo. Ulrica Ediciones. Rosario, Argentina.

fortes" para poder neutralizar esta possibilidade. E ainda que seria um passo interessante construir instituições com estrutura suficiente para ganhar certa independência dos vais-vens políticos, isso nada diz-nos sobre a direção dessas mesmas instituições. Precisamente, quando falamos de Projeto da Nação, tratamos de apontar a uma construção colectiva que permita que todo o conjunto se identifique, apoie e viva diariamente esse projeto e que, por isso, seja impossível, ou pelo menos difícil, um desvio significativo por parte dum grupo social ou político particular, com outros interesses e outras direções.

A direção evolutiva: será que todos os caminhos levam a Maputo?

Mas eis que, enfrentando-me pelas inúmeras avenidas, muitos são os caminhos que se apresentam, e inúmeros são os caminhantes que parecem deambular em direções diferentes, alguns lentamente, outros mais rápidos, alguns de forma vaga, outros mais confiantes. Será o caso de que «todos os caminhos levam a Maputo»? Será o caso de que «cada um tem o seu caminho?» Talvez. No entanto, uma breve análise urbana nos apresenta um panorama curioso: caminhos circulares que terminam sempre no mesmo lugar, subidas que custam trilhar, descidas que «animam» porque não se faz esforço e nos levam para baixo rapidamente. Longos caminhos e atalhos. Caminhos asfaltados e outros de terra-batida. Caminhos bem iluminados e outros obscuros. Alguns conhecidos e outros desconhecidos. Alguns seguros e outros perigosos. Há caminhos que nos levam para onde queremos ir, e outros que nos desviam, nos confundem ou nos deixam perdidos nesta selva de cimento que é a cidade.

Decididamente, nem todos caminhos levam a Maputo. Em outras palavras, nem todos caminhos são evolutivos. Alguns conduzem à destruição, como no caso evidente da guerra armada. E outros permitem-nos certa evolução, como o caso da educação, da ciência e do conhecimento. E se alguém disser que o conhecimento e a ciência têm sido usados em grande medida para a indústria da morte (guerra), diremos que uma faca pode ser usada para tirar a vida ou para salvá-la, na mesa de operação dum hospital. Isso não nos dá um veredicto sobre a faca, bem vinda seja, mas revela-nos o crucial que é a direção da intenção humana na sua aplicação.

Mais além do contexto humano destas reflexões, nos parece intuir certa direção (evolutiva) nos processos da natureza. Vemos a diferença entre uma pedra (mineral) e uma flor (vegetal) e nos parece ver uma diferença importante. Pisar uma pedra e pisar uma flor não nos produz a mesma sensação. E, para quem argumente que não sentirá nenhuma diferença, diremos que assim é, e também não sentirá diferença quem se encontre extremamente alcoolizado, ou o alterado pela droga, ou também quem dorme ou o morto tão-pouco sentirá diferença. Em todos estes casos vemos em gradação o embrutecimento sensorial. E justamente disso se trata, mas na direção contrária, estar mais sensível, mais consciente. Pois há uma diferença de sensibilidade entre a pedra (o mineral) e a flor. Do mesmo modo que também há uma diferença de sensibilidade entre a flor e o animal. E também, entre o animal e o ser humano. Parece-nos intuir pois, um esforço da vida, ao longo dos éones, para a elevação da consciência. É no ser humano que esta atinge um grau singular de "consciência de si mesmo". Consciência da vida. Pelo menos entre as espécies e seres que hoje conhecemos.

Por outro lado, vemos, no ser humano, a possibilidade de novos passos evolutivos, novos níveis de consciência. Os grandes *Maestros* da humanidade, Krishna, Buda, Jesus, Silo, há com toda a certeza um salto no nível de consciência. Todos estes indivíduos humanos manifestam uma percepção singular da realidade que dificilmente pode ser comparada à percepção habitual que temos na vida quotidiana. Porventura, todos eles representam o ser humano em pleno florescimento, o ser humano do futuro.

Se esta hipótese da direção evolutiva se chega a sustentar, então, indica-nos que há, em efeito, uma direção objectiva e transcendente à qual se orienta toda a existência. Há um Sentido profundo na vida. Vejamos o que nos diz Silo, no seu Olhar interior:

Sonho e despertar

O dia quarto:

1. Não posso tomar como real o que vejo nos meus sonhos; nem o que vejo em semi-sono; nem o que vejo desperto, mas devaneando.

2. Posso tomar como real o que vejo desperto e sem devaneio. Isto não se refere ao que registam os meus sentidos, mas sim às atividades da minha mente quando se referem aos "dados" pensados. Porque os dados ingénuos e duvidosos são entregues pelos sentidos externos e também pelos internos, e também pela memória. O que é válido é que a minha mente sabe disso quando está desperta e crê nisso quando está adormecida. Raras vezes percebo o real de um modo novo e então compreendo que o que se vê normalmente, parece-se com o sonho ou parece-se com o semi-sono.

Há uma forma real de estar desperto: é a que me tem levado a meditar profundamente sobre o que foi dito até aqui. E é, além disso, a que me abriu a porta para descobrir o sentido de tudo o que existe.[3]

3 SILO. 2007. A Mensagem de Silo. Sonho e despertar. Ulrica Edições. Rosario, Argentina.

E o que nos importa estas especulações filosóficas para efeitos de assuntos mais terrenais, mais pragmáticos, como pode ser o Projeto da Nação?! Importam-nos em grande medida pois se, em efeito, há um sentido profundo que guia a existência, então, a Nação faria muito bem em alinhar-se ao mesmo. E assim como a vida individual experimentaria uma existência muito distinta em caso de estar sintonizada com este Sentido, também a Nação experimentaria uma existência colectiva muito particular se se pudesse sintonizar. «Ir contra a evolução das coisas, é ir contra si próprio», deixa claro que não é sábio ir contra esta direção evolutiva. O Projeto da Nação deveria definitivamente coincidir com esta direção.

Um Projeto para a Nação com a força de um Mito: o Sonho Moçambicano

Assumindo pois que precisamos dum Projeto para que a Nação siga um rumo evolutivo, oxalá alinhado com a direção maior da evolução universal, como construiremos dito projeto? Claro que não subestimamos as dificuldades reais em construir, tanto conceptualmente ou na prática, tamanho empreendimento. Mais além da diversidade de pontos de vista, opiniões divergentes, interesses, concepções do mundo e da vida, como faremos para que a Nação possa viver e assumir um único Projeto ao qual se sujeitem todas as forças construtoras que compõem esta Pérola do Índico?

Para começar, será útil intuir a consequência da ausência do Projeto da Nação. Não implicará isso um deambular ao vento, uma vulnerabilidade às pressões externas e internas, um terreno fértil para a dispersão de esforços, recursos e energia? Uma Nação sem direção clara a seguir pode andar a alta velocidade, mas estar presa em caminho circular, sem chegar a nenhum lugar. Ou pior, chegar a um lugar não desejado.

O Projeto da Nação terá de ser uma construção colectiva, inclusiva e convergente; terá de fazer proveito dos espaços democráticos, dos fóruns, das universidades e das associações de base para a colossal tarefa de fazer convergir todas as intenções que compõem a Nação; e terá de partir da premissa humanista inegociável de que não haverá progresso se não for de todos e para todos.

Esta intenção convergente terá de partir com consciência do contexto histórico que é Moçambique. Consciência do violento legado de unificar territórios, etnias e identidades culturais num projeto de «nação» que era, na realidade, uma «província ultramarina» reproduzindo o DNA da «metrópole». Não se trata por certo da velha (e desgastada) atitude de vitimização, ou de fazer ressurgir velhos ressentimentos históricos na tentativa de encontrar um fictício "inimigo" para unificar a nação – pois, diga-se de passagem, que este velho truque fascista volta a ressurgir um pouco por todos os lados como se, na ausência dum propósito unificador e evolutivo, o ser humano, individual ou colectivamente, pudesse preencher o vazio de sentido, com vingança. Trata-se de ganhar plena consciência histórica para efetivamente levar adiante um projeto profundo de reconciliação que passe por delinear ações de compensação que permitam reparar as injustiças históricas. Não vá ser que, do mesmo modo que acontece com a vida individual, quando presa em ressentimentos passados não resolvidos, os mesmos voltam a ressurgir uma e outra vez como venenos mal digeridos que devemos provar novamente a cada vez; não vá ser que a «nação» também provará estes «venenos mal digeridos» (ressentimentos colectivos) na forma de conflitos armados e insurgências obscuras?!

Mas um projeto não se faz desde a sombra do passado. Um Projeto é uma intenção lançada com o olhar no futuro. O Projeto da Nação tem de estar integrado com uma visão sobre o futuro humano. Em que contexto geopolítico se enquadrará o «Projeto da Nação Moçambicana»? Num contexto apocalíptico na qual as diferentes nações humanas se digladiam por escassos recursos, numa corrida pelo consumo desenfreado, no qual se multiplicam as guerras, os suicídios e os desastres ambientais? Ou num contexto global no qual o ser humano finalmente reencontra o seu Sentido, a compaixão, a sensibilidade ambiental e uma renovada espiritualidade que ilumina o futuro? Pois, o humanismo propõem como Projeto unificador para a Humanidade, a primeira Nação Humana Universal. Este é o projeto que permitirá a união na diversidade, que permitirá a reconciliação profunda do ser humano consigo mesmo, com o seu passado e com o seu destino. O Projeto da Nação Moçambicana não pode estar alheio a esta visão. É mais, terá de encontrar a sua vocação e o seu propósito particular no apoio à consecução desse Projeto maior humano, sem o qual, voltaremos a ter a mesma fragmentação a uma escala global – como acontece na atualidade. Os povos africanos terão de aportar a sua rica cultura à Nação Humana Universal.

O Projeto da Nação não precisa necessariamente ser um documento escrito, ou ser explícito. Provavelmente teria menos força desse modo. Poderia ser uma construção colectiva que fosse amadurecendo no tempo. Mas isso não aconteceria naturalmente sem precisarmos de falar nisso? Não necessariamente. Ao contrário da natureza, as realidades humanas são sempre construídas de forma intencional. Por outro lado, não será o Projeto da Nação a Constituição da República? A figura da Constituição, pelo menos como hoje a conhecemos, é um documento legal e formal –ainda que importante, não parece ter a força suficiente para galvanizar o espírito da Nação. Falta-lhe, por exemplo, o carácter quase mítico que tem, nos EUA, a Constituição Americana (The Constitution!). Nos parece que o Projeto da Nação seria algo anterior, e a base para a elaboração da Constituição e de outros programas. O Projeto da Nação seria como a Visão que inspiraria todos os Moçambicanos a sentirem-se unidos num projeto comum, que transcendesse raças e etnias, partidos políticos, grupos religiosos ou ideológicos. Talvez, voltando novamente aos amigos do outro lado do Oceano, um exemplo disso fosse o já desgastado «American Dream». Um Mito colectivo que organiza a Nação numa dada direção. Esse seria «O Sonho Moçambicano». Temos um?

Um Sonho, ou um Projeto colectivo abraçado por todos garantiria que nenhuma força política, por exemplo, tomasse o Estado por assalto para impor os seus interesses divergentes do interesse colectivo. Um Projeto de Nação deste tipo seria a base para os programas apresentados pelas forças políticas que seriam, nesse contexto, apenas formas de implementação do Projeto. Não teríamos mudança de direção da Nação com mudanças de partidos, ou lideranças, ou gerações. O País não andaria ao vento.

O debate ideológico e a queda do outro muro

1. As ideologias que nalguns momentos históricos se impunham e mostravam a sua utilidade para orientar a ação e interpretar o mundo em que se desenvolviam tanto indivíduos como conjuntos humanos, foram afastadas por outras cuja maior consecução consistiu em aparecer como sendo a própria realidade, como o mais concreto e imediato e isento de qualquer «ideologia».

2. Assim, os oportunistas de outros tempos que se caracterizaram por trair todos os compromissos, apareceram nas épocas da crise das ideologias, chamando-se a si mesmos «pragmáticos» ou «realistas», sem saber nem de longe de onde provinham tais palavras. Em todo o caso, exibiram com total impudor o seu falso esquematismo, apresentando-o como o máximo da inteligência e da virtude.[4]

A esta altura, já muitas «almas maduras» começarão a sentir o cheiro ideológico por detrás destas reflexões. Dirão, talvez incomodadas, chega de utopias, sejamos práticos! As mesmas almas que na sua juventude talvez gritaram: «Basta de realidades, queremos utopias!»

Com a caída do muro de Berlim e o fracasso (provisório!) do Projeto Socialista, arrefeceu em grande medida o debate ideológico. O aparente vencedor impôs a sua pseudoideologia – a do neoliberalismo económico- como realidade única, terminada e perfeita. Pseudoideologia porque já nem se faz um esforço por passar um corpo de ideias minimamente elaboradas e discutidas, senão de impor, através da força das armas e do dinheiro, regras de um

---

4 Paisagem Humana (Silo)

jogo no qual os vencedores já estão dados à partida. Vai-se tão longe como promulgar «O fim da história e o último homem»[5], como se o gordinho de Wall Street fosse o pináculo da evolução que, desde a amiba, se foi abrindo passo no decurso da história.

Pois, eis que estamos à beira do colapso do outro muro, aquele do outro lado do mundo, Wall Street. E não dizemos isso em virtude da presente crise da Covid 19 e o seu impacto na economia americana e mundial. Uma e outra vez vemos repetir-se ao longo da história humana o mesmo processo de ascensão e caída: o Grande Império que impõe o seu modelo de vida e exploração de vastas regiões através dum colosso bélico monstruoso, o exército imperial que consome impiedosa e vorazmente recursos por onde passa. E como sempre, o inevitável: o colapso da besta com o seu próprio peso. A desvalorização progressiva da moeda, seja através da impressão irracional de moeda fiduciária ou, como aconteceu no período de caída do império Romano, pela falsificação da moeda de ouro pela mistura de impurezas. Cedo ou tarde, as fissuras na estrutura são inevitáveis, e algum fenómeno será apenas a gota de água que fará chover o apocalipse.

O colapso do sistema não é apenas o fracasso do «American dream», mas sim o fracasso dum modelo desgastado que é já incapaz de acompanhar o ser humano em seus próximos passos evolutivos.

É já altura de resgatar aquele importante debate. Porque se parte das realidades sociais são construídas por políticas e políticas económicas, as políticas por sua vez se fundamentam em ideias que se tenham da realidade. Então, há sempre uma ideologia por detrás, mesmo que a mesma trate de passar-se por não-ideologia. Aqueles que não compreendem este ponto, os que se autointitulam «realistas», ainda têm uma visão da realidade própria do século 18, quando Newton e Maxwell[6] assentavam as bases da física clássica, propondo uma realidade mecânica, na qual o ser humano seria apenas mais um expectador. Mas já estamos longe do século 18. Já passamos pela escola de Copenhague, pela relatividade de Einstein e pela Física quântica. Já foi formulado o Princípio Antrópico. A realidade já não é um sistema mecânico e absoluto, mas antes, um sistema porventura probabilístico, no qual é indissociável a consciência e aquilo que ela percebe, uma espiral que se vai ampliando com os passos do ser humano nos degraus da história.

....

5 Fukuyama, Francis. 1992. *The End of History and the Last Man.* Free Press.

6 O "edifício" da física clássica assentou-se nas bases teóricas e analíticas das Leis de Gravitação Universal formuladas por Sir Isaac Newton e nas fórmulas para o Electromagnetismo de James Maxwell no século 18. A física clássica assume uma realidade de tipo mecânica e absoluta, muito diferente da realidade a que chegaram, posteriormente, os físicos da Escola de Copenhague, da qual participaram, entre outros, Albert Einstein (teoria da relatividade), Max Planck e Niels Bohr (mecânica quântica).

E pois, no seio destes aparentemente insólitos ventos da história, que resta de nós, povo da pérola do Índico, que resta de nós desde que abandonamos o Projeto Socialista, o que ficou como Projeto da Nação? A "luta contra a pobreza absoluta"? Um slogan vazio que mais se parece a uma cruzada para acabar com os pobres e concentrar a riqueza absoluta na mão de uma cúpula rapace, que não poupará esforços para dilapidar os recursos do país. Na realidade, o pragmatismo imperante nos deixou órfãos de ideias. Órfãos duma Visão direcionante e estruturante. Tudo é resposta conjuntural, improvisada e fragmentada, num mundo em ebulição cada vez mais incompreendido e incerto. É óbvio que neste panorama crescerão todos irracionalismos, fanatismos e absolutismos – como testemunhamos em todos cantos do planeta, e mesmo aqui, neste cantinho humilde que é a Pérola do Índico.

E justamente aqui, num momento de crise social, ideológica e mesmo individual, o Humanismo Universalista ou Novo Humanismo, tem uma contribuição a dar. Este Humanismo é uma corrente cultural cuja visão e propostas abarcam a totalidade da vida humana. O humanismo parte dum tipo de experiência e compreensão totalizadora sobre a realidade, para logo construir um corpo doutrinário e ideológico aberto, que dá resposta à crise do momento histórico atual, construindo, além disso, um movimento social internacional que, atuando nos diferentes campos, trata de influenciar positivamente o curso dos acontecimentos. O humanismo é uma brisa refrescante no deserto ideológico em que nos encontramos. É um farol de optimismo na escuridão. E onde as correntes retrógradas e obsoletas anunciam o apocalipse e a hecatombe da humanidade, o humanismo esclarece que se está apenas a terminar um grande período histórico (o fim da pré-história) e apresenta uma nova visão sobre o ser humano e suas possibilidades de evolução. Este Humanismo é uma mais valia para a Humanidade, num momento de desorientação e desestruturação acelerada.

O presente artigo é precisamente uma exposição de algumas das ideias centrais do humanismo que possam contribuir para uma discussão preliminar nesta intenção de construir um Projeto para a Nação Moçambicana.

O Novo Humanismo e suas propostas centrais
O Novo Humanismo ou Humanismo Universalista é uma corrente de pensamento e ação fundada em torno ao pensamento de Silo na década de 60. Seus ideais e propostas fundamentais se formalizam nos seis pontos seguintes: em primeiro lugar, a colocação do ser humano como valor e preocupação central, de tal modo que nada esteja acima do ser humano e nenhum ser humano

esteja acima de outro. Em segundo lugar, a afirmação da igualdade de todas as pessoas e a superação da simples formalidade de direitos iguais perante a lei, avançando em direção a um mundo de oportunidades iguais para todos. Em terceiro lugar, o reconhecimento da diversidade pessoal e cultural, afirmando as características próprias de cada povo e condenando toda discriminação que se realize em razão das diferenças económicas, raciais, étnicas e culturais. Em quarto lugar, apoio de toda tendência ao desenvolvimento do conhecimento em oposição às limitações impostas ao pensamento por preconceitos aceites como verdades absolutas ou imutáveis. Em quinto lugar, a afirmação da liberdade de ideias e crenças e, em sexto lugar, o repúdio não apenas às formas de violência física, mas também todas as formas de violência económica, racial, sexual, religiosa, moral e psicológica, como casos quotidianos enraizados em todas as regiões do mundo.

Este movimento estendeu-se pelo mundo conservando a sua independência económica e ideológica, sem preocupar-se pelo seu reconhecimento e mediatização. Na nossa história há sangue, prisões, deportações e cercos de todo o tipo. O movimento sempre se sentiu tributário do humanismo histórico pelo acento que aquele pôs na liberdade de consciência, na luta contra todo o obscurantismo e na defesa dos mais altos valores humanos. Além disso, tem produzido trabalhos e estudos para dar resposta à crise atual, e cujos temas e propostas fundamentais estão resumidos no «documento do movimento humanista»[7], do qual apresentamos um breve resumo:

O Novo Humanismo inspira-se no Humanismo histórico e na contribuição das diferentes culturas, propondo um Projeto Maior e unificador para uma humanidade hoje fragmentada em múltiplos bandos divergentes e em conflito: a primeira Nação Humana Universal. Um projeto não uniformizador e anulador das diferenças, mas pelo contrário, uma união na diversidade, um mundo múltiplo nas suas várias expressões.

Os humanistas são optimistas, acreditam no progresso humano, e compreendem o momento histórico atual como uma crise de transição, na qual se deixa para trás um grande período histórico, a pré-história, entendida como período da história humana caracterizado pela violência e pela apropriação animal de uns seres humanos por outros. Quando terminem finalmente todas formas de violência, terá iniciado, efetivamente, a plena História da humanidade.

O Novo Humanismo parte duma nova visão sobre o ser humano, compreendendo-o como ser histórico, cujo modo de ação social transforma a sua própria natureza. Desde logo, esta concepção anula pois perspectivas absolu-

---

7 SILO. 1993. Cartas a meus amigos −sobre a crise pessoal e social do momento atual. Carta 6. Documento humanista.

tas e acabadas sobre a natureza humana, para deixá-la em aberto, e em processo: o ser humano é um ser que ainda está em evolução. O ênfase na dimensão histórica como parte essencial do ser humano, permite compreender o motor da histórica como a dialética das gerações (tempo em movimento), como já havia defendido Ortega y Gasset[8].

O Humanismo diferencia-se das posturas que, *tendo por base o sofrimento humano, convidam à ação positiva e desinteressada a favor dos despossados ou discriminados. No entanto, muitas destas posturas não delineiam a sua ação em termos de transformação das estruturas que dão lugar a esses males. Estas posturas inscrevem-se mais no Humanitarismo do que no Humanismo consciente[9].* Por outro lado, na medida em que se vive a asfixia produzida pela violência do sistema atual, vão surgindo todo o tipo de posturas incoerentes e anti-humanistas que se baseiam na negação dos valores humanos. Nestas também estão incluídas certas correntes ecologistas que desprezam o ser humano a favor da natureza, à diferença de outras correntes que aderem ao ecologismo porque percebem a raiz da catástrofe: o grande capital e a cadeia de indústrias e empresas destrutivas, parentes próximas do complexo militar-industrial, que criam desequilíbrios ecológicos, a favor dum crescimento irracional, produzindo, além disso, fome, mortalidade infantil, deficiências sanitárias e habitacionais, desemprego, exploração, racismo, discriminação e intolerância.

A violência económica do sistema atual

O Humanismo aponta a discussão de fundo no atual modelo económico: a discussão sobre a balança entre os factores de produção, entre o capital e o trabalho. Hoje dá-se ao capital o lucro e o poder de decisão, e ao trabalho relega-se o salário. Esta relação é absurda e deve mudar. Ela baseia-se na premissa de que o capital (o dinheiro) é mais importante que o trabalho humano. O trabalho e os trabalhadores deveriam ter uma proporcional participação nos lucros que ajudaram a criar, e no poder de decisão da empresa. Porquê sentimos que seria ridículo voltarmos a viver numa monarquia, num regime feudal ou numa ditadura, governados pelos caprichos aleatórios dum errático tirano, e não nos surpreendemos com a estrutura da nossa economia atual, que gera pequenas monarquias em cada empresa? Como consequência, isso permite uma acumulação progressiva de capital, poder e oportunidades na mão de poucos, enquanto a grande maioria da humanidade continua a padecer das

8 José Ortega y Gasset, filósofo espanhol (1883-1955).
9 SILO. 1993. Cartas a meus amigos. Carta 6. Documento humanista. Do humanismo ingênuo ao humanismo consciente.

necessidades mais básicas. *O mundo está em condições tecnológicas suficien-*
tes para solucionar, em curto espaço de tempo, os problemas de vastas regiões
no que respeita a pleno emprego, alimentação, saúde, habitação e instrução.
Se isso não acontece, é porque a especulação do sistema capitalista está a
impedi-lo.[10]

Hoje, segundo consta no site da Oxfam[11], 1 % da população do planeta são
os mais ricos, que detêm mais do dobro da riqueza do resto da humanidade.
Uma imoralidade monstruosa. Violência económica. Estamos perante a tirania do dinheiro. Até os Estados nacionais mendigam o beneplácito da tirania
Mamonita. *O grande capital domina não apenas a objectividade, graças ao*
controlo dos meios de produção, como também a subjectividade, graças ao con-
trolo dos meios de comunicação e informação. E assim como esvaziou as em-
presas e os estados, esvaziou a Ciência de sentido convertendo-a em tecnologia
para a miséria, a destruição e o desemprego. E já tendo esgotado a etapa de
economia de mercado, começa a disciplinar violentamente a sociedade para
enfrentar o caos que ele mesmo produziu.[12]

A democracia real e a democracia formal

Mas esta discussão no seio laboral não será suficiente, se os representantes das
cúpulas do capital organizam-se para tomar o estado por assalto, e impor as
suas regras de jogo. É necessário mudar pois, os alicerces do jogo democrático.
Tem-se vindo a arruinar gravemente o edifício da Democracia ao racharem as
suas bases principais: a independência entre poderes, a representatividade e
o respeito pelas minorias[13]. Hoje a separação de poderes é teórica, testemun-
hando-se frequentes atropelos de uns por outros, sobreposição de funções, de
corrupção e irregularidade.

> Quanto à representatividade, desde a época da extensão do sufrágio universal, pen-
> sou- se que existia um só ato entre a eleição e a conclusão do mandato dos represent-
> antes do povo. Mas à medida que decorreu o tempo, viu-se claramente que existe
> um primeiro ato mediante o qual muitos elegem poucos e um segundo ato em que
> estes poucos traem aqueles muitos, representando interesses estranhos ao mandato
> recebido. Tudo isto evidencia uma profunda crise no conceito e na implementação
> da representatividade. Os humanistas lutam para transformar a prática da represen-
> tatividade, dando a maior importância à consulta popular, ao plebiscito e à eleição
> direta dos candidatos. Por outro lado, devem impôr-se leis de responsabilidade políti-
> ca mediante as quais todo aquele que não cumpra o prometido aos seus eleitores

10 SILO. 1993. Cartas a meus amigos. Carta 6. Documento humanista. O capital mundial.
11 https://www.oxfam.org/en/5-shocking-facts-about-extreme-global-inequality-and-how-even-it
12 SILO. 1993. Cartas a meus amigos. Carta 6. Documento humanista. Capital mundial.
13 SILO. 1993. Cartas a meus amigos. Carta 6. Documento humanista. A democracia real e a democracia formal.

arrisque o desaforo, a destituição ou o julgamento político. Quanto à consulta direta sobre os temas de urgência, cada dia existem mais possibilidades para a sua implementação tecnológica. Finalmente, numa democracia real, deve dar-se às minorias as garantias que merece a sua representatividade, lutar pelos direitos das minorias, é lutar pelos direitos de todos os seres humanos.[14]

O Movimento Humanista tem como objectivo promover a união das forças progressistas, em diferentes âmbitos sem a perca da sua identidade individual, de modo a influir crescentemente sobre vastas camadas da população, orientando com a sua ação à transformação social.

Em resumo:
- Uma nova visão sobre o ser humano, um ser histórico e em evolução;
- Orientação da humanidade para a construção da primeira Nação Humana Universal;
- Deixar a pré-história é colocar fim à violenta exploração do homem pelo homem;
- Superar o humanitarismo ingénuo em direção a um humanismo consciente;
- Demarcar-se das posições anti-humanistas;
- Colocar em discussão a balança dos factores de produção: o capital e o trabalho, dando ao trabalho (e aos trabalhadores) um privilégio proporcional nos lucros e poder de decisão; elimina-se assim a raiz da concentração de capital em poucas mãos e seu desvio especulativo, favorecendo uma melhor redistribuição da riqueza e seu reinvestimento produtivo;
- Superar a democracia formal e progredir em direção a uma democracia real e participativa, com separação de poderes, leis de responsabilidade política e aproveitando a tecnologia para incluir, cada vez mais, o todo social na discussão dos temas de relevância;
- Assegurar o direito das minorias;
- Unir as forças progressistas para convergirem na ação de transformação social.

O salto evolutivo
Cada povo tem os líderes que merece, sugere um adágio popular. Talvez de modo parecido, a situação atual em que vive a humanidade reflete, com algo de justiça, o estado de evolução da consciência humana até o momento.

14 SILO. 1993. Cartas a meus amigos. Carta 6. Documento humanista. A democracia real e a democracia formal.

O caos em que vive a humanidade é o simples reflexo da desarmonia interna em que vive o ser humano. Ainda que não o queira, o ser humano age contrariamente ao que sente, sente em contra o que pensa e pensa em contra o que faz.

(Silo, 1964)

Neste sentido, podemos dizer que não haverá solução cabal para os problemas sociais se não se contemple uma salto na consciência do ser humano. Não haverá mudanças económicas, políticas ou tecnológicas isto é, externas, que mudem o estado essencial das coisas. A verdadeira revolução é a revolução interior (da consciência). Como dissemos anteriormente, o ser humano é um ser em evolução, não acabado. Existem nele possibilidades evolutivas ainda insuspeitas, talvez reflectidas no uso marginal da sua capacidade cerebral. Mas então, de que revolução falamos?

Falamos numa revolução interior que permita o ser humano superar os motores básicos instintivos que guiam as espécies animais na luta pela sobrevivência e reprodução, à descoberta de novos motores internos (propósitos) que o orientem numa direção evolutiva. Não se trata duma luta irracional contra os impulsos instintivos que, tal como todas espécies animais, também o ser humano leva gravado na sua memória genética. Falamos mais na hipótese de um upgrade no software (mental) do ser humano, para um novo sistema operativo que lhe habilite a novas, e mais interessantes funções. Pois de tudo o extraordinário que possa ter o sistema instintivo que carregamos, temos também de reconhecer a sua limitação. Viver orientado para a sobrevivência (e reprodução), como o fazem as espécies animais, produz um tipo de sociedade também de tipo animal. A sobrevivência do mais forte. E por mais entretida que possa ser a vida nesse *modus operandi,* de «comer» e «não ser comido», há algo que nos diz que, se a natureza investiu éones para produzir um homo sapiens, talvez fosse para levá-lo um pouco mais longe da existência meramente zoológica.

A vida na selva é caracterizada por violência («comer») e medo («não ser comido»). Precisamente duas características que tem acompanhado a existência humana neste período que apelidamos de pré-história: o período em que o ser humano viveu com medo e com violência. Há, sem dúvida, uma relação íntima entre estes dois factores:

Eis os grandes inimigos do homem: o temor à doença, o temor à pobreza, o temor à morte, o temor à solidão. Todos estes são sofrimentos próprios da tua mente; todos eles denunciam a violência interna, a violência que há na tua mente.[15]

15 Silo. 1996. Fala Silo. A cura do sofrimento.

Esta relação poderíamos formulá-la do seguinte modo: o medo produz sofrimento (mental), e o sofrimento mental conduz à violência interna e depois externa. Portanto, está na raiz da violência, o medo. Falamos duma revolução (interior) que ponha fim à violência (interna e externa), eliminando a sua última raiz: o medo.

Mais além das propostas de transformação social, económica ou política, é precisamente nesta dimensão de revolução interior que o Humanismo encontra as suas melhores produções. Quando, na década dos 60, se aglutinaram em torno a Silo estudantes de psicologia, sociologia e antropologia, estavam em plena crise as bases teóricas e operativas que procuravam dar resposta aos problemas da interioridade do ser humano. Vejamos o que nos diz Luís Amman[16] no seu livro Autoliberação:

> Entrava em crise o panteão da Psicanálise e os velhos ídolos da psicologia. Vogt, Jacobson e Schultz monopolizavam as práticas de trabalho sobre si mesmo, por meio de auto-hipnose e relaxamento, misturados, às vezes, com Patanjali e os orientais em todo o tipo de ioga.
>
> Nesse tórrido clima de ideologias e experiências, Silo era um oásis. Ele não explicava exatamente o nosso tema, que era Psicologia. Ele reduzia tudo ao problema do sofrimento: suas vias, as formas de pesquisa de tais vias, e a possibilidade de sua superação. Naquela época, esse enunciado nos parecia próximo do budismo. Depois, fomos descobrindo que também se aproximava de alguns ensinamentos cristãos e maometanos.
>
> Pouco a pouco aprendemos a valorizar temas inéditos na história da Psicologia, tais como a função da imagem portadora de cargas, a estruturação da percepção e da representação, a importância dos sentidos internos na produção, tradução e deformação de impulsos, as caracterizações e distinções entre níveis e estados de consciência, a ação do núcleo de devaneio na formação de condutas, a analítica dos centros de resposta, e a contribuição inédita sobre o espaço e o tempo de representação.
>
> E quando tudo isso foi posto em prática e estruturado como trabalho sobre si próprio, compreendemos que estávamos diante de um dos maiores ensinamentos do nosso tempo.[17]

Desde programas de educação para a não-violência, aos sistemas e métodos de trabalho sobre si mesmo, até chegar ao complexo trabalho com as quatro disciplinas (mental, material, morfológica e energética), o humanismo dispõe, de forma gratuita, toda uma bagagem de ferramentas que servem ao desenvolvimento e evolução do ser humano. Consideramos este um arsenal imprescindível para incluir na edificação do Projeto da Nação.

---

16 Luís Amman é Argentino, político, professor, jornalista e licenciado em Letras modernas. É dirigente humanista e candidato a presidente da Nação em 2007. Desde a década de 60 que participa em grupos de estudos formados ao redor de Silo.

17 Amman, Luís. 1979. Autoliberação

ENTREVISTAS

CAPÍTULO UM

Um olhar problematizador sobre Moçambique – o percurso do historiador marxista Michel Cahen

Entrevista feita por Régio Conrado[1]

Entrevista com o Prof. Michel Cahen, historiador de tradição marxista e investigador emérito do Centro Nacional de Investigação Científica da França. O Prof. Michel Cahen é especialista da colonização portuguesa e dos países africanos de língua oficial portuguesa. É dos poucos e mais renomados investigadores franceses da África lusófona e da história da colonização portuguesa na França e não só. O Prof. Michel Cahen desenvolve as suas actividades no Centro de Estudos *Les Afriques dans le Monde,* no Sciences Po-Bordeaux, que é um dos mais prestigiados centro de estudos africanos e dos países do Sul Global em França e na Europa. Além disso, tem uma larga experiência de ensino em Universidades francesas, portuguesas e brasileiras. É por ser um dos melhores conhecedores de Moçambique e um dos autores mais citados nos trabalhos académicos sobre este país que decidimos entrevistá-lo para compreendermos as metamorfoses e os paradoxos de Moçambique.

Agradecemos imensamente por ter aceite o nosso convite para falar sobre Moçambique. Uma das primeiras perguntas que gostaríamos de fazer está ligada à sua própria trajectória como investigador. Pode dizer-nos quando é que o Prof. Cahen foi a Moçambique pela primeira vez e o que é que o levou lá?

Nasci em 1953, e os meus pais eram comunistas. Entre 1971 e 1976, fui estudante do curso de História na Sorbonne, em Paris. Na altura, fazia grandes viagens pela África, por interesse pessoal e porque gostava de aventura: viajava só de boleia – na altura não havia os problemas de segurança de hoje e fiz sem dificuldade o trajeto entre Paris e Dacar (capital do Senegal) de boleia. Visitei assim a África do Norte, a Mauritânia, o Senegal e o Mali. Em 1974, houve a Revolução dos Cravos em Portugal, que teve uma repercussão enorme na esquerda francesa. Naquele momento, depois de sair do partido comunista, identificava-me com a esquerda radical marxista (e não mudei muito...). Decidi ir visitar um país africano que tinha sido colónia portuguesa e, com dois amigos (que afinal

1 Esta entrevista foi realizada em Agosto de 2020, na França.

nunca chegaram), decidimos visitar Moçambique. Para chegar lá, no entanto, apanhei um avião de Londres para Nairobi, e depois fui de boleia, atravessando o Quénia, a Tanzânia e a Zâmbia. Entrei em Moçambique pela pequena estrada de Katete, ao norte da província de Tete, que me levou até à capital desta província. Na fronteira, um soldado da Frelimo deu-me um guia da marcha para ir fazer a minha apresentação na cidade de Tete. Quem me levou foi um camionista português, antigo soldado dos comandos, que trazia um carregamento para Moçambique. Este português está na origem do meu interesse pela colonização portuguesa. Mas, antes de explicar isso, tenho de voltar atrás.

Em 1974, tinha feito a minha dissertação de «maîtrise» (equivalente ao primeiro ano de mestrado em muitos países ocidentais e à licenciatura em Moçambique) sobre a ideologia colonial francesa depois da Primeira Guerra mundial. E descobrira uma ideologia – claro, colonialista –, no entanto, que não exprimia direitamente os interesses do grande capitalismo francês, mas muito mais os dos «pequenos brancos» (militares, padres, pequenos comerciantes, funcionários públicos, alguns operários qualificados) que eram a maioria na demografia colonial branca. Havia um forte peso dos maçons e do partido radical (que, na metrópole, era o partido mais progressista da burguesia, com boa dose de anticlericalismo – que não aplicaram nas colónias). Havia um certo tipo de discurso republicano e assimilacionista: a colonização justificava-se pela assimilação não vista como integração completa à França no caso da África subsariana, mas como a «francização» desta.

Quando encontrei o meu camionista ex-comando português na fronteira de Katete, o que é que acontece? Ele estava acompanhado por um boy (como se diz em Moçambique para designar o contínuo, um doméstico, dele), sentado ao lado dele: o negro, assim, muito próximo, fisicamente, do branco. Ausência de racismo? Vejamos. Logo que eu apareci, o camionista pediu ao boy para ir na bagageira, parte traseira do camião, sob o sol abrasador para eu me sentar ao seu lado. A viagem durou três dias. O boy preparava as refeições. Este não só não comia connosco, mas reparei que nem para o matabicho (termo moçambicano para se referir ao pequeno-almoço) nem para o almoço ele comia sequer. Pedi ao meu hóspede (que falava um pouco de francês, como era o costume na altura fascista em Portugal): «O Pedro não come?». Lembrar-me-ei sempre do olhar estupefacto do camionista: «O Pedro? Mas o Pedro só come à noite!»

Comecei a pensar... Não estaria em presença de mais um exemplo de colonização de pequenos brancos, que já conhecia da minha dissertação de maîtrise? Com certeza não estávamos na África do Sul do apartheid e, enquanto este branco for sozinho, um negro podia sentar-se ao lado dele. Mas essa proximidade significaria a ausência de racismo? Logo que aparecer um «outro igual» dele (um branco, eu, na ocasião), automaticamente o negro tinha de sair: a prioridade era a proximidade entre brancos. E a separação social aparecia claramente na divisão de tarefas na preparação das refeições. Isto é: não estávamos num país com ausência de racismo, estávamos num país com *racismo de proximidade*, um tipo específico de racismo distinto do *racismo de distância* mais típico das colonizações de grande capitalismo com colonos muito mais ricos. Este *racismo de proximidade* correspondia bem à estrutura social em que os «pequenos brancos» eram obrigados a viver nas imediações das populações negras (sendo, por exemplo, cantineiros nos bairros africanos das cidades, etc.). Decidi preparar meu mestrado sobre Moçambique e aprender a língua portuguesa.

Posso assim dizer que o meu primeiro interesse por Moçambique foi histórico. Mas o interesse pela atualidade política, social e cultural chegou rapidamente.

Ao chegar a Moçambique, que país encontrou? Quais foram as impressões que teve?

Pois, entrei. De princípio Tete e, depois, Beira, Lourenço Marques (ainda não era Maputo), Quelimane, Nampula, Ilha de Moçambique, Porto Amélia (ainda não era Pemba), Mocímboa da Praia, Palma e, por último, Quionga. Chegado aqui, atravessei o rio Rovuma numa canoa com soldados da Frelimo para a Tanzânia (sem visto também, mas o comandante local da polícia do lado de lá estava interessado em trocar dólares comigo...) e ir apanhar meu voo de volta em Nairobi. Foi uma viagem de dois meses.

Não sabia nada de Moçambique nem falava português, mas tinha já uma boa formação política marxista – e de um marxismo crítico como já expliquei. Minha saída do partido comunista francês em 1974 fora também uma ruptura com o princípio do partido único (embora, na altura, ainda com alguma confusão: ainda não entendia que o partido único, necessariamente, destrói a experiência socialista e que o partido único destrói o partido). Foi por isso que entrei para ver e ouvir, mas, ao contrário de muitos jovens da esquerda anti-imperialista ocidental, entrei logo com olhos críticos. Vi nos comícios a Frelimo a atacar os «reacionários» que eram os antigos colonos, mas também outras pessoas que simplesmente faziam perguntas não convenientes. Vi os soldados (recém-ex-guerrilheiros) de que a população tinha visivelmente medo e ouvi falar das prisões. Comecei a questionar-me sobre a hostilidade contra a mera existência das etnicidades num simplista «abaixo o tribalismo!». Não muito mais, no entanto.

Na altura, foi sobretudo uma fantástica viagem, mas já vira o suficiente para, depois, estar numa postura de acumular documentação numa óptica independente. Enquanto outros jovens simpatizantes analisavam «as insuficiências» e «os erros» do Estado, no quadro da «linha justa do partido», eu comecei a questionar a linha, ela própria, globalmente. No início, confesso, foi numa óptica mais radical do que democrática: criticava a Frelimo por causa do partido único, mas também, e talvez sobretudo, porque não era um «verdadeiro partido comunista». Isto é: não fazia bem a ligação entre as duas caraterísticas. Depois, entrei numa compreensão muito mais aprofundada da natureza do dito «marxismo-leninismo» (uma versão estalinizada do marxismo) e do seu papel instrumental na construção do discurso de «criação da nação». Podem ler vários textos meus sobre o assunto[2].

A África tem muitos países. E grande parte dos seus compatriotas investigam países que são falantes da língua francesa. Porque é que dedicou mais de 40 anos a estudar países falantes de língua portuguesa e, muito particularmente, Moçambique?
Que particularidade tem este último país?

Já respondi parcialmente a essa pergunta. No início, foi minha simpatia pela revolução portuguesa, mas vista a partir da África. A partir daí, foi um efeito bola de neve: fiz o mestrado sobre o trabalho forçado no Moçambique colonial; depois, fui viver dois anos em Portugal para preparar uma tese sobre a administração colonial em Moçambique. Também pensei, justamente, que havia pouca gente em França a trabalhar sobre a África de colonização portuguesa e que isso talvez fosse facilitar minha entrada na universidade como professor (na altura, era professor no ensino secundário). Em Portugal, constatei a situação contrária: toda a gente dizia que se devia descolonizar a investigação sobre a África e que a nova ciência social portuguesa deveria interessar-se por toda a África, só que ninguém fazia: 99 % dos jovens portugueses

---

2 Só voltaria a Moçambique em 1981. Comecei a publicar artigos de história neste mesmo ano. Os textos de análise política vieram um pouco mais tarde. Entre os principais até 1990: «État et pouvoir populaire dans le Mozambique indépendant», *Politique Africaine*, n.º 19, pp.36-60, Paris 1985; «Le Portugal et l'Afrique. Le cas des relations luso-mozambicaines (1965-1985). Étude politique et bibliographique», *Afrique Contemporaine*, n.º 137, pp: 3-55, La Documentation Française, Paris 1986. O meu primeiro livro, onde analiso a questão do marxismo, saiu em 1987: *Mozambique, la révolution implosée. Études sur douze années d'indépendance (1975-1987)*, L'Harmattan, Paris 1987. Em 1988, publiquei em revista uma tradução em francês do programa da Renamo num dossiê que dirigi: «Mozambique: guerre et nationalismes», M. Cahen (ed.), *Politique Africaine*, n.º 29, pp. 2-85, Paris 1988. A partir deste mesmo ano, comecei a defender publicamente a passagem ao pluralismo em Moçambique: «Democracia pluralista: uma "ideia" do imperialismo ocidental?», *África*, n.º 128, pp. 7 e 38, Lisboa 25-31 de outubro de 1988, e n.º 129, 1-7 de novembro de 1988, pp.7-8. Em 1989, como colegas, publicámos uma carta aberta a favor da viragem pluralista: com Claude Meillassoux, Christine Messiant e Gueorgui Derluguian, «Vencer a guerra, pela democracia, para o socialismo», *África*, n.º 104, p. 5, Lisboa 10-16 de maio de 1989; s, Indigo Publications («La Lettre de l'Océan Indien»), 62 pp., Paris abril de 1990. As referências inseridas nas notas desta entrevista não constituem em nada uma bibliografia sobre os assuntos frisados: são meras menções de trabalhos meus evocados no texto.

que se dedicavam aos estudos africanos incidiam sobre os PALOP (isso mudou um bocadinho, depois, mas muito menos que, por exemplo, no Brasil, onde a pesquisa é muito mais equilibrada).

Aliás, interessei-me também sobre Angola, Cabo Verde, Guiné... Mas é verdade que Moçambique interessou-me particularmente, por várias razões: já pela área civilizacional ao cruzamento das influências suaílis da África Oriental e bantus da África Austral, sem falar, obviamente, da influência portuguesa. Adorei a Zambézia, onde essa mestiçagem triangular é mais nítida. Mas também Samora Machel era um «fenómeno» interessante de estudar. Ao contrário de muitas pessoas que, hoje em dia, «idolatram« o primeiro presidente, em comparação com a mediocridade crescente que lhe sucedeu (e ainda mais se idealiza Eduardo Mondlane, esquecendo que ele também era a favor do partido único), não sentia atração alguma por ele. Sentia de forma intensa o seu paternalismo autoritário para com o povo e sabia da violência sistémica do seu sistema político. Mas era um dirigente de qualidade, que não se alinhava com a União Soviética (ao contrário do MPLA de Angola a partir de 1977), que mantinha certas amizades com correntes progressistas ocidentais, que apoiava a resistência da Fretilin[3] quando, na realidade, os outros PALOP aceitavam a invasão indonésia em Timor. Era um regime desenvolvimentista (embora com escolhas péssimas), cujos dirigentes tinham privilégios, mas não eram corruptos, pelo menos até 1983. Por todos estes aspectos, Moçambique era muito interessante.

Aliás, não fui um caso isolado: pode-se olhar para a literatura nas ciências sociais sobre os PALOP 1975-1995: somando a totalidade dos artigos publicados sobre estes países, Moçambique é o que, de longe, reúne a maioria dos textos, seguido de Cabo Verde (por causa do grande prestígio de Amílcar Cabral) – Angola, Guiné e São Tomé, chegando longe, muito abaixo na lista. Isto continuou e ainda hoje persiste (sem ter em conta obviamente variações conjunturais)!

Nos seus trabalhos, quando fala da luta anticolonial, nega-se a falar de luta de libertação nacional. Pode explicar porque é que tem essa posição?

Não é bem assim. Houve e há lutas anticoloniais que são, ao mesmo tempo, lutas de libertação nacional: só para citar alguns casos do século xx, dou o exemplo da Irlanda do Norte contra a colonização britânica, a Palestina contra a colonização sionista, o Vietname contra os imperialismos francês e americano, a Chechénia contra a colonização russa, o Tibete contra a colonização chinesa e, mesmo, o caso basco contra a dominação dos Estados espanhol e francês, etc. Nesses casos, a luta anticolonial é, ao mesmo tempo, a luta de

---

3 Frente de libertação de Timor Leste independente.

uma nação preexistente. Isto é: o nacionalismo é a expressão política de uma nação realmente existente (isto é: uma comunidade humana desenhada por uma identidade vivida).

Ora, na grande maioria dos casos, em África, as nações – falo das nações africanas pré-coloniais, hoje em dia pejorativamente qualificadas de etnias ou mesmo tribos – não correspondem em nada à extensão do território colonial. Este foi definido no quadro das rivalidades inter-imperialistas no fim do século XIX sem o mínimo respeito pelas realidades socioculturais. Assim «Moçambique» era uma área sem significação alguma para 99 % da população no momento da criação na sua extensão actual (acordo luso-britânico de 1891) – e, isso, até à luta de libertação, pela grande maioria da população. Os Macondes conheciam melhor a Tanzânia, os Vandau, a Rodésia do Sul, os Ronga, Changanes e Matsuas, a África do Sul, do que o resto de Moçambique. Dos 25 maiores grupos etnolinguísticas de Moçambique, 21 continuam além-fronteiras... Moçambique não existia como nação e ainda hoje se pode discutir essa afirmação: existe como cidadania (de má qualidade), mas existirá como a identidade colectiva mais importante para as pessoas dos povos? Deveria libertar-se do colonialismo, porque essa era uma luta de libertação, mas não de *uma nação*, e sim de povos e nações africanas pré-coloniais. Não era nacionista. A elite tinha um projeto de nação homogénea de tipo europeu e jacobino, isto é, era nacionista: o *nacionismo* lutava *ao mesmo tempo* contra o colonialismo e contra as nações africanas, para impor uma nação de pertinência colonial (a colónia = a nação). Foi o famoso «é preciso matar a tribo para a nação viver», quando, em Moçambique, não havia tribo alguma, mas havia nações pré-coloniais. Tribos há, por exemplo, no mundo árabe, na Somália, na África do Sul, isto é, grandes chefaturas que se tornam estruturas políticas. Os portugueses já tinham destruído esses Estados africanos, mas subsistiram as identidades, as culturas e as relações sociais originais. O *nacionismo* não foi só teórico, promoveu um certo conceito de modernização autoritária, de modelo socio-político, de negação do valor das culturas populares, etc. O que foi massivo em Moçambique foi a vontade de vencer e expulsar o colonizador, em caso algum um sentimento nacional. Dez anos de luta nunca são suficientes para criar um sentimento nacional, a nação sendo um processo secular de cristalização identitária. Não quer isto dizer que «Moçambique» não possa funcionar como «Estado sem nação»[4]. Pode, e muito bem, funcionar

---

4 «Mozambique: nation africaine de langue officielle portugaise?», *Studia Africana*, n.º 1, pp. 5-25, Barcelona Janeiro de 1990; «Le Mozambique, une Nation africaine de langue officielle portugaise?», *Revue Canadienne des Études Africaines*, XXIV (3), pp. 315-347, Toronto 1990 (publ. Junho de 1991); «Mozambique: histoire géopolitique d'un pays sans nation», *Lusotopie*, I (1-2), pp. : 213-266, L'Harmattan, Paris Junho de 1994, <https://www.academia.edu/17226366/>.

sem nação, se for uma República que aglutine as comunidades à volta de um progresso social realmente sentido e um grande respeito pelas nações anteriormente existentes, com um bom equilíbrio entre as regiões do país. Obviamente, com a guerra de libertação, depois com 45 anos de independência, os moçambicanos habituaram-se a ser geridos pela «República de Maputo», e isso pode favorecer não só um sentimento de cidadania, mas também um sentimento nacional, pois não tenho dúvida alguma de que existe hoje uma nação moçambicana (uma comunidade desenhada por uma identidade sentida) tal como existe uma nação francesa. Mas a pergunta é: existe essa nação *em que proporção* dos povos de Moçambique? Para que proporção de habitantes é essa identidade a principal identidade étnica (porque a identidade nacional não é mais do que um grau de etnicidade), mais importante na vida íntima do que a identidade com base na linhagem, no clã, na etnia, na região, etc.? O facto de, quando questionadas se se sentem moçambicanas, as pessoas, na sua grande maioria, responderem pela afirmativa não é prova de um sentimento nacional: é só o reconhecimento de que sabem que fazem parte de um dado conjunto político – é o reconhecimento de uma cidadania mínima.

O exemplo da Jugoslávia antes da guerra civil de 1991-95 é interessante: aquando do último recenseamento, menos de 10 % dos «jugoslavos» responderam que eram jugoslavos, enquanto a esmagadora maioria indicou uma identidade sérvia, eslovena, croata, kosovar, montenegrina ou bósnia. Isto é: 70 anos de Estado Jugoslavo (a partir do fim da primeira guerra mundial) criaram uma nação (pan-)jugoslava, mas essa nação jugoslava era minoritária na Jugoslávia.

Temos, pois, de acabar de uma vez por todas com a ideia de que cidadania é sinónimo de nacionalidade (sentimento nacional) e de que uma nação abraça necessariamente a totalidade da população. Mais: nem é por isso que a Jugoslávia explodiu, pois poderia muito bem evoluir como cidadania plurinacional ou, mesmo, nação de nações, pan-identidade de identidades tal como a Grã-Bretanha (nação das nações inglesa, escocesa e galesa). Temos, pois, de saber distinguir bem República e nação, nação e cidadania. A nação não é obrigatoriamente o conjunto de todos os habitantes de um país.

Volto ao anticolonialismo: os habitantes de Moçambique (os «moçambicanos») quiseram maioritariamente acabar com o colonialismo, pelo que a guerra foi de libertação. Foi uma luta contra a exploração, a humilhação e a invasão de estrangeiros. A rejeição da discriminação é a base da legitimidade total dessa luta. Não significa que tenha exprimido uma nação já existente, nem que tenha sido suficiente para criar uma nação nova. A Frelimo apresentou um projeto de nação, não exprimiu uma nação, tanto mais que se recusava a reconhecer (até para federá-las) a própria relevância das nações africanas pré-coloniais, desvalorizando-as como etnias ou tribos, como já disse mais acima. O problema é que esse projeto de nação (este nacionismo, porque não exprimia algo de já nacional) transformou-se logo na proclamação e na imposição da nação nos mais variados sectores da política pública do novo Estado. Transformou-se numa opressão.

Aí se justifica, por vezes, este processo invocando os grandes teóricos da nação, tal como Ernest Renan, que disse que a nação era um plebiscito de cada dia, que era um projeto de vida em comum, etc. Só que Renan é mal lido nesse aspecto particular. Primeiro, não é por haver uma teoria das nações que as nações realmente existentes correspondem bem a essa teoria – pode haver muitas teorias! Em segundo lugar, Renan falava das nações já existentes que confirmavam todos os dias a vontade de continuar assim. Em terceiro lugar, é de não esquecer o contexto histórico da afirmação de Renan: quando venceu a França do III Império (1852-1870), a Prússia anexou a Alsácia e parte da Lorena – duas regiões orientais da França de cultura germânica (um pouco como a Suíça germanófona). Renan disse (e com razão) que não se podia autoritariamente anexar um território, que era preciso consultar as pessoas. Muito bem! Mas antes da anexação prussa, nunca Renan defendera a ideia de consultar essas mesmas pessoas...[5]

Voltando a Moçambique! O facto de haver um projeto de nação nunca será suficiente para afirmar que há uma nação, um Estado-nação. O que há é uma forte *ideologia* estato-nacionista, divulgada pela Frelimo e mais ou menos aceite pela generalidade dos partidos políticos moçambicanos (nenhum partido foi capaz delinear uma outra ideia de Estado e de nação, tal como fez Evo Morales, antigo presidente boliviano, quando proclamou o Estado multinacional da Bolívia, o Estado da nação hispânica e das nações indígenas da Bolívia). Moçambique não é um Estado-nação, é um Estado de ideologia nacionista. O princípio do partido único foi muito coerente com isso («Um só povo, uma só nação, um só partido»).

Foi, pois, o que exprimi em alguns dos meus estudos. A ideia é que não se deve considerar como sinónimos anticolonialismo e nacionalismo. São dois

---

5 Discuti isso no meu livro, *Ethnicité politique. Pour une lecture réaliste de l'identité*, L'Harmattan, 176 pp., Paris 1994. Vejam também: «Nationalismes des tiers mondes. Pour un débat, en réponse à Michaël Löwy», *Critique Communiste*, n.° 147, inverno 1996-1997, pp. 85-91, Montreuil (Paris), 3 de Abril de 1996, <https://hal.archives-ouvertes.fr/hal-02531764> [versão portuguesa: «Nacionalismos dos terceiros mundos. Para um debate, em resposta a Michael Löwy», *Revista de Sociologia e Política*, XVI (31), pp. 109-119, Curititba PR Novembro de 2008, in Ângela Lazagna (ed.), «Nacionalismos e Internacionalismo: um debate entre Michael Löwy e Michel Cahen», pp. 101-119, <http://www.scielo.br/scielo.php?pid=S0104-44782008000200009&script=sci_arttext#r8>].

fenómenos históricos que se podem cruzar, mas que não são idênticos[6]. Há anticolonialismos que são nacionalistas, mas nem todos o são.

O que é verdade é que os líderes da luta, como Eduardo Mondlane, chamavam-se a eles próprios de nacionalistas. Essa autoidentificação era muito frequente nos líderes africanos, nessa altura. Mas aqui estamos nas ciências sociais e temos de pensar sobre esse facto. Mondlane, como muitos outros líderes independentistas, aceitava a ideia de que a colónia, ela própria, sem mudança de fronteiras e mesmo sem ideia de «multinacionalismo», iria ser a nação una. A ideia era que a África, nessa segunda metade do século xx, estava a fazer a mesma coisa que a Europa fizera um século antes, com as revoluções nacionais do século xix e de princípios do século xx. Só que, na Europa, muitas vezes, essas revoluções democráticas exprimiam nações historicamente preexistentes: o arquétipo é o caso da Polónia, que recuperou a sua existência política depois de um século e meio de desaparecimento (1772-1918) – mas a nação polaca, como identidade e comunidade humana nunca deixará de existir. Foi esse modelo das revoluções nacionais europeias que «engoliram» os líderes Africanos que aceitavam a legitimidade das fronteiras coloniais e se recusavam a lidar com as nações africanas pré-coloniais. Esses líderes eram (mais ou menos) anticoloniais, mas o facto de se pensarem como «nacionalistas» exprimiu paradoxalmente o profundo eurocentrismo da sua formação política.

Não me recuso, porém, a falar de nacionalismo ou de libertação nacional: falo disso quando a nação existir! Para mim, a guerra de libertação em Moçambique foi anticolonial, mas não nacionalista, foi dirigida por uma formação política dotada de um projeto elitista de nação, de uma orientação nacionista. Isso explica muito da visão frelimista da modernização autoritária, desde as aldeias comunais até à alfabetização em português, desde as construções urbanas em betão em vez de barro melhorado até à proibição dos ritos tradicionais, etc. O que se queria era a nação moderna de tipo europeu e jacobino. Mas não resultou: ao meu ver, ainda hoje, a nação moçambicana é minoritária em Moçambique.

---

6 «Lutte armée d'émancipation anti-coloniale ou mouvement de libération nationale? Processus historique et discours idéologique. Le cas des colonies portugaises, et du Mozambique en particulier», *Revue Historique* ,CCCXV/1 (637), pp. 113-138, PUF, Paris 2006, <http://www.cairn.info/revue-historique-2006-1-page-113.htm>, <https://www.academia.edu/4374466/> [versão portuguesa: «Luta de emancipação anti-colonial ou movimento de libertação nacional? Processo histórico e discurso ideológico – o caso das colónias portuguesas e de Moçambique em particular», *Africana Studia*, VIII, pp. 39-67, Porto 2005 [publ. Outubro de 2006], <https://www.academia.edu/28260318/>]; «Anticolonialism & Nationalism: Deconstructing Synonymy, Investigating Historical Processes. Notes on the Heterogeneity of Former African Colonial Portuguese Areas», in Éric Morier-Genoud (ed.), *Sure Road? Nations and Nationalisms in Guinea, Angola and Mozambique*, pp. 1-30, Brill, Leyden 2012, versão pré-publicada: <http://hal.archives-ouvertes.fr/hal-00690557/>.

Em 1977, no terceiro congresso, a Frelimo transformou-se em partido de orientação marxista-leninista. Porém, nos seus trabalhos, demonstra que esse partido não pode ser designado como partido marxista-leninista. Que razões o levam a tomar tal posição?

Essa pergunta tem muito que ver com o que acabei de dizer. Para já, deve-se pensar no que é o «marxismo-leninismo». O marxismo-leninismo não existe nem nunca existiu! Foi uma fórmula inventada por Estaline, o sanguinário ditador contra-revolucionário que matou mais comunistas do que Hitler[7]. O que há são pensamentos de maior ou menor riqueza intelectual e política, inspirados pelo pensamento de Marx e de outros marxistas (isto é, adeptos dos materialismos dialético e histórico). Mesmo Lenine teria odiado tal fórmula. Tal como Marx, que dizia não ser marxista, Lenine nunca se considerou «leninista», tal como Trotsky nunca se considerou «trotskista». Estaline, que Lenine queria afastar do poder nos últimos meses da sua vida, propondo Trotsky como dirigente, inventou a fórmula para «ascetizar» todo e qualquer pensamento marxista crítico. Infelizmente, foi essa degenerescência do marxismo que muitas elites radicais africanas apanharam, apesar de existirem, na altura, muitas outras correntes marxistas, ficadas críticas e fecundas (penso em José Carlos Mariategui, Rosa Luxemburgo, Leon Trotsky, António Gramsci, C.R.L. James, etc.). A pergunta é: porque é que as elites africanas tentadas pelo marxismo foram mais atraídas pelo «marxismo-leninismo» do que por outras correntes?

A primeira resposta é obviamente a táctica: precisavam de apoios políticos – e, em alguns casos, militares –, que a URSS e a China Popular (outra forma de estalinismo) podiam fornecer. A existência desses Estados (alguns no «terceiro-mundo», como a China e Cuba) fornecia também um exemplo de «Estados« e «nações» criados à revelia do imperialismo. Mas, penso que essa visão é insuficiente. A razão principal advém das características sociais da formação das microelites africanas, em particular, nas colonizações de metrópoles latinas. No caso português, com a quase impossibilidade de génese de um pequeno empresariado africano, bem como de uma classe operária, a microelite era meramente burocrática, isto é, labutava em actividades de prestação de serviços, em funções subalternas (empregados do comércio, enfermeiros auxiliares, motoristas auxiliares, militares de baixo escalão, padres protestantes) isto é actividades exteriores à esfera da produção. O *habitus* dessa elite era muito próximo do dos portugueses, apesar do descontentamento que sentiam

---

7 Discuti isso em «Le socialisme, c"est les Soviets plus l'ethnicité», *Politique Africaine*, n.º 42, pp. 87-107, Paris 1991, <http://www.politique-africaine.com/numeros/pdf/042087.pdf>.

para com eles. O modelo de Estado sonhado pela minoria da micro-elite que era anticolonialista era Portugal: uma nação homogénea, com uma língua, o Estado principal actor da economia, um partido único, um sindicalismo corporativista, uma ideologia uniformizadora, etc. Por causa do contexto, isso exprimiu-se com palavras mais ou menos marxistas, mas o modelo social ficou o dos assimilados das cidades. Ora, esses *queriam* o partido único (mesmo Mondlane queria).

Quero dizer: não foi por ser, primeiro, «marxizante» e, depois, gradualmente mais «marxista-leninista» até o ser oficialmente em 1977, que a Frelimo implantou o partido único. Foi porque queria o partido único que, num dado contexto histórico, adoptou o dito marxismo-leninismo como narrativa mais eficaz para criar a nação moderna independente contra o colonizador e contra as sociedades africanas. Aliás, na altura, o partido único era, de longe, o caso mais frequente em África, qualquer que fossem as orientações – o que bem mostra que isso não tem absolutamente nada que ver com o marxismo e com Marx (até porque Marx nunca escreveu uma só palavra a favor do partido único!).

De facto, em 1977, a Frelimo torna-se oficialmente partido (em vez de frente) e adopta o «marxismo-leninismo». Um historiador deve ter em conta as auto-designações que as pessoas adotam porque isso tem obrigatoriamente um significado. Mas qual? Será para aceitar, sem pensar mais, que, logo, Moçambique era um país «socialista» (ou, mesmo, «rumo ao socialismo») e que a Frelimo era um partido marxista comparável – para ficar no Sul do mundo – aos partidos comunistas cubano ou vietnamita? O historiador marxista que sou, sem nunca esquecer os factores subjectivos, deve, em primeiro lugar, analisar as estruturas, as relações sociais, etc.

Não há espaço aqui para o fazer. Mas, queria dizer que a decisão de 1977 é a mera conclusão da viragem de 1968-1969, quando a purga consecutiva à crise da Frelimo e ao assassinato de Mondlane afastou de vez os sectores que não eram burocrático-sulistas da Frelimo. Não se tratou em nada de um conflito entre sectores «modernos» e «tradicionais», entre «linha revolucionária» e «linha burguesa»: Uria Simango era tão moderno como Eduardo Mondlane! Lázaro Nkavandame não era nada um chefe tradicional, mas um comerciante moderno socializado no Tanganica inglês, etc. Foi um choque entre várias modernidades e várias trajetórias sócio-regionais. Quem tomou o poder foi – simplificando, é verdade – uma microelite, sulista e socialmente burocrática, em aliança com militares de várias etnicidades (em particular, mas não só, maconde) de origem frequentemente camponesa, mas socializados desde a juventude dentro do aparelho da Frelimo. Esta elite era social e demograficamente muito fraca, com grande dificuldade em impor o seu poder e controlar o país, mas era dotada de forte vontade política e era o único sector social capaz disso. A Frelimo, na prática, já não era frente desde 1969. A viragem dita «marxista-leninista» foi a expressão do esforço tremendo para «apanhar» e controlar o aparelho de Estado. Foi instrumental e não identitária como nos casos cubano e vietnamitas. É por isso que o «marxismo-leninismo» pôde ser abandonado sem problema algum e sem discussão, em junho de 1989, *antes* da queda da União Soviética.

Assim, além das suas definições (frente, partido de vanguarda, partido de massa) e das viragens, a Frelimo sempre se manteve como uma formação típica de uma pequena-burguesia político-burocrática, comparável a muitas outras formações africanas da altura e de hoje, até, de alinhamentos muito diferentes. Muito bem se pode comparar a Frelimo (e o MPLA de Angola), como o MPR de Mobutu (ex-Zaire) ou o MCP de Kamuzu Banda (Maláui)! São opostos por razões de contexto e de geopolítica, mas o funcionamento, a política concreta e as sociologias destes não são assim tão diferentes!

Como é que olha para os primeiros 15 anos (1975-1990) da independência de Moçambique? Podemos falar de revolução em Moçambique?

Pode haver muitos tipos de revolução... A libertação de Moçambique fez parte do fim das revoluções coloniais no Terceiro Mundo (talvez não seja por acaso que a independência tenha ocorrido em 1975, a mesma data em que os vietnamitas venceram o imperialismo americano). A queda do colonialismo no território é seguramente uma revolução – uma revolução democrática. Se, contudo, chegou a implantar uma democracia? Implantou a dita «democracia popular», isto é, a ditadura de um partido (e não do proletariado) em nome de uma classe operária tão sublimada que era quase inexistente. Mais concretamente, a Frelimo proibiu todas as formas de expressão popular que não fossem através dela própria ou das suas ditas «organizações democráticas de massa». Dissolveu os comités de trabalhadores nascidos em algumas empresas aquando da fuga dos donos portugueses, substituídas por comissões administrativas não eleitas, nomeadas pelo partido. Dissolveu todas as associações legais no tempo colonial (o Centro Associativo dos Negros, que os Portugueses tinham proibido em 1965 por colusão com a... Frelimo, mas que tinha reaberto em 1974, a Associação Africana, a Associação dos Naturais, os ex-sindicatos corporativos que, no entanto, tinham sido «desfascizados» no período de transição); dissolveu as «lutuosas» (associações populares de auxílio mútuo aquando do falecimento de uma pessoa para trazer o corpo de volta à terra dos antepassados, porque, por definição, eram associações por origem, portanto, étnicas); fechou a progressista Associação Académica e, obviamente, fechou as «casas» regionalistas portuguesas (Casa da Madeira, etc.). No campo, decidiu agir como se as chefaturas (chefes de terra e chefes religiosos) não mais existissem. Proibiu os partidos políticos, etc. A expressão do povo (ele próprio posto no singular quando havia vários povos em Moçambique) só poderia ser feita através do partido. A «democracia popular» não foi nada mais do que o tremendo esforço de enquadramento popular. O povo poderia discutir tais ou tais aspetos da personalidade de um candidato às eleições, mas a decisão seria sempre do partido e não se discutiria nunca a orientação. Quando a Zambézia elegeu, em 1977-78, nas primeiras eleições para as assembleias populares provinciais, chefes tradicionais, a Frelimo pura e simplesmente dissolveu o sufrágio e nunca mais houve este tipo de eleição. A mesma vontade de enquadramento foi, longe da mera agricultura, a justificação principal das aldeias comunais: enquadrar o campesinato e produzir o Estado no mato – foi o tempo do «é preciso organizar o povo», como se o povo não tivesse já as suas organizações tradicionais.

A Frelimo, de certa maneira, matou a revolução colonial no próprio dia da independência (e, mesmo, a partir de 7 de setembro de 1974, aquando do Acordo de Lusaka com os Portugueses). Termidor* começou logo nesse dia. Nunca houve revolução socialista em Moçambique, houve, isso sim, um regime intermediário, pois que não poderia durar, por não ser bom para o capitalismo nem rumar ao sistemático alargamento popular da democracia (que teria sido o rumo ao socialismo). Foi uma tentativa de burocratização geral da sociedade para assegurar o poder, o *habitus* e a ideologia dessa microelite que, no entanto, *não era uma burguesia*. Depois, com a pequena acumulação de capitais que, apesar e por causa da guerra civil, se foi alargando, a Frelimo começou a sua viragem neoliberal (a partir de 1983, depois, 1984, com os Acordos de Nkomati de que não se deve esquecer os aspetos económicos[8], com a adesão ao Banco Mundial, ao Fundo monetário internacional, à Convenção de Lomé – tudo isso, no tempo de Samora Machel, é bom não esquecer!). A viragem tornou-se aberta a partir de 1987. A ideia era a produção de uma «burguesia nacional» que seria um factor de desenvolvimento. Mais um eurocentrismo! Como se,

8 «Notes pour une lecture économique de l'accord de Nkomati», *Estudos de Economia*, VI (3), pp.421-449, Instituto Superior de Economia, Lisboa 1986.

* Termidor era, na revolução francesa de 1789-93, o mês que ia de 19-20 de Julho a 17-18 de Agosto. Foi o mês (em 1794) que viu a queda dos dirigentes radicais Robespierre e Saint-Just e, depois, a revolução seguiu um rumo mais burguês, abrindo as portas a Bonaparte. Na história das revoluções, assim, «Termidor» tornou-se um conceito para descrever o período intermediário anunciando o seu fim, quando correntes mais moderadas e mais burguesas erguem de novo a cabeça.

em pleno fim do século xx globalizado, se pudesse fazer a mesma coisa que a Europa Ocidental fizera nos séculos xiv-xviii (a famosa acumulação primitiva de capital). A visão foi tão mais simplista (mas rentável para certas pessoas!) que nem se tratou de *favorecer um processo histórico* de emergência de uma burguesia produtiva a partir de sectores da sociedade (artesãos, pequenos comerciantes e camponeses médios, etc.); tratou-se de transformar directamente *a própria elite político-burocrática da Frelimo* nessa «burguesia nacional». O resultado foi o fortalecimento de uma elite rendeira que também não é propriamente uma burguesia. Explico-me: Pode-se odiar um capitalista – um burguês –, mas um capitalista eficaz é aquele que tem competência para organizar a extração da mais-valia dos seus proletários para entrar no ciclo da acumulação produtiva do capital e do reinvestimento. A elite rendeira «acumula» sem essa competência – uma parte sai logo para a Suíça ou para as Bermudas, com base no favoritismo estato-político, num *habitus* que até é, na realidade, alto banditismo. É certo que, na Europa, nos princípios da acumulação, também houve banditismo: mas o processo foi rumo à produção e ao comércio, permitindo que a burguesia nascente fortalecesse a sua autonomia para com o Estado. É o contrário do que aconteceu e acontece em Moçambique: a elite precisa contínua e decisivamente do domínio total do aparelho de Estado para a sua reprodução social. Com as novas riquezas descobertas no Cabo Delgado, este domínio total ainda é mais fulcral para a obtenção dos contratos e subcontratos. Há acumulação do capital, mas – nesse respeito, discordo com o meu amigo Carlos-Nuno Castel-Branco –, não é comparável à acumulação primitiva do capital tal como ocorreu outrora na Europa e na primeira expansão colonial escravocrata[9]. A acumulação moçambicana é rendeira, extravertida e não produtiva (com algumas excepções obviamente).

Assim, entre 1975-1990 e, depois, com o projecto (falhado) «nacional-burguês» de Armando Guebuza, não houve nem revolução socialista nem revolução burguesa. Moçambique manteve-se um Estado do capitalismo periférico. Obviamente, houve características locais que não se podem detalhar aqui, mas é preciso estar ciente delas para não deixar a impressão de simplificar tudo.

Como é que encara as elites da Frelimo, social e politicamente? Quem são e que valores defendem?

Penso que já respondi em grande parte a essa pergunta. No entanto, deve-se reparar numa coisa importante. Por razões históricas que têm que ver com

---

9 «O dever de pesquisar na periferia do mundo», in Sérgio Chichava (ed.), *Desafios para Moçambique 2019*, pp. 21-44, IESE, Maputo 2019, <https://hal.archives-ouvertes.fr/hal-02409921> e <https://www.academia.edu/41285604/>.

os profundos desequilíbrios regionais no país, a Frelimo foi a única corrente capaz de delinear o projeto nacional (se funciona ou não, é outra coisa) e de criar uma forte cultura política. A Renamo pode querer vencer a Frelimo, mas não foi capaz, até hoje, de produzir uma cultura nacional alternativa. Não propõe a mudança da capital para Quelimane (centro geográfico do país), uma proposta que, por si só, seria culturalmente revolucionária! Não propõe a alfabetização das crianças em línguas africanas para chegar a um verdadeiro e equilibrado bilinguismo; não propõe a co-oficialização local das línguas africanas no Estado (consoante esta medida, os funcionários do Estado deveriam todos saber falar e escrever o português e a principal língua africana do lugar, as actas das estruturas deveriam ser bilingues); não propõe um caminho-de-ferro Norte e Sul. Não propõe um desenho novo das províncias do país para que melhor correspondam às realidades socioculturais (nunca o objectivo seria de chegar a regiões etnicamente homogéneas, mas um Estado democrático tem de ter esse aspecto em vista: a estrutura territorial do Estado não pode fazer como se as nações africanas pré-coloniais no terreno não existissem!), etc. Dou esses exemplos porque são todos aplicáveis no quadro do capitalismo periférico; não se trata aqui de voltar à alternativa socialismo versus capitalismo.

Na realidade, a base social da Renamo é bem diferente da da Frelimo, mas a cultura política da Frelimo também domina a Renamo[10]. Isso é de admirar, porquanto a cultura política da Frelimo repele qualquer outra. Quando, nos seus textos de congressos, a Frelimo escreve que «a oposição põe em perigo a unidade nacional», não significa isso que a oposição não faz parte da «nação»? Se a Renamo ganhar as eleições, será que não haverá unidade nacional? Será que a unidade nacional é a unidade no partido dominante?[11] Isso é uma cultura nacional/nacionista fortemente enraizada na cultura política da Frelimo, que favorece a cultura da impunidade: *os do cartão vermelho é que são a Nação* e não têm de se responsabilizar frente ao povo, só frente ao partido. Diz-se que «o governo é filho do partido», quando deveria ser filho de eleições justas.

10 «Entrons dans la nation. Notes pour une étude du discours politique de la marginalité. Le cas de la Renamo du Mozambique», *Politique africaine*, n.º 67, pp. 77-88, outubro de 1997, <http://www.politique-africaine.com/numeros/pdf/067070.pdf>; «Mozambique: une impossible alternative dans la culture politique?», in António Romão, Joaquim Ramos Silva e Manuel Ennes Ferreira, *Homenagem ao Professor Adelino Torres*, pp. 601-649, Almedina, Lisboa/Coimbra 2010; *The Enemy as Model. Patronage as a Crisis Factor in Constructing Opposition in Mozambique*, 14 pp. Oxford-Sciences Po Research Group, Oxford dezembro de 2011, <http://www.politics.ox.ac.uk/materials/centres/oxpo/working-papers/wp_10-11/OXPO_10-11f_Cahen.pdf> e <https://www.academia.edu/22143288/>; «Pontos comuns e heterogeneidade das culturas políticas nos PALOP – Um ponto de vista «pós-póscolonial»», dossiê «Estudos africanos no Brasil. Um diálogo entre história e antropologia» (ed. Héctor Guerra Hernandez), *História: Questões & Debates*, LXII (1), pp. 19-47, Curitiba PR 2015, <https://halshs.archives-ouvertes.fr/halshs-02469724>.

11 «Mozambique: une impossible alternative dans la culture politique?», *op. cit.*

Trabalhou bastante sobre a questão da guerra civil em Moçambique.
Pode explicar o que pode ter contribuído para que a guerra durasse
tanto tempo em Moçambique?

Já vejo que qualificou a «Guerra de 16 anos» (na realidade, 17, porque começou logo em 1976, na Zambézia, antes de a Renamo nascer) de guerra civil. Foi uma guerra civil no contexto da Guerra Fria, mas não foi uma mera «sub-guerra» *(proxy war)* da Guerra Fria. Não foi uma insurreição popular: se a Rodésia não tivesse organizado os primeiros grupos da Renamo, o descontentamento camponês ter-se-ia, provavelmente, exprimido de outra maneira. Poderia haver pequenos focos de guerrilha aberta, como no oeste zambeziano com o Partido Revolucionário de Moçambique (PRM), em 1976-1982, mas não uma guerra civil generalizada. Mas, uma vez introduzida no interior do país essa estrutura de guerrilha, houve sectores de população que acreditaram poder apoiar-se nela para se proteger do Estado agressor. Aí a guerra tornou-se civil.

De uma certa maneira, o apoio do *apartheid* à Renamo prolongou a legitimidade da Frelimo: favoreceu a visão de que a Renamo não era mais do que o braço armado do apartheid e que, pois, se deveria apoiar o governo da Frelimo. Toda gente apoiou esse governo – a URSS, a China e Cuba, obviamente, mas também todos os países ocidentais, incluindo os Estados Unidos (o famoso relatório Gersony exprimiu espetacularmente o apoio do State Department à Frelimo): não era uma guerra Este-Oeste. O aspecto internacional dessa guerra foi regional, não intercontinental (ao contrário do caso de Angola com a entrada dos soldados cubanos para repelir a invasão sul-africana).

Paradoxalmente, a atitude da África do Sul ajudou o governo da Frelimo no palco internacional. O problema principal não era, vimos isso, socialismo versus capitalismo; era a necessidade de a Frelimo aceitar que não era a totalidade do povo e da «nação». Por isso, as primeiras tentativas de negociação com a Renamo foram sempre integracionistas, não de reconhecimento – e fracassaram. É de lembrar a famosa frase de Joaquim Chissano: «Não tenho problema em aceitar ministros da Renamo no meu governo a partir do momento que adiram à Frelimo». Isso demorou, pois, anos. Mas é de assinalar que ainda assim, a guerra em Moçambique durou menos dez anos do que a de Angola, que durou até 2002, longe depois da queda da União Soviética (o exemplo angolano ajuda a comprovar que essas guerras civis não foram sub-guerras da Guerra Fria, mas guerras civis oriundas de fatores históricos internos – o factor regional (o apartheid) sendo obviamente uma circunstância agravante).

*Em 1989, no V congresso, a Frelimo abandona oficialmente
o marxismo-leninismo como ideologia oficial do partido
e do Estado. Em 1990, iniciam as reformas liberalizantes com uma
nova constituição. Passados 30 anos desse período, como é que encara
Moçambique? Terá a cultura política realmente mudado?*

Nos fundamentos, a Frelimo não mudou de cultura política. A Frelimo é a
nação, e tudo o resto são concessões ao contexto. O partido único tornou-se
dominante, e as eleições não servem para a alternância, mas para a manutenção do poder. O paternalismo autoritário nunca desapareceu, mas combina-
se eficazmente com o neopatrimonialismo (uso dos bens públicos para fins
privados ou de colectividades privadas como é o partido).

*As reformas de 1990-1992 (acordo de paz) não foram só políticas;
foram igualmente económicas. Como é que vê a implantação
do capitalismo em Moçambique?*

A maneira como fez a pergunta («as reformas de 1990-92») deixa entender
que o capitalismo veio (ou, pelo menos, voltou) para Moçambique nessa altura. Mas o capitalismo não foi implantado em Moçambique em 1990-92!
Foi um processo que conheceu momentos cruciais nos anos 1930-1940 com
o alargamento considerável do trabalho forçado, enfraquecendo o modo de
produção doméstico dos indígenas em proveito das companhias coloniais. O
trabalho forçado não é bem o modo de produção capitalista, porque nem precisa da proletarização – nem a provoca –, mas foi uma forma de capitalismo
periférico, na altura, totalmente integrada no sistema-mundo capitalista. O
que, depois da fase intermediária de 1983-1987, veio pela primeira vez, em
1990-92, foi a forma neoliberal do capitalismo, de que já falámos.

É bom repensar a dita ligação entre viragem capitalista (neoliberal) e democracia pluralista. Essa ligação, a meu ver, é muito indireta e nada mecânica.
Não é porque a Frelimo se tornou capitalista que adoptou um regime de conveniência pluralista. Já houve, no mundo, muitos governos completamente
neoliberais em matéria económica que não foram nada pluralistas, a começar
pela abominável ditadura de Augusto Pinochet no Chile, a partir do golpe de
Estado de 1973. E a Frelimo adoptou o capitalismo a partir de 1983-87, muito
antes de sequer imaginar que poderia deixar de ser um partido único. Aliás,
quando, no quinto congresso de junho de 1989, o «marxismo-leninismo» é
abandonado sem debate nem discussão, nunca se propõe a passagem para um
regime pluralista. A ideia seria, provavelmente, ter um regime do tipo Nyerere
na Tanzânia, mas as negociações em curso com a Renamo obrigaram a considerar essa hipótese: uma vez que a Renamo nunca poderia ser meramente

integrada, a única solução era o pluralismo. Joaquim Chissano enquadrou essa viragem numa «consulta popular» tão bem controlada pela Frelimo (e seus escalões intermediários e locais) que o resultado foi hostil ao pluralismo! O que não impediu a cúpula de anunciar, em Novembro de 1989, uma nova constituição, pluralista, a entrar em vigor em Janeiro de 1990.

Globalmente, isso tem que ver com o capitalismo, mas, ao nível do sistema-mundo, prende-se com a terceira onda de democratizações. Localmente, não é porque escolheu o capitalismo que a Frelimo adoptou o pluralismo. Também é de assinalar que o pluralismo formal não é suficiente para implementar uma democracia pluralista. Mas, mesmo o pluralismo formal não é de menosprezar, porque, pelo menos, permitiu uma liberdade de imprensa e associativa que Moçambique nunca conhecera antes.

Qual é a sua reflexão sobre o modelo de desenvolvimento que Moçambique está a seguir? Tendo em conta a situação social e política de Moçambique, julga que este é o modelo adaptado?

Que modelo de desenvolvimento?! Não há desenvolvimento algum em Moçambique! Pelo menos, se não confundirmos crescimento do PIB e desenvolvimento. Há um rumo de capitalismo neoliberal periférico, um capitalismo selvagem e rendeiro, que empurra a juventude do Norte do país para as simpatias ou malhas dos *jihadistas*!

A Frelimo partido único, pelo menos, tinha uma orientação desenvolvimentista: tratava-se de extrair valor do campesinato para transferi-lo para a industrialização. Não funcionou nem poderia funcionar, porque era consubstancial a uma opressão da população, mas era uma política desenvolvimentista. A política económica actual é uma gestão de curto prazo para assegurar, em contextos incertos, a acumulação rendeira de capital.

Qual deveria ser, na sua opinião, o papel do Estado numa sociedade como Moçambique?

Este papel deveria ser o de representar a heterogeneidade (e a componente esmagadoramente maioritária, que é o campesinato pobre) da população moçambicana. Deveria ser um Estado de contracto social (para não dizer socialista ou eco-socialista) que agruparia os povos e as pessoas em torno de um projeto de melhoria social e de partilha equilibrada das riquezas. Tudo o contrário da situação actual...

Sabemos que os diferentes acordos de paz em Moçambique têm sido um fracasso. Como é que explica esses fracassos e os sucessivos confrontos militares? Terá a Frelimo vontade de reformar o país permitindo uma verdadeira partilha do poder?

A Frelimo nunca quis e não quer a partilha do poder, seja política ou economicamente, nacional ou localmente. A Frelimo é a nação! No entanto, isso não impede acordos de paz, na medida em que a Renamo não é um perigo imediato e mortal para o poder da Frelimo. O que aconteceu recentemente (eleições gerais de 15 de Outubro de 2019) é interessante. Com efeito, é muito provável que a cúpula da Frelimo concordasse em ser vencida em três, quatro ou cinco regiões para «dar de comer» à Renamo e estabilizar o acordo de paz através da descentralização. Mas a fraude funcionou bem demais, e o partido dominante venceu em toda a parte: é que, localmente, os frelimistas da Zambézia, de Nampula, de Tete, etc., não tencionavam nada serem «vencidos». A Frelimo não é só a direção nacional: é um corpo social de dezenas de milhares de pessoas plenamente conscientes de que vivem do partido e que, ao contrário da elite do seu próprio partido, não têm meios para partilhar sequer as migalhas.

Como é que a Frelimo olha para si própria enquanto partido dirigente e como vê a oposição, e muito em particular, a Renamo?

Como já disse, *a Frelimo é a nação*, esse é meu olhar. Como dizia Alberto Chipande: «Nós é que criamos este país, e daqui ninguém nos tira!»

A Frelimo tem discursado longamente sobre a Unidade Nacional. Que percepção tem desse discurso?

A Frelimo construiu um modelo em que a «unidade nacional» é a unidade que gira em torno dela própria. Fica a imagem da nação homogénea que só pode ser representada por um único partido, mesmo que este já não seja partido único.

Fale-nos um pouco da visão que tem da Renamo.

Em última análise, a Renamo foi criada pela Frelimo! Poderia ter sido um pouco diferente se o PRM (Partido Revolucionário de Moçambique) se tivesse desenvolvido mais partir da Zambézia. Mas, num contexto geopolítico desfavorável em que Moçambique tinha nas suas fronteiras a Rodésia e a África do Sul do apartheid, seria inevitável que o grande descontentamento popular provocado pelo paradigma de modernização autoritária fosse instrumentalizado pelos regimes brancos. Isso não significa, de modo algum, que a Renamo fosse um fantoche, mas que esse apoio inicial foi importante. Paradoxalmente, a independência do Zimbabué fortaleceu a Renamo, obrigando-a a penetrar cada vez mais no interior de Moçambique. O mesmo sucedeu com o Acordo de Nkomati, em que a Renamo teve de deixar a base de Phalaborwa para viver principalmente da sua ligação com a população moçambicana, recusando todas as ofertas de amnistia ou de ficar na África do Sul desmilitarizada. De certa forma, a partir de 1982-83, quando a guerra se estendeu a todo o país, a Renamo exprimiu uma profunda crise da sociedade moçambicana provocada pelo paradigma de modernização autoritária (chamado «transição socialista»). A Renamo conseguiu uma base social e sempre se recusou a deixar o combate sem acordo político. Escrevi bastante sobre isso[12] e vou resumir muito.

A Renamo, na altura, não era um movimento nascido político, como a Frelimo, em 1962. Era um grupo militar. Mas isso não impede que se diga que tinha valores políticos logo no início, sobretudo negativamente («abaixo o comunismo!», etc.). Mas, quando a Renamo estreitou a sua ligação com a população, a componente civil e política fortaleceu-se (digamos, a partir de 1986). É essa componente civil que vai formar 90 % do partido em 1992-93, mesmo que os militares permanecessem no poder e se a mentalidade da Renamo permanecesse militarista (na Renamo não se discute, obedece-se)[13].

O que é interessante é que houve uma fantástica inversão: a Frelimo que dizia ser o partido da aliança operária-camponesa tornou-se o partido natural das mais altas elites rendeiras do país, integradas de maneira subalterna no capitalismo mundial. E a Renamo que se dizia pró-capitalista (porque via a Frelimo como comunista, coisa que nunca foi) tornou-se um partido com o essencial da sua base social composto por sectores marginalizados e muito pobres da sociedade moçambicana, que se podem analisar como uma plebe. A Renamo é, pois, um partido «plebeiano»[14].

A partir de 2013, no entanto, a situação começou a mudar. Isto é: a base social natural da Frelimo, nas cidades, em particular (mas não só) no Sul, começou a votar na oposição. Para a geração que conhecera a guerra civil, era inconcebível votar na Renamo, mas podia votar no MDM (Movimento Democrático de Moçambique) tanto mais que a Renamo boicotava as eleições autárquicas de 2013. É bom lembrar de que, se não houvesse uma proposital avaria de eletricidade em Maputo no preciso momento da contagem dos votos, o candidato do MDM, Venâncio Mondlane, teria ganhado as eleições

12 Sobre a Renamo dos anos 1980, ver meu recente livro, *«Não somos bandidos.» A vida diária de uma guerrilha de direita: a Renamo na época do Acordo de Nkomati (1983-1985)*, Imprensa de Ciências Sociais, Lisboa 2019, apresentação (capa, índice e introdução): <https://halshs.archives-ouvertes.fr/halshs-02473534> e <https://www.academia.edu/41840200/>.

13 Sobre a civilização (no sentido literal: tornar-se civil) da Renamo, ver meu livro, *Os outros. Um historiador em Moçambique*, 1994, P. Schlettwein Publishing Foundation, Basileia (Suíça) 2003 [versão francesa original: *Les Bandits. Un historien au Mozambique*, 1994, Publications du Centre culturel Calouste Gulbenkian, Paris 2002].

14 «De la guerre civile à la plèbe: la Renamo du Mozambique. Trajectoire singulière ou signal d'évolution continentale?», in Yann Guillaud & Frédéric Létang, *Du social hors la loi. L'anthropologie analytique de Christian Geffray*, pp. 73-88, IRD Éditions, Marselha 2009, <https://www.academia.edu/34656212/>.

na capital. Mas o que já estava acontecendo é que essa geração da guerra civil deixava, aos poucos, o lugar à geração mais jovem para a qual a guerra civil já não é um factor político estruturante. Fiquei muito admirado ao ver, em 2014, a Renamo recolher mais ou menos um quarto dos votos em Maputo! Senti que isso era um sinal de longo alcance. A base social histórica da Frelimo já poderia votar na Renamo, quando as cidades de Nampula, Quelimane, Angoche, Beira, votavam de qualquer maneira na oposição.

Isto é, a velha oposição entre uma Frelimo sulista e urbana e uma Renamo centro-nortenha e camponesa (de qualquer maneira simples demais) tende a desaparecer. A Renamo é cada vez mais urbana e sulista. Vamos ver se a Frelimo, com o desdobramento mais alargado do neopatrimonialismo (por exemplo, o programa Sustenta, de Filipe Nyusi, que sucedeu aos famigerados «sete milhões» de Armando Guebuza) vai recuperar um pouco nas matas do centro e norte do país. Mas não há dúvida alguma: o futuro da Renamo está nas cidades.

Há um obstáculo nisso: é que a Renamo, partido político, fica politicamente fraca. Como já vimos, a sua cultura política não rompeu com a da Frelimo: mais do que uma alternativa, propõe uma alternância. A mentalidade militarista continua muito forte e contradiz o ideal oficial de democracia. Não há uma visão estratégica para o futuro. A Renamo quer sobreviver, é por isso que Ossufo Momade aceitou o estatuto oficial e as vantagens financeiras de líder da oposição que Afonso Dhlakama recusara. É lógico. Deve acomodar-se para sobreviver. Mas isso, obviamente, não será suficiente para o futuro. O meu diagnóstico é que a oposição em Moçambique não tem muito futuro se não se unificar completamente e não der o poder à nova geração, podendo-se esperar com isso ideias novas[15].

Quanto à «insurreição islâmica» em Cabo Delgado, qual é a sua perceção desse conflito?

Não sendo especialista nessa matéria, aconselho a leitura dos estudos de Éric Morier-Genoud, Salvador Cadete Forquilha e Sérgio Chichava. Do que estou certo é que a visão «complotista» (maquinação do «estrangeiro» para impedir Moçambique de usufruir das suas novas riquezas) é um impasse. Na insurreição *jihadista* do Norte de Moçambique, há uma combinação de fatores: uma dissidência religiosa salafista a partir de 2007-2012; uma tensão cada vez maior contra o monopólio da elite local da Frelimo sobre as riquezas locais da província, que adquire contornos étnicos, porque essa elite é, nomeadamente, maconde quando essa etnicidade é minoritária na província;

---

15 Ver meu artigo «La Renamo à l'heure de sa sixième défaite aux élections générales (15 octobre 2019)», *Politique Africaine*, n° 160, dezembro de 2020, pp. 185-207.

o tráfico internacional de droga a partir do Paquistão, que põe em concorrência redes afectas à Frelimo com pescadores muanes; a caça furtiva dos elefantes e rinocerontes organizada por generais da Frelimo; a extrema violência na expulsão de garimpeiros por companhias legalizadas pelo Estado e que chegam de um dia para o outro, a proibir a exploração artesanal que se fazia há anos (o arquétipo é a Gemfields ligada ao general maconde R. Pachinuapa e ao capital britânico); a expulsão de camponeses das suas terras por plataformas petrolíferas ou prospeção mineira; e o financiamento das forças armadas do Estado pela empresa francesa Total, que se torna corresponsável pelos maus tratos infligidos às populações, etc. A ligação com o Daesh não existia, no início, e nem é hoje o facto mais importante a entender. Será que, amanhã, se tornará uma condicionante importante? Minha hipótese é que essa guerra vai ficar principalmente regional, mas pode durar anos e anos, no sonho de restabelecimento de um sultanato. A solução será social e política, e as intervenções militares exteriores só piorarão a situação.

Como é que olha para o campo político moçambicano?
Temos alguma esquerda ou alguma direita?

Por razões históricas que já estudei em artigos há anos[16], em Moçambique, ao contrário de outros países africanos, não há espaço sócio-regional para a existência de muitos partidos. O MDM criou, no momento dos seus primeiros sucessos, a esperança de que o bipartidarismo seria contestado seriamente. Razões conjunturais (o enfraquecimento da Renamo a partir de 2009, o boicote das autárquicas de 2013) deixaram essa impressão. Veja-se que, hoje, não é o caso. Mesmo com a derrota da Renamo, quem venceu as eleições foi o bipartidarismo – e isso vai durar, pois o campo político não só é reduzido, como também não é uma coisa de direita/esquerda.

Publiquei, alguns anos atrás, um artigo cujo título era "Em Moçambique, só há partidos de direita"[17]. A situação não mudou. A esquerda, em Moçambique, está nas mãos das ONG e não tem representação política directa. Será que dessas ONG poderia sair um partido político de esquerda? Moçambique precisava muito disso, mas não há atalhos possíveis. Por exemplo, a formação apressada da Nova Democracia, a partir da ONG Parlamento Juvenil, para as eleições de 2019, foi um fracasso político que enfraqueceu o próprio Parlamento Juvenil.

....

16 «Mozambique: histoire géopolitique d'un pays sans nation», *op. cit.*
17 «"Em Moçambique só há partidos de direita": uma entrevista com Michel Cahen, Realizada por Victor Miguel Castillo de Macedo e Joaquim Maloa», *Revista do Programa de Pós-Graduação em Sociologia da USP*, XX (1), pp. 155-174, Plural, São Paulo Agosto de 2013, <http://www.fflch.usp.br/ds/plural/edicoes/20_1/plural_v20n1_entrevista.pdf> [foi parcialmente republicado no *Savana* (Maputo), 7 de fevereiro de 2014, pp. 14-16].

É possível um partido de esquerda ter sucesso em Moçambique?

De qualquer maneira, um partido de esquerda, para existir, deverá conseguir produzir um pensamento alternativo no ideário nacional e aceitar ser um partido pequeno durante muitos anos (isso é um partido que não serve para fazer carreira!). Isso quer dizer que, mantendo a sua independência (como corrente separada ou formando uma tendência numa federação alargada), deverá conseguir ligar-se ao incipiente movimento social. O perigo é ficar um pequeno partido de intelectuais dos bairros de cimento das principais cidades. Fundar um tal partido, pois, não é nada fácil, mas não é impossível. Olhemos para o Bloco Democrático em Angola. Nunca teve grande sucesso eleitoral, mas consegue manter-se um partido honesto e corajoso, capaz de influenciar coligações (hoje integrou a coligação CASA).

Quarenta e cinco anos da independência de Moçambique: que balanço social e político faz de Moçambique? Que Futuro?

Moçambique faz parte do capitalismo periférico, e a situação é e ficará muito difícil. No entanto, todos sentimos que o sistema-mundo capitalista não pode continuar a funcionar eternamente da mesma maneira, com o planeta exausto. Social e ecologicamente, o mundo terá de mudar – e muito. Nesse novo contexto, os países do Sul terão de «dar a voz» para um mundo mais democrático, mais sustentável, mais igualitário. Marx dizia: «Socialismo ou barbárie.» Essa é a alternativa. As gerações mais novas terão de pensar no que poderá ser um eco-socialismo feminista do século xxi para o planeta inteiro. Será difícil e incerto, mas como professa o ditado: «O pior nunca é certo.»

Para terminar, fale-nos dos desafios da investigação em Ciências Sociais em Moçambique. Qual tem sido a sua experiência de trabalhar com estudantes moçambicanos na França?

Para os desafios da investigação em Ciências Sociais em Moçambique, permito-me remeter para a leitura do meu capítulo introdutivo na edição de 2019 do *Desafio para Moçambique*[18].

A propósito dos estudantes moçambicanos em França, em particular, em Bordéus, posso lembrar que, há aproximadamente 15 anos, o Instituto de Estudos Políticos (IEP) de Bordéus[19] começou a receber regularmente jovens vindos sobretudo da Universidade Eduardo Mondlane. Por razões que nunca entendi bem, os estudantes moçambicanos em Bordéus foram quase sempre excelentes ou, no mínimo, «muito bons». Foram muito melhores do que os

---

18 «O dever de pesquisar na periferia do mundo», *op. cit.*

19 Os IEP são, na tradição francesa «Grandes Écoles» (isto é, estabelecimentos universitários onde se entra através de um concurso muito selectivo, ao contrário da universidade em geral). Os principais IEP são os de Paris, Bordéus e Grenoble.

angolanos ou cabo-verdianos que tivemos. Obviamente, não devo generalizar, mas suponho que os angolanos com educação de qualidade venham da elite e prefiram ir para os Estados Unidos. Os cabo-verdianos vão muito para Portugal e, por razões bem diferentes (tradição migratória), também para os Estados Unidos (principalmente Massachusetts). Há, pelo menos, uma explicação para a qualidade dos moçambicanos: como vimos, a Frelimo, bem ou mal, teve uma orientação desenvolvimentista durante a sua «fase radical». A criação de uma universidade foi considerada uma prioridade nacional. Assim, a Universidade Eduardo Mondlane foi uma verdadeira universidade e não uma universidade para inglês ver (ou rir). No ramo das Ciências Sociais, que é o meu, houve a experiência da UFICS (Unidade de Formação e Investigação em ciências Sociais), que concentrou os escassos meios existentes na formação de poucos mas muito bons estudantes. Outro estabelecimento académico francês com tradição de acolhimento de estudantes moçambicanos de Ciências Sociais é a Universidade de Paris 8-Saint-Denis (principalmente para a Antropologia e a Sociologia). Há ainda outros jovens cientistas sociais moçambicanos em diversas universidades, como a de Marselha[20]. Penso que ainda usufruímos dessa história da Universidade Eduardo Mondlane, que é, pelo menos, uma característica positiva na história recente de Moçambique![21]

---

20 Para honrar a memória do antropólogo francês Christian Geffray, foi criado um prémio com o seu nome para recompensar a melhor dissertação de licenciatura em Ciências Sociais, que permita aos moçambicanos vir fazer um mestrado na França. Esse Prémio é gerido pela Associação Franco-Moçambicana de Ciências Sociais com a ajuda da embaixada de França (http://www.aframo.org/).

21 Quem estiver interessar em ler outros trabalhos meus poderá descarregar a lista completa da minha página <http://www.lam.sciencespobordeaux.fr/fr/users/michel-cahen>.

CAPÍTULO DOIS

Arquitectura, Estado e Política em Moçambique: Uma conversa com José Forjaz

Boaventura Monjane (entrevista) e Sérgio Raimundo (transcrição)

Nesta entrevista, o conceituado arquitecto moçambicano, José Forjaz, fala do estado da arquitectura em Moçambique, do papel e das (in)competências do Estado para fazer dessa disciplina (ensino e prática) um sector que responda às necessidade actuais do país. O arquitecto estende a análise e inclui o Estado da política Moçambicana, definindo a Educação como o sector prioritário para uma real transformação social. A entrevista foi realizada em Dezembro de 2018, em Lisboa, Portugal.

José Forjaz é um pilar principal da nossa arte e ciência de edificar. Como vê o Estado da Arquitectura em Moçambique?

A Arquitectura está numa fase em que tem de se descobrir a si própria; afirmando-se como uma actividade com características próprias. E isso não é fácil, dado o ambiente, as dimensões históricas e a estrutura dos edifícios em Moçambique.

Como arquitecto e ex-professor dessa disciplina, aquilo que me parece importante sublinhar é que os problemas da Arquitectura em Moçambique não são, de maneira nenhuma, diferentes dos mistérios da Arquitectura a nível mundial; os problemas são exactamente os mesmos, embora se possa considerar os problemas climáticos, tipográficos e culturais que podem ser diferentes, em função dos contextos específicos.

Há a noção de que a Arquitectura de um país – sobretudo, de um país heterogéneo em termos culturais, como Moçambique – é complexa. Num país que foi definido à força por agentes exteriores ao próprio País, cujo território engloba tantas nações diferentes – macuas, macondes, ajauas e todas outras nações que são verdadeiras nações –, pretender que se crie, se desenvolva e se construa uma Arquitectura que represente e exprima Moçambique nos seus aspectos formais unívocos, quanto a mim, é um erro básico e um erro cultural. Independentemente disso, que está ligado à tradição, acontece que a arquitectura tradicional de Moçambique, a cultura endógena moçambicana, é uma tradição que não tem potencialidades para se transformar numa arquitectura do século xxi; trata-se de uma arquitectura efémera, que foi construída para

Mario Macilau

servir uma sociedade. Fazer uma casa e organizar o espaço é uma actividade integrada na vida social, sobretudo nas zonas rurais, onde a construção é tão natural como a comida, a caça, etc. Transformar essa arquitectura numa arquitectura urbana é, quanto a mim, um erro conceptual. Independemente disso, no que se refere à própria arquitectura urbana, de origem colonial, em Moçambique, só na margem litoral do país é que havia centros urbanos pré-coloniais expressivos – e, mesmo assim, influenciados por expressões externas, como a cultura arabo-suaíli. Temos exemplos como o do Zimbabué, que tinha construções duradouras. Transformar isso como base sólida de arquitectura em Moçambique, no século xxi, não me parece que seja adequado. E não é adequado, tanto em termos de especulação intelectual, como em termos objectivos, sociais, técnicos e ambientais.

É essa arquitectura que acho que temos de procurar mais intensamente – uma arquitectura que responda simultaneamente às necessidades de uma sociedade que tem de se transitar para um eixo mais democrático, institucionalizado e organizado, cada vez mais respeitador de princípios que nos parecem a todos mais válidos, etc... e tudo isso terá de se reflectir numa arquitectura mais adequada do que a que estamos a fazer, pois ainda vamos a reboque de uma arquitectura colonial em muitos aspectos negativos. Não se dá o caso de não haver alguns pontos positivos, mas muitos dos aspectos de carácter negativo dizem respeito à mobilliária, ao privilégio do espaço urbano,

etc. Temos de nos habituar a pensar numa arquitectura que respeite o ambiente – uma arquitectura muito diferente da que estamos a fazer e em que a
distribuição social do espaço seja mais justa e as necessidades do respeito pelo
ambiente sejam cada vez maiores. Acho, portanto, que, independentemente
do que possamos estar a fazer a nível da educação e formação profissional,
ainda estamos a fazer muito pouco nesses aspectos, sobretudo na consciencialização do arquitecto para estas dimensões.

O que se pode fazer perante este cenário? Pode-se, aqui, falar da intervenção e competência do Estado?

Para isso, era preciso que o Estado tivesse competência para perceber as inter-
relações que há entre os aspectos sociais, económicos e tecnológicos, espaciais
e ambientais. Ainda não vejo essa competência a ser exercida. Há pouca trans-
versalidade entre as competências administrativas e as políticas que se estão
a subscrever no nosso país, e isso é grave. Acho, por exemplo, que ainda há
um respeito quase religioso pelas especializações nas universidades. Acho que
os cursos universitários deveriam ser mutuamente «inseminantes» e muito
mais capazes; poderíamos ter Sociologia na Arquitectura, Espaço Urbano na
Literatura, apesar de nada disso estar integrado. Por outro lado, por exemplo,
a quantidade de ministérios que temos corresponde claramente, queira ou
não, a uma polarização das competências administrativas, que é, para mim,
negativa. Isso faz com que haja muitos decisores, amiúde, sobre a mesma coisa. É um procedimento negativo. Há países muito maiores do que o nosso, em
termos de população, mas com dez a doze ministérios... isso é um problema de
maturidade do próprio Estado, que é, obviamente, muito jovem. A maturidade
da forma como nos governamos ainda tem de ser construída – temos de nos
esforçar por educar as pessoas. Não é com 60 % de analfabetos que vamos
conseguir institucionalizar uma administração pública totalmente eficiente.
Digo isso, porque a intervenção do Estado na organização do espaço social e de
construção da nação é realmente um tema fácil. Por exemplo, eu ando há 30
anos a falar, quando posso e quando sou ouvido, da necessidade de termos um
PASSARIO Nacional de Construção. E só recentemente o Ministério das Obras
Públicas colocou o problema como tal, e isso acarretaria despesas, perturbações e desperdícios económicos fenomenais do erário público, mas porquê?
Pois o Estado é muito jovem e ainda não trabalhou a história de transferência
de responsabilidades técnicas independentemente do poder político. Isso é
um gravíssimo problema que temos. Quando um dirigente ascende a um cargo político, muda toda a estrutura tecnológica do aparelho do Estado que é da
sua responsabilidade e inclui mão-de-obra sem qualquer experiência. É um

preço altíssimo a pagar, mas, enquanto houver a noção de que o poder político dá poder pessoal directamente, não iremos ter uma solução com facilidade.

A profissão de arquitecto colocou-o em contacto com diversos sectores nacionais. Existe(m) sector(es) prioritário(s) para uma transformação profunda à escala nacional?

Quanto a mim, fundamentalmente, é a Educação – sobretudo a educação dos educadores, porque transformar o currículo das escolas primárias, secundárias e das universidades, mas com professores que não sabem ensinar e não sabem o que devem saber para ensinar, não leva a lado nenhum. Mas também há necessidade de se criar organismos de formação de professores e, depois, dignificar a profissão com melhores salários, uma vez que, abaixo de um determinado salário, o professor acaba ensinando por obrigação e não por devoção. Se tivesse que priorizar, dava mais atenção a esse aspecto. Reduzir as universidades em duas ou três, visto que o país está a pagar esse preço, mas terá de pagar mais, objectivamente, deixando de ter a noção que pode ter uma população universitária acima de cem mil estudantes. Não pode pensar assim, porque isso é um engano total com consequências gravíssimas que se revelam na incompetência da administração pública e na incompetência das profissões técnicas, que são dois pilares fundamentais para o funcionamento mais fluido de qualquer país.

Recursos naturais: extractivismo ou economias alternativas?

Pessoalmente, vejo esse assunto com muito maus olhos. Nós não podemos, por um lado, quando nos convém, dizer que estamos preocupados com o ambiente e, por outro lado, destruir o próprio ambiente, extraindo mais hidrocarbonetos do fundo do mar e carvão do fundo da terra. Há uma incoerência básica a partir do momento em que decidimos que vamos contribuir para a conservação do meio ambiente, sem deixar de contribuir para a destruição do ambiente global. Nunca ouvi discutir-se este tema, seriamente, em Moçambique. Nem se põe como hipótese dizer que isso pode ser visto como um «crime». («Como podemos não fazer dinheiro com todo esse gás?», perguntarão alguns). Não podemos continuar a pensar em Moçambique como um país independente do mundo. Nós somos parte de um complexo que só sobreviverá se todos trabalharmos no sentido de reconhecermos os problemas ambientais mais fundamentais. O carvão é um deles, um problema espantosamente local, difícil de resolver, gerador de convulsões sociais, que são esquecidas por serem de povos rurais. Quanto ao gás e ao petróleo, ninguém discute – estão todos de acordo, creio que 99,9 % das pessoas em Moçambique – que é preciso tirar mais gás e vender aos americanos e aos italianos. (Vender, acho que não, pois nós ficamos com uma miséria do que eles tiram.) Eu sou contra isso e contra coisas como a barragem de M'panda Nkua, que vai fazer desmoronar a ecologia do rio Zambeze, com problemas do ponto de vista social e problemas gravíssimos do ponto de vista ambiental.

E queremos progresso... Como financiar o desenvolvimento do país?

Por norma, e antes de mais nada, esse dinheiro terá de vir essencialmente do trabalho de moçambicanos; portanto, é produzir mais na agricultura, o que ainda não se pensou em fazer a sério, e retirar mais partido da infraestrutura já existente – uma parte em desenvolvimento, outra a gerar perdas. Temos os exemplos dos aeroportos de Nacala e de Xai-Xai, que não fazem sentido de maneira nenhuma. São centenas de milhões de dólares deitados à rua, que vão parar aos bolsos dos senhores chineses, brasileiros, que constroem exigindo o triplo do valor real e nos comprometem para o resto da nossa vida em empréstimos impagáveis, que vamos liquidar por perda de cidadania. Eles imporão o que quiserem, ficarão com a nossa costa, com os nossos terrenos e com tudo, porque nós nos habituámos à ideia de que temos de buscar, sempre, ajuda no exterior, e não nos ajudamos a nós próprios o suficiente. (E isso é um círculo «viciado», porque vicioso não é e já não temos como sair dele – sobretudo quando ainda se continua a roubar a maior parte do que nos chega como empréstimo.)

Será que estamos num espaço social com uma total ausência de debate ideológico?

Acho que não é ausência de debate ideológico. Penso que, nas altas esferas de qualquer um dos partidos, não há realmente uma clareza ideológica que oriente as decisões políticas. Digo isso com radicalidade, pois, no partido, quem mais manda é quem menos está comprometido ideologicamente. Acredito que, com o andar da carruagem, as pessoas vão ficando mais velhas e morrendo (morte natural ou não), e alguma tendência inovadora poderá vir a acontecer mais cedo do que se pensa; mas repare que o neoliberalismo não é algo que engolimos porque queríamos, mas porque tínhamos de engolir – porque não há ninguém que não esteja a funcionar nesse sistema... Há casos aparatosos que querem fugir à regra (Venezuela, Cuba, etc.) e, mesmo assim, as regras do neoliberalismo são-lhes impostas da forma mais cruel e decisiva. Estamos às ordens dos americanos, chineses, russos, brasileiros, indianos e, até, sul-africanos. Por um lado, são ordens que devemos, cumprir, ou não ficaremos bem na fotografia; e, por outro, são ordens que beneficiam as camadas sociais importantes. Tudo isso deve ser visto com alguma franqueza e frontalidade. Não se roubam centenas de milhares de dólares sem se sofrer consequências; e, com esses valores, poder-se-ia construir muitas infraestruturas (se não tivessem sido roubados), distribuir muito dinheiro para os professores mal pagos e os polícias que têm de roubar, por não receberem o suficiente, etc.

E para as novas gerações, que esperança há?

Há toda aquela esperança que sempre sobrou na nova geração e na juventude; quanto a mim, qualquer juventude tem a possibilidade de ter 10 % de gente boa, gente bem-intencionada, gente que não perca o sonho, etc... Tenho esperança de que pessoas como o vosso grupo [Alternactiva], de interesse e que trabalham, consigam impor-se mais às manipulações político-pessoais dos que estão a dirigir o país.

E o que tem a dizer sobre a corrupção?

Acho que a corrupção é um elemento de desgaste, quer da boa vontade popular, que é fundamental para que o país avance, quer da objectiva capacidade de construção e de desenvolvimento de um Estado mais forte.

Posfácio:

Alguns desafios à leitura complexa do Moçambique contemporâneo

Maria Paula Meneses

Em pleno século XXI, o conjunto de trabalhos que integra este volume apresenta uma avaliação crítica das representações dominantes sobre Moçambique, um país que continua marcado por varias camadas de opressão. Por outro lado, coloca a urgência da necessária reapropriação das narrativas de resistência e luta a partir das experiências de moçambicanos e moçambicanas, com recurso a um feixe analítico interdisciplinar que incide sobre zonas menos explorados e/ou conhecidas do tempo presente que Moçambique atravessa. Quais as implicações das transformações políticas e epistemológicas que Moçambique conheceu sobretudo ao longo das últimas cinco décadas? Esta questão atravessa os capítulos que compõem este volume, intitulado *Aporias do Moçambique pós-colonial: Estado, Sociedade e Capital*. No seu conjunto, os capítulos avançam propostas de leitura da realidade moçambicana, a várias escalas e cruzando vários tempos, refletindo formas de ser e de saber, de lutar e (re)existir, parte de uma frente ampla de saberes e lutas que compõem o Sul global.

Encerrando este volume, este posfácio procura realizar um duplo exercício. Por um lado, aprofundar nalguns momentos a teorização sobre as condicionantes que continuam a marcar o presente de Moçambique, herança do projeto colonial-capitalista. Por outro lado, avançar com alguns desafios que se antecipa irem marcar o futuro do nosso país.

Como vários dos textos analisam de forma arguta, Moçambique é herdeiro de uma longa história de representações e construções seja sobre os seus habitantes, as suas estruturas económicas, expressões culturais ou opções políticas. Enquanto moçambicanos, somos herdeiros de um país que permanece cativo de um projeto nacional cuja construção se iniciou em finais do século XIX, com a moderna colonização. E o nosso presente, marcado por espessas tramas globais, espelho do cruzamento de culturas, continua permeado por antagonismos do passado. Na maioria dos casos, como vários artigos deste volume indicam, estes conflitos foram processados e transformados, mas mantêm-se. Isso sugere que muitas das categorias usadas devem ser vistas como propostas em desenvolvimento, respondendo tanto a eventos e processos no mundo, quanto a desafios, internos e externos, aos seus modos de compreender tais eventos e processos.

Traçar em linhas gerais o passado presente marcado por opressões e revoltas é um exercício que está além dos objetivos deste livro. Porém, à sua medida os autores – quase três dezenas – escalpelizam, de forma crítica, os processos sociais, ambientais e económicos que marcam a vida do país, identificam criticamente as barreiras que criam a um exercício mais pleno de cidadania, com mais justiça social. A caracterização do presente capitalista de Moçambique (capitalismo selvagem; capitalismo periférico; capitalismo neoliberal extrativista) requer uma sofisticação analítica mais profunda, quer permita refletir académica e politicamente, a partir de uma perspetiva critica, sobre os instrumentos analíticos de que dispomos para analisar quer Moçambique, quer a região da SADC, quer a ligação do país ao continente e ao resto do mundo, numa relação dialógica. Para lá da necessidade de um enquadramento em função das várias escalas temporais e territoriais que historicamente contribuíram para a constituição do mosaico cultural do Moçambique contemporâneo, esta questão passa pelo desenhar de abordagens e perspetivas analíticas que permitam representar o país dando conta das subtilezas que nos caracterizam no nosso tempo e sugerir soluções para uma transformação radical da nossa realidade. No início do século XX, W.E.B. Du Bois expôs a violenta segregação racial presente nos EUA, que exigia uma dupla consciência, característica fundacional da intima ligação entre capitalismo e colonialismo: "É um sentimento peculiar, esta dupla consciência, esta sensação de olhar sempre para cada um através dos olhos de outros, de medir cada alma com a régua de um mundo que o observa com divertido desprezo e piedade (Du Bois, 1903: 3). Esta argumentação é basilar para compreender como a exploração económica capitalista contemporânea não é compreensível sem a presença do outro como sub-humano, sem acesso a justiça social. Como destaca Carlos Castel-Branco, o capitalismo moçambicano tem a sua origem na relação colonial:

> O colonialismo [..] conduziu à expropriação maciça da terra e dos recursos a baixo custo; formou o semiproletariado rural dependente dos mercados de trabalho e de bens agrícolas; manteve-o ligado à terra como forma de garantir a sua disponibilidade, mesmo remunerado abaixo dos custos sociais de subsistência; criou e reproduziu um sistema de rentabilidade e acumulação baseado em mão-de-obra barata e expropriação, a baixo custo, da terra e dos recursos naturais; integrou a economia no sistema capitalista mundial e, de um modo mais geral, subordinou, formal e informalmente, a actividade económica e social aos ditames da acumulação capitalista (Castel-Branco, 2017: 259).

Como estrutura conceptual geradora de politicas de violência o colonial-ismo tem, necessariamente, várias leituras, dependendo das relações de poder que justificam esta intervenção (Meneses, 2018). Central à missão colonial é a conquista não apenas de bens e de terras, mas também das culturas e mentes dos seus habitantes (Kane, 1963). As práticas coloniais procuraram destruiu a própria compreensão do Eu, da história e da epistemologia dos coloniza-dos, ao impor conceitos e categorias exógenas que garantiam a representa-ção e direção geopolítica eurocêntrica sobre os 'novos' territórios e sujeitos colonizados (Mudimbe, 1988; Chakrabarty, 2000). A incapacidade de 'ler' o contexto moçambicano como parte de uma história do mundo, para além da macro-narrativa histórica que moldam o pensamento histórico eurocêntrico contemporâneo, é exemplo da latência de um pensamento abissal. Este pensa-mento opera através da criação de linha abissais, um sistema de distinções vi-síveis e invisíveis que dividem o mundo em dois, e onde 'o outro lado da linha', o espaço colonial, "desaparece como realidade, transforma-se em não-exis-tente e é, como já referido, ativamente produzido como não existente" (Santos, 2007: 45). Ao procurar interromper as prioridades culturais das sociedades submetidas, o colonialismo produziu (re)construções identitárias e politicas, alterando o curso das histórias dos povos colonizados (Meneses, 2012a).

O colonialismo é um paradigma, um conjunto de axiomas, conceitos e discursos através dos quais se procura representar o mundo através de uma dada perspetiva – no caso do colonialismo moderno através de uma perspetiva racional eurocêntrica -, que procura domesticar a diversidade do mundo em função dos seus referenciais científicos, que considera uma forma universal de conhecimento. Esta é uma das dimensões fundamentais do colonialismo que continua menos trabalhada – a incapacidade de ouvir e (re)conhecer o outro como sujeito, com experiências, com saberes, porque situado do outro lado da linha abissal.

No séc. XXI, o pensamento abissal persiste e onde corpos africanos e os saberes do Sul continuam a não ser reconhecidos como importantes pelo Norte global, identificados como de valor local ou residual (Santos e Meneses, 2020). O uso de noções como 'selvagem', 'periférico', etc. merecem uma lei-tura mais profunda para caracterizar a essência do capitalismo presente em Moçambique, analisando as classes/grupos sociais que marcam a paisagem política no país (Shivji, 2017). Por exemplo, a leitura detalhada da situação dos trabalhadores em Moçambique exige que a noção de classe seja usada não como um mero descritivo, mas a partir da estratificação gerada pela re-lação de exploração capitalista (Ali e Muianga, 2017). Um enfoque na 'classe dirigente' e na 'classe média urbana' moçambicanas como os principais atores políticos, gananciosos e corruptos, aliados 'subalternos do capitalismo internacional arrisca-se a insistir numa leitura da realidade moçambicana que nega qualquer oportunidade de pensar criativamente como modos de organização social podem libertar o país das crises que enfrenta (Mkandawire, 2001; Silva, 2003).

Um dos eixos estruturantes deste volume centra-se na análise da nação moçambicana. Apresentado como a 'gémea' do Estado, a noção moderna de nação exige uma leitura atenta. Como Homi Bhabha destaca (1990: 2), a identidade nacional é sempre híbrida, instável e ambivalente, negociando entre os interesses privados e o significado público atribuído a esses interesses. Essa ambivalência significa que a nação inevitavelmente exclui certos interesses, mesmo quando tenta incorporá-los. Neste volume, várias das análises críticas oferecem-nos pistas que nos ajudam a pensar possibilidades para alterar a conceptualização que estrutura a noção da nação moçambicana, um projeto político que tem conhecido múltiplas nuances. Desde logo a permanência de elementos coloniais incrustados na estrutura política moçambicana está patente no projeto do moderno estado-nação. Esta condicionante política e epistémica revela bem que o moderno colonialismo representou muito mais que a dominação económica e política por Portugal, potência colonizadora, à qual se juntaram vários projetos económicos e políticos que se desenvolveram no território. O projeto colonial produziu uma lógica bem estruturada para definir, analisar, imaginar, construir e regular a alteridade seja como espaço vazio de saberes, seja dotada de saberes com valor local, eventualmente para serem substituídos por normas e instituições consideradas mais avançadas. Estes não-lugares, vazios, resultam de um exercício político colonial de criação de não-seres, os sub-humanos, desprovidos de agencia politica (Césaire, 1955). No Moçambique contemporâneo esta filosofia política continua presente. Temos as autoridades estatais a nível local (administração), pilares do Estado moderno, sem se entender ainda a dimensão e a importância de outras instituições no exercício da administração e do exercício da justiça, como sendo o caso da 'autoridades tradicionais'.

Outra das características da modernidade eurocêntrica consiste na criação de uma hierarquia intelectual, onde as tradições culturais e intelectuais do Norte global são impostas como 'os' únicos referenciais universais legítimos, porque autodefinidas como superiores, como mais avançadas (Trouillot, 2002: 221-222). Muitas análises contemporâneas insistem em analisar a 'modernidade' como um projeto abstrato, imposto pelas metrópoles colonizadoras, sem atenderem às transformações e apropriações que esses projetos conheceram em contextos coloniais. A análise da realidade moçambicana sugere, pelas reflexões contidas neste volume, que a modernidade é materializada através dos significados, métodos, motivações e gestão das relações sociais que dão expressão ao choque do projeto moderno com outras realidades sociopolíticas. Há gerações que os/as moçambicanos/as vêm gerando a sua realidade social num diálogo intenso com as várias metamorfoses da modernidade, à medida que passam do contexto colonial para um mundo definido por si, a partir das sus práticas quotidianas (Macamo, 2010: 29). Através de analises focadas na conceptualização da 'mulher', 'jovem', como instâncias particulares de afirmar a 'nossa' modernidade em Moçambique, contribuindo para ultrapassar leituras ainda marcadas por vieses étnicos (ex. quando a etnicidade é tratada como o principal elemento de identificação social), marca de um referencial eurocêntrico, ainda presente em várias bibliotecas coloniais.

No caso moçambicano, este volume, de uma perspectiva de interseccionalidade, sugere que a compreensão dos conflitos políticos contemporâneos exige estudos cuidados que combinem as tensões geracionais, etnolinguísticas, de género, religiosas, de classe, etc., que caracterizam as relações de poder presentes. Como em vários outros países do mundo, em Moçambique os jovens lutam contra um sistema que consideram injusto, exigindo mudanças profundas nas condições de ativação da democracia, respondendo às urgências do país (Monjane, 2016). Comum a este grupo geracional, o uso das redes sociais, uma imagem que contesta representações 'tradicionalistas' que não espelham a sua pertença a um mundo global.

Estas são muitas das representações subjacentes à análise de Moçambique, presentes em vários momentos deste volume. Mais ainda, a crítica presente desvela a tentativa de continuidade de um 'direito' a apontar aos outros, percebidos como 'menos desenvolvidos' – neste caso aos/às africanos/as – a solução para o seu porvir. Esta posição faz parte de um sistema politico e epistemológico que continua a ser usado pelos governos dos países considerados mais desenvolvidos para reforçar as relações de submissão do Sul global, herdeiro do Terceiro Mundo, reafirmando as relações de dominação (Santos e Meneses, 2020: 16-19).

No campo político, apesar da atual Constituição de Moçambique reconhecer no seu artigo 4 a presença do pluralismo jurídico no país, é patente o empenho em secundarizar a efetividade de outras práticas normativas, apesar de inúmeros estudos apontarem a importância do pluralismo jurídico na abordagem da relação entre os sistemas cognitivos e os sistemas jurídicos. Estudos sobre as heranças coloniais apontam como a opressão e a exclusão são frequentemente legitimadas e aprofundadas pelo direito moderno, estruturante do moderno Estado-Nação (Meneses, 2012b). Este direito, que assegura a centralidade normativa do Estado moderno, cumpre uma função política, dividindo experiências, atores e conhecimentos entre o que é inteligível e considerado importante e o que é declarado ininteligível e inútil. Essa proposição – expressão do pensamento abissal – está na origem do dualismo jurídico, isto é, da ainda representação da 'coexistência' de dois sistemas jurídicos: o sistema de justiça moderno, pilar da administração estatal, e a justiça tradicional, tendencialmente local. Todavia, o que caracteriza Moçambique é, de facto, uma forte pluralidade jurídica. Este pluralismo traduz-se numa copresença de saberes e estruturas de resolução de conflitos, onde múltiplas autoridades sustentam a ordem social a partir de uma legalidade híbrida, integrando elementos oriundos de vários sistemas de justiça, que se estendem da esfera local, às esferas do direito nacional e supranacional. Embora se identifiquem múltiplas dificuldades de interação entre estes sistemas, as instâncias comunitárias de acesso à justiça funcionam como espaços de autodefinição, componente da autodeterminação, num processo de retomar o percurso interrompido pelas instituições e normatividades herdadas do período coloniais, num diálogo intercultural com estas. Este é um tema que continuar a marcar os debates sobre o Moçambique contemporâneo, num contexto eu requer estudos mais profundos sobre estas tranças de saberes. Estes entrançares de experiências e dos saberes que lhe estão associados revelam como a (re)formação cultural ocorre através de relações desiguais envolvendo vários grupos/comunidades. Estes encontros, que expressam compromissos diários além da diferença (Faier e Rofel, 2014), acontecem nas zonas de contacto entre realidades culturalmente distintas, e revelam as dinâmicas interculturais, interpolíticas e relacionais desses processos (Santos, 2018). Estes encontros expressam experiências políticas e posições históricas diferentes, mas que procuram gerar novos significantes sociojurídicos, e novas categorias e normatividades. Uma das formas de dar corpo às ligações empíricas entre as instâncias, saberes e atores locais é representá-los como uma rede de sistemas de justiça, que renegociam as normas e as suas relações em permanência. Para que haja nesta rede uma relação tendencialmente harmónica entre as instâncias, saberes e atores que intervêm na busca de soluções para um conflito, torna-se necessário definir a justiça não em termos de forma, mas de substância: ao revelar as normas usadas em cada comunidade, torna-se possível realizar um exercício de tradução intercultural entre sistemas (Griffiths, 2002).

Outro tema que exigirá, como este volume espelha, maior sensibilidade política é o tema da terra, um conceito com múltiplos sentidos semânticos. O estudo dos conflitos pelo acesso à terra constitui uma janela privilegiada para compreender a íntima relação existente entre o capital e a noção de propriedade. A propriedade da terra constitui uma parte central dos projetos coloniais, apoiando e naturalizando a ocupação e apropriação, ao mesmo tempo que se afirma a distinção entre sociedade e natureza. Como afirma Brenna Bhandar (2018: 3), "se a posse de terra era (e continua sendo) o objetivo final do poder colonial, então o direito de propriedade é o meio principal de realizar esse desejo". Outra razão para tal articulação estrutural reside no fato de que o trabalho social livre subjacente à dominação capitalista não se sustentar como um pilar das formações sociais modernas sem a co-presença de trabalho social desvalorizado e não remunerado. Esta forma de trabalho social é fornecida por seres humanos ontologicamente degradados, parte da zona do não-ser (Fanon, 1952). Neste contexto, a continuidade das relações coloniais está hoje presente na grilagem de terras, na expulsão maciça de comunidades camponesas em nome do desenvolvimento e megaprojetos, na não traducibilidade entre a noção de propriedade da terra e a noção mais ampla de ser-se parte de um sistema identitário que interliga o passado e o presente, o espaço e a comunidade. Vários dos textos que integram o volume sublinham como, no contexto moçambicano, a presença de 'outras normatividades' na regulação do acesso à terra e na luta pela soberania alimentar atuam como reivindicação de autodeterminação, sinalizando um processo de afirmação democrática intercultural, de superação do projeto de exclusões abissais herdeiras do passado colonial. Como noutros contextos do Sul global, as rápidas mudanças políticas, económicas e sociais não conseguem silenciar uma ecologia de saberes envolvidos na mediação de conflitos, onde reclamar a terra é reclamar território, identidade (Osório e Silva, 2017). As relações sociais envolvidas nestes conflitos questionam o papel central das soluções legais formais e enfatizam a necessidade de examinar os contextos históricos, políticos, institucionais e socioculturais presentes para entender melhor como um dado conflito pode ser gerido, o acesso à terra negociado e os benefícios distribuídos.

A leitura dos desafios contidos em vários dos textos que integram este volume sugere que os tempos atuais exigem uma renovada militância do propósito das lutas, das resistências, uma disposição para assumir riscos para a justiça e a necessidade urgente de redes ainda mais amplas e repletas de solidariedade humana. Audre Lorde sublinhava, há alguns anos, que não se poderia nunca considerar livre "enquanto houver uma mulher não-livre, mesmo que as suas grilhetas sejam diferentes das minhas" (2007: 132), antecipando a necessidade de uma tradução intercultural potenciando os saberes produzidos nessas lutas politicas e sociais, saberes que são contextuais. Pensar a partir do Sul global assenta no identificar e valorizar do que muitas vezes nem aparece como conhecimento à luz das epistemologias dominantes, o que emerge como parte das lutas da resistência contra a opressão e contra os conhecimentos que legitimam essa opressão. Como vários textos sustentam, não são conhecimentos teóricos, mas conhecimentos vividos, experimentados. Refletindo a este respeito, Boaventura de Sousa Santos propõe interpretar esta complexa realidade a partir da noção de Epistemologias do Sul, ou seja, através da ocupação do conceito de epistemologia para resinificá-lo como um instrumento para interromper a política dominante do conhecimento (2018).

Os desafios que se antecipam são múltiplos, e partem da necessidade de questionarmos que referencias são centrais para anteciparmos o nosso futuro e o das gerações que se seguem, aprofundando a descolonização das mentes e das instituições, condição para aprofundar a democratização no nosso país. Brevemente destacarei quatro desafios cujo tratamento analítico auxiliará a pensar a políticas nacionais e regionais, a partir das experiências e saberes existentes, contribuindo para um diálogo global racional e equitativa gestão social e de recursos que beneficie a humanidade.

1. *A necessidade de abrir a nossa História.* Uma das características centrais da permanência de um pensamento eurocêntrico é a memória curta das potências coloniais, expressa através da apropriação de saberes 'dos outros', agora apresentados como seus, assim como da violência e esmagamento da resistência. No seu conjunto, as intervenções associadas à intervenção colonial, incluindo os saberes herdeiros desta relação, defendem o sistema político em presença, o moderno Estado-Nação, concebido como meios necessários para alcançar incondicionalmente a paz e o progresso. Essa postura ideológica convida tanto a distorções fatais quanto a apagamentos gritantes. Em Moçambique, a nação permanece um objetivo por alcançar (Cahen, 2006). Abrir a história passa, como João Paulo Borges Coelho afirma (2015), por questionar a centralidade da narrativa da luta armada na edificação da história politica contemporânea. Abrir a história exige a abertura a debates que quer a autoritária narrativa da luta armada de libertação quer a narrativa da luta pela democracia formal inviabilizam. Longe de discursos celebratórios, esta abertura a investigações críticas da história de Moçambique envolve estudar e debater contributos vários ao projeto nacional, incluindo erros, mistificações e falhanços (Meneses, 2012b; Forquilha, 2014; Correia, 2015).

A instituicionalidade do Estado-nação moderno é pouco conhecida ainda da maioria dos cidadãos e deficiente no seu funcionamento (veja-se os problemas com a obtenção dos documentos de identificação). Mas menos conhecidas ainda são as instituições presentes (e ativas) com raízes em sistemas de governação pré-coloniais. Dada a relevância, no xadrez sociopolítico moçambicano, destas expressões de poder (de referência, inclusive ao funcionamento do nosso Estado), importa que sejam conhecidas a nível nacional. Dar a conhecer estas instituições e a sua forma particular de funcionar, acompanhadas de uma crítica construtiva do funcionamento das mesmas, permitirá, por um lado, que se ultrapassem ignorâncias consentidas sobre o funcionamento político do país e, por outro, compreender melhor as lutas, compromissos, e realizações, a partir da reivindicação do direito à autodefinição (o 'eu' ontológico) e à autodeterminação (o 'eu' político). Este desafio, se cumprido de forma construtiva permite refletir sobre a presença de sujeitos políticos detentores de 'outras' propostas politicas, que são parte constitutiva da governança, da cidadania moçambicana (Serra, 1998).

Em suma, abrir a história, como projeto político, impele-nos ao encontro de outras narrativas, no presente para justificar as opções do futuro, num jogo entre as raízes, as tradições e as opções de futuro, as utopias que nos guiam. Neste contexto, recuperar a o debate sobre a história é uma condição fundamental para lutar contra a injustiça cognitiva e para enriquecer os diálogos Norte-Sul, aprofundando as condições do diálogo democrático.

2. *Conhecer melhor para transformar.* O conhecimento contextual é importante recuperar o sentido de Sul global, um sentido politico herdeiro de Bandung – de revolta, resiliência -, que aposta numa ligação harmoniosa entre as raízes politicas africanas e as inovações (Devetak, Dunne e Nurhayati, 2016). A história de Bandung, e do Movimento dos Não alinhados a que deu origem, tem sido uma história das lutas políticas e sociais internas, em cada país em torno às estratégias alternativas para um desenvolvimento político, social e económico significativo, condição para transformar as realidades políticas extremamente desiguais presentes nos novos países independentes (Amin, 2017: 611). Neste sentido, a luta sobre o que significa ser moderno, quem pode reivindicá-lo, e com base em quê deve ser pesquisado criticamente e interrogado politicamente. Uma abordagem consistente permitirá uma compreensão de diferentes 'histórias do trabalho', tendo em mente que a história da produção capitalista integra "uma temporalidade complexa e diferencial, em que episódios ou eras foram descontínuos entre si e heterogéneos em si mesmo" (Anderson, 1984: 101).

Este desafio foi apresentado, no contexto moçambicano, no inicio da década de 1980 por Fernando Ganhão. Ganhão, o primeiro reitor da Universidade Eduardo Mondlane (UEM), ele próprio um cientista social, analisa nesse trabalho (Ganhão, 1983) os problemas e as prioridades na formação em ciências sociais em Moçambique, chamando a atenção para a necessidade de ensinar as pessoas a pensar o social, referindo que esta formação devia acontecer a vários níveis – fosse com os estudantes, os professores ou os estudantes trabalhadores e operários que frequentavam também a Universidade nessa altura.1 Outro aspecto que Ganhão destaca é o papel das ciências sociais em promover as capacidades de cada um, dotando-o das habilidades práticas para o mudar – ou seja, as ciências sociais no seu conjunto como um exercício de autorefelxividade transformadora e, assim mudar radicalmente o contexto, a sociedade.

Na mesma altura, um trabalho de Christian Geffray ressaltava a importância do apoio que o conhecimento desenvolvido na UEM dava ao discurso do poder e à credibilidade científica (Geffray, 1988: 85). Como Geffray sublinhou, os projetos de investigação cumpriam dois objetivos: ensinar os estudantes a praticar e a avaliar a investigação em que estavam envolvidos e produzir relatórios de investigação temáticos para informar debates sobre estratégias de transformação social. Este é um exemplo de produção de conhecimento comprometido com a transformação social, um conhecimento que assenta no reconhecer que Moçambique possui muitos saberes, e que esta diversidade, uma das suas riquezas, deve ser potenciada, condição para analisar e modificar e democratizar pluralmente o social, o humano, no seu sentido mais amplo e profundo, de forma relacional, a várias escalas (Ngoenha, 2009). Aprender a pensar pelas nossas cabeças tem de ser, num primeiro momento, um processo transformador, revolucionário, que reclama a nossa pertença e contribuição a um mundo mais amplo, contribuições a um saber universal que não é universalizável. Em segundo lugar, a recuperação de conhecimentos que não existem separados de outras práticas (não cognitivas) só pode ser alcançada por meio de metodologias não extrativistas tão difíceis de conceber quanto de realizar.

Recuperando saberes permite reparar o que Boaventura de Sousa Santos designa de injustiças cognitivas (Santos, 2018). Em linha com esta proposta Gurminda Bhambra defende que as injustiças coloniais-capitalistas que marcam

---

Referencia aos cursos de desenvolvimento e à atividade da FACOTRAV - Faculdade de Antigos Combatentes e Trabalhadores de Vanguarda (Henrique e Ussene, 1989; Geffray, 1988) que funcionaram na UEM.

as ciências sociais p odem ser ultrapassadas através de sociologias interligadas (Bhambra, 2014), com o objetivo de construir ecologias de saberes, ligando e traduzindo experiências que se realizam no quotidiano (Santos, 2007).

3. *Repensar a fratura natureza sociedade.* As alterações suscitadas pela relação colonial-capitalista transformaram a natureza, gerando novas paisagens, novas ecologias e novas relações entre o social e o natural. Em termos ambientais, o pensamento abissal afirma-se pela distinção entre a 'história científica' que caracteriza o Norte, assente na erudição, e as narrativas mitológicas sobre os territórios colonizados, habitados por selvagens que precisavam ser civilizados, retirados do estado de natureza (Kayira, 2015). Estes processos violentos de intervenção política e epistemológica, resultaram na suspensão do crescimento orgânico das instituições e dos saberes dos colonizados. Consequentemente, os movimentos que promovem as lutas ambientalistas, no Sul global, lutam também pelo reconhecer do seu saber e experiência e pela preservação dos seus territórios. A subjugação da pessoa africana pelas modernas potências colonizadoras, assentou numa da racionalidade marcadamente antropocêntrica. Desta posição epistémica, não só a sociedade e a natureza são concebidas como entidades separadas, como contestam radicalmente as cosmologias africanas, para quem a humanidade, a natureza e o mundo dos espíritos ancestrais formam uma unidade (Chibvongodze, 2016). Pelo antropocentrismo, ao afirmar-se a prioridade e centralidade do social na ordem do mundo, foi possível dominar a natureza (Steiner, 2005). Em paralelo, através da criação arbitraria da dicotomia sociedade-natureza, silenciaram-se e subalternizaram-se outros saberes, outras cosmologias

Como aprender do Sul numa perspectiva de preservação do mundo? Num contexto onde a luta pela vida, que contribuições podem ajudar a salvar a vida do nosso planeta? O ubuntu, enquanto proposta filosófica e ética, aponta algumas possibilidades. Central à perceção do ubuntu está a demanda por uma formação intersubjetiva criativa, onde a alteridade se torna um espelho (mas apenas um espelho) da minha subjetividade. Ou seja, uma pessoa existe através dos outros, pelo reconhecimento de 'si', parte de um meio social e natural mais amplo, na sua singularidade e diferença (Eze, 2010: 190-191). Assumindo o movimento e a relação de reciprocidade como a categoria ontológica e epistemológica fundamental, a existência é entendida como 'ser-sendo' (Museka e Madondo, 2012).

Por exemplo, para as comunidades rurais Tsonga, a terra é o espaço onde os espíritos, percebidos como 'forças tutelares' do grupo, se encontram, simbolizando a garantia de continuidade da vida e a reconexão entre o mundo presente e o dos antepassados, constituindo territórios com forte marca identitária. Nesta região, de entre os elementos simbólicos que estruturam esta relação estão as 'florestas proibidas' – 'mintimu' –, pousio dos espíritos, local de enterro e descanso dos antepassados. A invasão destes territórios sagrados é castigada pelos espíritos guardiões. A presença dos espíritos assegura uma interação íntima entre os humanos e o meio em que estão integrados, explicando as conceções de conservação e uso dos recursos disponíveis. A proposta filosófica do ubuntu reflete uma conceção de humanidade em que o humano por si só não existe; outrossim, é parte integrante de uma prática e saber que interrelaciona o ambiente, os humanos e os seus antepassados. Neste sentido, o ubuntu não deve ser entendido como uma componente de uma agenda política, mas sim o centro de uma ação politica democrática, onde o todo é maior do que a soma das partes. O compromisso com a conservação do ambiente e preservação da vida (natural e humana) está no cerne de vários dos sistemas de conhecimentos presentes no continente africano, sendo transmitidos regra geral de forma oral, seja através de histórias, de tabus, de provérbios, nomes de grupos, etc.

Esta proposta epistemológica imagina uma outra via de desenvolvimento que não a do crescimento económico à custa da natureza, das terras comunais e públicas, dos modos de vida que não estão alinhados com a sociedade de consumo 'para todos'. Esta proposta levam-me a perguntar até que ponto é possível dialogar interculturalmente entre o ubuntu, as ideias gandhianas de swadeshi e swaraj (auto-suficiência, autonomia, autodeterminação) e as conceções indígenas americanas de sumak kawsay (viver bem em harmonia com a mãe terra – veja-se Santos, 2018)? Aqui a ecologia de saberes a partir da tradução intercultural é um instrumento vital que, tendo como premissa o reconhecimento da diferença, promove consensos suficientemente sólidos para permitir a partilha de lutas, de reconhecimentos. Ampliar as possibilidades de traducibilidade é um desafio fundamental para ampliar a frente de luta pela vida no nosso planeta.

4. *A interculturalidade e o Estado-nação moderno*. Como dar sentido à tensão entre a natureza plurinacional das pessoas que habitam Moçambique e a aparente estrutura monocultural que caracteriza a governamentalidade moderna? Em termos teóricos, qualquer Estado tem jurisdição sobre sua população. A fim de administrar os seus habitantes, muitos antigos territórios coloniais, uma vez alcançada a independência, adotaram sistemas democráticos de representação e consulta, indicativos de transformações democráticas, sendo o campo da justiça particularmente importante. Tomando o

Estado-nação em Moçambique como estudo de caso, este tem inscrito no seu cerne a ideia do Estado como única fonte de direito legítimo (Meneses, 2012b). Aqui, o Estado de direito se refere a um Estado que, ao mesmo tempo, se subordina às suas próprias regras (legislação) e respeita certos direitos dos cidadãos, funcionando como poder soberano supremo, controlado e regulado pela estrutura jurídica. Idealmente, todos os cidadãos estão sujeitos à mesma lei, todos têm igual recurso a um tribunal e todos têm o direito de ser julgados de acordo com a lei. No entanto, no país, o Estado moderno opera replicando sobretudo princípios eurocêntricos herdados da tradição política liberal - direitos individuais, respeito da propriedade privada, adesão às regras do mercado, etc. No entanto, a pluralidade jurídica presente desafia esta representação estreita do sentido de justiça, pois existem, como já referido, vários sistemas de justiça operando através de outras fontes de direito, por vezes cooperando e articulando-se entre si, por vezes competindo (Meneses, 2012c). Ou seja, apesar da igualdade jurídica identificada na soberania moderna, as soberanias variam, seja devido à geopolítica (neo)colonial, seja devido à presença e conceções não estatistas de soberania (Bishara, 2017: 349). Os desafios atuais quanto à representação do Estado como a expressão moderna e racional de governança unitária é um claro sinal de como outros sistemas de justiça e outras autoridades, existindo num limbo, questionam a legitimidade do Estado moderno. Esta realidade expressa as lutas, onde outros saberes e experiências – que permanecem ausentes do Estado moderno – reclamam pelo seu reconhecimento, abrindo o Estado a uma descolonização mais profunda. Levar a sério esta questão passa pela análise de como os povos do Sul Global questionam, de várias perspetivas, o seu relacionamento com o Estado moderno. Este desafio mostra que é impossível usar conceitos contemporâneos como 'nação', 'estado', 'cidadão' ou 'povo' como possuindo um valor absoluto. O desafio centra-se, também, na produção de descrições densas que ilustrem como as pessoas são (des)integradas a várias escalas (ex. família, comunidade, humanidade) e, por outro lado, como esses níveis se articulam entre si. Esse conhecimento é fundamental para o aprimoramento de uma práxis crítica pós-abissal sobre o Estado e a soberania.

Em Moçambique, o problema da soberania nacional continua a ser um elemento constitutivo da luta pela descolonização ontológica e epistemológica, sinalizando o desafio a transformar as políticas 'outras' (incluindo as 'tradicionais') a partir delas mesmo. A referência ao país como estado multicultural, consubstanciada na atual Constituição (art. 4), sugere que uma correspondência homónima entre a nação e o Estado não é possível nem necessária. Isso não significa relegar o Estado a uma posição subordinada; os debates atuais acentuaram a centralidade do Estado como espaço político onde diversos agentes e instâncias de governança - com diferentes histórias e alternativas políticas - se engajam em debates construtivos. Ao libertar e repensar a agência política moçambicana de forma radical é possível abrir possibilidades emancipatórias, desestabilizando o projeto de soberania monocultural.

Os desafios contemporâneos para um mundo global não neoliberal sugerem a urgência de expandir outras formas de imaginar e organizar comunidades, economias e políticas. Como noutros contextos, a questão da soberania deve abordar a propriedade e a legitimidade. Para Osaghae, refletindo sobre a Nigéria, a forma mais realista de descolonizar o Estado-nação moderno, de forma sustentável, tem que acontecer através da auto-definição, apropriação, reestruturação e reconstituição. Esta abordagem permitirá aumentar as apostas de pertença para os oprimidos e marginalizados de uma forma activa e significativa, criando espaço para acomodar as reivindicações contestantes e para transformar os sujeitos em cidadãos plenos (Osaghae, 2014: 13), abrindo caminho para soberanias plurais.

Este são alguns dos desafios ao aprofundar do nosso conhecimento sobre Moçambique, identificando, com os e as moçambicanos e moçambicanas, soluções para os problemas que nos marcam na nossa caminhada pelo aprofundar do reconhecimento do ser-se. Como sublinha Achille Mbembe, todos c todas somos parte do mundo, um mundo feito de mil partes, de múltiplos saberes (Mbembe, 2017: 180). Contribuir para o interconhecimento é fundamental para democratizar a democracia.

Referencias

Ali, Rosimina; Muianga, Carlos (2017), "Integração da Força de Trabalho no Sistema de Acumulação de Capital em Moçambique", em Brito, Luís et al. (org.), *Desafios para Moçambique 2017*. Maputo: IESE, 185-201.

Amin, Samir (2017), "From Bandung (1955) to 2015: Old and New Challenges for the States, The Nations and The Peoples of Asia, Africa and Latin America", *Interventions*, 19 (5): 609-619.

Anderson, Perry (1984), "Modernity and Revolution", *New Left Review*, 44(1): 96-113.

Bhabha, Homi K. (1990), "Introduction: narrating the nation", in Bhabha, Homi K. (org.), *Nation and Narration*. New York: Routledge, 1-7.

Bhambra, Gurminder K. (2014), *Connected Sociologies*. London: Bloomsbury.

Bhandar, Brenna (2018), *Colonial Lives of Property: Law, Land, and Racial Regimes of Ownership*. Durham, NC: Duke University Press.

Bishara, Amahl (2017), "Sovereignty and Popular Sovereignty for Palestinians and beyond", *Cultural Anthropology*, 32 (3): 349-358.

Cahen, Michel (2006), "Lutte armée d'émancipation anti-coloniale ou mouvement de libération nationale? Processus historique et discours idéologique. Le cas des colonies portugaises, et du Mozambique en particulier", *Revue Historique*, CCCXV/1 (637): 113-138.

Castel-Branco, Carlos Nuno (2018), "Lógica Histórica do Modelo de Acumulação de Capital em Moçambique", em Brito, Luís et al. (org.), *Desafios para Moçambique 2017*. Maputo: IESE, 257-302.

Césaire, Aimé (1955), *Discours sur le Colonialisme*. Paris: Présence Africaine.

Chakrabarty, Dipesh (2000), *Provincializing Europe. Postcolonial Thought and Historical Difference*. Princeton: Princeton University Press.

Chibvongodze, Danford Tafadzwa (2016), "Ubuntu is Not Only about the Human! An Analysis of the Role of African Philosophy and Ethics in Environment Management", *Journal of Human Ecology*, 53 (2): 157-166.

Coelho, João Paulo Borges (2015), "Abrir a fábula: Questões da política do passado em Moçambique", *Revista Crítica de Ciências Sociais*, 106: 153-166.

Correia, Milton (2015), "A Formação Social do Estado-Nação e a Crítica Pós-Colonial: o surgimento da história crítica em Moçambique", *Outros Tempos*, 12 (19): 93-117.

Devetak, Richard; Dunne, Tim; Nurhayati, Ririn Tri (2016), "Bandung 60 years on: revolt and resilience in international society", *Australian Journal of International Affairs*, 70 (4): 358-373.

Du Bois, W. E. B. (1903), *The Souls of Black Folk*. New York: Dover Publications.

Eze, Michael Onyebuchi (2010). *Intellectual History in Contemporary South Africa*. New York: Palgrave Macmillan.

Fanon, Franz (1952), *Peau noire, masques blancs*. Paris: Seuil.

Faier, Lieba; Rofel, Lisa (2014), "Ethnographies of Encounter", *Annual Review of Anthropology*, 43: 363-377.

Forquilha, Salvador (2014), "Do Discurso da 'História de Sucesso' às Dinâmicas Políticas Internas: O desafio da transição política em Moçambique", em Brito, Luis et al. (org.), *Desafios para Moçambique 2014*. Maputo: IESE, 61-82.

Ganhão, Fernando (1983), "Problemas e Prioridades na Formação em Ciências Sociais", *Estudos Moçambicanos*, 4: 5-17.

Geffray, Christian (1988), "Fragments d'un discours du pouvoir (1975-1985): du bon usage d'une m'connaissance scientifique", *Politique Africaine*, 29: 71-86.

Griffiths, Anne (2002), "Legal Pluralism", em Banakar, Reza; Travers, Max (org.), *An Introduction to Law and Social Theory*. Oxford: Hart Publishing, 289-310.

Henrique, Arnaldo; Ussene, Naita (1989), "FACOTRAV: antigo combatente está ausente", *Revista Tempo*, edição de 20 de agosto de 1989, p. 6-7.

Kayira, Jean (2015), "(Re)creating Spaces for uMunthu: postcolonial theory and environmental education in southern Africa", *Environmental Education Research*, 21 (1): 106-128.

Lorde, Audre (2007), *Sister Outsider: Essays and speeches by Audre Lorde*. Berkeley: Crossing Press.

Macamo, Elisio (2010), "Making modernity accountable: A case study of youth in Mozambique", Cadernos de Estudos Africanos, 18/19: 20-46.

Mbembe, Achille (2017), *Critique of Black Reason* (trad. Laurent Dubois). Durham, NC: Duke University Press.

Meneses, Maria Paula (2009), "Justiça Cognitiva", em Cattani, António et al. (org.), *Dicionário Internacional da Outra Economia*. Coimbra: Almedina, 231-236.

Meneses, Maria Paula (2012a), "Images Outside the Mirror? Mozambique and Portugal in world history", *Human Architecture*, 10 (1): 121-136.

Meneses, Maria Paula (2012b), "Powers, Rights and Citizenship: the 'Return' of the Traditional Authorities in Mozambique", em Bennett, Tom et al (org.), *African Perspectives on Tradition and Justice*. Cambridge: Intersentia, 67-94.

Meneses, Maria Paula (2012c), "Cultural Diversity and the Law: Legal Pluralism in Mozambique", em Klute, Georg; Embaló, Brigitt (org.), *The Problem of Violence: local conflict settlement in contemporary Africa*. Köln: Rüdiger Köppe Verlag, 157-186.

Meneses, Maria Paula (2018), "Colonialismo como Violência: a "missão civilizadora" de Portugal em Moçambique", *Revista Crítica de Ciências Sociais*, special issue, 115–140. DOI: https://doi.org/10.4000/rccs.7741

Mkandawire, Thandika (2001), "Thinking about developmental states in Africa", *Cambridge Journal of Economics*, 25 (3): 289-313.

Monjane, Boaventura (2016), "Movimentos Sociais, Sociedade Civil e Espaço Público em Moçambique: uma análise crítica", *Cadernos CERU*, 27 (2): 144-155.

Mudimbe, Valentin Y. (1988), *The Invention of Africa. Gnosis, philosophy, and the order of knowledge*. Bloomington, IN: University of Indiana Press.

Museka, Godfrey; Madondo, Manasa Munashe (2012), "The Quest for a Relevant Environmental Pedagogy in the African Context: Insights from unhu/ubuntu philosophy", *Journal of Ecology and the Natural Environment*, 4 (10): 258-265.

Ngoenha, Severino (2009), *Machel: Ícone da 1ª República?* Maputo: Ndjira.

Osaghae, Eghosa (2014), "The Decolonisation Challenge and Matters Arising..." *The Thinker*, 60: 12-18.

Osório, Conceição; Silva, Teresa Cruz (2017), *Corporações Económicas e Expropriação: raparigas: Mulheres e Comunidades Reassentadas no Distrito de Moatize*. Maputo: WLSA Moçambique.

Santos, Boaventura de Sousa (2007), "Para além do Pensamento Abissal: das linhas globais a uma ecologia de saberes", *Revista Crítica de Ciências Sociais*, 78: 3-46.

Santos, Boaventura de Sousa (2018), *The End of The Cognitive Empire: The coming of age of Epistemolgies of the South*. Durham, NC: Duke University Press.

Santos, Boaventura de Sousa; Meneses, Maria Paula (2020), "Introducción, Las Epistemologias del Sur: dar voz a la diversidade", em Santos, Boaventura de Sousa; Meneses, Maria Paula (org.), *Conocimientos Nascidos en las Luchas: construyendo las Epistemologías del Sur*. Madrid: Akal, 9-47.

Serra, Carlos (org.) (1998), *Identidade, Moçambicanidade, Moçambicanização*. Maputo: Livraria Universitária.

Silva, Teresa Cruz (2003), "As Redes de Solidariedade como Intervenientes na Resolução de Litígios: o caso da Mafalala", em Santos, Boaventura de Sousa; Trindade, João Carlos (org.), *Conflito e Transformação Social: uma paisagem das justiças em Moçambique*. Porto: afrontamento, 427-450

Shivji, Isaa G. (2017), "The Concept of 'Working People'", *Agrarian South: Journal of Political Economy*, 6 (1): 1-13.

Steiner, Gary (2005), *Anthropocentrism and its Discontents: The moral status of animals in the history of Western Philosophy*. Pittsburgh: University of Pittsburgh Press.

Thiong'o, Ngugi wa (1993), *Decolonizing the Mind. The struggle for cultural freedoms*. London: James Currey.

Trouillot, Michel-Rolph (2002), "The Otherwise Modern. Caribbean Lessons from the Savage Slot", in Knauft, Bruce M. (org.), *Critically Modern: Alternatives, alterities, anthropologies*. Bloomington, IN: Indiana University Press, 220-237.

Nota sobre os e as autoras

Anabela Lemos é activista, membro fundador e directora do Conselho de Direcção da Justiça Ambiental, onde também coordena a campanha contra a barragem de Mphanda Nkuwa.

Boaventura Monjane doutorou-se em Pós-colonialismos e Cidadania Global na Faculdade de Economia/Centro de Estudos Sociais da Universidade de Coimbra, Portugal. É pesquisador de pós-doutoramento, hospedado pelo Institute for Poverty Land and Agrarian Studies (PLAAS, University of the Western Cape) e pelo Centro de Estudos Africanos (CEA, Universidade Eduardo Mondlane). É membro do Grupo de Pesquisa Internacional sobre Autoritarismo e Contra-Estratégias da Fundação Rosa Luxemburgo. Foi recentemente concedido a prestigiosa bolsa Open Society Fellowship para o ano de 2021. É membro fundador e Director do colectivo Alternactiva – Acção pela Emancipacão Social.

Daniel de L. Ribeiro tem licenciatura em biologia e mestrado em Ecologia. É membro fundador da JA! onde trabalhou como voluntário até 2007. Desempenha a função de Coordenador Técnico e de Pesquisa há 13 anos.

Edgar Bernardo é formado em sociologia pela Universidade Eduardo Mondlane, Mestre em saúde pública pela Universidade Federal do Ceará. É docente de saúde da comunidade na Faculdade de Ciências de Saúde da Universidade Lúrio. Actualmente coordena a Rede HOPEM na província de Nampula. É também representante da MenEngage Africa para a Juventude em Moçambique. É um dos membros fundadores do Observatório da Juventude (ODJ) e do Alternactiva – Acção pela Emancipacão Social. Tem como linhas de interesse Género, Masculinidades, Saúde, Direitos Sexuais e Reprodutivos.

Edgar Mundulai Armindo Barroso é PhD Candidate em relações internacionais pelo Institute of Social Sciences, Ankara Yıldırım Beyazıt University, na Turquia. Tem um mestrado em estudos africanos pela Universidade do Porto, Portugal. Para além de se dedicar a academia, é activista social. É membro fundador do Alternactiva – Acção pela Emancipacão Social.

Erika Mendes é activista e membro da organização Moçambicana Justiça Ambiental, onde actualmente coordena o projecto de impunidade corporativa e Direitos Humanos.

Halaze Manhice é bióloga marinha e docente na Universidade Eduardo Mondlane em Moçambique na Escola Superior de Ciências Marinhas e Costeiras. Halaze dedica-se a investigação sobre a gestão de recursos pesqueiros com foco nos ecossistemas marinhos e costeiros de Moçambique e da região do Oceano Indico a cerca de 9 anos. É PhD candidate em Alterações Climáticas e Políticas de Desenvolvimento Sustentável pelo Instituto Técnico da Universidade de Lisboa. Atualmente trabalha em politicas de pesca para WWF Moçambique.

Ivan Andrade é arquitecto. Foi campeão nacional de xadrez por seis vezes. Participa e orienta grupos humanistas há quase duas décadas, tendo em conjunto com outros jovens moçambicanos fundado o Parque de Estudos e Reflexão Marracuene, o primeiro em África.

José Pinto de Sá trabalhou como jornalista durante quatro décadas em vários títulos moçambicanos e estrangeiros, e foi correspondente do diário português Público. Traduziu extensamente de Inglês e Francês, sobretudo obras de história contemporânea. Como ficcionista, estreou-se com o volume de contos "Os Filhos de Mussa Mbiki", editado em simultâneo em Moçambique e Portugal, e tem trabalho publicado também no Brasil, França, Bélgica e Estados Unidos.

Kete Fumo é Mestre em Assentamentos Humanos e Meio Ambiente pela Pontifícia Universidade Católica de Chile, e funcionária da Justiça Ambiental desde 2018 no Programa de Extractivismo e Direitos Humanos.

Máriam Abbas é estudante de Doutoramento em Estudos de Desenvolvimento na Universidade de Lisboa. É investigadora assistente no Observatório do Meio Rural (OMR). As suas áreas de interesse incluem economia agrária, desenvolvimento agrário e rural, segurança alimentar, mudanças climáticas e políticas públicas.

Natacha Bruna é atualmente PhD candidate no International Institute of Social Studies (ISS) (Erasmus University Rotterdam) no grupo de pesquisa de Political Ecology. A sua pesquisa centra-se nas transformações agrárias decorrentes das intersecções da apropriação extrativista de recursos e das políticas de mitigação e adaptação às mudanças climáticas em Moçambique. É também investigadora em uma instituição de investigação independente em Moçambique, Observatório do Meio Rural, desde 2011. É membro fundador e está na direcção do colectivo Alternactiva.

Nélvia Sitoe, Licenciada em Relações Internacionais e Diplomacia pelo ISRI (Instituto Superior de Relações Internacionais); Mestre em Ciência Política, com especialização em Políticas de Desenvolvimento em África e nos países

NOTA SOBRE OS E AS AUTORAS

do Sul, pelo Sciences Po Bordeaux; Pós-graduada em Estudos de defesa e segurança pela Universidade de Bordeaux (faculdade de Gestão e Economia). Membro activa de diferentes organizações e plataformas que trabalham sobre género, violência contra mulheres, politicas publicas para a promoção dos direitos das mulheres Francesas e da diáspora africana. Trabalha sobre políticas públicas de saúde, de género, estudos de género e de desenvolvimento.

Régio Conrado é formado em Ciência Política, em Filosofia e em Jornalismo. Mestre em Ciência Política pelo Sciences po Bordeaux-França, doutorando em Ciência Política pelo Sciences Po Bordeaux (Universidade de Bordeaux). e docente de Estudos Políticos (Ciência Política) no Sciencespo Bordeaux (Universidade de Bordeaux – França). É igualmente docente Métodos e epistemologia em Ciências sociais no *Institut de Formation et d'Appui aux Initiatives de Développement* – França (Instituto de Formação e Apoio às Iniciativas de Desenvolvimento) Investigador no centro Estudos Africanos – As Áfricas no mundo (*Les Afriques dans le Monde* – França) e investigador associado no centro de Estudos Africanos da Universidade de Leiden. É membro fundador do Alternactiva – Acção pela Emancipação Social.

Áreas de Pesquisa: Reformas do Estado e da Administração Pública, construção e reconstrução de Estados pós-conflito, dinâmicas e etiologias da violência armada, relação entre políticas públicas e regimes políticos e cultura política, Participação politica e politicas publicas, metodologias e epistemologias das ciências sociais.

René Machoco é activista e engenheiro florestal, com mestrado em Maneio e Conservação da Biodiversidade. Trabalha na JA! desde 2012, na equipa de coordenação de projectos do Programa Terra, Vida e Ecossistemas.

Ruth Castel-Branco é pesquisadora em Future of Work, no Centre for Inequality Studies da Universidade de Witwatersrand, onde é também doutoranda em sociologia. É membro fundadora do colectivo Alternactiva – Acção pela Emancipacão Social.

Samuel Mondlane é formado em Ciências Sociais – Psicologia, Sociologia e Economia e activista da Justiça Ambiental desde 2011. Actualmente técnico do Programa de Justiça Climática e Energética e parte da área de Comunicação na organização moçambicana Justiça Ambiental.

Sérgio Simão Raimundo é escritor, consultor literário e jornalista. Conta com diversos prémios na área de literatura e livros publicados. Colabora, como jornalista, em diversos órgãos de comunicação social. É licenciado em Filosofia pela Universidade Eduardo Mondlane e actualmente frequenta o mestrado em Ciências da Educação na Universidade do Algarve, Portugal. É membro fundador do Alternactiva – Acção pela Emancipação Social.

Teresa Cunha É doutorada em Sociologia pela Universidade de Coimbra. É investigadora sénior do Centro de Estudos Sociais da Universidade de Coimbra onde ensina em vários Cursos de Doutoramento; co-coordena a publicação 'Oficina do CES', os ciclos do Gender Workshop. Coordena a Escola da Inverno 'Ecologias Feministas de Saberes' e o Programa de Investigação Epistemologias do Sul. É professora-adjunta da Escola Superior de Educação do Instituto Superior Politécnico de Coimbra e investigadora associada do CODESRIA e do Centro de Estudos Africanos da Universidade Eduardo Mondlane, Moçambique.

Vanessa Cabanelas é bióloga activista e membro fundador da Justiça Ambiental onde actualmente coordena o Programa Terra, Vida e Ecossistemas.

Contribuições institucionais

Amigos da Terra Internacional é a maior rede ecologista mundial. Presente em 73 países, reúne mais de dois milhões de membros e simpatizantes no mundo inteiro. A rede luta por um mundo pacífico e sustentável, assente em sociedades a viver em harmonia com a natureza. Imaginamos uma sociedade de pessoas interdependentes, a viver condignamente, com integridade e desenvolvimento, em que reine a igualdade e os direitos humanos e dos povos. Este modelo de sociedade fundado na soberania alimentar e na participação dos povos, na justiça socioeconómica, de género e ambiental, será livre de toda e qualquer forma de dominação e exploração, como o neoliberalismo, o neocolonialismo e o militarismo.

Amigos da Terra França é uma associação de protecção do ser humano e do ambiente sem fins lucrativos, independente de poderes políticos ou religiosos. Criada em 1970, contribuiu para a fundação do movimento ecologista francês e para a formação da primeira rede ecologista mundial, a Amigos da Terra Internacional. Em França, a Amigos da Terra forma uma rede de grupos locais e afiliados autónomos que agem com base num compromisso comum a favor da justiça social e ambiental.

Justiça Ambiental (JA!) / Amigos da Terra Moçambique é uma organização sem fins lucrativos líder em Moçambique que trabalha para reduzir os impactos ambientais e sociais do modelo insustentável de desenvolvimento do país, e tentar criar novos sistemas sustentáveis. A JA! tem como objectivo a consciencialização e a solidariedade com comunidades de base vulneráveis, e apoiar comunidades locais e sociedade civil fornecendo assessoria estratégica e técnica, pesquisa, informação, capacitação, e construção de movimento.

Sobre Alternactiva

Alternactiva – Acção Pela Emancipação Social é um movimento de carácter académico-activista que promove e defende ideias progressistas em prol de uma sociedade com justiça social. Promovemos processos de Educação Popular sobre cidadania, participação e direitos humanos (www.alternactiva. co.mz).

www.ingramcontent.com/pod-product-compliance
Lightning Source LLC
Chambersburg PA
CBHW050644270326
41927CB00012B/2866